# Robert P. Ericksen
# Theologen unter Hitler

Das Bündnis zwischen
evangelischer Dogmatik und
Nationalsozialismus

Aus dem Amerikanischen
von Annegrete Lösch

Carl Hanser Verlag

Titel der Originalausgabe
*Theologians under Hitler*




ISBN 3-446-14601-6

Umschlag: Rambow Lienemeyer Van de Sand
Satz: Fotosatz Otto Gutfreund, Darmstadt
Druck und Bindung: Ebner Ulm
Printed in Germany

# Inhalt

# 1. Kapitel: Die Krise

## 1. Einleitung

In unserem Jahrhundert des Schreckens ist und bleibt Adolf Hitler das herausragende Symbol für das Böse. So gesehen ist es kaum verständlich, weshalb die Deutschen der nationalsozialistischen Partei ihre Stimme und Hitler ihre Unterstützung geben konnten, nachdem er die Macht ergriffen hatte. Noch schwieriger wird es, wenn man die Deutschen in ihre einflußreichsten Gruppierungen aufteilt. Haben die Ärzte Hitler unterstützt? Die Wissenschaftler? Universitätsprofessoren? Oder die Geistlichen?

Auf keine dieser Fragen gibt es eine einfache Antwort, dazu sind sie zu komplex. Einige Ärzte befürworteten Hitler, andere nicht. Es gab begeisterte Unterstützung und erzwungene. Einige sahen in Hitler das kleinere Übel, andere den idealen Führer. Aber es gibt noch einen weiteren Grund dafür, daß diese Fragen nicht einfach zu beantworten sind: Sie wurden bisher noch nicht erforscht.[1] Die vorliegende Untersuchung befaßt sich deshalb mit zwei der oben erwähnten Gruppen. Auf den ersten Blick sollte man meinen, daß Professoren zu intelligent waren und Pastoren eine zu sensible Empfindung für geistige Werte haben mußten, als daß sie Hitler hätten billigen können. Das aber war nicht der Fall. Dieses Buch handelt von drei angesehenen deutschen Professoren. Jeder von ihnen war auch evangelischer Theologe. Und jeder unterstützte Hitler.

Diese drei Männer repräsentieren drei Universitäten – Tübingen, Erlangen und Göttingen –, und sie repräsentieren unterschiedliche theologische Richtungen. Gerhard Kittel war Experte für Judaismus, er erforschte die jüdischen Ursprünge des Neuen Testaments. Auch Paul Althaus hatte sich auf das Neue Testament spezialisiert. Er war ein bedeutender Luther-Forscher und Repräsentant der deutschen lutherischen Tradition. Emanuel

Hirsch war ein Theologe mit weiter gefaßten Forschungszielen. Er versuchte, aus dem philosophischen Erbe des 19. Jahrhunderts eine philosophisch-theologische Basis für die Gegenwart zu errichten. Jeder dieser drei Männer war ein bedeutender und international anerkannter Wissenschaftler. Keiner von ihnen war vor 1933 Nazi, und keiner kann dem radikalen, fanatischen Nazismus zugerechnet werden. Und doch gibt es etwas, das sie miteinander verbindet: Jeder von ihnen hat Hitler öffentlich unterstützt, begeistert und mit wenig Zurückhaltung.

Adolf Hitler war die politische Antwort auf eine sehr schwierige Frage. Um seinen Aufstieg zur Macht nachzuvollziehen, muß man verstehen, daß die Deutschen die Weimarer Republik als eine Zeit der Krise empfanden. Das gilt sicherlich für die drei Theologen, von denen hier die Rede ist. Man sah sich inmitten einer großen Krise, politische Auffassungen erwuchsen aus einer gewissen Panikstimmung – radikale und unvollkommene Lösungen wurden deshalb leichter in Erwägung gezogen. Dieses Buch beschreibt deshalb zunächst einmal diese Krise. Das 1. Kapitel gibt einen Überblick über das, was man die Krise der Moderne genannt hat, unter besonderer Berücksichtigung ihres akuten Auftretens in der Weimarer Republik. Und weil Gerhard Kittel, Paul Althaus und Emanuel Hirsch Theologen waren, geht es in diesem Kapitel auch um die Auswirkungen der Krise der Moderne auf die protestantische Theologie.

Die Krise der Moderne, zu der auch die Krise während der Weimarer Republik gehört, ist das Ergebnis verschiedener, miteinander verflochtener, destabilisierender Umstände, die, zusammengenommen, über die letzten hundert Jahre die westliche Gesellschaft maßgeblich geprägt haben. Einer dieser destabilisierenden Faktoren ist die industrielle Revolution mit ihren sozialen und wirtschaftlichen Konsequenzen. Die moderne, industrielle und technologische Welt hat zu den rapiden Veränderungen in Lebensstil und Wertvorstellungen geführt, die Alvin Toffler »Zukunftsschock« nennt.[2] Veränderungen und Mobilität im Beruf und die Abwanderung in die Städte zerstören Familienbindungen und traditionelle Werte – Lasterhaftigkeit, Kriminalität, Prostitution und Pornographie werden völlig zu Recht mit der modernen Stadt in Verbindung gebracht. Der Pluralismus, erwachsen aus Mobilität und der Vermischung von Menschen aus gegensätzlichen Kulturen mit völlig verschiedenen Wertbegriffen, ist ein weiterer Meilenstein auf dem Weg zum Zusammenbruch gemeinsamer traditioneller Werte.

Ein zweiter Faktor ist die demokratische Revolution. Die in den westlichen Großstädten anwachsenden Massen der Arbeiterschaft erhielten einen Teil der politischen Macht und den gesetzlichen Schutz der Demokratie. So etwas kann bei den etablierten Gesellschaftsschichten, die plötzlich nicht mehr alle politischen Fäden in der Hand halten, zu Schreckensvisionen führen.[3] Darüber hinaus erhält der Pluralismus seine gesetzliche Sanktion. Das demokratische Prinzip verbietet es, allen Staatsbürgern die gleichen Wertmaßstäbe oder die gleiche Religion vorzuschreiben. In dem Maße, wie diesem Prinzip Geltung verschafft wird, haben die Außenseiter einer Gesellschaft plötzlich staatsbürgerliche Rechte und den Schutz des Staates für ihre religiösen Präferenzen. Und inmitten dieser Bewegung hin zu individueller Freiheit ist die moderne Kultur gegen die Barrieren des herrschenden Geschmacks der Mittelschicht angerannt und hat die künstlerische Freiheit der Expression proklamiert – eine weitere Herausforderung traditioneller Werte.

Ein dritter Faktor in der Krise der Moderne ist intellektueller Art. Um die Jahrhundertwende begannen Intellektuelle westlicher Prägung einzusehen, daß Rationalität nicht zur Wahrheit führen kann. Seit der Renaissance hatten westliche Philosophen versucht, den schwindenden Kern der traditionellen, hauptsächlich religiös fundierten und allgemein anerkannten Wahrheit durch rational begründetes Wissen zu ersetzen. Positivisten des 19. Jahrhunderts glaubten, daß eine empirische Analyse der realen Welt zuverlässige Erkenntnisse hervorbringen würde. Für eine kurze Zeit war das Prestige der empirischen Wissenschaften so groß, daß praktisch das gesamte menschliche Denken in die Kategorien der Naturwissenschaft eingeordnet wurde. Karl Marx gab seinem Sozialismus ein wissenschaftliches Etikett; selbst die Theologen wurden zu Wissenschaftlern bei ihrer Suche nach der wahren Botschaft Gottes. Aber diese Suche nach der Wahrheit erwies sich als trügerisch. Idealisten traten den Positivisten mit ihrer Überzeugung entgegen, daß empirische Erkenntnis niemals über das Triviale hinauswachsen kann. Werte etwa können nicht empirisch untersucht werden, aber schließlich versuchen doch sämtliche Humanwissenschaften herauszufinden, was gut oder schlecht ist für die menschliche Gesellschaft. Max Weber hat versucht, eine objektive sozialwissenschaftliche Methode der Analyse zu erstellen, aber auch er konnte die subjektiven, relativistischen Voraussetzungen nicht ausmerzen, die seinen Ausgangspunkt bildeten. H. Stuart Hughes führt aus, daß dieses Problem des Relativismus die gesamte Wissenschaftlergeneration der 1890er Jahre verwirrte: Benedetto Croce, Wilhelm Dilthey, Ernst Troeltsch und Emile Durkheim ebenso wie Max Weber.[4]

Vermutlich unvermeidbar als Ergebnis dieser Krise des Relativismus ist die nihilistische Überzeugung, daß es keine verbindlichen Werte gibt. Diese Auffassung wird im allgemeinen – und natürlich besonders in Deutschland – mit Friedrich Nietzsche in Verbindung gebracht. Auf seiner Suche nach einer Lebensphilosophie bewegte sich Nietzsche durch einen fast endlosen Prozeß der Negation. In seinem Buch *Menschliches – Allzumenschliches* ersetzte er alle metaphysischen Wertsysteme, ob auf Religion, Ethik oder Kunst basierend, durch naturalistische Erklärungen. Der Mensch ist in der Tat allzumenschlich. Sein Verhalten, seine Ideale und seine Denkweisen sind schließlich alle von Zweck und Nutzen bestimmt; sie haben keine universale Gültigkeit über sich selbst hinaus. Mit seinem Buchtitel *The Disinherited Mind* (Der enterbte Geist) hat Erich Heller einen wichtigen Punkt erfaßt. Das bei Nietzsche und seinen Anhängern verlorengegangene Erbe waren nicht nur die traditionelle kirchliche Kultur und ihre Wertvorstellungen, die Nietzsche ganz und gar ablehnte, sondern auch jegliche Hoffnung darauf, jenseits der von unseren Sinnen wahrgenommenen symbolischen und relativistischen Welt eine wirkliche Welt zu finden. Ohne eine letztliche Wirklichkeit, an der unsere Wertvorstellungen zu messen wären, mußte Nietzsche den Tod Gottes proklamieren.[5] Und damit fing er einen großen Teil der Verzweiflung ein, die die Generation erfaßte, die auf ihn folgte.

Auch die Wirkung von Sigmund Freud und Albert Einstein muß im Licht der Auswirkungen einer intellektuellen Krise im 19. Jahrhundert gesehen werden. Die Psychoanalyse hat erkannt, daß unbewußte, irrationale Kräfte das menschliche Verhalten mitbestimmen; die moderne Physik hat bewiesen, daß selbst bei den vermeintlich soliden physikalischen Wissenschaften die Wahrheit eher in flüchtigen als konkreten Bausteinen zu suchen ist. Werner Heisenberg meinte, daß uns die Quantentheorie verblüffend erklärt, wie wir eine Verbindung voll und ganz verstehen können, obgleich wir von ihr nur in Vorstellungen und Parabeln sprechen.[6]

Bis hierher ist vom Optimismus der Positivisten vor der intellektuellen »Revolution« ein langer Weg zurückgelegt worden. Und ebenso wie die industrielle und die demokratische Revolution erwies sich diese intellektuelle Veränderung als destabilisierender Faktor. Nietzsche hat klar gezeigt, daß es für Intellektuelle nunmehr eine fast endlose Anzahl von möglichen Fragen und eine ebensolche Menge möglicher Antworten gab. Gewißheit gibt es nicht. Alle Basisvoraussetzungen für Werte und Erkenntnisse kann man auseinanderpflücken in Vorurteile, bedingt und geprägt durch die Umgebung oder innere, subjektive Bedürfnisse.

Um das volle Ausmaß der Krise der Moderne für die Männer zu erkennen, von denen dieses Buch handelt, muß man diese Krise an der Weimarer Republik festmachen. Die meisten Elemente dieser Gleichung sind allgemein anerkannt. Zunächst einmal hatte Deutschland erst vor kurzer Zeit eine rapide Periode der Industrialisierung unter Bismarcks Ägide der politischen Vereinigung durchlebt. Die daraus folgenden Erschütterungen, die in England und Amerika früher und langsamer aufgetreten waren, schlugen in der wilhelminischen Ära und während der Weimarer Republik mit voller Kraft durch.[7] Des weiteren hatte Deutschland Mühe, sich an den Rhythmus demokratischer Prinzipien zu gewöhnen, was ihm erst unter den erzwungenen Verhältnissen eines verlorenen Krieges und dem Frieden von Versailles gelang. Der plötzliche Aufstieg der sozialdemokratischen Partei und einiger jüdischer Politiker führte gemeinsam mit der gesetzlich verankerten Verteidigung des Pluralismus innerhalb der demokratischen Theorie zu ungewöhnlich starken Ressentiments. Diese Elemente der Demokratie haben die Repräsentanten der etablierten Gesellschaftsschichten aller demokratischen Länder aus der Fassung gebracht, aber in Deutschland kam diese Reaktion schnell, weil man Fremde, die westlichen Siegermächte, dafür verantwortlich machen konnte, die den Deutschen ein unangemessenes politisches System aufgezwungen hätten. Die Demütigung eines verlorenen Krieges, wirtschaftliches Chaos und allgemeine Not, politische und wirtschaftliche Unsicherheit sowie Ablehnung und Ressentiments, all das gehörte zur öffentlichen Meinung im Deutschland der Weimarer Republik. Zusammengenommen gaben diese Faktoren dem Unbehagen des »Zukunftsschocks« eine ganz besondere Intensität.[8]

Parallel zu den soziologischen Auswirkungen der Moderne erlebte Weimar-Deutschland eine kulturelle Blüte, die sich als trennend erweisen sollte. Wie Peter Gay feststellte, erzeugten die zwanziger Jahre ein Maß an künstlerischem Genius, das es vorher wohl kaum je gegeben hatte. Die Nazis jedoch sprachen später von entarteter Kunst, wahrscheinlich mit einigem Beifall der Öffentlichkeit.[9] Hier geht es um den Charakter der Kunst der Moderne. Westliche Kunst ist stets um Neuerungen bemüht gewesen; das Kopieren alter Meister gilt als Handwerk, nicht als Kunst. Seit der Renaissance experimentieren neue Kunstrichtungen und Schulen mit Spontaneität und Veränderung in ihrer Auffassung des künstlerischen Ausdrucks. Die logische Kulmination ist daher eine Kunst, in der Form und Repräsentation totaler Spontaneität weichen. In den zwanziger Jahren betrachteten viele Deutsche die Kunst als Idiotie, worauf zumindest einige Künstler spöttisch mit der großen Satire der Dadaismus-Bewegung antworteten. Außerdem gab es die selbstbekundeten politischen und sozialen Überzeugungen, die häufig den künstlerischen Aussagen eines Dramatikers wie Bertolt Brecht oder einer Malerin wie Käthe Kollwitz zugrunde lagen. Typischerweise ging es bei diesen Aussagen um Freiheit, um die Unterstützung der Unterprivilegierten und den Angriff auf die Tradition – und so wurden sie von der traditionellen Gesellschaft abgelehnt und gefürchtet. Also führte auch gerade die Blüte des künstlerischen Genius während der zwanziger Jahre zu einem vertieften öffentlichen Empfinden von Polarisierung und Krise.[10]

Deutschlands intellektuelle Tradition ist ein weiterer wichtiger Faktor der Weimarer Krise – mehr als in jedem anderen Land hatte sie Anteil an der intellektuellen Krise der Moderne. Die deutschen Universitäten des 19. Jahrhunderts waren wohl ohnegleichen. Die physikalische Revolution zum Beispiel entstand hauptsächlich aus den Arbeiten deutscher Wissenschaftler. Bei der Krise des Relativismus innerhalb der Sozialwissenschaften sind es Webers und Nietzsches Werke, die den deutschen Beitrag repräsentieren. Die idealistische deutsche Tradition machte es den deutschen Intellektuellen schwer, leichte Lösungen des Empirismus zu akzeptieren, und die Gründlichkeit der wissenschaftlichen Tradition erlaubte den Wissenschaftlern, die Verwicklungen des Relativismus schneller und umfassender herauszuarbeiten, als dies in anderen Ländern der Fall war. Das war das intellektuelle Umfeld, in dem Gerhard Kittel, Paul Althaus und Emanuel Hirsch ihre schulische und universitäre Ausbildung in den Jahren vor dem Ersten Weltkrieg erhielten.

Schließlich kann man, wenn man das intellektuelle Klima im Deutschland der Weimarer Republik beschreibt, den Ersten Weltkrieg nicht ignorieren. Maschinengewehre, Senfgas und Schützengräben trugen dazu bei, die letzten Reste eines Glaubens an den Fortschritt der Menschheit zu zerstören. Dieser Krieg kam unerwartet. Wenn auch nicht als solcher, so doch in seiner Heftigkeit. Er war länger, blutiger, grausamer, unmenschlicher und wahnsinniger, als irgend jemand erwartet hatte. Damit wurde der intellektuelle Pessimismus der Vorkriegsjahre mehr als erhärtet. Die Technologie hatte irgendwie die Richtung verloren und war zum schrecklichen Monster geworden. Zerstörungswaffen straften den technologischen und materiellen Fortschritt Lügen. Und der Glaube an die menschliche Vernunft wurde durch die Torheit des Krieges erschüttert, durch seinen Beginn wie durch seinen Verlauf. Jahrhunderte des Fortschritts wurden durch vier Jahre Krieg verraten. Menschen hatten sich bestialisch verhalten. Für alle, die dabei Teilnehmer oder Beobachter waren, war dies eine ernüchternde Erfahrung. Für die Deutschen, die zusätzlich noch die Erschütterungen, Verwirrungen und Demütigungen eines verlorenen Krieges durchmachten, war es eine ganz besonders destabilisierende Erfahrung. Die alte Welt, in der sie aufgewachsen waren und ihre Lebensgrundsätze entwickelt hatten, schien auf traurige und unwiederbringliche Weise verloren zu sein.[11] Das Deutschland der Weimarer Republik erlebte die Krise der Moderne in einem Mikrokosmos.

## 2. Die Krise der Theologie

Der Glaube der westlichen Gesellschaft an die Verläßlichkeit und Nützlichkeit von Vernunft und Fortschritt hatte also im letzten Jahrhundert schwere Einbußen erlitten. In unserem Jahrhundert ist es zumindest in Krisenzeiten besonders deutlich geworden, daß der Traum vom Fortschritt irgendwann in die falsche Richtung ging. Und auf gedanklicher Ebene hat gerade die intellektuelle Krise gezeigt, daß die Vernunft lediglich auf einem Glaubenssatz beruht – ob sich der moderne Mensch nun dessen bewußt ist oder nicht. Aus sich selbst kann die Vernunft zu keinem Felsen der Gewißheit gelangen. Demnach ist die Krise der Moderne letztlich eine Krise des Glaubens, selbst wenn das Wort in einem säkularen Zeitalter anachronistisch klingen mag. Seinen Wunsch und sein Streben nach einem Glaubensobjekt hatte der westliche Mensch in der Vergangenheit in Religion, Vernunft und Wissenschaft befriedigt. Mittlerweile aber sind diese drei Mythen zerbrochen oder bis zur Unkenntlichkeit verzerrt. Und so ist die moderne Zeit von dem Bemühen gekennzeichnet, mit der Unsicherheit fertig zu werden, ein sinnvolles Leben zu führen – mag dieser Begriff auch naiv klingen – und etwas zu finden, an das man glauben kann.

Diese Erkenntnis macht eine Bewertung der modernen Theologie zu einer besonders fesselnden Aufgabe. Wie hat sie auf die Krise der Moderne reagiert? Wiederum ist Deutschland ungewöhnlich gut dafür geeignet, mit einer solchen Untersuchung zu beginnen, denn es waren die deutschen protestantischen Theologen, die während der letzten zweihundert Jahre das Studium der modernen Theologie besonders gründlich und intensiv betrieben haben. Dic hier vorliegende Untersuchung wird außerdem ein genaueres Bild von dem Hintergrund zeichnen, vor dem sich die Karriere von Kittel, Althaus und Hirsch abspielte.

Die seit der Aufklärung ständig wachsende Rolle der Wissenschaft war von einschneidender Bedeutung für jeden Intellektuellen, für die Theologen jedoch war sie eine Herausforderung ihrer Existenz schlechthin. Voltaires Angriffe mögen hauptsächlich gegen klerikale Auswüchse gerichtet gewesen sein, doch konnten seine impliziten Hinweise auf die Unhaltbarkeit der christlichen Botschaft kaum übersehen werden. Die Aufklärung stellte dem Aberglauben die Vernunft entgegen, verwies die Theologie aber häufig in den Bereich des ersteren. Angesichts dieser Herausforderung und um sich ihren Platz als anerkannte Wissenschaft zu sichern, verwendete die moderne Theologie die Werkzeuge der Vernunft. Länger als ein Jahrhundert verfolgte sie diesen rationalen Kurs. Als dann etwa um die Jahrhundertwende die Vernunft »zusammenbrach«, wandten sich auch die Theologen vom Rationalismus ab. Das ist eine interessante Parallele. Aufschlußreich ist allerdings auch die innere Dynamik der Theologie, die mit den Phasen von Rationalismus und Irrationalismus korrelierte. Eine Analyse zeigt also, daß die Theologen nicht einfach ihr Fähnchen nach dem Wind drehten; sie hatten ihre eigenen guten Gründe, dem Rationalismus den Rücken zu kehren. Und die Unzulänglichkeiten der Vernunft, wie sie sich in der akademischen Disziplin der Theologie darstellten, geben einen Einblick in die allgemeine Krise der Vernunft.

Ein herausragendes Ziel der Theologen des späten 18. und frühen 19. Jahrhunderts war es, den historischen Jesus zu beweisen und auf dieser Basis die wahre Natur des Christentums zu legitimieren. Das größte Problem hierbei waren offensichtlich die Wunder. Konnte es sein, daß diese übernatürlichen Ereignisse der Wahrheit entsprachen? Würden sie sich auf irgendeine Weise erklären lassen? Die eingehende Prüfung des Neuen Testaments warf eine Fülle neuer Probleme auf: Wie konnte man Jesus Christus als einzigartig akzeptieren, wenn er aus der großen Vielfalt religiöser Ideen seiner Zeit schöpfte und der christliche Glaube schließlich von griechischem und anderem Gedankengut durchzogen war? Wie konnte der sanftmütige Jesus der Bergpredigt mit dem rigorosen Christentum eines Paulus in Einklang gebracht werden? Zeichnet die Bibel ein genaues Bild von Jesus Christus? Warum weichen die vier Evangelien voneinander ab? Sie unterscheiden sich nicht nur in der zeitlichen Anordnung und im Inhalt, sondern es gibt klare Widersprüche. Nach der Aufklärung konnten die Theologen nicht länger davon ausgehen, daß die biblische und traditionelle Darstellung Jesu unbedingt der Wahrheit entsprach. Eine solche Annahme widersprach den Gesetzen der Vernunft. Die logische Konsequenz hieraus war die Suche nach der Wahrheit über Jesus Christus, und zwar mit den Mitteln der Geschichtsschreibung. Die Suche hatte noch ein anderes wichtiges Motiv, basierend auf einer weiteren Schwierigkeit für den aufgeklärten Christen. Diese Schwierigkeit lag in der offenkundig mit Makeln behafteten Geschichte christlicher Institutionen. Vielleicht könnte, wenn die Wahrheit über das Leben Jesu wiederentdeckt würde, das Christentum der Welt in reiner und schöner Form zurückgegeben werden.

Albert Schweitzer hat in seinem berühmten, 1906 erstmals erschienenen Buch *Geschichte der Leben-Jesu-Forschung* eine umfassende Übersicht über das Jesus-Bild im 19. Jahrhundert gegeben. Wohl kaum ein unparteiisches Werk, denn Schweitzer war an dem Streit beteiligt und mißt alle anderen Untersuchungen mit der Elle seiner »korrekten« Eschatologie-Theorie. Dennoch, hier finden sich die wichtigsten Theorien der Zeit, und man erhält einen guten Überblick.

Zwei literarische Werke des späten 18. Jahrhunderts veranschaulichen theologische Standorte dieser Zeit: Karl Bahrdt schrieb das Leben Jesu neu; er stellte ihn und Johannes den Täufer unter den Einfluß des geheimen jüdischen Ordens der Essener. (Karl Friedrich Bahrdt, *Briefe über die Bibel im Volkston. Eine Wochenschrift von einem Prediger auf dem Lande,* Halle 1782; *Ausführung des Plans und Zwecks Jesu. In Briefen an Wahrheit suchende Leser, 1784–1792.* 11 Bände mit zusammen 3000 Seiten. Berlin.) Nach Bahrdts Schilderung bereitete der Orden Jesus und Johannes auf ihre Rollen vor, und zwar mit der Absicht, die Juden von ihren irdischen Sorgen zu einem höheren, religiösen und rationalen Ziel zu führen. Die Engel, die erschienen, waren in Wirklichkeit getarnte Essener, weitere Tricks kamen aus den medizinischen und magischen Fähigkeiten dieses Ordens. Selbst der Tod und die Auferstehung Jesu folgten einem vorher festgelegten Plan. Da den Jüngern die Rolle der Essener verborgen blieb, zeichnet, so Bahrdt, das Neue Testament ein verzerrtes Bild von der geistlichen Sendung Jesu.

Das zweite Werk, Karl Heinrich Venturinis *Natürliche Geschichte des großen Propheten von Nazareth* (1. Auflage 1800–1802, Bethlehem (Kopenhagen), 2. Auflage 1806. 4 Bde., 2700 Seiten), vertritt einen ähnlichen Standpunkt. Auch Venturini beruft sich auf die Essener und ihre rational-geistigen Ziele im Gegensatz zu den physisch-irdischen. Er behauptet, daß Tricks und Magie nicht als Grundlage für die Botschaft Jesu dienten, sondern lediglich dazu, die Aufmerksamkeit seines Publikums zu erringen. Seither haben viele aus Bahrdts und Venturinis Gedankenreichtum geschöpft. Schweitzer stellt fest, daß Venturinis Buch ». . . bis auf den heutigen Tag fast jährlich neu aufgelegt [wird]. Alle romanhaften Leben-Jesu gehen direkt oder indirekt auf den Typus, den er geschaffen hat, zurück. Sein Buch wird ausgeschrieben, wie sonst kein Leben-Jesu, wenn es auch niemand anführt.«[12] Die in letzter Zeit über Jesus erschienenen populären Romane wie u. a. *The Passover Plot* (1965) (Die Verschwörung am Passahfest) von Hugh J. Schonfield scheinen nur deswegen so radikal, weil Venturini und Bahrdt vergessen sind.

Mit Beginn des 19. Jahrhunderts hatte man zwar eine Richtung bestimmt, doch war die Suche nach dem historischen Jesus noch längst nicht vorüber. Weitere Forschungen waren erforderlich, wobei die Beantwortung der Frage nach den Wundern wohl am meisten drängte. Wunder waren ebenso tief im Gewebe des christlichen Glaubens verankert, wie sie der post-Newtonschen Wissenschaft als anrüchig galten. Die Theologen des 18. Jahrhunderts hatten sich noch nicht von ihnen trennen können; im folgenden Jahrhundert machte sich Heinrich Paulus an diese Aufgabe.

Schweitzer zeichnet ein interessantes Bild von Ursache und Wirkung im Leben des Heinrich Paulus. Als Kind wurde er von seinem Vater zur Teilnahme an vorgeblich mystischen Handlungen wie Zwiegesprächen mit Verstorbenen gezwungen. Als Konsequenz hieraus wurde Paulus zum überzeugten Rationalisten, der jeglichen Verlockungen der Romantik im Deutschland nach der Französischen Revolution widerstand. Während seiner langen Wirkungszeit an der Heidelberger Universität (1811–51) fand er natürliche Erklärungen für die Wunder Jesu: »Mit den Krankenheilungen verhält es sich sehr einfach. Bald wirkte Jesus durch seine geistige Kraft auf das Nervensystem ein, bald gebrauchte er nur ihm bekannte Heilmittel; so z. B. für die Blindenheilungen ...« Die Auferstehung war in Wirklichkeit die Bewahrung vor »zu frühem Begrabenwerden«, dem der Lanzenstich vorausging, der für Paulus einen Aderlaß darstellte. »Das kühle Grab und die Spezereien setzten die Wiederbelebung fort, bis dann das Gewitter und das Erdbeben Jesum vollends zur Besinnung brachte. Glücklicherweise wurde so auch der Stein von der Öffnung entfernt.« Jesus konnte sein Grab verlassen.[13]

Paulus' natürliche Erklärungen der Wunder entsprachen den Anforderungen der Wissenschaft und ihrer methodischen Auffassung der Naturgesetze; gleichzeitig gelang es ihm, die Grundlagen der Geschichte des Evangeliums Jesu beizubehalten. Doch konnte dieses übermäßige Vertrauen auf Zufälle keine Dauerlösung sein. Beweise für das Unbehagen unter den Theologen des späteren 19. Jahrhunderts finden sich im Werk Karl August von Hases, der von 1830–1890 in Jena lehrte. Beim Thema der Wunder beruft sich Hase auf Paulus und seine natürlichen Erklärungen, aber er tut dies nicht sonderlich überzeugt und auch ein wenig ausweichend. Albert Schweitzer schreibt: »Für die beiden großen johanneischen Wunder, die Wasserverwandlung und die Brotvermehrung, ist [für Hase] jede natürliche Erklärung abzulehnen. Aber wie unhaltbar ist sein Versuch, die Art der Brotvermehrung begreiflich zu machen! ›Warum‹, sagt er, ›soll sich das Brot nicht vermehrt haben?‹ ›Wenn die Natur alljährlich in der Zeit von der Saat bis zur Ernte ein ähnliches Wunder vollbringt, so konnte sie vielleicht aus noch unbekanntem Gesetze in einem Momente es vollbringen.‹« Vermutlich hat sich Hase mit dieser Gedankenrichtung selber nicht ganz wohl gefühlt, er zieht dann bald einen Themawechsel vor, bei dem die Bedeutung der Wunder für seine theologische Auffassung an Gewicht verliert.[14]

Das Unbehagen, das Männer wie von Hase über die Entwicklung der rationalen Theologie empfanden, fand seinen Höhepunkt in zwei der wichtigsten und radikalsten Theologen des letzten Jahrhunderts, nämlich David Friedrich Strauß und Bruno Bauer. »Man muß Strauß lieben, um ihn zu verstehen«[15], lautet Albert Schweitzers einführender Satz zu seinem Kapitel über Strauß. Die zerstörerische Wirkung von Strauß' Werk und das Abstoßende seiner Persönlichkeit müssen es sehr schwer gemacht haben, ihn als Mensch zu lieben. Aber wenn man bereit ist, sein Werk mit Einfühlsamkeit zu betrachten statt in der Verteidigungshaltung eines schwankenden Glaubens, so entdeckt man den unerbittlichen Realismus seines theologischen Standpunkts. »Strauß übt Kritik an der Art, wie man das aus der Ideenwelt der Antike herausgewachsene christliche Dogma mit dem Christentum des Rationalismus und der spekulativen Philosophie in Einklang bringt. Entweder, um mit seinen Worten zu reden, pulverisiert man beide behufs der Mischung so fein [. . .] daß ein scharfes Auge dazu gehört, die vermischten Bestandteile zu unterscheiden; oder aber, man schüttelt beide durcheinander wie Wasser und Öl, wobei sie freilich nur so lange vermischt erscheinen, als das Schütteln dauert.«[16] Strauß will die antike Philosophie vermeiden und sucht die Ideen des frühen, ursprünglichen Christentums statt dessen in der Mythologie, die diese Ideen enthält. In seinem *Leben Jesu* (1835–36) folgt Strauß guter thomistischer Form. Er präsentiert die übernatürliche Erklärung des Evangeliums Jesu gemeinsam mit der rationalen. Dann verwirft er beide. Schließlich legt er ein Jesus-Bild vor, basierend auf den drei synoptischen Evangelien von Matthäus, Markus und Lukas, die er durchwegs als Mythologie interpretiert. Strauß provozierte eine Kritikflut bei seinen Zeitgenossen, aber einige Elemente seines Werks haben überdauert. Seit er sie einführte, wurde die Mythologie zu einem Kernpunkt der theologischen Kontroverse, und seine Weigerung, frühes Christentum und antike Philosophie in Einklang zu bringen, ist in jüngster Zeit unter großer Beachtung wieder neu entwickelt worden.[17]

Bruno Bauer (1809–1882) zeigt gewisse Ähnlichkeiten mit Strauß. Auch er befehdete sich mit anderen Theologen, seine Feindseligkeit und zunehmende Bitterkeit verzögerten die Stoßkraft seines Werkes. Auch er entwickelte eine logische Untersuchung der Evangelien und kam zu einem radikalen Standpunkt. Bauer unternahm eine literarische Analyse. Er geht davon aus, daß das Johannesevangelium kein Augenzeugenbericht, sondern ein Kunstwerk ist. Auch Matthäus und Lukas, ja selbst deren vermutlich gemeinsame Quelle, das Markusevangelium, seien Kunstwerke, wenn auch weniger ausgefeilt als bei Johannes. Bauer schließt daraus, daß der Jesus Christus unserer Tage eine Schöpfung der vier Evangelisten war. Eine gute Story für einen bestimmten Propagandazweck. Sie wollten eine religiöse Auffassung zum Ausdruck bringen, als deren Träger Jesus geschaffen wurde.[18]

Trotz Strauß' und Bauers großer Bedeutung dauerte es Jahrzehnte, bis das Ausmaß ihrer Wirkung völlig erkannt wurde. Die Theologen suchten weiterhin nach dem wirklichen Jesus, doch in der zweiten Hälfte des 19. Jahrhunderts hätten sie ein wenig Unruhe verspüren sollen: Strauß und Bauer hatten angedeutet, daß der wirkliche Jesus für immer verloren war, verborgen durch das Geheimnis des Mythos und den Listenreichtum der Literatur.

Tatsächlich erreichte die Leben-Jesu-Forschung während der zweiten Hälfte des 19. Jahrhunderts verhältnismäßig wenig. Ein typischer Umweg war die Suche nach einer psychologischen Deutung der Jesus-Figur – das Endprodukt geriet in die Nähe eines germanischen Idealbilds. Wiederum fanden die Theologen in Jesus genau das, was sie finden wollten; die Idealvorstellung wurde zum Schlüssel ihrer Analyse – alle Faktoren der Evangelien, die nicht in diese Vorstellung hineinpaßten, wurden als unhistorisch verworfen. Hier zeigt sich deutlich eine Strukturschwäche, nämlich die subjektive Natur solcher »Schlüssel« zur Jesus-Forschung. Die Vernunft gebot es, einige Faktoren in den Evangelien abzulehnen, wenn die Botschaft logisch und glaubwürdig sein sollte, doch forderten der Glaube des Christen und die Berufung des Theologen, daß Teile der Geschichte erhalten bleiben mußten. Die Wege zu Akzeptanz oder Ablehnung basierten im 19. Jahrhundert auf hochentwickelter und komplexer Gelehrsamkeit. Die historisch-kritische Analyse der biblischen Dokumente ist ein bestauntes

Phänomen moderner Forschung. Letztendlich jedoch konnte die Wahl eines Bindegliedes niemals mehr sein als ein Akt der Willkür. Die Schlußfolgerungen der einzelnen Theologen kann man ebensogut mit ihren persönlichen Eigenheiten erklären wie mit historisch-kritischer Einsicht.

Schweitzer beschließt seine Analyse mit einem Hinweis auf die zwei verbleibenden Alternativen der Leben-Jesu-Forschung: kompromißloser Skeptizismus oder kompromißlose Eschatologie. William Wrede (1859–1906) brachte 1901 sein Werk mit dem Titel *Das Messiasgeheimnis in den Evangelien. Zugleich ein Beitrag zum Verständnis des Markusevangeliums* heraus, in dem er die skeptische Position bezieht. Das Leben Jesu konnte nicht authentisch bewiesen werden, also spricht sich Wrede dafür aus, daß Markus die ganze Geschichte erfunden hat, um die Entfaltung des christlichen Dogmas zu stützen. Schweitzer zeigt sich von der Offenheit dieser Haltung beeindruckt. Allerdings bevorzugt er selbstverständlich die Alternative seines eigenen Vorschlags, der, ebenfalls 1901, unter dem Titel *Das Messianitäts- und Leidensgeheimnis* veröffentlicht wurde. Für ihn ist die Eschatologie der Schlüssel zum Leben Jesu. Die Ideen des Jesus Christus, behauptet Schweitzer, kamen aus der Eschatologie des jüdischen Glaubens, seine scheinbar mysteriösen und kryptischen Verkündigungen des Reiches Gottes waren seinen damaligen Zuhörern verständlich. Doch seine Eschatologie war damals gerade nicht aktuell. Und als er dann seine Jünger aussandte, das Reich Gottes zu verkünden, mußten sie schließlich zurückkehren und zugeben, daß dieses Reich einfach noch nicht in Sicht war. Dadurch wurde Jesus gezwungen, seinen Fehler einzusehen, und entschied erst dann, daß er alle Leiden auf sich nehmen und den Märtyrertod sterben müsse. Eine eindrucksvolle Theorie. Sich stark auf Markus und Matthäus stützend, nimmt Schweitzer fast alles bei ihnen für bare Münze, obschon er natürliche Erklärungen für die Wunder findet. Er zeigt eine große Bewunderung für Jesus und die Überzeugung, daß wir ihn nicht nach unserem Bild umformen sollten. Schweitzer zeichnet eine ziemlich seltsame Jesus-Gestalt, einen Mann, der die Reue und ein neues Reich lehrt, und zwar auf eine uns nicht verständliche Weise in einer uns fremden Welt. Doch müssen wir ihn akzeptieren, wie er war, nicht, wie wir ihn gerne hätten.[19]

Schweitzers *Geschichte der Leben-Jesu-Forschung* gibt einen interessanten Bericht. Die Vernunft stutzte das Jesus-Bild der Evangelien zurecht, ein Bild, das durch Widersprüche, Irrtümer und naiven Wunderglauben einiges an Glanz verloren hatte. Über ein Jahrhundert sorgfältiger Forschung war auf dieses Jesus-Bild verwandt worden. Die Werkzeuge der Wissenschaft waren von Leuten angewendet worden, die Mitglieder der bedeutendsten Universitäten und akademischen Gemeinschaften Europas wenn nicht gar der ganzen Welt waren. Dennoch kommt Schweitzer zu dem Schluß, daß die ganze Suche lediglich einen Skeptizismus hervorgebracht habe, bei dem man vom Verfasser des Markusevangeliums glaubte, er habe die Jesus-Geschichte erfunden, oder eine Eschatologie, mit deren Hilfe die verschiedenen Elemente erneut mit Bedeutung erfüllt werden konnten.

Schweitzer hat sogar eine bessere Erläuterung des Fehlschlagens der Suche nach dem historischen Jesus gegeben, als er beabsichtigt hatte. Er bemerkte die Fehler, die gemacht worden waren und die schließlich nur noch zwei Alternativen übrigließen, aber auch seine eigenen beiden Alternativen waren mangelhaft und unzulänglich. Wredes kompromißloser Skeptizismus war nicht kompromißlos genug. Denn die Auffassung, daß Markus die Geschichte Jesu erfunden hat, ist genausowenig überzeugend wie die Ansicht, daß sein Bericht aus zweiter oder dritter Hand stammt. Und der eschatologische Schlüssel zum Leben Jesu – wenngleich faszinierend – ist auch nur einer unter vielen, ein weiteres Willkürmaß, die einzelnen Elemente der Evangelien zu messen, um sie dann zu akzeptieren oder abzulehnen. Die wahre Lektion ist hier tatsächlich eine Lektion des Skeptizismus. Der wirkliche, historische Jesus ist, wie Strauß und Bauer folgern, immer noch jenseits einer rationalen Erforschung. Ob sich hier tatsächlich eine Sackgasse aufgetan hat oder nicht, hängt zum Teil davon ab, ob in Zukunft etwa neue Dokumente entdeckt werden. Die Hoffnung, daß die Schriftrollen vom Toten Meer der Leben-Jesu-Forschung neue Impulse geben würden, hat sich inzwischen als vermutlich falsch herausgestellt. Aber selbst wenn es noch weit bedeutendere Entdeckungen geben sollte, wird das Problem kaum weniger komplex sein, denn das erklärte Ziel der Leben-Jesu-Forschung ist ja herauszufinden, wie Jesus *wirklich* war. Nur weitgehend umfassende Kenntnisse können als rationaler Leitfaden für eine Beurteilung seiner religiösen Bedeutung und Ziele dienen. Doch ist es immer schwierig, solche Kenntnisse zu erlangen, selbst bei so konkret und genau dokumentierten Figuren wie Bismarck und Napoleon.

Heute gilt Jesus weitgehend als historische Gestalt; solche Kenntnisse sind jedoch in sich selbst nicht greifbar und wohl kaum ein befriedigendes Resultat der Suche nach dem historischen Jesus. Die Hoffnung auf substantielle Erkenntnisse scheint illusorisch zu sein.[20]

Das oben Gesagte zeichnet ein scharfes Bild der Schwierigkeiten einer rational-wissenschaftlichen Theologie; aber das Bild ist noch unvollständig. Es gibt noch ein anderes Feld, das berücksichtigt werden muß: die systematische Theologie. Während die Theologen der historisch-kritischen Richtung sich auf die Suche nach neuem Material begaben, versuchten Theologen der systematischen Richtung die aktuellsten und zuverlässigsten Daten einer einheitlichen Sicht von der Theologie als einem Ganzen zuzuführen. Die einen befaßten sich mit der rationalen Theologie als Folgerung, die anderen als Definition. Als dann die Probleme einer wissenschaftlichen Theologie und der Zusammenprall von Vernunft und Glauben offenkundig wurden, sahen sich die systematischen Theologen zum offenen Kampf gefordert.

Der Vater der modernen systematischen Theologie ist Friedrich Schleiermacher (1768–1834), eine monumentale Gestalt, in der sich auf einzigartige Weise die Spannungen zwischen Glauben und Vernunft und die eng verwandten Spannungen zwischen Romantik und Positivismus wiederfinden.[21] Dies geht zum Teil auf seine Erziehung durch die Böhmischen Brüder und deren Brüdergemeinde zurück, die in ihm eine pietistisch gefärbte Religiosität erweckt hatten.[22] Außerdem stand er besonders in jungen Jahren unter dem Einfluß der Romantik der Brüder Schlegel, deutlich zu sehen an seinem 1799 erschienen Werk *Über die Religion. Reden an die Gebildeten unter ihren Verächtern.* Hierin verteidigt er die Religion, indem er auf das Gefühl verweist, ein Gefühl für das »Universale« und ein religiöses Gefühl das, so behauptet er, alle Menschen erfahren. Die wirkliche Absicht des Buches liegt jedoch darin, gebildeten Menschen eine rationale und damit annehmbare Grundlegung des Christentums zu liefern. Dieses Beharren auf Vernunft *und* Glaube kennzeichnet Schleiermachers gesamte Laufbahn. Sein Rationalismus hat pietistische und romantische Erkenntnisse nie ausgeschlossen. Diese Einstellung gestattete ihm, sich dem Christentum als einem religiösen Gefühl und einer Erfahrung statt einem Wahrheitsgebäude zu nähern; außerdem entsprach sie auf glänzende Weise Kants Diktum, daß die Wirklichkeit außerhalb unserer empirischen Welt jenseits der menschlichen Erkenntnisfähigkeit läge.

Schleiermacher ersetzte diesen fehlenden Wahrheitskern durch einen Inhalt, der die empirischen Anstrengungen der Theologen für den größten Teil des Jahrhunderts in Anspruch nehmen sollte, das heißt die historische *Erfahrung* der christlichen Gemeinschaft. Schleiermacher war der Auffassung, daß sich in Geschichte und Kultur eine Wirklichkeit fände, die, nach sorgfältiger Prüfung, ein rationales Rahmenwerk für den christlichen Glauben abgäbe. Sein Einfluß war groß. Seine romantisch-pietistischen Elemente wurden nicht übernommen, doch seinem Wegweiser in die Geschichte folgte die gesamte Schule rationaler, liberaler Theologen. Einige studierten das Christentum unter dem breiten Spektrum religiöser Geschichte, andere suchten historische Beweise für den wirklichen Jakobus und die Urkirche. Doch die bei Schleiermacher zu findende Ausgewogenheit wurde hier nicht mehr erreicht. Theologen, die seinem Gedanken des historischen Rationalismus folgten, gelang es nicht, seine Achtung vor religiöser Erfahrung nachzuvollziehen. Einige wurden sogar zu Atheisten. Die Vernunft, weitergeführt zu ihren logischen Konsequenzen, schien ein Feind des Glaubens zu sein.

Albrecht Ritschl (1822–1889), Theologieprofessor in Göttingen, war der einflußreichste systematische Theologe während der zweiten Hälfte des 19. Jahrhunderts. Wo Schleiermacher stets von der Romantik geprägt blieb, war Ritschl ängstlich darum bemüht, dem Gott und der Religion seiner Zeit, dem Positivismus, Genüge zu tun. Um der Theologie eine solide und anerkannte Ecke in der akademischen Welt zu sichern, lehnte er Begriffe wie »Gefühl« ab und verlegte sich auf die historisch-kritische Forschung als der stärksten Waffe des theologischen Arsenals. Seine Betonung lag deshalb mehr auf Jesus als auf Christus. Kenntnisse dieses Jesus, durch historische Forschung gesichert, sollten die Basis der christlichen Botschaft abgeben. Ritschl bestritt ebenfalls die Bedeutung der objektiven Schuld, einer objektiven Menschwerdung usw.[23] Das heißt, er trennte sich bereitwillig von den übernatürlichen Elementen des Christentums, die gegen die Vernunft verstießen. Schließlich bestand ein wichtiges Moment seiner Theologie darin, das Kantische Problem, über Gott keine Aussagen machen zu können, zu lösen. Er ersetzte Seinsurteile über Gott durch Werturteile, so daß nun keine Aussagen darüber gemacht werden, was

Gott dem Menschen gegenüber *ist*, sondern nur darüber, was er für ihn *bedeutet*.[24]

Ritschls Einfluß auf die Theologie war von einem solchen Ausmaß, daß große Theologen der Jahrhundertwende, wie z. B. Adolf von Harnack, immer noch als Ritschlianer bezeichnet werden.[25] Ritschl entwickelte die Grundform liberaler Theologie, einer Theologie, die ihren gleichberechtigten Platz in der liberalen akademischen Welt suchte. Offensichtlich sind aber auch mit Ritschl die Probleme noch nicht ganz verschwunden. Rückblickend wird klar, daß er die Leben-Jesu-Forschung wohl etwas zu optimistisch sah. Ohne diese solide Basis steht aber auch die zweite Säule seiner Synthese, nämlich die Werturteile, auf tönernem Boden. Wie und warum werden sie gebildet? Wie unterscheiden sich christliche Werturteile über Gott von nicht-christlichen? Eine kluge Analyse könnte eine solche Option schnell als Flucht statt als Lösung entlarven. Außerdem sollte festgehalten werden, daß Ritschl in konservativen Theologen- und Kirchenkreisen Opposition hervorrief. Eine Resolution der Hannoverschen Landessynode richtete sich 1881 gegen Ritschls liberalen Einfluß auf die theologische Fakultät in Göttingen.[26] Zusätzlich zum rationalen, akademischen Kampf hatte die Theologie also noch eine weitere Flanke zu verteidigen.

Ein letzter Repräsentant der liberalen Theologie ist Ernst Troeltsch (1865–1923), ein Mann, der für seine kühnen Arbeiten auf historischem und geschichtsphilosophischem Gebiet vielleicht ebenso berühmt ist wie für seine Theologie. Aber möglicherweise macht ihn gerade sein Interesse an der Geschichte, wie ein amerikanischer Theologe glaubt, zum wichtigsten Wortführer liberaler Theologie. In einem Buch mit dem Titel *Christian Faith and History: A Critical Comparison of Ernst Troeltsch and Karl Barth* meint Thomas W. Ogletree, daß sich, da Geschichte die Basis einer rationalen Annäherung an den christlichen Glauben bildet, die wichtigsten Probleme zwischen Barth und Troeltsch auftun.[27]

Troeltsch vertritt eine nahezu vollständig rationale Theologie. Er stellt fest, daß die Religionsausübung eine allgemeine Tatsache der menschlichen Geschichte ist. *A priori* vermutet er dann, daß dies aus einem angeborenen religiösen Gefühl kommt. Schließlich fügt er das Werturteil hinzu, daß das Christentum die beste Basis für Werte in der abendländischen Gesellschaft abgebe und deshalb erhalten werden müsse. Seine Arbeit auf dieses dreifache Fundament stützend, kommt Troeltsch dann zur Bestimmung eines

Christentums, das für die Vernunft akzeptierbar ist. Er sieht Wissenschaft und Geschichte als die beiden überwältigenden Realitäten modernen Lebens, und dieser Zwillingskraft gesellt er die christliche Theologie hinzu. Das Ergebnis ist eine allgemeine Wissenschaft religiöser Phänomene in der Geschichte, in der das Christentum gute Noten erhielt für solche Werte, die Troeltsch bewunderte. Diese Theologie entspricht vernünftigen Argumenten *nahezu* vollkommen.

Lediglich die Vermutung eines religiösen Gefühls *a priori* und die Beurteilung christlicher Werte des Abendlandes könnte man subjektiv nennen. Aber Troeltschs rational denkendes westliches Publikum kam aus der gleichen kulturellen Umgebung, es teilte seine Voreingenommenheiten und fand solche Vermutungen vielleicht gar nicht sonderlich bemerkenswert. Ethnozentrische Auffassungen dieser Art sind tief in der menschlichen Psyche verankert, eine Quelle, die Naturrecht und natürliche Theologie schon lange anzapfen. Dennoch sind sie extra-rational.

Das zweite Problem für Troeltsch ist offenkundiger, nämlich die Bedrohung der oben erwähnten theologischen Flanke. Kann das Christentum mit Troeltsch leben, oder ist seine Ehrlichkeit gegenüber der Vernunft tödlich? Das Christentum hat immer darauf bestanden, im Besitz einer bestimmten Einzigartigkeit und Autorität zu sein, basierend auf einer einzigartigen und autoritativen Bibel und Kirche. Doch wird dies unhaltbar oder zumindest höchst angreifbar in der relativistischen Soziologie und Geschichte der Religion. Bei Troeltsch verstehen wir endlich, daß es genau dieser Anspruch auf Einzigartigkeit ist, der der Vernunft am meisten widerstrebt, weil er außerhalb der Vernunft steht; und es ist gleichzeitig dieser Anspruch, der im Zentrum des christlichen Glaubens steht.

Die Arbeit historisch-kritischer Theologen und die Arbeit systematischer Theologen führten somit gegen Ende des 19. Jahrhunderts in dieselbe Sackgasse. Beide waren bemüht, den christlichen Glauben von den unwesentlichen, übernatürlichen Anhängseln zu befreien, die er sich in naiven, vorwissenschaftlichen Zeiten zugelegt hatte. Beide erwarteten, am Ende des Weges einen gereinigten und rationalen Kern vorzufinden. Zu ihrer Überraschung durchdrang aber das Über-Rationale selbst den Kern des Christentums. Hatte Jesus ein besonderes Verhältnis zu Gott? Birgt die christliche Tradition eine einzigartige Gottesbotschaft? Die Vernunft gibt hierauf keine Antwort, doch ohne diese Elemente ist das Christentum möglicherweise nicht wiedererkennbar. Die Kluft zwischen liberaler Theologie und dem gewöhnlichen Kirchgänger ging deshalb tiefer, als dessen Beschränktheit reichte. Der gewöhnliche Kirchgänger hatte, vielleicht sogar wider besseres Wissen, einige entscheidende Schwierigkeiten einer akademischen Theologie begriffen. Das Ergebnis der rationalen Theologie schien somit ein Verlust an Verkündigung und Inhalt zu sein. Ist Theologie glaubwürdig, wenn sie nicht wissenschaftlich ist? Hat sie einen Wert, wenn sie wissenschaftlich ist? Das Dilemma sah nach Unlösbarkeit aus.

Ein möglicher Ausweg aus diesem Dilemma wäre wohl der Verzicht auf die christliche Theologie gewesen. Jahrzehnte vorher hatte Ludwig Feuerbach (1804–1872) behauptet, daß das Christentum, gemeinsam mit allen anderen Religionen, den Versuch darstellt, die besten menschlichen Tugenden der Stärke und Güte auf einen anthropomorphen Gott zu projizieren. Dies ist eine der Vernunft zugängliche Lösung. Es ist eine Lösung, die sich nicht in Augenblicken der Gefahr in die rettenden Arme des Mysteriums flüchtet. Möglicherweise ist sie wirklich die einzige endgültige Lösung, und das scheinbare Paradoxon wird sich dann auflösen, wenn es voll akzeptiert wird. In diesem Falle würde die Theologie des 20. Jahrhunderts zu einer Ansammlung jämmerlich Verblendeter, die sich mühen, den Glauben dem Grab der Vergangenheit um einer Tröstung in der Gegenwart willen zu entreißen. Immerhin sollte man zumindest zugeben, daß die Verblendeten ein kühnes Szenarium geliefert haben. Die Theologie des 20. Jahrhunderts ist angefüllt von brillanten und geistvollen Erkenntnissen. Die veränderten Bedingungen der intellektuellen Welt im 20. Jahrhundert ließen den selbstzufriedenen Rationalisten zu einer rareren Figur werden. Wenn die Wahrheit des Christentums nicht bewiesen werden kann, so kann es das Gegenteil ebensowenig. Theologen von heute nähren die Hoffnung, daß sie einer ernüchterten Welt etwas Einmaliges und Nützliches anbieten können.

Die protestantische Theologie des 20. Jahrhunderts reagierte auf die Krise der liberalen Theologie, indem sie die Wirkkraft der Vernunft bestritt. Diesen Trend erkennt man, wenn man die drei beherrschenden Gestalten der modernen Theologie anschaut: Karl Barth (1886–1968), Rudolf Bultmann (1884–1976) und Paul Tillich (1886–1965). Es ist interessant zu sehen, daß diese drei

Männer fast um die gleiche Zeit geboren wurden und daß jeder von ihnen während der fruchtbaren kulturellen Periode der zwanziger Jahre die theologische Bühne Deutschlands betrat. Ihre wichtigste und einflußreichste Zeit folgte jeweils aufeinander: Barth dominierte während der zwanziger und dreißiger Jahre, Bultmann gelangte nach 1945 zu hervorragender Bedeutung und Tillich in jüngerer Zeit.[28] In ihrer Theologie sind sie grundverschieden, und so zögerten sie nicht, sich gegenseitig zu kritisieren. Dennoch sind sie in einem wichtigen Punkt verbunden, und zwar durch ihre gemeinsame Ablehnung liberaler Theologie mit ihrem impliziten Anspruch, daß der Mensch Gott entdecken und beschreiben könne. Barth, Bultmann und Tillich gingen von dem irrationalen Glauben aus, daß Gott sich dem Menschen offenbare und nur auf dieser Basis erkannt werden könne. Jeder von ihnen fügte diesen irrationalen Glauben an irgendeinem Punkt in sein System ein. Die Auseinandersetzungen zwischen ihnen drehen sich um das Ausmaß und den Ort dieser irrationalen Einfügung. Die vorliegende Übersicht beginnt mit Barth, dem bedeutendsten der drei, was den Zeitpunkt und die Wirkung seiner Ideen betrifft.

1919 veröffentlichte Karl Barth seinen *Römerbrief,* 1922 erschien eine zweite, wesentlich überarbeitete Ausgabe des Buches, und er begann seine akademische Laufbahn als Professor für reformierte Theologie an der Universität Göttingen. Diese beiden Ereignisse leiteten eine Revolution in der modernen Theologie ein. Die Verwendung des Begriffs Revolution ist, wie bei den meisten großen Veränderungen, ebenso fragwürdig wie legitim – das heißt, eine Frage der Rangeinschätzung und Beurteilung. Karl Barths Theologie erhielt einen neuen Namen oder mehrere neue Namen (dialektische Theologie, Theologie der Krisis, Neoorthodoxie), um sie von der liberalen Theologie zu unterscheiden. Seine Theologie begann mit einem umfassenden Angriff auf die liberale Theologie und einer Ablehnung ihrer wichtigsten Lehren. Seit Karl Barth ist die moderne Theologie nicht mehr dieselbe, und das liegt zumindest teilweise an Erkenntnissen, die er als erster dargelegt hat. Insofern ist er eine revolutionäre Gestalt. Doch ist es immer noch möglich, Aspekte seiner Theologie im 19. Jahrhundert zu entdecken, was auf eine gewisse Evolution hindeutet; und Barth hatte Zeitgenossen, die die gleichen neuen Äcker pflügten.

Barths Theologie beginnt mit einer dreifachen Ablehnung der Tradition. Zunächst einmal wehrt er sich gegen Schleiermachers

Idee von der Religion als allgemeinem Ursprung und besteht darauf, daß das Christentum nicht eine von vielen Religionen sei, sondern ein einmaliges und einzigartiges Verhältnis zu Gott darstelle. Den christlichen Glauben als Religion zu sehen, verdunkle die Wahrheit und habe eine unzutreffende, unzulängliche Sprache als Voraussetzung. Zweitens lehnt Barth den historischen Jesus ab, bzw. die theologische Bemühung, diesen Jesus aufzufinden. Statt dessen spricht er von Christus so, wie ihn die christliche Kirche lehrt. Christus ist das »lebendige Wort« Gottes, die Botschaft, die den Gläubigen beständig offenbart wird. Schließlich stellt sich Barth gegen Schleiermachers und Ritschls Auffassung, daß der säkulare Mensch sich mit wissenschaftlichen Mitteln der Wahrheit des christlichen Glaubens nähern könne. Das Christentum kann einzig und allein durch den Glauben erfaßt werden. Auf diese Weise lehnt Barth die gesamte rationale Theologie als falsch und irreführend ab. Sie ist reduktionistisch und relativistisch, und zwar nicht wegen einer Schwäche des Christentums, sondern weil die Vernunft allein nur über völlig unzureichende Mittel verfügt, den christlichen Glauben zu begreifen.

Bei näherem Betrachten kann man dieser dreifachen Ablehnung durch Barth eine einzige Entdeckung oder Behauptung als das Wesentliche entnehmen: Der Abstand zwischen Gott und Mensch. Dieser Abstand ist absolut und unüberbrückbar. Also kann der Mensch weder von Gott sprechen, noch ihn verstehen. Des Menschen Vernunft und seine wissenschaftlichen Mutmaßungen reichen hierzu nicht aus. Religionen sind irrige, anthropologisch begründete Anstrengungen, diesen Abstand zu überwinden, und gehören deshalb nicht in dieselbe Kategorie wie das Christentum. Denn Christentum heißt, die Tatsache zu akzeptieren, daß Gott den Abstand durch die Entsendung des »lebendigen Wortes«, durch Christus, aufgehoben hat. Barths theologische Position der zwanziger Jahre findet sich in diesen wenigen Aussagen zusammengefaßt, außerdem bieten sie eine Erklärung der Begrifflichkeiten dieser Theologie. »Theologie der Krisis« bezieht sich auf die Krise, die durch die Trennung des Menschen von Gott heraufbeschworen wurde – also auf eine existentiale geistige Krise und nicht auf die kulturelle oder politische Krise der Zeit.[29] »Dialektische Theologie« meint die durch die Kluft zwischen Gott und Mensch entstandene Dialektik.[30] Sie schwelgt in Antithesen, dem absoluten »Nein« als Antwort auf die Hoffnung des Menschen,

Gott zu erkennen, gegenüber Gottes absolutem »Ja« durch Christus, der zum Menschen kommt; die absolute Göttlichkeit Gottes gegenüber der absoluten Menschlichkeit des Menschen usw. Als Methode des Redens von Gott macht die dialektische Theologie ein Paradoxon geltend, das heißt, Gott ist vom Menschen unendlich entfernt und ihm gleichzeitig unendlich nah. Da seine Logik gänzlich versagt, bietet ein solches Paradoxon dem Menschen die einzige Möglichkeit, Gott näher zu kommen. »Neoorthodoxie« bezeichnet die grundsätzliche Beibehaltung des christlichen Dogmas gegenüber dem Reduktionismus der liberalen Schule, aber sie akzeptiert die Ergebnisse der historisch-kritischen Forschung und ist insofern eine »neue« Orthodoxie. »Nicht daß Barth die damals wie heute in der Theologie geltende historisch-kritische Methode grundsätzlich ablehnte. Immer wieder versicherte er, daß er ihr begrenztes, relatives Recht durchaus anerkenne. Die Frage ist nur, wo die Grenzlinie verläuft, und da wird man sagen müssen, daß Barth sie sehr weit zurückgenommen hat.«[31]

Man kann Barths Theologie nicht unbedingt als ein einheitliches Ganzes bezeichnen. Sein Werk zeigt zwei Phasen, eine destruktive, beherrscht von seinen polemischen Angriffen auf die liberale Theologie, und eine konstruktive, die von seiner monumentalen systematischen Theologie, dem 8000 Seiten umfassenden Werk *Kirchliche Dogmatik* (1932ff.) gekennzeichnet ist. Während der ersten Phase zeigt er sich hart, sarkastisch und betont das »Nein« in der Trennung Gottes vom Menschen; die zweite Phase zeigt ihn milder, er schreibt humorvoller und konzentriert sich auf das »Ja« der absoluten Gnade Gottes.[32] In seiner Dogmatik ist er darüber hinaus bemüht, Ideen und Gedanken zu erläutern, die er zuvor nur behauptet hatte, was eine konsequentere Auseinandersetzung mit Vernunft-Konzepten erzwingt. Barth ersetzt die dialektische Methode sogar großteils durch eine Methode der Analogie als sein bevorzugtes Mittel beim Reden von Gott.[33]

Dennoch bleibt eine grundlegende Konsistenz in Barths Reaktion auf die Probleme des Rationalismus. Seine Brillanz liegt darin, daß er die Schwierigkeiten ergreift und herumdreht. Wenn das Erforschen von Religion zum Relativismus führt, dann lehne es ab. Wenn das Erforschen von Jesus zum Skeptizismus führt, dann lehne es ab. Er bezieht das Recht auf diese Ablehnung aus dem Glauben, daß Gott zum Menschen spricht und der Mensch dadurch zur Wahrheit findet. Trotz ihrer augenscheinlichen Begrenzungen ist die Bibel Gottes Wort. Der Mensch kann sie rational erörtern, aber er kann ihre Substanz nicht anfechten. Wenn die Menschen die Bibel lesen, wiederholt sich das Mysterium der Offenbarung; wenn Christen das Gotteswort predigen, dann ist es Gott, der durch sie spricht.[34] Genau das ist das zentrale Wunder für Barth, und es hat den Vorteil, ihn eigentlich unangreifbar zu machen. Denn wenn es einen Gott gibt – eine Tatsache, die nur durch den Glauben akzeptiert werden kann – und wenn dieser Gott den Weg der Offenbarung durch Christus wählt, um für den Menschen erkenntlich zu werden –, dann hat Barth recht, dann hat er auf brillante Weise die christliche Botschaft aus den zwar wohlmeinenden, aber unbeholfenen Händen der Vernunft befreit. Er isoliert die Probleme der liberalen Theologie, schreibt die Grundsätze neu und setzt zu neuen Darlegungen an. Wenn man seine neuen Prinzipien akzeptiert, dann ist das Ergebnis wunderbar und rational verständlich. Doch die Grundsätze sind *irrational.*

Es ist nur natürlich, daß Barths irrationale Voraussetzungen irrationale und extreme Implikationen mit sich bringen. Barths Auffassung vom Humanismus beispielsweise zeigte sich in einer Rede auf der Humanismus-Konferenz in Genf 1949. Er leitete seinen Vortrag damit ein zuzugeben, daß seine Meinung möglicherweise wegen der Totalität seiner Überzeugung unbequem sein könnte. Er erklärte, daß der christliche Humanismus auf der Inkarnation basiert, in der Gott durch Jesus Christus menschlich wurde. Von diesem Punkt aus entwickelte er die folgende Argumentation: 1. Der Mensch ist von Gott erschaffen. 2. Der Mensch hat eine Beziehung zu anderen Menschen und ist ein Mensch unter Menschen. 3. Der Mensch will Gott sein und zerstört damit das wunderbare Bild. 4. Aber durch Jesus Christus ist ein völlig neues menschliches Wesen möglich geworden.[35] Dies ist nicht der Stoff wissenschaftlicher Auseinandersetzungen. Barth erklärte den Delegierten der Weltkonferenz über Humanismus, daß nur das Christentum wahren Humanismus anbieten könne.

Auch Barths Geschichtsauffassung ist radikal. Um die Autorität der Leben-Jesu-Forschung zu untergraben, aber unter Beibehaltung des historischen Jesus, greift Barth zu den Mitteln der mathematischen Bildsprache. Zum Beispiel sagt er, daß Gott durch Jesus nicht in die Geschichte eingriff, sondern daß er die Geschichte an einem eindimensionalen Punkt durchkreuzt hat, der nicht das Thema einer normalen historischen Betrachtungs- und Behandlungsweise sein kann.[36] Nachdem er die Vernunft auf diese Weise herausgefordert hatte, verlangt er weiter, alle weltliche Geschichte aus christologischer Sicht zu sehen, denn jegliche Geschichte des Menschen ist von Gottes Beziehung zu ihm durchdrungen. Geschichte anders zu sehen, spiegelt nur die Hybris des Menschen wider, des Menschen, der versucht, sich auf die Ebene Gottes zu erheben.[37]

So revolutionär Barths Ideen auch scheinen mögen, sie schöpfen aus Quellen des 19. Jahrhunderts. Zunächst einmal kann die Betonung der Christologie sogar bis Schleiermacher zurückverfolgt werden, zumindest in seiner Bevorzugung des Namens »Christus« statt »Jesus«.[38] Martin Kähler (1835–1912) und Wilhelm Herrmann (1842–1922) treiben die Christozentrik noch viel weiter. Obwohl sie innerhalb der liberalen Tradition bleiben, sehen sie Widersprüche in der Leben-Jesu-Forschung und reagieren darauf, indem sie den historischen Jesus kompromißlos durch den geistigen Christus ersetzen. 1892 schrieb Herrmann, daß wir wissen, daß unser Glaube nicht aus einer historisch beweisbaren Tatsache entstanden ist. Das wäre natürlich bedeutungslos. Wir verdankten unseren Glauben einer Tatsache, die jeder von uns für sich selbst auf ganz bestimmte Weise aus derselben Tradition heraus erfährt.[39]

Kählers Ansichten gehen aus dem Titel seines Hauptwerkes hervor: *Der sogenannte historische Jesus und der historische, biblische Christus.*[40] Die eigentliche Bedeutung dieser Christozentrik ist die Ablehnung der rationalen Theologie des 19. Jahrhunderts, aber es blieb Barth überlassen, es auch auszusprechen. Was er dann auch auf unmißverständliche und klare Weise tat. Die Verbindungslinie von diesen Ideen zur Theologie des 20. Jahrhunderts ist offensichtlich, denn Herrmann war der Lehrer von Barth und Bultmann, Kähler war der Lehrer Paul Tillichs.[41]

Ein anderer Einfluß des 19. Jahrhunderts auf Barth ging von jenem Dänen aus, dessen Wirkung besonders im Existentialismus des 20. Jahrhunderts zu spüren war – Søren Kierkegaard (1813–1855). Es war Kierkegaards Lebensziel, die Irrationalität des Christentums zu beweisen. Er war überzeugt, daß Gott zu weit vom Menschen entfernt war, um ihn durch die schiere Vernunft erkennen zu können. Das würde keinen Glauben zulassen. Eine eindrucksvolle Darstellung der Irrationalität des Glaubens findet sich in Kierkegaards Interpretation der Opferung Isaaks in seinem Buch *Furcht und Zittern.*[42] Nach allen Regeln der menschlichen

Vernunft konnte Abrahams Bereitschaft, seinen Sohn zu opfern, nur aus dem »Wahnsinn« kommen. Isaaks Geburt war lange erhofft und erwartet worden, Abraham war alt und Nachkommenschaft seine größte Sorge. Aber er hörte die Stimme Gottes und handelte im Wahnsinn des Glaubens; und dann wurde Isaak verschont. Nicht oft verlangt christlicher Glauben ein solches Opfer wie bei Abraham, aber in jedem anderen Fall ist es ebenso wahnsinnig. Denn immer ist es völlig davon abhängig, daß Gott dem Gläubigen die Wahrheit sagt; die Gewißheit dieser Botschaft kann niemals einer rationalen Analyse unterzogen werden.

Kierkegaards Ideen wurden von Franz Overbeck (1837–1905) aufgegriffen und an Barth weitergegeben, der dann sein Konzept des Abstands bildete, den Grundsatz vom »unendlichen qualitativen Unterschied« zwischen Mensch und Gott.[43] Hier liegt die Wurzel von Barths Irrationalismus. Hier findet sich sein Radikalismus, seine Ablehnung der säkularen, wissenschaftlichen Theologie und seine Ablehnung jeglichen historischen Denkens, das nicht auf christozentrischem Glauben basierte. All das sei eitler Wahn, denn es werde dabei versucht, den Menschen auf Gottes Ebene zu bringen.

Die Schwierigkeit in Kierkegaards wie in Barths Theologie liegt in der Unterscheidung der Wahnsinnigen von den Gläubigen, das heißt im Problem der Subjektivität. Ein Beispiel, wenn auch nicht ganz aus dem Bereich des Wahnsinns, soll als Erläuterung dienen. Barth war immer der Ansicht, daß ein Christ verpflichtet ist, politisch Stellung zu beziehen. Im Lauf der Zeit riet er zur Opposition gegen Nazi-Deutschland, warnte aber gleichzeitig vor zu enger Zusammenarbeit mit den Kommunisten Osteuropas. Dieser scheinbare Widerspruch wurde 1948 wahrnehmbar, als Barth Ungarn bereiste. Emil Brunner, ein Schweizer mit ähnlichen theologischen, aber konservativeren politischen Ideen, griff Barth in einem offenen Brief an und verlangte Beharrlichkeit in seiner politischen Haltung gegen totalitäre Staaten. Barths Entgegnung ist überzeugend. Er betont, daß Hitler für Christen etwas Verlockendes hatte und damit eine Bedrohung für das Christentum war. Kein Christ hingegen liefe Gefahr, durch die Sowjetunion verführt zu werden, also würde die notwendige Negativreaktion schon von selbst einsetzen.[44] Weiterhin antwortet er mit einer klaren Beschreibung des Kalten Krieges als eines Machtkampfes zwischen Amerika und der Sowjetunion, eine Analyse aus dem Jahre 1949, die bereits vieles der Erkenntnisse jüngster Geschichtsforschung über den Kalten Krieg vorausnahm. Außerdem war Barth der Ansicht, der Westen bewege sich auf dünnem Eis mit seiner Kritik an der politischen Ungerechtigkeit in der Sowjetunion, solange er nicht fähig sei, die wirtschaftlichen Ungerechtigkeiten innerhalb seines eigenen Systems besser aufzufangen. Er folgert, daß die Streitfragen zwischen Ost und West zwar nicht eindeutig umrissen, sicherlich aber eher politischer denn geistiger Natur sind. Deshalb sollte die Kirche sich gegen offene Konflikte einsetzen, aber für keine der beiden Seiten arbeiten.[45] Dies ist ein scharfes Argument, das von Barths intellektueller Weitsicht zeugt; aber es bleibt unbestimmt ohne den Glauben, daß Barths Interpretation von Gottes Willen korrekt und die von Brunner falsch ist. Barth oder Brunner absolute Geltung zuzuerkennen ist subjektiv.

Barth teilt diese Schwäche der Subjektivität mit vielen anderen bekannten Persönlichkeiten, so auch mit Martin Luther, der völlig überzeugt war, daß seine klare Auslegung der Heiligen Schrift Irrtümer korrigieren und zu einem gereinigten, geeinten Glauben führen würde. Doch irgendwie finden sich Gottes Wille und seine Botschaft an den Menschen nicht in diese Uniformität. Aber Barth gleicht diese Schwäche durch seine große Leistung aus, die liberale Theologie herausgefordert zu haben. Er brachte die Auseinandersetzung weg von den Diskussionen über die Existenz Gottes und die historische Genauigkeit der christlichen Botschaft zu einer Erörterung der Bedeutung Christi für den Christen von heute. Barth verfügte über das Genie und die Kühnheit, zwei Jahrhunderte rationaler Theologie zu ignorieren und zu der Frage zurückzukehren, was die Botschaft Gottes eigentlich ist. Die meisten Theologen des 20. Jahrhunderts sind ihm in diese Richtung gefolgt.

Rudolf Bultmann wurde in den zwanziger Jahren als dialektischer Theologe bekannt, er kämpfte an der Seite von Karl Barth. Bultmann erkennt die Mängel der liberalen Theologie, er beruft sich auf die Ferne Gottes und die Einzigartigkeit der christlichen Offenbarung zu ihrer Überwindung. Mit seiner »Rechtfertigungslehre«, das heißt der Rechtfertigung allein durch den Glauben, gibt er seiner irrationalen Theologie einen spezifisch lutherischen Anstrich. Aber mehr noch als Barth anerkennt er die Instrumente liberaler, rationaler Forschung und hält an der Überzeugung fest, daß die Theologie zum Besten der menschlichen Vernunft eine

Analogie und keinen Widerspruch bilden sollte. Bultmann war sogar einer der Pioniere einer besonderen biblischen Analyse, der formgeschichtlichen Methode. Und er borgte sich ein besonderes philosophisches System, nämlich den Existentialismus Martin Heideggers, aus, um dieser Theologie ihre Basis zu geben.[46] Barth und seine Anhänger bezichtigen Bultmann, liberal und anthropologisch zu sein – das sind in ihrem Vokabular die stärksten Attribute. Trotzdem besteht kein Zweifel, daß er eine Variation des Barthschen Themas spielt.

Bultmanns systematische Theologie entwickelt sich aus seiner Interpretation des Neuen Testaments. Seine Absicht ist es, dem Neuen Testament eine Sprache zu entlocken, in der der moderne Mensch die Botschaft Christi begreifen kann, eine Sprache, die nicht durch verwirrende Mythen und Vorstellungen eines anderen Zeitalters unverständlich bleibt. Bultmann hält sich an den berühmten Paulus-Spruch »wir aber predigen den gekreuzigten Christus, den Juden ein Ärgernis und den Griechen eine Torheit«.[47] Aber er sucht dieses Ärgernis auszumerzen, das in den menschlichen Grenzen der biblischen Quellen und den Verkrustungen durch Legende und Mythos liegt, damit das wirkliche Ärgernis an Christi Aufruf zum irrationalen Glauben klar erkennbar wird. Hierzu verwendet er die formkritische Methode, eine Technik, die die Evangelien in Einheiten mündlicher Tradition einteilt. Diese Einheiten können ihrer Form nach identifiziert und klassifiziert werden, das heißt durch bestimmte Redensarten, Parabeln usw. Eine solche Klassifizierung erlaubt die Bewertung der Glaubwürdigkeit dieser Einheiten im Hinblick auf die Umgebung, aus der sie stammen.[48] Bultmann glaubt nicht, daß über das Leben Jesu mit dieser oder irgendeiner anderen Methode etwas Konkretes zu erfahren sei, doch versichert er, daß die Formkritik eine Entmythologisierung der Bibel erlaubt, wodurch die Spur eines genauen Bildes des in der Predigt bezeugten Christus verfolgt werden kann.

Zwei weitere Voraussetzungen bringt Bultmann in die Interpretation des Neuen Testaments mit ein. Zum einen sagt er, daß Luthers Rechtfertigungslehre die entscheidende und zentrale Botschaft der Bibel ist.[49] Bultmanns Christozentrik wird hierdurch bestimmt, ebenso wie seine Behauptung, daß Kreuzigung und Auferstehung, die Grundpfeiler der Rechtfertigung durch Christus, die entscheidenden historischen und geistigen Ereignisse sind, um die die Bibel kreist. Alles Übrige der Heiligen Schrift muß in diesem Licht betrachtet werden und kann leicht entmythologisiert werden, ohne daß der zentralen Botschaft Schaden zugefügt würde – es würde im Gegenteil zu ihrer Klärung beitragen.[50]

Zum anderen glaubt er, daß Martin Heideggers Existenzphilosophie eine zufällige, moderne, säkulare philosophische Basis für das Verständnis der Rechtfertigungslehre abgibt, wie sie sich bei Luther und im Neuen Testament findet. Heidegger beschreibt die existentiale Situation, in der der Mensch zwischen eigentlichem und nicht eigentlichem Sein wählt. Bultmann setzt lediglich christliche Begriffe ein. Das existentiale Dilemma des Menschen ist seine Trennung von Gott, die auch als Trennung von anderen Menschen, von der Welt und, schließlich, von sich selbst erfahren werden kann. Der Mensch möchte wissen, wer er wirklich ist. Er möchte seine Eigentlichkeit finden. Aber wenn er dies auf sich selbst gestellt versucht, wenn er versucht, Gott durch die Religion zu finden oder den Abstand und die Trennung von ihm durch Wissenschaft, Soziologie oder Selbstprüfung zu überwinden, versagt er; dieses Versagen wird als das nicht eigentliche Sein interpretiert. Erst wenn der Mensch sich Christus öffnet und gläubig auf die radikale und irrationale Forderung reagiert, ihm zu folgen, erfährt er Eigentlichkeit, das heißt Rechtfertigung. Das gelingt ihm nicht durch gute Werke; auch kann er Gott sein Geheimnis nicht mit den Mitteln der Vernunft entreißen. Doch wenn er geduldig wartet, wird ihm Gott seine Eigentlichkeit schenken.[51]

Auch Heideggers Geschichtsauffassung findet sich bei Bultmann wieder. Im Gegensatz zur positivistischen Hoffnung, Fakten zu sammeln und ein genaues Bild der Vergangenheit zeichnen zu können, behauptet Heidegger, daß sich in ihr jeweils eine Möglichkeit menschlicher Existenz ausspricht: Das Verbum *begreifen* wird durch *ergreifen* ersetzt. »[Der Mensch] läßt sich von [der Geschichte] *er*greifen und in sie hineinziehen als ein Teil von ihr.« Bultmann konnte die positivistische Haltung der Tatsachensammlung über das Leben Jesu leicht als unbefriedigend akzeptieren, genauso wie die Folgerung, daß die richtige christliche Geschichtsauffassung sich der Wirklichkeit des historischen Christus bemächtigt hat. In seinem Denken wird »Geschichte« durch »Geschichtlichkeit« ersetzt. Denn Geschichte bedeutet nicht Wissen, sondern Begegnung.[52]

Während seiner ganzen Laufbahn galt Bultmanns größte Sorge der intellektuellen Aufrichtigkeit. 1942 schrieb Dietrich Bonhoeffer: »Bultmann hat die Katze aus dem Sack gelassen... Er hat gewagt zu sagen, was viele in sich verdrängen (ich schließe mich ein), ohne es überwunden zu haben. Er hat damit der intellektuellen Sauberkeit und Redlichkeit einen Dienst getan.«[53]

Durch die Entmythologisierung ist das mythologische Weltbild Stück für Stück »erledigt« oder »unverständlich« geworden.[54] Doch selbst bei den von Bultmann gewählten rationalen Mitteln findet sich eine Andeutung des Irrationalen nicht sehr weit unter der Oberfläche. Zwar ist die Formkritik fesselnd, doch unterscheidet sie sich kaum von jenen »Schlüsseln« zur Bibel, an denen Schweitzer *fast* verzweifelt war. Dies ergibt sich aus der wichtigen Rolle, die Rechtfertigungslehre und Existenzphilosophie bei den Ergebnissen von Bultmanns Formkritik spielen. Und die Existenzphilosophie, die zweite Säule von Bultmanns Rationalismus, flirtet zumindest mit dem Irrationalen. Man kann allerdings argumentieren, daß der Existentialismus rationalen Erklärungen unzugänglich ist und erfahren werden muß, um überhaupt verstanden zu werden. Die dritte Säule von Bultmanns Rationalismus, die Ehrlichkeit gegenüber der Geschichte, ist tatsächlich die Ehrlichkeit gegenüber einer bestimmten Auffassung des historischen Moments. Diese Geschichte erhebt keinen Anspruch auf Verifizierbarkeit. Bultmann behauptet, daß Jesus als Ereignis stattfand, aber er tut dies aus dem Glauben heraus und beurteilt historische Forschungen als irrelevant. Selbst seine Schüler haben den Mangel an Geschichtlichkeit als Bultmanns größte Schwäche bezeichnet. Jürgen Moltmann etwa merkt an: »Der Mensch *ist* nicht nur geschichtlich, sondern er *hat* auch Geschichte.«[55] Dies läßt in Bultmanns Arsenal nur die Rechtfertigungslehre übrig, und die ist zugegebenermaßen eher eine Angelegenheit des Glaubens als der Vernunft.

Es ist von einer gewissen Ironie, daß Bultmann, gemessen an Barth, die Vernunft und ihre Instrumente viel rigoroser einsetzte, um sie dann zum Schluß doch viel stärker abzulehnen. Barth entledigte sich der Vernunft schnell und antiseptisch, wodurch er seine gesamte Energie einer Interpretation der christlichen Botschaft aus dem Glauben heraus widmen konnte. Doch die subtile Anziehungskraft der Vernunft kann in der realen Welt nicht ohne weiteres vom Glauben getrennt werden. Also begann Barth nach und nach, den Kampf mit einigen der rationalen Rätsel seiner Lehre auf rationalere Weise zu führen. Bultmann begann seine Arbeit mit der festen Entschlossenheit zu intellektueller Aufrichtigkeit. Doch wie so häufig im 20. Jahrhundert führte ihn diese intellektuelle Aufrichtigkeit zur Verzweiflung an der objektiven Vernunft.

Neuorthodoxe Theologen haben Bultmann vorgeworfen, daß er eine künstlich erdachte Philosophie für seine Theologie verwandte und die traditionelle Lehre als unnötigen Mythos abtat. Dies ist insofern von Bedeutung, als es auf die zentrale Frage hinweist, die bei Bultmann recht klar dargelegt ist: Wie weit kann ein Theologe die Vernunft in Schutz nehmen, bevor er sie um des Glaubens willen hinter sich lassen muß? Regin Prenter hat festgestellt, daß Bultmanns Entmythologisierung selektiv ist – zwar trennt er sich vom »überflüssigen« Mythos, gleichzeitig behält er aber den zentralen Mythos des in Christus fleischgewordenen Gottes bei.[56] Das ist eine rational verwickelte Lage. Roy A. Harrisville zielt sogar noch genauer auf die rational-irrationale Grenze mit seiner Analyse des Übergangs vom eigentlichen zum nicht-eigentlichen Sein in Bultmanns Theologie.[57] Harrisville behauptet, in diesem Übergang sei so viel Kontinuität bewahrt worden, daß die Einzigartigkeit der christlichen Authentizität verlorengegangen ist. Sie ist von Heideggers Eigentlichkeit nicht zu unterscheiden. Bultmann gibt zu, daß der authentische Glaube für den säkularen Menschen als Option *verständlich* ist; dann wiederum sagt er, daß der Mensch von sich aus diese Option nicht wahrzunehmen vermag, sondern daß er dazu der Gnade bedarf. Harrisville fürchtet, daß diese Qualifizierungsklausel nicht ausreicht. Wenn die Vernunft in der Lage ist, den Gehalt des authentischen Glaubens zu erkennen, warum sollte sie dann diesen Glauben nicht begreifen können? Feuerbach könnte recht gehabt haben mit seiner Auffassung, das ganze Christentum sei ein eigenständiges, rationales Konstrukt. Bultmann würde erwidern, daß er an eine Diskontinuität glaubt, daß die existentiale Hinwendung zum Glauben letztlich ein Geschenk Gottes sei. Aber er kann die von ihm beteuerte Diskontinuität nicht beweisen.

Einige Bultmann-Schüler zeigen sich besorgt darüber, daß er die Geschichtlichkeit Jesu, von der er überzeugt ist, nicht beweisen kann. In einem Buch über den historischen Jesus schreibt Bultmann: »Ich bin der Meinung, daß wir vom Leben und von der Persönlichkeit Jesu so gut wie nichts mehr wissen können.«[58] Angeführt von Ernst Käsemann, hat sich in den letzten fünfunddreißig Jahren eine neue Leben-Jesu-Forschung entwickelt, die darauf basiert, daß, wenn der historische Übergang von Jesus zu Christus nicht aufrechtzuerhalten ist, das Christentum und die Bibel bedeutungslos sind.[59] Diese neue Richtung wird ohne Zweifel die in Bultmanns irrationalem Glauben zu findende Spannung verringern; aber es ist kaum zu hoffen, daß es ihr gelingen wird, die Spannungen zu vermeiden, die den Anlaß zu Bultmanns Glauben gaben.

Paul Tillich ist der dritte große Theologe aus der Zeit der Weimarer Republik. Seine Laufbahn unterscheidet sich von der Barths und Bultmanns sowohl geographisch als auch theologisch. Die räumliche Trennung kam 1933; Tillich war einer der ersten deutschen Professoren, der seinen Lehrstuhl verlor. Seine Verbindungen zum Sozialismus und seine Sympathie für die Juden machte ihn unakzeptabel für das Dritte Reich. Er erhielt jedoch eine Einladung von Reinhold Niebuhr, einem der führenden amerikanischen Theologen, an das Union Theological Seminary in New York. Bis zu seinem Tod im Jahr 1965 lehrte er an amerikanischen Hochschulen, darunter an der Columbia University in New York, in Harvard und Chicago.[60] Dagegen behielt Bultmann seine Professur in Marburg während der ganzen Zeit des Dritten Reiches. Barth mußte Deutschland 1935 verlassen; allerdings ging er nur über die Grenze nach Basel, um dort ein Lehramt zu übernehmen. Der theologische Unterschied zwischen den dreien ist das Ergebnis von Tillichs enger Bindung an den Liberalismus. Tillich ist noch weit weniger als Bultmann bereit, die Vernunft zu streichen. Gemeinsam mit Bultmann glaubt er, daß ein vom Menschen geschaffenes philosophisches System in der Theologie Anwendung finden kann. Und er lehnt, im Gegensatz zum Trend dieses Jahrhunderts, die Religion nicht von vornherein ab. Tillich zeichnet sich dadurch aus, daß die Neuorthodoxen ihn für liberal halten und die Liberalen für neuorthodox. Aber in den entscheidenden Fragen von Glauben und Vernunft hat er sich immer zum Glauben bekannt und gehört somit letztlich an Barths Seite und nicht in die Reihe seiner Gegner.[61]

Tillich beginnt mit dem Glauben, daß im Christentum eine bedeutende Wahrheit verborgen ist. Er nimmt jedoch an, daß diese Wahrheit – um vom modernen Menschen verstanden zu werden – durch die Theologen neu interpretiert werden muß. Seine Methode ist es, existentiale Fragen zu stellen, das heißt Fragen, die die Bedürfnisse des Menschen in seiner jetzigen Existenz betreffen – und die Antworten auf diese speziellen Fragen aus dem Glauben kommen zu lassen. Tillichs Genie liegt in dem Verständnis, das er den existentialen Fragen seiner Zeit entgegenbrachte. Sein Leben und Denken verliefen in einer sehr unbeständigen Geschichtsperiode. Tillich zog daraus den Schluß, revolutionäre Veränderungen als den entscheidenden Faktor unserer Zeit zu sehen. Während seiner Dienstzeit als Pfarrer im Ersten Weltkrieg wurde ihm dies zum ersten Mal bewußt, wie seine Erinnerung an Verdun zeigt: »Als ich erwachte, sagte ich mit: ›Das ist das Ende der idealistischen Seite meines Denkens!‹ In dieser Stunde begriff ich, daß der Idealismus zerbrochen war.«[62] Durch den Zweiten Weltkrieg wurde dieses Krisenbewußtsein noch verstärkt. Auch seine Kenntnisse auf den Gebieten der Psychoanalyse, des Existentialismus, in Kunst und Literatur bestätigten diese Empfindung nur noch mehr.

Tillich erkennt, daß diese Krise letztlich eine Krise des Lebenssinnes ist, die »Frage nach dem Sinn und Wesen aller geschichtlichen Wirklichkeit überhaupt«.[63] Der moderne Mensch hat gelernt zu zweifeln. Er muß aber sein Gefühl zu »sein« behalten können, doch dieses Sein-Gefühl wird ständig und auf dreifache Weise vom Nicht-Sein bedroht: 1. ontologisch, nämlich durch die Angst vor dem Tod; 2. moralisch, durch die Angst vor Schuld und Strafe und 3. geistig, durch die Angst vor der Sinnlosigkeit und Leere des Lebens. Tillich bringt die erste dieser drei Ängste vorwiegend mit der Antike in Verbindung, die zweite mit dem Mittelalter und die dritte mit der Gegenwart.[64] Sinnlosigkeit und Bedrohung durch das Nicht-Sein sind die Probleme des heutigen Menschen: »Gott ist das Sein-Selbst, der Grund und Sinn des Seins, die Macht des Seins, die seinem Übergang ins Nicht-Sein widersteht – darum ist er die Antwort auf die Frage des Menschen nach dem Sein.«[65]

Diese Seins-Terminologie bildet die philosophische Grundlage für Tillichs Theologie; außerdem kommt ihr Bedeutung zu als ein Versuch, aus dem Dilemma Subjekt/Objekt oder Glaube/Vernunft auszubrechen, wenn von Gott geredet wird. Gott ist der Grund des Seins, aber er ist kein *Seiendes* und kann also auch nicht unter den Bedingungen des Seins betrachtet werden. Tillich beabsichtigt, mit dieser Terminologie die Frage nach Gott aus dem Bereich menschlicher Logik auszuklammern. Für ihn ist das Wort »Gott«, sind alle Aussagen über Gott symbolisch, was nicht heißen soll, daß diese Aussagen falsch sind, sondern daß sie eine Bedeutung haben, selbst wenn sie einer exakten und rationalen Überprüfung nicht zugänglich sind. Diese Erklärung entspricht fast genau Heisenbergs Bemerkung zur Terminologie der modernen Physik (vgl. S. 10f.).

1936 schrieb Tillich eine kurze Autobiographie, um sich in Amerika vorzustellen. Der Titel dieses Buches, *Auf der Grenze,* liefert einen Schlüssel zu seinem Lebenswerk. Tillich durchstreift die Grenzgebiete zwischen widerstreitenden Regionen wie Philosophie und Religion, Christentum und Sozialismus und versucht, zwischen ihnen zu vermitteln. »In bewußtem Gegensatz zu Barth [...] hat Tillich sich von Anfang seines Wirkens an bemüht, die Kluft zwischen Religion und Kultur zu überbrücken ...«[66] Diese Vermittlerposition erwies sich als besonders nützlich für eine Kritik am Christentum und für richtungsändernde Vorschläge. Tillich setzte sich zum Beispiel über Mißtrauen und Feindseligkeit zwischen Christentum und Sozialismus hinweg und wurde einer der führenden »Religiösen Sozialisten« der zwanziger Jahre. Zwei Elemente seiner Theologie machten ihm dies möglich: Erstens übernahm er aus dem Protestantismus den Gedanken der Priesterschaft aller Gläubigen, also die Idee, daß das Profane »Heiligkeitsqualität« haben kann. Tillich folgerte daraus, daß alles auf der Welt potentiell heilig ist. Zweitens behauptete er, der Kern des Protestantismus, das »protestantische Prinzip«, sei der prophetische Protest dagegen, endliche Dinge als unendlich anzusehen.[67] Eine Bewegung wie der Sozialismus ist, wenngleich profan, ein potentiell besserer »›Träger der Gnade‹ [...] als [...] das meiste kirchliche Handeln und die meiste kirchliche Frömmigkeit zur gleichen Zeit«.[68] Die gleiche Logik trifft zu auf den ökumenischen und christlich-kommunistischen Dialog unserer Tage. Es kann jederzeit vorkommen, daß Christen mit Christi Wunsch nach Humanität weniger in Einklang sind als Nicht-Christen; deshalb ist ein solcher Dialog nicht nur möglich, sondern auch sehr wünschenswert.[69] Tillichs Bewertung der Religion schließt die Exklusivität aus, die das Christentum im allgemeinen und die Barthsche Theologie im besonderen verfechten. Tillich schreibt, daß Religion »der Name für das Empfangen der Offenbarung« ist.[70] »Die Offenbarung Gottes enthält stets ein objektives und ein subjektives Element, die streng voneinander abhängen und nicht voneinander getrennt werden dürfen. Das objektive Element besteht darin, daß Gott sich offenbart, das subjektive, daß der Mensch diese Offenbarung empfängt ...« Die subjektive Seite der Offenbarung, den Akt der Aufnahme, nennt Tillich »Religion«. »Wer immer göttliche Offenbarung empfängt, empfängt sie unter bestimmten Voraussetzungen und Umständen, und das heißt ›gemäß seiner Religion‹; [. . .] Es gibt also keine reine Offenbarung, sondern die Offenbarung ist immer schon in bestimmter Weise durch die Religion als ihr ›Gefäß‹ gefärbt.«[71]

Es gibt verschiedene Formen der Kritik an Tillich. Möglicherweise hat er sich zum Beispiel in seiner Interpretation der existentialen Krise des 20. Jahrhunderts geirrt. Bonhoeffer schreibt in einem seiner ersten Briefe aus dem Gefängnis: »Er suchte die Welt besser zu verstehen, als sie sich selbst verstand, sie aber fühlte sich gänzlich *miß*verstanden und wies die Unterstellung zurück.«[72] Bonhoeffer kritisierte nicht nur Tillich, sondern auch die »Existenzphilosophen und Psychotherapeuten [. . .] Sie suchen dem sicheren, zufriedenen, glücklichen Menschen einzureden, daß er in Wirklichkeit unglücklich und verzweifelt sei . . .« Dies führe zu einem Christentum oder einer Philosophie, die »ein paar Unglückliche in ihrer schwachen Stunde zu überfallen [und] religiös zu vergewaltigen« sucht.[73] Eine weitere Gefahr, die Tillich droht, ist sein Bemühen, Gott durch neue Symbole in die Welt zu bringen und verständlich zu machen, was zu einem generalisierten Pantheismus statt zu einem spezifisch christlichen Glauben führen könnte. In einer seiner Predigten schreibt er: »Der Name dieser unendlichen und unerschöpflichen Tiefe und des Grunds allen Seins ist *Gott*. Diese Tiefe ist es, die das Wort *Gott* meint. Und wenn dir dieses Wort nicht viel bedeutet, dann übersetze es und sprich von der Tiefe deines Lebens, der Quelle deines Seins, von deinen wirklichen Sorgen und Interessen, von dem, was dir rückhaltlos wichtig ist.«[74] Tillich spricht hier von Erfahrungen, in denen sich Menschen wiedererkennen können, aber spricht er vom christlichen Gott?

Schließlich ist da noch eine letzte Gefahr, der sich jede systematische Philosophie gegenübersieht. Tillich unternahm den kühnen Versuch, ein zusammenhängendes System zu errichten, das sowohl seine Ontologie wie auch seine Theologie des christlichen Glaubens enthält. Man hat Tillich zuweilen als dem 19. Jahrhundert verhaftet kritisiert, und vielleicht war der Versuch, ein solches System aufzubauen, die Basis dieser Auffassung.[75] Das 20. Jahrhundert war solchen Projekten nicht gnädig gesinnt. Aber Tillichs System und besonders seine Offenheit für Veränderungen in Kirche und Theologie führten bei manchen zu der Ansicht, daß er seiner Zeit voraus sei.[76] Es wäre zumindest möglich, daß ein Mann, den man gleichzeitig in die Vergangenheit und in die Zukunft verbannte, den Anspruch erhebt, bei beiden sich vom Besten genommen zu haben. In der Spannung zwischen Vernunft und Glauben glich Tillich in der Anordnung seiner Fragen kluges Vertrauen auf die Vernunft mit dem Glauben aus, daß die christliche Antwort auf diese Fragen die Antwort Gottes ist. Letztlich ist jedoch das Fundament dieser Haltung der irrationale Glauben.

Das Bindeglied zwischen der breitgefächerten intellektuellen Krise des 20. Jahrhunderts und den Verhältnissen und Bedingungen der modernen Theologie ist ein existentialer Glaubenssprung, auf den sich säkulare wie religiöse Intellektuelle dieser Zeit berufen müssen. Dieses Schicksal teilen Croce, Durkheim und Weber mit Barth, Bultmann und Tillich. Von einem Werturteil aus gesehen, besteht das Problem des Existentialismus in seiner moralischen Neutralität. Ein Glaubenssprung in Richtung Hitler hat den gleichen Wert wie der, der von ihm wegführt. Die Relevanz dieses Problems wird deutlich, wenn man auch noch einen Blick auf einige andere Theologen der Weimarer Republik wirft.

Dietrich Bonhoeffer (1906–1945) – seine Teilnahme am Widerstand gegen Hitler, sein Martyrium und sein Tod im Jahr 1945 sind genügend bekannt – war Theologe, doch seine Mitwirkung am Kirchenkampf während der Nazijahre führte ihn tief in den politischen Konflikt hinein.[77] Kittel, Althaus und Hirsch waren Theologen mit entgegengesetzter politischer Haltung: sie unterstützten Hitler. Könnte man diese abweichende Haltung möglicherweise aus ihrer intellektuellen Position, das heißt ihrer Theologie, erklären? In diesem Fall würde Bonhoeffers Position eine tiefe Bestätigung erfahren. Eine solche Bestätigung scheint allerdings nicht ohne weiteres möglich zu sein.

Bonhoeffer war dialektischer Theologe, der stark in der Tradition Barths wurzelte. Es war nicht sein Ziel, die Wahrheit durch irgendein menschliches, philosophisches System zu etablieren, sondern die Schrift zu verkünden und zu interpretieren, und zwar immer unter der Prämisse, daß sie das Wort Gottes ist. In seinen christologischen Vorlesungen des Jahres 1933 verkündete Bonhoeffer zum Beispiel das »Wer« von Jesus Christus und lehnte es ab, ein »Wie« und »Daß« überhaupt in Betracht zu ziehen.[78] In der unvollendeten *Ethik,* seinem letzten großen Werk, findet sich eine ähnlich starke auf dem Glauben fußende Annahme. Für Bonhoeffer gibt es keine problematischen ethischen Fragen, da die Anordnungen Christi klare Antworten auf all diese Fragen sind.[79] Hier findet sich die gleiche irrationale Auffassung, die Kierkegaard als die Crux des Glaubens erkannte – die Überzeugung, daß Gott tatsächlich zum Menschen spricht und von ihm auch verstanden werden kann. Also hätten alle Christen – vorausgesetzt, Gott ist nicht launenhaft – ähnliche Wertbegriffe von ihm erhalten haben sollen. Dies aber traf auf das nationalsozialistische Deutschland kaum zu.

Einige haben aus Barths und Bonhoeffers Beispiel den Schluß gezogen, daß Christen mit dialektischen und christozentrischen Überzeugungen gegen die Versuchungen des Nationalsozialismus gefeit waren. Die Christozentrik enthält einzigartige, zeitlose Werte, und die Dialektik, nämlich die Anerkennung einer Kluft zwischen Gott und dem Menschen, schließt die Möglichkeit aus, daß irgendein politisches System durch Gott geheiligt werden könnte. Kittel, Althaus und Hirsch tendierten allerdings tatsächlich dazu, in Hitlers Aufstieg zur Macht Gottes wirkende Hand zu erblicken. Einige christliche Werte interpretierten sie neu, um sie ihrem zeitgenössischen Bedürfnis anzupassen. Allerdings liegen die Probleme nicht ganz so einfach. Zunächst einmal gab es einige dialektische Theologen, allen voran Friedrich Gogarten, die Hitler bestätigten, nachdem er an der Macht war.[80] Zweitens gab es einige theologische Gegner Hitlers, unter ihnen Tillich und die gesamte Gruppe der »Religiösen Sozialisten«, die Hirschs und Althaus' Position nahestanden, daß Gott gewisse historische Momente und politische Systeme eher akzeptiere als andere. Und zweifelsohne durchzieht diese Botschaft auch das gesamte Alte Testament. Also ist die dialektische Auffassung von der Profanität allen menschlichen Lebens bestenfalls widersprüchlich. Schließlich haben dann die Pro-Nazi-Theologen, von denen hier die Rede ist, immer sehr sorgfältig ihre christozentrischen Ideen und ihre Achtung vor den wahren christlichen Werten verteidigt.[81] Der Unterschied liegt in der jeweiligen Akzentuierung und Definition.

Es gibt noch einige weitere Anhaltspunkte für eine gegen Hitler gefeite Theologie. Karl Barth war reformierter Protestant, und es gibt einige, die im politischen Wirken dieser calvinistischen Tradition einen besseren Schutz gegen politischen Totalitarismus sehen als in der lutherischen Lehre von den zwei Reichen. Luthers Trennung zwischen dem Reich Gottes und dem dieser Welt hat möglicherweise die Sorgen um das letztere verringert. Andererseits jedoch waren viele der stärksten Gegner Hitlers Lutheraner, unter ihnen Bonhoeffer und Martin Niemöller. Eine ebenfalls attraktive Schlußfolgerung ist die, daß jene Theologen, denen mehr am Evangelium, an der Liebe und der Gnade lag als an Gesetz, Obrigkeit und Gehorsam, Hitlers Verführungskünsten gegenüber immun waren. Althaus und Hirsch entwickelten sogar eine Theologie, die unter dem Begriff »Schöpfungsordnungs-Theologie« bekannt wurde und in der die Ordnung der Schöpfung in Gottes Welt von großer Bedeutung ist. Diese Theologie war implizit konservativ und gesetzesbezogen; sie ging davon aus, daß man in eine Stelle des Lebens hineingeboren werde und daß man dies klaglos als Gottes Willen erkennen solle. Möglicherweise war eine innerliche Haltung von Gesetz-und-Ordnung dem Nationalsozialismus kongenial und einer liebenden, gütigen Haltung eher feindlich gesonnen. Doch haben christliche Theologen zu allen Zeiten mit den Spannungen zwischen Gesetz und Evangelium zu kämpfen gehabt, und es wäre ein willkürlicher und den subtilen Unterschieden und Problemen nicht gerecht werdender Versuch, wollte man alle Gegner Hitlers in dem einen Lager, all seine Befürworter im anderen ansiedeln.

Möglicherweise sind es dann schließlich und endlich die willkürlichen Faktoren von biographischem Hintergrund und Umwelt, die die politische Haltung dieser Persönlichkeiten weit besser erhellen, als ihre intellektuellen Positionen es könnten. Barth, zum Beispiel, war Schweizer, ein deutscher Nationalsozialismus hätte bei ihm kaum von Herzen kommen können. Tillichs Bindungen an den religiösen Sozialismus datieren in die zwanziger Jahre, nazistische Lösungen waren ihm also ein Anathema; und Bonhoeffer verfügte über internationale Lebenserfahrungen, die ihm ein kosmopolitisches Lebensbild vermittelt hatten. Er arbeitete zum Beispiel für eine deutsche Gemeinde in London Mitte der dreißiger Jahre und lebte eine Weile in New York.[82] Im Gegensatz dazu wuchsen Kittel, Althaus und Hirsch in konservativen, patriotischen Familien auf, wo es kaum nennenswerte Anknüpfungen an weiterreichende Perspektiven gab.

## 3. Schluß

In diesem einleitenden Kapitel ist versucht worden, verschiedene Voraussetzungen zu bestimmen, die nötig sind, um die politische Haltung von Gerhard Kittel, Paul Althaus und Emanuel Hirsch zu verstehen. Eine dieser Voraussetzungen ist die, daß es zu Anfang dieses Jahrhunderts die Krise der Moderne tatsächlich gegeben hat. In Deutschland war sie für jene Generation besonders heftig, die den Ersten Weltkrieg und seine Nachwirkungen während der Weimarer Republik miterlebt hatte. Die soziologischen, ökonomischen, politischen, intellektuellen und geistigen Dimensionen dieses Krieges brachten Angst, Unbehagen und tiefe Erschütterungen hervor. Außerdem war die Krise akuter für die einen als für die anderen. Juden und die politische Linke zum Beispiel konnten vielleicht einen Nutzen aus den raschen politischen Veränderungen der Demokratisierung ziehen. Aber bei Akademikern und Theologen war es eher wahrscheinlich, daß sie von diesen rapiden Veränderungen getroffen wurden, und zwar sowohl in ihren Annehmlichkeiten und ihrem Prestige wie in ihrer Respektabilität. Damit sahen sich Kittel, Althaus und Hirsch im Deutschland der zwanziger Jahre einer Krise gegenüber, in der sie sich persönlich verwundbar fühlten und in der sie glaubten, daß die Zukunft ihres Landes auf dem Spiel stand.

Im Rahmen des Kontextes dieser Krise werden die kommenden Kapitel folgende Punkte behandeln:

1. daß Gerhard Kittel, Paul Althaus und Emanuel Hirsch wohlmeinende, intelligente und anständige Männer waren, die zugleich Adolf Hitler unterstützten;
2. daß jeder dieser drei Männer ein Grundprinzip seiner politischen Haltung entwickelte, das intellektuell vertretbar war;
3. daß jeder von ihnen sein politisches Urteil letztlich an einem existentialen Glaubenssprung festmachte, ob dies nun bewußt geschah oder nicht;
4. und daß, da letztlich alle politischen Urteile existentiell sind, die Unterschiede zwischen Barth, Tillich und Bonhoeffer auf der einen Seite sowie Kittel, Althaus und Hirsch auf der anderen nicht mit überragender bzw. mangelnder Intelligenz oder Einsicht erklärt werden können. Anders ausgedrückt, wir kön-

nen uns nicht auf unsere Intelligenz oder Vernunft verlassen, um uns vor politischem Irrtum zu bewahren.

Dieses Kapitel begann mit der Bemerkung, daß Hitler das Symbol des Bösen war und ist. Also war es falsch, ihn zu unterstützen. Bevor wir aber die, die es taten, verdammen, müssen wir die Komplexität der Krise erkennen, mit der sich die Deutschen während der Weimarer Republik auseinanderzusetzen hatten. Außerdem müssen wir sehen, daß weder Rationalismus, intellektuelle Fähigkeit noch christliche Werte Kittel, Althaus oder Hirsch davor bewahrt haben, Hitler zu unterstützen. Diese beunruhigende Schlußfolgerung bedarf sorgfältiger Erwägung, wenn wir eine Wiederholung des Hitler-Phänomens vermeiden wollen.

# 2. Kapitel: Der Fall Gerhard Kittel

## 1. Einleitung

In den letzten Tagen des Zweiten Weltkrieges kam Tübingen, die beschauliche, an die Ufer des Neckars geschmiegte alte Universitätsstadt, unter französische Kontrolle. Aus einer eher ruhigen Kleinstadt wurde über Nacht ein geschäftiges Verwaltungszentrum, dessen zerstörende Wirkung das Leben aller Bürger, besonders Gerhard Kittels, Professor für Altes Testament an der Universität Tübingen, betraf. Am 3. Mai 1945 klopften die französischen Autoritäten an seine Tür und brachten ihn ins Gefängnis. Damit begannen die letzten, traurigen Jahre eines ansonsten glücklichen Lebens. Kittel blieb siebzehn Monate im Gefängnis; er kehrte nie mehr auf seinen Posten oder zu seinen Kollegen an der Universität zurück; Pensionszahlungen wurden ihm verweigert; er starb am 11. Juli 1948 als enttäuschter Mann von 59 Jahren.[1]

Kittel muß von der Entwicklung der Ereignisse überrascht gewesen sein, war er doch ein seriöser, anerkannter Wissenschaftler. Sein Vater war der berühmte Forscher für Alttestamentliche Theologie, Rudolf Kittel, und Gerhard, geboren am 23. September 1888, wuchs in einer Atmosphäre auf, in der die höchsten Werte des gebildeten christlichen Bürgertums als maßgeblich galten. Rudolf Kittel war nicht nur ein namhafter Wissenschaftler, sondern er hatte sich auch durch sein einfühlsames und umsichtiges Verhalten als Rektor der Universität Leipzig in den stürmischen Jahren 1917–1919 Lob und Anerkennung erworben.[2] Gerhard befaßte sich mit der jüdischen Welt und dem Judentum zur Zeit der ersten Christen, sein Vater hatte die jüdische Welt des Alten Testaments erforscht. Gerhards erste Veröffentlichungen erschienen in den *Beiträgen zur Wissenschaft vom Alten Testament,* deren Herausgeber sein Vater war.[3] Im Alter von 25 Jahren wurde er Dozent in Kiel, 1917 ging er zum Vater nach Leipzig, bevor er 1921 in Greifswald und dann 1926 in Tübingen Professor für Neues Testament wurde.

Kittel war keiner der ganz Großen in der deutschen Theologie. Er gehört nicht an die Seite von Barth, Bultmann oder Tillich. Aber er war ein solider und anerkannter Wissenschaftler auf seinem Gebiet. Es gab Studenten aus Europa und Amerika, die nur seinetwegen kamen, er hielt Vorträge in Amsterdam, Cambridge, Kopenhagen, Lund und Upsala; Einladungen nach Amerika konnte er lediglich aus Gesundheitsgründen nicht Folge leisten.[4] Kittel gab das *Theologische Wörterbuch zum Neuen Testament* heraus, das zu einem Standardwerk wurde.[5] Kittel war ein kluger Mann, unterschied sich von den meisten anderen Professoren der westlichen Welt höchstens durch seinen größeren beruflichen Erfolg, er war nicht verschroben oder kauzig und zeigte keinerlei Talent zum Schurken. Und dennoch landete er im Gefängnis – ein für einen Universitätsprofessor ungewöhnliches Schicksal.

Ein Schlüssel zum Verständnis dieses Schicksals ist Kittels Mitgliedschaft in der NSDAP seit Mai 1933.[6] Wichtiger jedoch ist, daß Kittel, als Walter Frank sein politisch gefärbtes und motiviertes »Reichsinstitut für Geschichte des neuen Deutschlands« gründete, zu den Gründungsmitgliedern gehörte und daß er der 1936 in diesem Institut eröffneten »Forschungsabteilung Judenfrage« sein Ansehen und sein Fachwissen zur Verfügung stellte.[7] Diese Verbindung zu Frank und seiner Forschungsabteilung empörte die französischen Militärbehörden und führte schließlich zu Kittels Arrest. Weitere Verfehlungen hatte er nicht zu verbergen. Er gehörte noch nicht einmal zur radikalen Gruppe jener deutschen Professoren, die auch den letzten Anschein von Objektivität fallenließen, um die nationalsozialistische Politik voranzutreiben. 1933 schrieb ein britischer Kollege: »Es gibt niemanden in England, sei es Jude oder Christ, der sich über die Ansichten der Nazi-Professoren wundert, die sich Hitler verschrieben und gegen die Erkenntnis gesündigt haben. Das ist es nicht wert ... Doch über Sie sind wir bekümmert und betrübt, weil wir Sie auf der Seite der Gerechten wähnten.«[8]

Kittel zählte sich selbst auch zu den Gerechten, aber die Franzosen waren da offensichtlich anderer Meinung. Was also war schiefgegangen?

Der »Fall« Kittel ist nicht so ohne weiteres lösbar. Zwei Wissenschaftler haben zum Beispiel sehr negative Urteile abgegeben. In seinem frühen Nachkriegswerk *Hitler's Professors* aus dem Jahre 1946 hält Max Weinreich Kittel für einen der Hauptbösewichte.[9] Auch der Archäologe und Humanist W. F. Albright attackiert Kittel.[10] Andererseits findet sich in einem im November 1947 in der Zeitschrift *Theology* erschienenen Artikel von J. R. Porter nur Lob über Kittels »gründliche Bibelforschung« ohne irgendeinen Hinweis auf seine unziemliche politische Haltung; auch im Nachruf der *Neuen Zürcher Zeitung* findet sich nur Lob für Kittels Arbeit. Der Artikel erinnert an den Versuch, Kittel nach dem Krieg die Arbeit an seinem *Wörterbuch* zu entziehen, der Verfasser stellt sich dann aber auf Kittels Seite: »Daß die beständigen Unterbrechungen und Hemmungen der Kriegs- und Nachkriegszeit die Förderung und Vollendung des fünften und letzten Bandes verhinderten und daß in den Stürmen der Nachkriegsjahre sogar versucht wurde, Gerhard Kittel die Leitung des Werkes zu entreißen, wogegen aber selbst englische Gelehrte sich einsetzten, zählte neben den physischen Leiden und Entbehrungen mit zum seelischen Hauptkummer des trefflichen Forschers.«[11]

In Deutschland haben die Kirchenhistoriker bislang erstaunlich wenig Interesse an Kittel gezeigt. Das *Wörterbuch* und seine selbstgewählte Rolle als theologischer Experte für die »Judenfrage« machen ihn zu einer wichtigen Figur, und zwar ganz besonders in einem Regime, für das diese Judenfrage auf eine so schrecklich einmalige Weise Bedeutung hatte. Der Tübinger Kirchenhistoriker Klaus Scholder zum Beispiel hat aber in seinem großen Werk über den Kirchenkampf bis 1934 Gerhard Kittel mit keinem Wort erwähnt.[12] Diese Wand des Schweigens wurde erst 1978 durchbrochen, als Leonore Siegele-Wenschkewitz, damals Assistentin bei Scholder, einen Artikel über *Gerhard Kittel und die Judenfrage* veröffentlichte. Wir dürfen die Dinge nicht aus heutiger Sicht betrachten, sagt sie, sondern müssen versuchen, sie aus der damaligen Zeit heraus zu verstehen: »Ich plädiere für diese historische Methode: gegenüber unseren Fragen und Urteilen zunächst einmal die realen Möglichkeiten abzuschätzen, die die einzelnen Menschen, die Korporationen wie Universität und Fakultäten, die kirchlichen Institutionen aufgrund ihrer Tradition und geschichtlichen Position hatten; weiter ihren tatsächlichen Handlungsspielraum bzw. ihre Eingeschränktheit hinsichtlich ihrer Handlungsmöglichkeiten sichtbar zu machen.«[13]

Diese historische Methode ist bemerkenswert; wir sollen versuchen, Gerhard Kittel einfach als Mensch zu sehen und nicht als eine von uns im nachhinein erschaffene Karikatur.[14] Aber Siegele-Wenschkewitz unterlaufen in diesem frühen Aufsatz einige Fehler, die in einer viel zu milden Analyse gipfeln. Sie beschränkt sich auf das Jahr 1933 und Kittels Vortrag sowie die Publikation *Die Judenfrage*. Historiker können und müssen ihre Arbeit auf bestimmte Gebiete begrenzen, aber sich mit *Gerhard Kittel und die Judenfrage* zu beschäftigen, ohne seine nach 1933 in immer schärferem Ton verfaßten Arbeiten zu berücksichtigen, ist bestenfalls irreführend. Außerdem übersieht sie Kittels schon in *Die Judenfrage* zu verspürende und von ihm begründete und gerechtfertigte Härte, mit der er die Christen auffordert, nicht sentimental oder weich zu werden.[15] Die Gefahr und der Nachteil der historischen Eingrenzung ihrer Arbeit zeigt sich besonders in einem Satz gegen Ende ihres Artikels: »Aus einem Sympathisanten des vermeintlich gemäßigten Führers ist er zu einem Opponenten der nationalsozialistischen Vernichtungspolitik geworden.«[16] Wenn auch ohne Zeitangabe, so geht aus ihren Aussagen eigentlich klar hervor, daß Kittel nach kurzer Zeit seinen Irrtum erkannt haben muß, und zwar in dem Moment, als der Führer nicht länger als »gemäßigt« gelten konnte. Siegele-Wenschkewitz hält es für Kittels Hauptirrtum, Hitler und seine wahre Einstellung zum Christentum mißverstanden zu haben. Tatsächlich gibt es aber keine Anzeichen dafür, daß Kittel vor 1945 einen großen Sinneswandel durchgemacht hätte, trotz der erdrückenden Beweise, die es ihm ermöglicht hätten, sein Mißverständnis zu korrigieren. Sollte man ihn zum Beispiel wirklich mit Paul Althaus vergleichen, der zwar einer ähnlich falschen Einschätzung unterlag, sich aber niemals in seiner Arbeit so weit wie Kittel preisgab und nach 1937/38 seine positive Einstellung zur nationalsozialistischen Politik aufgab? Im Gegensatz zu den eher harmlosen Schlußfolgerungen bei Siegele-Wenschkewitz finden sich in Gerhard Kittels umfangreichem Werk zwischen 1933 und 1944 Haß und Verleumdung gegen die Juden, gekoppelt mit aufrichtiger Unterstützung der nationalsozialistischen antijüdischen Politik (in ihrem jüngsten Buch über Kittel hat die Autorin diesen Fakten stärker Rechnung getragen).[17] Andererseits waren politische und theologische Fragen für Kittel in den dreißiger Jahren ungemein schwieriger zu beantworten, als sie es heute sind. Außerdem haben wir viele Beweise seiner fachlichen Größe und menschlichen Wärme.[18]

In diesem Kapitel soll gezeigt werden, daß das Problem Kittel komplizierter ist, als bisher angenommen wurde. Er war kein böser Mensch, aber er vertrat eine böse Idee. Vielleicht war es rechtens, Kittel 1945 anzuklagen, zu verurteilen und einzusperren, vielleicht auch nicht. Eine solche Beurteilung verliert sich in den umstrittenen Fragen nach Kriegsverbrecherprozessen im allgemeinen und moralischer Schuld im besonderen. Es ist deshalb einfacher zu folgern, daß Kittel falsch handelte, ob er nun in kriminellem Sinne schuldig war oder nicht. Vielleicht sollten sich Historiker moralischer Bewertungen enthalten. Aber Adolf Hitler ist eine der wenigen historischen Größen, die man klar und eindeutig moralisch messen kann, und Kittel hatte sich zu seinem eigenen Unglück und Schaden mit Hitler verbündet. Zu allem Überfluß hatte er auch noch mit dem übelsten Einzelaspekt des Hitlerregimes, mit der Judenpolitik, zu tun. Kittel zeigte eine unglückselige Hand in der Wahl seiner Weggenossen und irrte sich völlig in seiner Beurteilung der Nachwelt. Dieses Kapitel will zeigen, wie Kittel, ein anerkannter Theologe und Wissenschaftler, sein unbestreitbar tragisches Ende finden konnte.

## 2. Kittels Rechtfertigung

In den ersten Wochen seiner Haft bereitete Kittel eine 42seitige Aussage in eigener Sache vor. Dieses Dokument und eine zweite, überarbeitete Fassung erklärt vieles, was den Fall Kittel umgibt; hier findet sich auch die einzig verfügbare umfassende Verteidigung seiner Position. Schon auf der ersten Seite wird klar, daß er wegen seiner Veröffentlichungen zur Judenfrage unter Anklage gestellt wurde; ebenso klar ist es, daß er sich zu keiner Schuld bekannte und offenbar auch nicht von Zweifeln geplagt wurde.[19] Er schreibt:

»Der Fall Kittel ist ein Musterbeispiel für die Ungeheuerlichkeit, die entstehen müßte, wenn man jede ernste Auseinandersetzung mit dem Problem des Judentums und der Judenfrage mit dem vulgären Antisemitismus der NS-Propaganda, des ›Stürmer‹, des Amtes Rosenberg usw. gleichsetzen würde.«[20]

Diese Unterscheidung zwischen »vulgärem« Antisemitismus und seiner eigenen antijüdischen Auffassung ist von grundsätzlicher Bedeutung für Kittels Argumentation. Er gibt offen zu, daß vieles an seiner Arbeit antijüdisch erscheinen muß, besteht aber darauf, daß diese Arbeit immer christlich motiviert war und mit wissenschaftlicher Methode durchgeführt wurde: Die Bedeutung des Jüdischen für das Christentum stehe außer Frage. Ohne eine Anerkennung der jüdischen Wurzeln gebe es keine christliche Identität. Seit langer Zeit bereits zeige die christliche Tradition antisemitisches Verhalten, angefangen beim Verbot des sozialen Umgangs mit Juden bis zu den Ghettos des Mittelalters. Schließlich kann und vielleicht muß man die Bedeutung des Jesus von Nazareth in seiner Opposition zu gewissen jüdischen Traditionen seiner Zeit sehen. Die Erforschung des frühen Judentums sei also ein legitimes und wissenschaftliches Thema der neutestamentlichen Theologie. Kittel behauptet, diese Fragen über dreißig Jahre lang erforscht und dabei ständig die Ähnlichkeiten und Unterschiede zwischen Christentum und Judentum betont zu haben. Er betrachtete die Juden ebenso als auserwähltes wie als ungehorsames, verfluchtes Volk. Lange vor 1933, schreibt er, habe er »auf den unerbittlichen und unüberbrückbaren Gegensatz der christlichen und der jüdischen Auffassung [. . .], und zwar im Sinn eines nicht historisch-zufälligen, sondern eines metaphysischen Gegensatzes [hingewiesen]«.[21] Er zitiert einige positive Buchbesprechungen aus jüdischen Zeitschriften zum Beweis dafür, daß seine Arbeit fair war, aber diese Rezensionen bezogen sich auf zwei Bücher, die im Jahre 1926 veröffentlicht worden waren.[22]

Blieb Kittels Einstellung nach 1933 unparteiisch? Als ob er diese Frage geahnt hätte, widmet er eine lange Passage seiner Verteidigungsschrift seinem 1933 in Tübingen gehaltenen Vortrag *Die Judenfrage,* der anschließend in drei Auflagen mit insgesamt 9000 Exemplaren als Buch erschien. Er bekennt das Offensichtliche, nämlich daß das Buch ein politisches Buch ist, behauptet aber, dies sei das einzige Mal gewesen, wo er von strikt theologischen und historischen Fragen abgewichen sei. Daß er einige Male auf Programme der Nazis eingegangen ist, erklärt er damit, daß er dem »vulgären Antisemitismus« keine Waffe an die Hand liefern wollte, mit der man ihn hätte angreifen können.[23] Seine wahre Absicht sei es gewesen, die Diskussion der jüdischen Frage über die Ebene der Schlagworte und des vulgären Rassismus hinauszubringen und ihr eine moralische, christliche Basis zu geben. Kittel war der Auffassung, das Judentum sei seinen Wurzeln untreu geworden. Er sprach von einem säkularisierten, »teilweise in den modernen Relativismus und Atheismus übergehenden Judentum«.[24] Schon vor 2000 Jahren benutzten Jesus und die Apostel Wörter wie »Abfall«, »Fluch« und »Verwerfung« im Zusammenhang mit Juden, und seit über 1000 Jahren verlangt die Christenheit Ghettomauern. Doch die Aufklärung habe Christen wie Juden verdorben, und zwar durch Säkularisierung und Judenemanzipation – dem jüdischen Problem von heute.

Kittel plädierte für einen »Gastzustand« für die Juden in Deutschland, eine Lösung, bei der er sich auf Karl Friedrich Heman berief, einen konvertierten Schweizer Juden aus dem 19. Jahrhundert. Da aber dieser Vorschlag zu Hemans Zeiten nicht in die Tat umgesetzt worden war, würde dies jetzt mit der schon viel weiter außer Kontrolle geratenen Situation wesentlich schmerzlicher sein. Kittel war dennoch der Auffassung, daß die Trennung irgendwie humane Formen haben könnte. Denn »wenn man mit solchen Grundsätzen von beiden Seiten her Ernst mache, würden sich vielleicht wieder Lebensformen finden, die ein achtungsvolles und freundliches Nebeneinander der Deutschen und der Juden ermöglichen würden«.[25]

Außerdem glaubte er, daß fromme Juden diese Analyse der Situation bestätigen und seine Lösung akzeptieren würden.[26] Als Gegenleistung dazu bestand er auf Gerechtigkeit und Respekt für die Ausübung der jüdischen Religion, so daß Frömmigkeit belohnt und Assimilierungsversuche entmutigt würden. Zum Beweis, daß sich seine Haltung vom vulgären Rassismus unterschied, berichtet Kittel von Angriffen durch die nationalsozialistische Presse am Tag nach seinem Vortrag und behauptet, daß nur das Eingreifen von Freunden eine Katastrophe verhindert habe.[27]

Diese Angst vor Vergeltung scheint übertrieben gewesen zu sein. Kittel will sogar seine Familie davor gewarnt haben, daß er ins Konzentrationslager kommen könne, eine Gefahr, die im nachhinein sehr unwahrscheinlich erscheint.[28] Aber sein Abstand zu den fanatischen Antisemiten war deutlich genug. Jene unterschieden nicht wie er zwischen frommen und säkularisierten Juden, und sie zogen rassische Argumente den geistlichen vor. In seiner Verteidigungsschrift jedenfalls bemäntelt Kittel einige der Fragwürdigkeiten in *Die Judenfrage*. Sein kurzer Hinweis zum Beispiel, daß der »Gastzustand« zu Härten führen könne, verschleiert die Tatsache der gründlichen Entfernung jüdischer Kollegen aus den akademischen Berufen. Und Kittels offene Ablehnung der Aufklärung wie der gesamten liberalen Tradition ist zwar nicht strafbar, aber schon recht niederschmetternd. Auch außerhalb Deutschlands gab es Leute, die die Aufklärung ablehnten, und sicherlich gibt es Juden, die gegen Säkularisierung, Assimilierung und möglicherweise sogar gegen die Emanzipation sind. Aber daß Kittel diese Haltung im Dritten Reich einnahm, war ein Vorzeichen des Unheils.

Kittel nimmt noch zwei weitere Themen in seine Verteidigungsschrift auf, die seinen Versuch zeigen, christliche Grundsätze auf jüdische Probleme anzuwenden. Zur Frage des getauften Juden verfaßte er für die theologische Fakultät in Tübingen einen Aufsatz, in dem er sich auf die Worte des Neuen Testaments »Hier ist nicht Jude noch Grieche«[29] bezieht: Ein wahrer jüdischer Christ solle als christlicher Bruder akzeptiert werden; aber das mache noch lange keinen deutschen Bruder aus ihm. Staatliche Maßnahmen gegen Juden können also in die Kirchen hineingetragen werden, solange das Christsein eines jüdischen Christen nicht geleugnet wird.[30] Kittel ist überzeugt, daß er mit dieser Unterscheidung die einseitigen rassistischen Theorien Lügen straft und sich gleichzeitig von den radikalen Deutschen Christen absetzt, die versuchten, das Christentum von seinen jüdischen Wurzeln zu lösen.[31] Selbst wenn dies in gewisser Weise zutrifft, bleibt Kittels Position immer noch fragwürdig. Zwar akzeptierte er den jüdischen Christen als Bruder im Geiste, verspürte aber offensichtlich nicht das Bedürfnis, ihm gegen die praktischen Probleme wie Verlust des Arbeitsplatzes, Beschlagnahmung seines Vermögens und erzwungene Emigration zur Seite zu stehen – Probleme, die mit seinem »Jüdischsein« zu tun hatten.

Nach dem gleichen Prinzip, also der Behauptung, kein Jude könne jemals ein richtiger Deutscher sein, wandte Kittel sich gegen die Mischehe. Er beruft sich auf Ehebeschränkungen durch die alttestamentlichen Bücher *Esra* und *Nehemia*. Kittel geht davon aus, daß diese Beschränkungen ebenso »völkisch« wie religiös begründet sind und deshalb sowohl orthodoxe Juden als orthodoxe Christen mit der Nazipolitik einverstanden sein sollten. Mischehen seien ein Unrecht.[32] Die frühe christliche Praxis habe diese Haltung bekräftigt, da verschiedene Kirchensynoden ähnliche

Verbote ausgesprochen hätten. Zwar räumt Kittel ein, daß dieser Bannstrahl eher mit der Taufe als mit der Rasse zu tun hatte, hält dem aber entgegen, daß die heutige Kirche sich der schwachen und mißbräuchlichen Handhabung der Taufe schuldig mache. Es handele sich nur noch um eine »Assimilations- und Zivilisationstaufe«; deshalb, so Kittel, sollte das Mischehen-Verbot nunmehr rassisch motiviert sein, selbst wenn das bisher noch nicht der Fall war. Anhand dieser Beispiele glaubt er bewiesen zu haben, daß jüdische Fragen für ihn »Fragen der biblischen Normierung und der christlichen Ethik« waren.[33]

Einer der kompromittierendsten Faktoren für Kittel war seine Mitgliedschaft bei der »Forschungsabteilung Judenfrage« in Walter Franks »Reichsinstitut für Geschichte des neuen Deutschlands«.[34] 1936 wurde er eines von fünfzehn Mitgliedern des Sachverständigenbeirats dieser Forschungsabteilung, unter deren Schirmherrschaft er ausgiebig publizierte.[35] Seine Verbindung zu diesem Institut verteidigt Kittel zunächst durch die Herabsetzung seiner dortigen Position. Er widerlegt das »Mißverständnis«, Direktor gewesen zu sein, mit der Behauptung, nur zum Sachverständigenbeirat gehört zu haben. Ihm zufolge war er nur deshalb Mitglied dieses Instituts, weil es ihm eine wissenschaftliche Plattform bot, von der aus er seine christlichen Auffassungen verbreiten konnte, sämtliche Verbindungen zu anderen antisemitischen Organisationen lehnte er ab. Dieser Verteidigungsstandpunkt ist nicht ganz korrekt. Erstens war Kittel eines von nur fünfzehn Mitgliedern des Sachverständigenbeirats, obwohl sich diese Zahl möglicherweise später vergrößert hat.[36] Des weiteren hat Kittel nicht alle Kontakte mit anderen antijüdischen Organisationen abgelehnt, denn einer seiner polemischsten Arktikel war ein Beitrag für das *Archiv für Judenfragen,* eine Publikation in Goebbels' *Anti-Jüdischer Aktion* mit dem Untertitel *Schritte zur geistigen Überwindung des Judentums.*[37] Schließlich muß man Kittels Lob für die Wissenschaftlichkeit des Frankschen Instituts neben den offiziellen Stellungnahmen sehen: »Es ist das Verdienst des Reichsinstituts, eine nationalsozialistische, d. h. in Standpunkt und Haltung nach unserer Weltanschauung ausgerichtete Wissenschaft, die wirklich freier Forschung jede Möglichkeit läßt, als Waffe im Kampf gegen das Judentum zur Verfügung gestellt zu haben.«[38]

Es gibt zahllose Vorträge und Beweise, darunter die Teilnahme Julius Streichers an zwei Jahreskonferenzen der Forschungsabteilung Judenfrage, die die politische Absicht des Instituts beweisen.[39] Verglichen mit Alfred Rosenbergs 1939 gegründetem »Institut zur Erforschung der Judenfrage« war die Arbeit des Frankschen Instituts vielleicht weniger radikal und rassistisch im Ton. Zum Beispiel wurde Franks Zeitschrift *Forschungen zur Judenfrage* in Rosenbergs *Nationalsozialistischen Monatsheften* wegen ihrer »theologischen Reminiszenzen« sowie ihres Mangels an rigoroser Weltanschauung und Betonung der Rassenfrage kritisiert.[40] Dies zeugt allerdings eher von einer Auseinandersetzung zwischen Konkurrenten als von der Harmlosigkeit der Frankschen Haltung. Diese theologischen Reminiszenzen waren in Kittels Augen die Rechtfertigung seiner Arbeit bei Walter Frank. Seiner Ansicht nach wurden seine Überzeugungen als Christ und als Theologe dort respektiert. Ohne sich zu kompromittieren, hatte er ein wichtiges Forum gewonnen, von dem aus er dem vulgären Antisemitismus entgegentreten konnte, der die Kirche bedrohte und das Alte Testament unterhöhlte. Alles was er schrieb, so sagt er, sei direkt oder indirekt von diesem einen dominierenden Ziel bestimmt gewesen: »Der historischen Wahrheit gegenüber den Verzerrungen der Zeit eine Bahn zu brechen und damit eine gerechte und sachgemäße Würdigung von Bibel und Christentum zu ermöglichen.«[41]

Seine vielen Veröffentlichungen für diese Organisation lassen allerdings den konsequenten Versuch erkennen, das jüdische Volk als »Abfall« zu bezeichnen. Insofern dies einem allgemeinen christlichen Standpunkt entsprach, mag Kittels Behauptung zutreffen, daß seine gesamte Arbeit auf seiner christlichen und theologischen Haltung aufbaute. Aber diese christliche, theologische Einstellung zeigt eine beunruhigende Nähe zu der »Weltanschauung« eines guten Nazis, sei er nun Christ oder nicht.

Kittel gibt zu, ein guter Nationalsozialist gewesen zu sein. Er war der Partei nicht aus pragmatischen Gründen oder unter Druck beigetreten. Er dachte »wie zahllose Menschen in Deutschland«, daß das Nazi-Phänomen »eine völkische Erneuerungsbewegung auf christlich-sittlicher Grundlage war«.[42] Und obgleich er vorher nie einer politischen Partei angehört hatte,[43] wurde er Mitglied dieser Partei und hoffte, daß sich mit der Zeit »die gesunden Kräfte« durchsetzen würden. Er fühlte sich verpflichtet, »mit den ihm gegebenen Erkenntnissen zu versuchen, diese Gesundung an seinem Teil zu befördern und die Mißstände zu überwinden«.[44]

Kittel berichtet von drei Versuchen, innerhalb der Partei Gutes zu bewirken. Im Herbst 1938 wurden bei einer lokalen Parteiversammlung die Kirche und der Name Jesu Christi beleidigt. Kittel beschwerte sich bei seinem Kreisleiter, der von dem Vorfall angeblich nichts wußte und versprach, sich der Sache anzunehmen und eine Wiederholung zu verhindern. Im September 1939 erhielt Kittel einen Ruf an die Universität Wien. Er ging zu seinem Kreisleiter, um ihm mitzuteilen, daß er seine Mitarbeit in der »Organisation der Flüchtlingsfürsorge bei Kriegsbeginn 1939« niederlege. Als jener ihm für seine Hilfsbereitschaft dankte, erwiderte Kittel: »Bitte übertragen Sie diesen Dank an mich auf die anderen Theologen und Pfarrer und auf meine Kirche –, und behandeln Sie sie entsprechend!« Nach seiner Rückkehr aus Wien 1943 meldete er sich noch einmal bei seinem Kreisleiter, um ihm mitzuteilen, daß die zunehmenden Angriffe auf Theologen und die Kirche ihn dazu zwängen, jegliche weitere Arbeit für die Partei abzulehnen. Kittel erklärt, daß er außer bei diesen drei Gelegenheiten nie mit seinem Kreisleiter gesprochen habe. Einmal habe er allerdings einen Brief geschrieben, weil er als Theologe vom »Volkssturm« befreit war.

In diesem Brief beschwerte er sich über die beleidigende Art und Weise, wie Theologen zu dieser Befreiung kämen. In seiner zweiten Verteidigungsschrift behauptet er sogar, sein Parteiabzeichen auf offener Straße abgerissen und fortgeworfen zu haben, um gegen den Ausschluß der Theologen vom »Volkssturm« zu protestieren.[45]

Diese von Kittel beschworenen Ereignisse können allerdings nicht bewiesen werden. Vielleicht haben sie sich so zugetragen, vielleicht auch nicht. Es ist ebensogut möglich, daß er den Ton im nachhinein seiner Situation im Jahre 1945 entsprechend angepaßt hat. Darüber hinaus, so Kittel, habe er nie eine aktive Rolle in der Partei gespielt, sei niemals SA-Mitglied gewesen und habe, wenn überhaupt, nur bei den harmlosesten Hilfsorganisationen mitgewirkt. Seine Frau und seine erwachsenen Kinder seien keine Parteimitglieder gewesen. Diese Aussagen sind, obgleich nicht dokumentiert, vermutlich zutreffend.[46] Die nationalsozialistischen Unterlagen im Berlin Document Center enthalten lediglich Kittels Mitgliedskarte im Zentralkatalog und einen Brief vom Führer des Nationalsozialistischen Dozentenbundes in Wien mit der Bemerkung, daß Kittel am 7. April 1943 nach Tübingen zurückgekehrt sei und seine Karteikarte deshalb an die Reichsdozentenführung in München zurückgegeben werde. Darüber hinaus hat es sicherlich noch mehr Schriftwechsel zwischen Kittel und verschiedenen Abteilungen der Partei gegeben; Unterlagen hierzu sind aber offensichtlich verlorengegangen.[47]

Kittel geht davon aus, daß es innerhalb der Partei Leute gab, die sich mit vereinten Kräften um seine »Entkonfessionalisierung« bemühten, um dadurch seine Fachkenntnisse der Bewegung besser dienstbar zu machen. Zum Beweis für solche Anfechtungen zählt er auf: 1. drei Berufungen auf eine Professur an einer philosophischen Fakultät (Tübingen, Berlin und Wien); 2. ein vertrauliches Angebot vom Reichsstudentenführer aus dem Jahre 1939, ein neues Institut für Judenfragen zu leiten (von dem Kittel annimmt, daß es das 1939 unter Rosenberg eingerichtete Frankfurter Institut war); 3. Einladungen, Broschüren für das Propagandaministerium zu verfassen und 4. eine Einladung zum Reichsparteitag von 1938.[48] Einige dieser Angebote waren verlockend, besonders die Professur an einer philosophischen Fakultät, zu einer Zeit, als die Zukunft der theologischen Fakultäten nicht unbedingt gesichert schien. Aber Kittel berichtet, allen Überredungskünsten widerstanden zu haben.

Ein weiterer interessanter Vorfall betrifft den geplanten Prozeß gegen Herschel Grünspan, der 1938 in Paris den deutschen Diplomaten vom Rath ermordet hatte. Nach der Besetzung Frankreichs fiel Grünspan in deutsche Hände. Irgend jemand beschloß ein Gerichtsverfahren, in dem bewiesen werden sollte, daß der Beschuldigte ein »Agent des Weltjudentums« war, dessen kurzer Besuch einer Talmud-Schule in Frankfurt ihn gelehrt hatte, Nicht-Juden zu hassen und zu töten. Kittel sollte aufgrund seiner Kenntnisse des Talmuds ein Expertengutachten liefern. Er bestand jedoch darauf, vorher mit Grünspan zu sprechen und sowohl die deutschen als auch die französischen Dokumente zu prüfen. Kittel gelangte zu der Überzeugung, daß Grünspan aus eigenem Antrieb gehandelt hatte, und zwar aus Bitterkeit und Wut darüber, daß seine Eltern aus ihrem Haus in Hannover nach Polen zwangsrückgesiedelt worden waren. Das Gerichtsverfahren fand nie statt. Ohne sich dieses Ergebnis unmittelbar selbst zuzuschreiben, geht Kittel davon aus, dabei eine wichtige Rolle gespielt zu haben. Sie dient ihm als Rechtfertigung seiner Parteiarbeit, denn »wenn er sich überhaupt versagt hätte, [der Prozeß Grünspan] wahrscheinlich geschehen wäre«.[49]

In seiner zweiten Verteidigungsschrift schildert Kittel seine Rolle noch großartiger. Er meint, daß der Grünspan-Prozeß möglicherweise eine öffentliche Rechtfertigung der Judenvernichtung bezwecken sollte. Auch wenn er die Bedeutung seiner Verwicklung in den Fall »nicht übertreiben« möchte, schreibt er:

»Es könnte doch vielleicht sein, daß er wenigstens an einer Stelle – derjenigen, an die er gestellt war – den Judenmördern den Weg versperrt hat, indem er ihren Plan, diese Morde zu legitimieren, durch seinen Widerstand, andere als sachliche und der Wahrheit dienende Aussagen zu machen, aufhob.«[50]

Als weiteren Beweis für seine Standhaftigkeit berichtet Kittel, daß er in den Jahren von 1933 bis 1945 lediglich bei neun nicht-religiösen Anlässen Vorträge zur Judenfrage hielt, für einen Experten wie ihn also nicht sehr häufig.[51] Nur zweimal sprach er auf Parteiveranstaltungen, wobei er jedes Mal die biblische Religion und seinen persönlichen christlichen Glauben verteidigt habe. Man lud ihn nicht wieder ein, für Kittel der Beweis, sich nicht kompromittiert zu haben.[52] Auch erhielt er keinerlei Auszeichnungen vom Staat oder von der Partei, obgleich er sich als »die erste Autorität in Deutschland in der wissenschaftlichen Behandlung der Judenfrage« sieht.[53] Zahlreiche Anfragen nach Beiträgen zu Parteiorganen beschied er mit drei Ausnahmen negativ. Zweimal, so sagt er, wurden seine Beiträge stark verfälscht, was ihn veranlaßt habe, keinen weiteren Anfragen mehr nachzukommen (obgleich sein dritter Beitrag tatsächlich erst nach diesen beiden erschien).[54]

Kittel merkte, daß die Judenpolitik der Nazis nach 1933 nicht die Richtung nahm, die er sich erhofft hatte. Er behauptet, daß es vor 1942 über die Behandlung der Juden keine verläßlichen Informationen gab. Selbst bei so offensichtlichen Ereignissen wie der sogenannten »Reichskristallnacht« vom 9./10. November 1938 kannte kein Mensch den wahren Schuldigen. Kittel streitet jedoch nicht ab, daß auch bei spärlichen Hintergrundinformationen eine Reaktion hierauf geboten war, und behauptet sogar, sich in einen gewissen Widerstand begeben zu haben. Er berichtet von verschiedenen Gelegenheiten, bei denen er seinen Widerspruch und seine Warnungen zum Ausdruck gebracht habe, zum Beispiel in Reichsinstitutskreisen und bei den unteren Chargen des Reichsinnenministeriums. Allerdings merkte er rasch, daß er höhere Ebenen erreichen mußte. Also versuchte er 1938, 1939 sowie 1940 oder

1941 über drei verschiedene Mittelspersonen Kontakt zu Rudolf Heß aufzunehmen. Zu einer Unterredung zwischen den beiden kam es nie, und Kittel weiß nicht, ob seine Botschaften Heß je erreichten. Aber er hielt es für wichtig, den Versuch unternommen zu haben. 1937 oder 1938 hatte Erwin Goldmann aus Stuttgart ein Treffen mit Winifred Wagner, bei dem er offenbar seine Bedenken zur Judenpolitik der Nazis zum Ausdruck brachte. Kittel wußte von diesem Treffen und brachte sich damit in Verbindung, obwohl er weder daran teilgenommen, noch an seinem Zustandekommen mitgewirkt hatte. Schließlich berichtet er, dem Wiener Theologieprofessor Gustav Entz mit *Denkschriften* an Reichsminister Lammers und Reichsleiter von Schirach geholfen zu haben. Er spricht von den heftigen Warnungen in diesen Briefen und fügt prahlend hinzu:

»Beide, Kittel und Entz, dürfen für sich in Anspruch nehmen, daß sie – mag auch die Öffentlichkeit davon so gut wie nichts erfahren haben – zu denjenigen Männern in Deutschland gehört haben, die in diesen Jahren nicht aufgehört haben, bis in die obersten Stellen hinein ohne Menschenfurcht zu warnen und daran zu erinnern, daß in allen Fällen, wer Wind sät, Sturm ernten wird.«[55]

Eine kühne Behauptung. Aus dem Kontext geht noch nicht einmal klar hervor, ob Kittel diese Entz-Briefe mit seinem Namen unterschrieben hat. Bei all diesen Handlungen war er auf größte Geheimhaltung bedacht, um seinen Feinden unter den vulgären Antisemiten keine Munition zu liefern. Er nahm an, daß er unter Beobachtung stand und daß sogar Martin Bormann, der enge Vertraute Hitlers, zu seinen Feinden zählte. »Er wußte seit jenem Tübinger Angriff vom 2. 6. 33 [die Zeitungskritik auf seinen Vortrag vom Vortage], daß er beständig mit einem Fuß in K. Z. sich befand.«[56] Er warnte seine Familie vor seinem möglichen plötzlichen Verschwinden und instruierte seinen Sohn, was in diesem Fall zu tun sei. Kittels Aussage ist hier entweder hochgradig melodramatisch oder ein Hinweis darauf, wie sehr Deutschland damals von der Angst vor Denunziation durchdrungen war. Aber wenn er sich wirklich so sehr fürchtete, hätte ihn seine Furcht nicht davon überzeugen müssen, wie ungerecht der deutsche »Rechtsstaat« geworden war? Und hätte er dann weiterhin Schriften publizieren können, die keine Spur von Opposition, sondern im Gegenteil eine Bestätigung der Nazipolitik zeigen?

Einmal habe er seinen Widerstand öffentlich zum Ausdruck gebracht, berichtet Kittel. Anfang 1943 erhielt er von seinem Sohn die ersten Berichte über den Mord an Juden in Rußland und Polen. Diese Nachricht ging einem Vortrag voraus, den er im März 1943 in Wien in einem Saal mit 1000 Sitzplätzen hielt und den er mit den Worten schloß, daß »alles Grauen sich sammelt und alle Dämonen toben!«.[57] Was er damit gemeint habe, sei so eindeutig gewesen, daß ihm der römisch-katholische Theologe Karl Prümm am nächsten Tag einen Besuch abstattete, um sicherzugehen, daß die Gestapo ihn nicht geholt habe. Prümm nannte seine Rede »eine Tat«.[58] Es ist heute kaum vorstellbar, daß die Gestapo sich aufgrund solch vager Provokationen gerührt hätte. Kittels »Widerstandsaktionen« werden von ihm so ungenau beschrieben, daß völlig unklar bleibt, wogegen er protestierte. Vermutlich wandte er sich gegen gewisse heidnische Elemente in der Weltanschauung des Nationalsozialismus sowie gegen die schlechte Behandlung der Juden. Seine Art, sich auszudrücken, blieb auf jeden Fall immer vorsichtig undeutlich. Vielleicht wären subtile Andeutungen und Gesten im Deutschland des Dritten Reiches verstanden worden. Andererseits heißt es, daß nach 1945 die Widerstandskämpfer in Deutschland nur so aus dem Boden schossen. Die von Kittel behaupteten Widerstandshandlungen können naturgemäß nicht überprüft werden; für den Beweis seiner lauteren Absichten scheinen sie jedoch nicht auszureichen.

Es gibt noch ein weiteres Barometer für Kittels Haltung während des Dritten Reiches: sein Verhalten gegenüber jenen Gruppen, die damals in Ungnade waren. Kittel verfügt über einen ganzen Katalog guter Taten an Männern der Bekennenden Kirche und an Juden. Zum Beispiel unterstützte er 1934 Bischof Wurm (Württemberg), der nach seiner Absetzung unter Hausarrest gestellt war. Der zuständige Minister Mergenthaler hatte allen Professoren der theologischen Fakultät von Tübingen verboten, sich in die Angelegenheit einzumischen; aber man mischte sich ein, die Fakultät unterstützte Wurm öffentlich und half ihm dadurch, wieder in sein Amt eingesetzt zu werden. Kittel, so berichtet er uns, war hieran beteiligt und hat Wurm darüber hinaus demonstrativ während seines Hausarrests aufgesucht.[59] Die Ächtung Wurms fand tatsächlich statt, und Kittel hat vermutlich die Rolle gespielt, die er sich zuschreibt, was anerkennenswert gewesen wäre.[60] Unter den gegebenen Umständen scheint dies allerdings nicht besonders gefährlich gewesen zu sein, da Bischof Wurm über eine enorme Unterstützung in der Öffentlichkeit verfügte. Kittel zählt vierzehn weitere Gelegenheiten auf, bei denen er für jemanden intervenierte oder dies zumindest versuchte. Häufig waren Pastoren oder Professoren davon betroffen, denen aufgrund ihrer Verbindung zur Bekennenden Kirche Schwierigkeiten drohten. Kittel half der Württembergischen Bibelanstalt 1939–40 und noch einmal 1942–43, als er ihre Veröffentlichungen zum Alten Testament verteidigte. Schließlich berichtet er, zwei Parteiveranstaltungen demonstrativ verlassen zu haben, auf denen ein Redner Christus oder die Kirche diffamiert hatte. Etwas vage fügt er hinzu: »Beide Fälle hatten ein Nachspiel.«[61]

Dann legt er noch eine Liste über vierzehn gute Taten an Juden vor. Zum Beispiel:

1. 1926 widmete er Issar Israel Kahan, seinem kürzlich verstorbenen Hebräisch-Lehrer, ein Buch.
2. 1933 sagte der von Tübingen nach Holland emigrierende Chaim Horowitz zu ihm: »Sie haben eine tiefe Liebe zu Israel und kennen das Wesen dieses Volkes besser als viele Namensjuden.«
3. Am 1. April 1933, dem ersten Tag des Judenboykotts, half Kittel Hugo Löwenstein, einem jüdisch-christlichen Teppichhändler. Er schützte ihn vor Sabotage und Beschimpfungen, indem er mit ihm vor seinem Geschäft auf und ab ging.
4. 1933 verlor der Tübinger Philosophieprofessor Konstantin Österreich seinen Posten, weil er mit einer Jüdin verheiratet war. Kittel verwandte sich, wenn auch erfolglos, beim Kultusministerium in Stuttgart für ihn.
5. In Wien bemühten sich Kittel und Bischof Eder persönlich um eine Genehmigung von der Gestapo, für die christlichen Juden des Ghettos Kollekten halten zu dürfen.
6. Kittel und seine Frau waren mit Elisabeth Ortner-Kellina befreundet, einer katholischen Halbjüdin, die Schauspielerin am Wiener Burgtheater war. Sie haben ihr oft geholfen, und es gibt eine Reihe Dankesbriefe von ihr.[62]

Einige dieser Angaben haben Fußnoten mit den Namen von Leuten, die die Dinge bestätigen können, andere nicht. Trotz dieser Ungewißheit in der Dokumentation ist anzunehmen, daß Kittel diese Geschichten kaum erfunden haben dürfte. Er mißt ihnen besondere Bedeutung bei, weil die Partei den Umgang mit Juden verboten hatte. Für ihn war deshalb jeder einzelne dieser Fälle eine geistliche gute Tat, und er bittet, dies bei der Gesamtbeurteilung seines Charakters zu berücksichtigen.[63]

Eine unbeabsichtigte Schlußfolgerung aus Kittels Beweisführung ist die, daß er sich großer Ungerechtigkeiten im Dritten Reich durchaus bewußt war. Seine Freunde wurden verfolgt, seine Kollegen entlassen. Er war Zeuge gesetzwidriger Handlungen an Juden und gibt sogar zu, 1943 von Judenermordungen erfahren zu haben. Rückblickend muß man sich fragen, warum er sich dann auf einzelne Wohltaten und auf mehr oder weniger vage und heimliche Initiativen beschränkte. Schließlich verfügte er durch seine Parteimitgliedschaft und seine Mitarbeit an Franks Reichsinstitut über recht enge Verbindungen zum Naziregime. Er gibt zu, sich die Frage gestellt zu haben, ob er, wenn nicht protestieren, zumindest hätte schweigen sollen. Aber er hielt seine Mitwirkung an den entscheidenden Fragen der Zeit für notwendig. Viele seiner guten Freunde hätten sich vielleicht über sein Verhalten gewundert und manchen habe er möglicherweise auch irregeführt. Aber jetzt seien gute Freunde von seiner Aufrichtigkeit und Selbstlosigkeit überzeugt und davon, daß Gott ihm aufgetragen hatte, Stellung zu beziehen:

»Kittel war in einer besonderen, völlig einzigartigen Lage. Seine wissenschaftliche Behandlung der Judenfrage bedeutete zugleich eine entscheidende Stützung der christlich-kirchlichen Position im Weltanschauungskampf. Es war ihm eine völlig einmalige Gelegenheit gegeben, in außerkirchlichen Kreisen gehört zu werden und bei ihnen der Wahrheit eine Bahn zu brechen; eine Gelegenheit, die in dieser Weise nur Kittel und niemand außer ihm und an seiner Statt hatte. So fiel, wenn er von dieser Möglichkeit keinen Gebrauch machte oder schwieg, im Kampf um Bibel und Christentum ein wesentliches und unersetzliches Positivum aus. Aus diesem Grunde hat Kittel sich für verpflichtet gehalten, dort, wo er im Rahmen seiner christlichen und wissenschaftlichen Erkenntnisse und Überzeugungen sich äußern konnte, dies zu tun.«[64]

Oft hätte er sich zurückziehen mögen, doch glich seine Position der des Moses, »der nach der Erzählung 2. Mose 3, 11; 4, 1.10.13, als Gott ihn zu reden beauftragt, sich dagegen wehrt: ›Herr, sende wen du willst!‹, dem aber Gott nicht die Freiheit gibt, sich der Sendung zu entziehen«.[65]

1943, so berichtet Kittel, habe er sich langsam den Auseinandersetzungen entzogen und stärker auf seine historische und theologische Arbeit konzentriert.[66] Bis dahin aber glaubte er, daß die von Ezekiel Gott zugeschriebenen Worte auf ihn gemünzt seien: »Du Menschenkind, Ich habe dich zum Wächter gesetzt ... Du sollst aus meinem Munde das Wort hören und sie um meinetwegen warnen. Wenn Ich dem Gottlosen sage: Du mußt des Todes sterben, und du warnst ihn nicht ..., so will ich sein Blut von deiner Hand fordern. Wenn du aber den Gottlosen warnst und er sich nicht bekehrt von seinem gottlosen Wesen und Wege, so wird er um seiner Sünde willen sterben, aber du hast deine Seele gerettet.«[67]

Um den Zusammenhang noch weiter zu verdeutlichen, fährt er fort: »Dabei stand Kittel an einem fast völlig einsamen Punkt, an einer Stelle, an der nicht nur er auf keinem andern die Last abgeben konnte, sondern auch, an der ihn niemand begleiten konnte.«[68]

Geriet Kittels Rolle in Gottes Plan zu einer indirekten Hilfe für den vulgären Antisemitismus? Er räumt ein, daß einzelne seiner Kommentare über Juden genauso grausam klingen mochten wie bei jedem beliebigen Antisemiten. Wiederum besteht er aber darauf, daß wegen der unterschiedlichen Ziele und generellen Absichten sein Fall anders läge. Er hielt es auch nicht für wahrscheinlich, daß Anhänger des vulgären Antisemitismus sich auf seine Arbeiten berufen könnten: Erstens wurde Kittel nur in akademischen Kreisen gelesen, und zweitens hätten sie sehr bald die Kluft gespürt, die sich zwischen Kittels und ihren eigenen Werken auftat.[69] Dennoch müssen Kittels Beiträge in Walter Franks Zeitschrift *Forschungen zur Judenfrage* über manchen antisemitischen Schreibtisch gelaufen sein. Und Max Weinreich berichtet von einem Fall, bei dem Kittels Forschungsergebnisse offenbar sehr schnell Verwendung fanden: 1943 berief sich Kittel auf ein Ereignis im 2. nachchristlichen Jahrhundert, bei dem die Juden auf Cypern 250000 Menschen ermordet haben sollen. 1944 findet sich der gleiche Hinweis in einer von Goebbels' Zeitungen.[70] Selbst wenn es sich hier um einen Zufall handelt, zeigt er zumindest, daß Kittels Arbeit für antisemitische Apologeten von potentiellem Interesse war.

Gegen Ende seiner Verteidigungsschrift wagt Kittel einen schon konkreten Einspruch: Man hat ihn, so sagt er, krimineller oder zumindest moralisch verwerflicher Handlungen bezichtigt; das sei eine Anschuldigung, der er sechs Fragen entgegenstellen möchte:

1. Könnte die Staatsanwaltschaft einen einzigen Fall nennen, in dem Kittel einen Juden verfolgte, oder könnte sie die Liste seiner guten Taten schmälern?
2. Wäre es nicht möglich, daß Kittels Haltung den Juden gegenüber ihm von Gott auferlegt worden war?
3. Waren Kittels Erklärungen in seiner Verteidigungsschrift glaubwürdig? Er räumt ein, daß eine Beweisführung oft nicht möglich war, und bittet darum, ihm Zeugen für seinen Charakter wie den Rektor und die theologische Fakultät der Universität Tübingen zu gestatten.
4. Entsprach Kittels Arbeit nicht dem Verantwortungsbewußtsein und den Qualitätserwartungen an einen Mann in seiner Position? Kittel benennt eine Reihe von Zeugen, darunter einige Mitglieder der Bekennenden Kirche, den Schweizer Theologen Emil Brunner und den Lutherforscher Paul Althaus. Er stellt fest, daß diese Zeugen nicht zu den Anhängern der Aufklärung oder des Relativismus gehören, noch eine unklare oder negative Haltung gegenüber »eine[r] der Grundtatsachen diese[s] in der Heiligen Schrift Alten und Neuen Testaments und in den Reformatorischen Bekenntnissen bezeugten Offenbarungsgeschehens« einnehmen dürften.
5. Hat Kittels Behandlung der Judenfrage die Kirche in ihrer Abwehr der Angriffe auf das Alte Testament und das Christentum im allgemeinen bestärkt oder entkräftet? Ihre Haltung im »Weltanschauungskampf« unterstützt oder untergraben? Kittel schlägt vor, daß Kirchenführer wie z. B. Bischof Wurm hierzu als Zeugen befragt werden sollten.
6. Die letzte Frage schließlich lautet, »ob es in der christlichen Kulturwelt als Verbrechen gilt und mit prozessualen Strafen verhindert werden muß, eine an die Weisungen Jesu Christi und seiner Apostel anknüpfende und von dort her normierte Stellung zur Judenfrage zu vertreten?«[71]

Kittel endet mit der Erklärung, daß er nichts zu verbergen habe und sich seiner Verantwortung nicht entziehen werde. Er hofft auf ein klares Urteil, damit seine Kinder, Studenten und Freunde wissen, ob sie sich schämen müssen oder nicht und ob »der Schild seiner menschlichen und wissenschaftlichen Ehre befleckt oder rein ist ... Dies ändert aber nichts daran, daß er ein Recht zu der Frage zu haben glaubt, ob, wie immer das endgültige Urteil der Zeitgenossen und der Nachwelt über ihn sein möge, der Fall wirklich derart ist, daß man ihn wochen- – vielleicht monatelang unter entehrenden Umständen wie einen Verbrecher im Gefängnis hält.«[72]

Trotz seines Protestes verbrachte Kittel siebzehn Monate im Gefängnis. Hier hatte er Muße, seine Vergangenheit zu überdenken. Es war die Zeit, in der das ganze schreckliche Ausmaß der Nazipolitik den Deutschen und der Welt enthüllt wurde. Es ist deshalb aufschlußreich, Kittels überarbeitete Verteidigungsschrift vom November/Dezember 1946 mit der ersten Ausgabe zu vergleichen. Kittels zweite Verteidigung enthält ein Schuldbekenntnis:

»Kittel ist bereit und willig, alles ihm Widerfahrende: Haft und Amtsentlassung, Schande und Armut, als ein Stück Schicksal seines Volkes auf sich zu nehmen und zu tragen. Er ist tief durchdrungen von der Solidarität der Schuld, die ihn als deutschen Mann mit umschließt und aus der er sich, so wenig wie irgendein verantwortungsbewußter Deutscher, nicht ausnehmen kann und will. Er ist rückhaltlos bereit, als Glied seines Volkes alle Folgen des furchtbaren Geschehens mitzutragen.«[73]

Kittels Empfinden für die »völkische« Einheit ist offensichtlich intakt. Dann macht er allerdings deutlich, daß eine persönliche Schuld für ihn kaum in Frage kommt:

»Aber diese Bejahung der Solidarität einer ungeheuren Kollektivschuld, unter der er sich stehend weiß, enthebt ihn nicht des Rechtes und der Pflicht, um der Wahrheit und um der Gerechtigkeit willen die Frage zu stellen, ob in gleicher Weise auch eine individuelle, aus seinem persönlichen Einzelhandeln sich ergebende Schuld auf ihm liegt, die seine Bestrafung als die eines des Amtes und Auftrages Unwürdigen fordert.«[74]

Durch die ganze zweite Verteidigungsschrift hindurch versucht Kittel, seine reinen Absichten und unschuldigen Handlungsweisen zu belegen. Wiederum ist das Hauptthema sein Entschluß, innerhalb der NSDAP gearbeitet zu haben, damit eine religiös fundierte antijüdische Politik sich gegenüber dem radikalen und vulgären Rassismus durchzusetzen vermöchte. Er unternimmt den Versuch, Jesu antijüdische Einstellung zu beweisen: »Niemals ist dem sogenannten Weltjudentum als einem Machtanspruch ein furchtbareres Urteil gesprochen worden als in dem ›Wehe‹ Jesu Christi, Matth. 23, 15; niemals eine vernichtendere Charakterisierung der jüdischen Religion als einer Privilegierungsreligion gegeben worden als in Joh. 8, 40–44!«[75]

Ebensolches könne von Paulus gesagt werden: »Gewiß hat Kittel oftmals die Entartungserscheinungen des modernen wie des antiken Judentums so scharf wie irgendein Antisemit herausgestellt. ... In diesen Fällen aber kann sich Kittel darauf berufen, daß auch die Worte des Apostels Paulus über das Judentum seiner Zeit öfters der Polemik des damaligen heidnischen Antijudaismus zum Verwechseln ähnlich sehen; ja, es kommt sogar vor, daß Paulus die Stichworte dieses vulgären Antijudaismus aufnimmt und sie sich – ohne jede Polemik, damit aber scheinbar ohne jede Abgrenzung! – zu eigen macht (wofür 1. Thess. 2, 15 den unwiderleglichen, exegetischen Beweis bietet).«[76]

All seine Arbeit, auch die an Franks Reichsinstitut, sei für Kittel Teil seiner gottgegebenen Rolle als Theologe gewesen.[77] In einem Punkt fühle er sich schuldig: Weil er seinen antijüdischen Standpunkt nicht schon vor 1933 entschieden genug vertreten hatte, habe er es den Vertretern des vulgären Antisemitismus ermöglicht, einen Vorsprung bei der Parteipolitik zu gewinnen.[78] Aus seiner zweiten Verteidigungsschrift geht nirgendwo hervor, daß er seine eigenen politischen und theologischen Ansichten für einen Irrtum hielt. Zwar bekannte er sich zu einem Irrtum, allerdings nicht in seinen Ansichten, sondern in seinem Urteil. Er habe die wahren Absichten Hitlers und der Nationalsozialisten falsch eingeschätzt:

»Ich habe nicht gewußt, in welchem Maße der jedem Volk innewohnende echte nationale Gedanke zu einem System der imperialistischen und größenwahnsinnigen Brutalitätspolitik umgefälscht und das soziale und sozialistische Ideal zur Tarnung für Lüge und Korruption mißbraucht wurde. Heute weiß ich, daß mein Versuch auf der wohl bittersten Täuschung meines Lebens beruhte.«[79]

Er habe den Nationalsozialismus begeistert und aufrichtig verfochten, allerdings nur aufgrund einer Fehleinschätzung:

»Vor allem aber wird niemand an irgendeiner Stelle behaupten können, daß die Methoden und Ergebnisse seiner Abhandlungen auch nur im geringsten durch Kompromisse mit der Zeitströmung bedingt oder auch nur beeinflußt seien. Wenn er gelegentlich, in jenen seltenen Fällen, das Zeitgeschehen nach seinen wissenschaftlichen Ergebnissen zu deuten versuchte, so war diese Deutung, wie er heute weiß, auf einer illusionären Hoffnung beruhend.«[80]

Er begibt sich sogar in die unbescholtene Gesellschaft von Karl Barth und Carl Goerdeler (einem Führer der Widerstandsbewegung), die Hitler ebenfalls falsch eingeschätzt hätten.[81] Zu guter Letzt findet er sich dann in einem Volk wieder, das verraten wurde:

»Ich glaube, daß ich mein Handeln und meinen Irrtum mit dem Handeln und dem Irrtum des ehrlichen und tapferen deutschen Soldaten vergleichen kann und darf. Er weiß heute, daß er sich geopfert hat, nicht nur, wie er meinte, für die Existenz seines Volkes, sondern für eine Sache, in der er verraten und belogen worden ist und deren er sich heute als einer Beschmutzung des deutschen Namens schämen muß. Genau ebenso weiß ich heute, daß die Sache, mit der meine redliche wissenschaftliche Arbeit verquickt worden ist, eine verruchte Sache war.«[82]

Kittels Selbstinterpretation trifft sich also mit der von Siegele-Wenschkewitz aus dem Jahre 1980, daß es nämlich sein größter (oder einziger) Irrtum war, Adolf Hitler und den Nationalsozialismus falsch eingeschätzt zu haben. Meiner Ansicht nach zeigt allerdings eine genauere Auslegung Kittels auch seine größere Mitschuld.

Wie kann man also anhand seiner Verteidigungsschrift feststellen, *was* Kittel zwischen 1933 und 1945 getan hat und *warum* er es getan hat? Wenn auch viele seiner Angaben nicht überprüfbar sind, kann man vermuten, daß sie im großen und ganzen stimmen. In seinen persönlichen Beziehungen zu Juden war Kittel demzufolge nicht heimtückisch, noch kann man ihm allgemein Böswilligkeit nachsagen. Er war ehrlich bemüht um seine Freunde, denen es schlecht erging, und darunter waren auch jüdische Freunde. Sein akademisches Interesse am Judentum gehörte in den legitimen Forschungsbereich der christlichen Theologie, und selbst seine Sicht der Juden als »Abfall« war nicht so ungewöhnlich. Darüber hinaus war Kittel konservativ, um nicht zu sagen reaktionär, in seinen politischen, sozialen und intellektuellen Auffassungen. Er lehnte die Aufklärung ab und damit jene Ideale von Gleichheit und Gerechtigkeit, die die westliche Welt hochhielt. Auf recht unkritische Weise akzeptierte er die »völkischen« und rassischen

Ideale als die angemessenen deutschen Alternativen zum westlichen Liberalismus. In seinen Arbeiten betont er die Dekadenz des Judentums, eine Betonung, die zumindest in ihrem Ansatz der Naziideologie entspricht, unabhängig von den Voraussetzungen, von denen Kittel ausgehen mochte.

Eine wichtige Ausgangsposition findet sich in dem folgenden Satz:

»Denn auch die Judenfrage stand für ihn ganz unter dem theologisch-christlichen Gesichtspunkt; sie war und wurde in steigendem Maße geradezu ein Teil der Kirchen- und Christentumsfrage innerhalb des modernen Weltanschauungskampfes.«[83]

»Weltanschauungskampf« ist hier das Schlüsselwort. Man findet diesen Begriff häufig in seiner Verteidigungsschrift, er scheint die eine Idee zu enthalten, die die anderen zusammenhält. Kittels Haltung war nicht bloß christlich; viele Christen teilten seine Voreingenommenheiten nicht. Sie war nicht bloß antisemitisch, denn er widersetzte sich jenen antisemitischen Strömungen, die das Christentum bedrohten. Man kann sie aber auch nicht einfach als politisch bezeichnen. Kittel kämpfte darum, eine bestimmte Form des Christentums, den Antisemitismus und den politisch-sozialen Konservatismus in einer einzigen »Weltanschauung« zu vereinigen und diese Weltanschauung gegen ihre Feinde zu schützen. Er setzte die deutsche, christliche, soziale und »völkische« Einheit gegen Aufklärung, modernen Säkularismus und liberale Demokratie.

Selbst wenn man diese Verteidigungsschrift, so wie sie ist, akzeptiert, gewinnt man den Eindruck, sie habe in der Welt nach 1945 schon fast ausgereicht, um Kittel zu verurteilen. Aber es bleiben noch viele Fragen. War seine Arbeit wirklich theologisch motiviert, wurde sie nach wissenschaftlichen Methoden erstellt? Gab es Dinge in seinen Handlungen oder in seinen Schriften, die, über einen Affront gegen die liberale Ideologie hinaus, moralisch verwerflich oder sogar kriminell waren? Gab es irgend etwas in Kittels Leben, das sein hartes Schicksal rechtfertigen würde? Zur Beantwortung dieser Fragen müssen Kittels Worte und Taten bis zum Juni 1945 untersucht und bewertet werden.

## 3. Kittels Verhalten

Es gab wenig im täglichen Leben des Gerhard Kittel, das ihn von seinen Kollegen unterschieden hätte. Seine akademische Laufbahn war routinemäßig verlaufen, der spätere Strafprozeß konzentrierte sich denn auch weniger auf seine Taten als auf seine Worte. Aber ein kurzer Blick auf die biographischen Daten rückt sein Leben in eine ganz bestimmte Perspektive. Bei Ausbruch des Ersten Weltkrieges war Kittel fast 26 Jahre alt. Seine akademische Laufbahn hatte bereits begonnen: Nach seinem Studium in Leipzig, Tübingen und Berlin wurde er im Dezember 1913 Mitglied des Lehrkörpers an der theologischen Fakultät in Kiel. Zu Beginn des Krieges meldete er sich freiwillig als Pfarrer und diente von November 1914 bis Dezember 1918 als Marinepfarrer in Cuxhaven.[84] Nach dem Krieg teilte Kittel die neokonservative Reaktion seiner Generation. Er war z. B. Mitglied der Deutschen Christlichen Studentenvereinigung, für die er in den zwanziger Jahren die *Stimmen aus der deutschen christlichen Studentenbewegung* herausgab, die dazu beitragen sollten, das Christentum zu »völkischen« Fragen in Beziehung zu bringen.[85] Seine Ablehnung der Aufklärung und sein bereitwilliges Denken in rassistischen wie »völkischen« Bahnen weisen ihm während der Weimarer Republik einen Platz auf den Rängen der äußersten Rechten zu.

Die politische Orientierung der Familie Kittel, von Vater und Sohn, zeigt ein wahrscheinlich typisches Muster. Der ältere Kittel war konservativ und patriotisch. Als Rektor der Universität Leipzig hielt er gegen Ende des Ersten Weltkrieges einige Reden, in denen er einmal den amerikanischen Präsidenten Woodrow Wilson wegen seiner Schurkerei angriff, daß ihm die Durchsetzung seiner vierzehn Punkte nicht gelungen war, dann davon abriet, den Versailler Vertrag zu unterzeichnen, damit deutsche Hände an der Schändung Deutschlands wenigstens keinen Anteil hätten, und schließlich den Tod deutscher Soldaten in romantischer, patriotischer Sprache beklagte, wobei er häufig den Ausdruck »die weinende Mutter Germania« verwandte.[86] Rudolf Kittel war auch der Verfasser von *Die Universität Leipzig im Jahr der Revolution 1918/19,* worin er keinerlei Sympathie für die Revolutionäre oder die Weimarer Republik aufbrachte.[87] Aber man findet auch keinen Fanatismus, keine Fingerzeige auf Kommunisten oder Juden, keine Dolchstoßlegende. Rudolf Kittel stand fest auf dem Boden des liberalen Akademikertums aus dem 19. Jahrhundert, so daß selbst die traumatischen Ereignisse von 1918 ihn nicht von Rationalismus und Toleranz abzubringen vermochten.[88]

Der Sohn teilte den politischen Konservatismus des Vaters und seine Verwurzelung in der Vorkriegszeit. Aber Gerhard Kittels Wurzeln reichten nicht annähernd so tief, sein Konservatismus wurde sehr viel leichter vom herrschenden Wind fortgeblasen, und nach 1918 brachte dieser Wind Irrationalismus, völkischen Mystizismus und Antisemitismus mit sich. Rudolf Kittel starb 1929, vier Jahre vor der Machtergreifung Hitlers. Aber Gerhard Kittel war 1933 erst vierundvierzig Jahre alt, durch seine Umwelt und seinen Werdegang geprägt und aufnahmebereit für vieles, was Hitler zu bieten schien.[89]

Nach 1933 demonstrierte Kittel seine Anerkennung des Hitlerregimes durch seinen Parteieintritt und seine Mitarbeit an Walter Franks Reichsinstitut. In seiner Verteidigungsschrift berichtet er, der Partei nicht aus Opportunismus, sondern aus Begeisterung beigetreten zu sein, und daß er sich noch viele Jahre für die »Reinheit der Bewegung« verantwortlich fühlte.[90] Er fügt den häufig zu hörenden und aus heutiger Sicht unglaublichen Satz hinzu, daß er diese Bewegung für eine Erneuerung der christlichen Moral hielt. Oberflächlich betrachtet scheint diese Auffassung von einem übertriebenen Vertrauen in Hitlers Versprechen zu zeugen, die Partei setze sich für ein »positives Christentum« ein. Hitlers *Mein Kampf* wurde ignoriert, Alfred Rosenbergs antisemitisches »Institut zur Erforschung der Judenfrage« wurde ignoriert. Es gibt eine Erklärung für dieses weitverbreitete Mißverständnis: Das Christentum wurde mit so vielen kulturellen Faktoren verwechselt, daß es kaum noch eine Eigenständigkeit besaß. Christentum hieß deutsche Kultur, Christentum hieß bürgerliche Moral. Und Christentum hieß Respekt vor der Obrigkeit. Es war Gesetz und Ordnung und repräsentierte eine etablierte Klasse in ihrem Widerstand gegen den Aufruhr von links. Und genau deshalb sahen so viele Christen die Nazibewegung als eine religiöse Erneuerung, und genau deshalb wurde Kittel Mitglied der NSDAP.[91]

Auch seine Verbindung zum Reichsinstitut muß auf einem Mißverständnis beruht haben, oder er hat diese Verbindung in seiner Verteidigungsschrift nicht ganz korrekt dargestellt. Das Institut Franks war eindeutig eine antisemitische Organisation. Die Eröffnungsfeier für die »Forschungsabteilung Judenfrage« 1936 zählte unter anderen Würdenträgern auch Rudolf Heß zu ihren Gästen, das Institut hatte den vollen Segen der Partei. Der *Völkische Beobachter* berichtete auf der ersten Seite mit einer 7 cm hohen, rot unterstrichenen Schlagzeile von diesem Ereignis, und zwar mit der klaren Schlußfolgerung, daß hier eine wissenschaftliche Waffe im Kampf gegen die Juden entstanden sei.[92] Frank selbst sprach bei vielen Gelegenheiten über seine Absichten und gab einmal einen verballhornten Satz von Schlieffens wieder: »Macht mir den antijüdischen Flügel stark.«[93] Dieser Antisemitismus zeigte auch nirgendwo Ansätze von »Geist« oder »Kultur«. In einer Rede anläßlich der ersten Jahresversammlung der Forschungsabteilung hieß es zum Beispiel, jüdische Wissenschaftler hätten ihre Ideen von arischen Wissenschaftlern gestohlen. Als Beweis wurde angeführt, die meisten an Deutschland ergangenen Nobelpreise für Physik hätten Juden erhalten. Diese Rede wird Philipp Lenard, einem der wenigen arischen Nobelpreisträger, zugeschrieben, obwohl sie von einem anderen Physiker gehalten wurde.[94] Julius Streicher, der berüchtigte Herausgeber des *Stürmer,* war ebenfalls ein bevorzugter Redner der Forschungsabteilung Judenfrage. Er beehrte die zweite und dritte Jahresversammlung mit dreistündigen Vorträgen über seine direkten Erfahrungen im Kampf gegen das Judentum.[95] So sah das »wissenschaftliche« Institut aus, mit dem Kittel den vulgären Antisemitismus zu bekämpfen hoffte. Vielleicht war es weniger radikal als Rosenbergs später in Frankfurt eröffnetes Institut, aber es war wohl kaum eine neutrale und objektive Forschungsorganisation.[96] Kittel scheint begeistertes Institutsmitglied gewesen zu sein. Helmut Heiber beschreibt ihn als beredten Diskussionsteilnehmer und wichtige Figur hinter den Kulissen.[97]

Neben seiner Mitgliedschaft in der Partei und im Reichsinstitut gibt es keine dramatischen Beweise für Kittels Unterstützung des Regimes. Es gab kleinere Gefälligkeiten, wie er es in seiner Verteidigungsschrift auch zugibt. Er sprach verschiedentlich vor dem NS-Dozentenbund; er schrieb drei Artikel für Parteizeitungen. Aber vermutlich ist seine Behauptung gerechtfertigt, daß solche Gefälligkeiten für einen Mann in seiner Position auf eine nur geringe Kooperation schließen lassen. Max Weinreich glaubt, daß Kittels Versetzung von Tübingen nach Wien 1939 eine Auszeichnung für seine Treue sein sollte.[98] Hierbei wird allerdings vergessen, daß erstens nur an eine vorübergehende Stellung gedacht war [99] und daß zweitens für einen deutschen lutherischen Theologen das freundliche Tübingen mit seiner angesehenen theologischen Fakultät dem katholischen Wien vorzuziehen sein mochte.[100]

Bei der Frage nach Kittels Verhältnis zum Naziregime ist es wichtig, nicht nur nach dem zu suchen, was er tat, sondern auch nach dem, was er nicht tat. Kirche und Universität, die beiden Institutionen, denen er am engsten verbunden war, litten unter Störungen und Manipulationen durch die Nazis. Und das zentrale Thema in Kittels Lebenswerk, die Judenfrage, wurde in eine Richtung gedrängt, von der er später erklärte, daß sie ihn entsetzt habe. Was hat Kittel unternommen?

Im Frühjahr 1933 begann der Kirchenkampf. Er entzündete sich, als nicht nur die von den Nationalsozialisten unterstützten Deutschen Christen die Kirche dem Nationalsozialismus »gleichschalten« wollten, sondern auch die Kirchenführer ganz im Geist der Zeit entschlossen waren, die schon früher beabsichtigte Vereinigung der einzelnen Landeskirchen in einer »Reichskirche« herbeizuführen. Hitler selbst griff in die kirchlichen Angelegenheiten ein und ernannte einen ihm bekannten Pastor, den Königsberger Wehrkreispfarrer Ludwig Müller, zu seinem Bevollmächtigten für die Angelegenheiten der evangelischen Kirchen.

Die ersten Kontroversen zeichneten sich bei der Kandidatur für das Amt des Reichsbischofs ab. Die Kirchenführer setzten im Mai 1933 noch einmal ein Zeichen für die Unabhängigkeit der Kirche und wählten Friedrich v. Bodelschwingh, der als unpolitisch galt und allgemein respektiert wurde. Aber diese Entscheidung wurde weder von Müller, den die Deutschen Christen inzwischen zu ihrem »Schirmherrn« und Kandidaten erkoren hatten, noch von Staat und Partei akzeptiert. Im Verlauf der folgenden verwirrenden Ereignisse ordnete Hitler überraschend im Juli 1933 allgemeine Kirchenwahlen an, die die Deutschen Christen für sich entscheiden konnten, nicht zuletzt wegen einer Rundfunkrede am Vorabend der Wahl, in der Hitler selbst dazu aufrief, die Deutschen Christen zu wählen. Diese konnten nun nicht nur die Spitze der neuen Reichskirche unter Führung Müllers als Reichsbischof bilden, sondern auch in fast allen Landeskirchen – bis auf Bayern, Hannover und Württemberg – die Kirchenleitungen für sich erobern.[101]

Die Deutschen Christen gingen alsbald daran, die Kirche sowohl organisatorisch wie ideologisch dem Nationalsozialismus anzupassen. Ein markantes Zeichen dafür war ihr Versuch, den staatlichen »Arierparagraphen« auch auf die Kirche anzuwenden (obwohl nur ca. 35 der über 18000 Pastoren und Kirchenbeamten »nichtarisch« waren). In der Kirche erhob sich daraufhin Protest; Martin Niemöller rief im September 1933 zur Gründung des »Pfarrernotbundes« auf.[102] Der häretische Charakter der Deutschen Christen wurde vollends deutlich, als im November 1933 ihr Gauobmann Dr. Krause im Berliner Sportpalast in einer Rede den jüdischen Einfluß auf das Christentum anprangerte und die Abschaffung des Alten Testaments forderte.[103] Damit wurde auch die Reichskirchenregierung diskreditiert. Sie distanzierte sich jedoch nicht glaubwürdig von derartigen Äußerungen und verstärkte die innerkirchliche Opposition noch, als sie ihrerseits daranging, unter Berufung auf das nationalsozialistische Führerprinzip die einzelnen Landeskirchen – auch gegen ihren Willen – in die Reichskirche »einzugliedern«.

Im Laufe des Frühjahrs 1934 formierte sich die kirchliche Opposition zur Bekennenden Kirche. Höhepunkt war die Bekenntnissynode von Barmen im Mai 1934. Mit der von Karl Barth inspirierten Barmer Theologischen Erklärung machte die Bekennende Kirche deutlich, daß es in den Auseinandersetzungen mit den Deutschen Christen um fundamentale theologische Wahrheiten ging. Sie zog damit auch eine Trennungslinie zur nationalsozialistischen Kirchenpolitik, indirekt sogar zum Totalitätsanspruch des Nationalsozialismus selbst. Aber diese Opposition war keine wirklich durchgreifende politische Opposition. Auch die Männer der Bekennenden Kirche teilten vielfach die antikommunistische und antijüdische Einstellung der Nazis. Sie wandten sich gegen eine Einmischung in Kirchenangelegenheiten, nicht jedoch gegen die nationalsozialistische Politik im allgemeinen. Es gab nur einige, zum Beispiel Karl Barth und Dietrich Bonhoeffer, die das taten. Aber wo stand Kittel, als seiner Kirche der Wind ins Gesicht blies? Er unterstützte Bischof Wurm gegen Nazi-Drohungen. Er versuchte privat, verschiedene Mitglieder der Bekennenden Kirche vor Repressalien zu schützen. Aber er zeigte für diese Kirche keine öffentliche Sympathie, die Barmer Erklärung griff er an, weil seiner Ansicht nach die Kirche der »geschichtlichen Stunde« gerecht werden sollte. In einem Brief an Karl Barth meldete sich Kittel 1934 stellvertretend für »einige von uns württembergischen nationalsozialistischen Theologen«, die in der »Verbundenheit«

mit Staat und Führer die Erfüllung der Gesetze Gottes sahen.[104] Und dann zitierte er sinnigerweise jene Passage aus dem 1. Korintherbrief: »Den Juden bin ich geworden wie ein Jude, auf daß ich die Juden gewinne« (9,20-23), um seine Überzeugung zu untermauern, daß die Christen in Deutschland »völkische« Ideen vertreten sollten.[105]

1933 zogen Kittels Neigungen ihn zu den Deutschen Christen, die auch an die »geschichtliche Stunde« glaubten. Allerdings begriff er recht bald, daß er ihre Politisierung der Kirche und Radikalisierung der Judenfrage nicht akzeptieren konnte.[106] 1938 richteten die Deutschen Christen in Eisenach ein antijüdisches Institut ein, das »Institut zur Erforschung des jüdischen Einflusses auf die Kirche«. Wiederum bewahrte Kittel Abstand.[107] Tatsächlich ist die Existenz der Deutschen Christen einer der zufälligen Umstände zu Kittels Gunsten. Denn im Vergleich zu ihrem Extremismus scheint Kittel sich im Hauptstrom bewegt zu haben. Die Theologen dieser Vereinigung lehnten das Alte Testament ab, proklamierten einen arischen statt eines jüdischen Jesus und vermischten heidnische und christliche Elemente zu einem eigentümlich deutschen Mystizismus.[108] In all diesen Punkten traf Kittel keine Schuld. An der Basis seines Glaubens hielt er fest. Kittel fiel in den breiten Mittelbereich des deutschen Protestantismus, der weder die religiöse Irrlehre des radikalen Nationalsozialismus noch die politische Irrlehre vom Widerstand gegen die Staatsgewalt akzeptierte. 1945 behauptete er, innerhalb des Systems zum Schutz der Kirche gewirkt zu haben, aber zu keinem Zeitpunkt hat er eine klare öffentliche Position gegen die nationalsozialistische Politik oder für die eine konkurrierende Alternative, die Bekennende Kirche, bezogen.[109]

Die zweite wichtige Institution in Kittels Leben, die Universität, zeigte sich der Nazipolitik gegenüber etwas zugänglicher, was Kittels akademisches Bewußtsein schon an sich gestört haben könnte. Mit Sicherheit hat er von einer starken Hand gewußt, die in den Universitäten dafür sorgte, Nicht-Konformes konform laufen zu lassen. E. Y. Hartshorne schätzt, daß zwischen 1933 und 1937 15 bis 20 Prozent der Universitätsprofessoren entlassen wurden, und zwar hauptsächlich wegen politischer Unzuverlässigkeit oder nichtarischer Abstammung.[110] In der Theologie verlor Kittel prominente Kollegen wie Karl Barth, Paul Tillich und Martin Buber. Für die, die blieben, war häufig ein enormer Preis an Objektivität zu zahlen, wie Kittel im Reichsinstitut hätte feststellen können.[111] Aber zu einer solchen Feststellung scheint Kittel nicht gelangt zu sein. Anscheinend hegte er großen Respekt für seine Kollegen von der sogenannten »Rassenforschung« und unternahm selbst Streifzüge in dieser fragwürdigen Disziplin.[112] Was die Entlassungen betrifft, so berichtet Kittel, in verschiedenen Fällen interveniert zu haben, um eine Wiedergutmachung zu erreichen. Gleichzeitig stellt er in seinem Buch *Die Judenfrage* klar fest, daß es innerhalb der akademischen Berufe zu viele Juden gibt, und verlangt, sie zu entlassen. Auch wenn dies zu persönlichen Härten führe, sei es ein unumgänglicher Preis für ein vorausgegangenes Übermaß.[113]

Einen kleinen Einblick in das, was vielleicht Kittels allgemeine Einstellung war, gibt Hartshorne, der 1935–36 in Deutschland studierte. Während dieser Zeit beobachtete er die Situation an der Universität und sprach mit vielen Leuten. Als typische Entschuldigung für Hitler fand er den verlorenen Krieg mit seinen Folgen und seiner Schmach sowie den Zusammenbruch des Bürgertums aufgrund von Inflation und Depression. Extreme Tendenzen wurden mit der Annahme akzeptiert, daß sie bei Normalisierung der Situation schon von selbst verschwinden würden. Man ging davon aus, daß die Universitäten radikalen und jüdischen Einflüssen ausgesetzt gewesen waren und sich wieder auf ihre deutschen Wurzeln besinnen sollten. Der angebliche Mangel an wissenschaftlicher Objektivität bei den Nationalsozialisten sei ein falscher Vorwurf, da bekannt sei, daß eine wertfreie, vorurteilslose Wissenschaft nicht existiere.[114] Was die akademische Freiheit betraf, so übernahmen die Deutschen die Hegelsche Definition von Freiheit, nämlich nicht als Verantwortungslosigkeit, sondern als Gehorsam gegenüber dem Gesetz, der Moral und dem Staat.[115] So besaß Kittel ein breites Fundament, auf dem er die deutsche Universität in ihrer nationalsozialistischen Form akzeptieren konnte: Die Wissenschaft wurzelte in den Tiefen der »völkischen« Erfahrung und nicht in der Pseudo-Freiheit aufgeklärter, liberaler, demokratischer Verantwortungslosigkeit.

Was ist mit Kittels Haltung zur Judenpolitik? In seiner Verteidigungsschrift gibt er zu, daß diese Politik seinen Empfehlungen zur Situation zuwiderlief. Er habe stets für eine christliche Antwort auf die Judenfrage plädiert, und sein Wohlverhalten gegenüber einzelnen Juden beweise seine guten Absichten. Glücklicherweise gibt es viel Material, dem man diese Absichten gegenüberstellen kann. Dreißig Jahre lang, während seiner gesamten Laufbahn, veröffentlichte Kittel Bücher und Artikel zum Thema der Judenfrage.

## 4. Kittels Schriften

Kittels Veröffentlichungen vor 1933 brachten ihm den Ruf eines führenden Wissenschaftlers auf dem Gebiet des Judentums und dessen Beziehung zum frühen Christentum ein. Seine Arbeit konzentrierte sich auf genaueste Erforschung und den Vergleich der literarischen Quellen der beiden Glaubensrichtungen, was ihn mitten in die Kontroverse um die Bedeutung des Judentums für die Ursprünge des Christentums versetzte. Einige, wie zum Beispiel der liberale Theologe Adolf von Harnack, waren der Auffassung, das Christentum sei völlig vom Judentum zu trennen und das Alte Testament aus der Bibel zu entfernen.[116] Harnack argumentierte auf der Basis innerer Unstimmigkeiten zwischen Altem und Neuem Testament, aber seine Schlußfolgerung traf sich mit dem antisemitischen Vorurteil, das Judentum sei minderwertig und demzufolge auch nicht als die Quelle des Christentums anzusehen. Kittel lehnte solche Argumente ab. Einerseits hätte, wenn man die Beziehung zwischen Judentum und frühem Christentum leugnete, dies eine drastische Entwertung seiner Forschungsarbeit bedeutet. Also verteidigte er die Verwandtschaft der beiden schon aus reinem Selbstinteresse. Darüber hinaus versteht sich diese Haltung aber aus seiner Orthodoxie und seinem Widerstand gegen den Liberalismus. Kittel war weder willens, das Alte Testament zu entfernen, noch die jüdischen Wurzeln des Jesus von Nazareth zu leugnen.

1914 veröffentlichte er *Jesus und die Rabbiner*, eine kurze Arbeit, die zur Grundlage seiner Position wurde. Der Talmud und das Alte Testament zeigen in Inhalt und Form eine große Ähnlichkeit, lautet Kittels Hauptargument. Worte des Neuen Testaments wie »bete nicht vor den Menschen, sondern im Geheimen«, »vergib uns unsere Schuld, wie wir vergeben unsern Schuldigern« und »sammle keine Schätze auf Erden« finden alle ihre Entsprechung im Talmud.[117] Parabeln und Wunder gibt es in beiden. Also würde das Studium des Talmud sicherlich zu einem besseren Verständnis von Jesus und seiner Welt führen. Völlig unvoreingenommen war der junge Kittel indes nicht. Er gibt sich zum Beispiel die größte Mühe, die Überlegenheit des Christentums zu beweisen, indem er auf die »paar reinen, klarleuchtenden Sätze« verweist, die Jesus auf moralische Fragen anwandte, im Gegensatz zu den »genauen Erwägungen und Überlegungen« und der »Ausklügelung aller schmutzigen Möglichkeiten« auf jüdischer Seite.[118] Allgemein zeigt das Buch allerdings eine freundliche Haltung gegenüber dem Judentum.

1926 war ein wichtiges Jahr für Kittel. Er wurde an die Universität Tübingen berufen. Im gleichen Jahr publizierte er seine dortige Einführungsvorlesung und zwei weitere Bücher.[119] Das Hauptwerk, *Die Probleme des palästinischen Spätjudentums und das Urchristentum*, ist eine bibliographische Studie, die Kittels Thema von 1914, nämlich die engen Bindungen zwischen Judentum und frühem Christentum, noch einmal aufgreift. Aber in diesem Buch untermauert er seine These mit mehr Beweisen, bestätigt sie intensiver und geht vorsichtiger mit seinen früheren Vorurteilen um. Kittel mahnt zum Beispiel eindringlich zur Objektivität im Vergleich von Religionen. Er rät davon ab, Überlegenheit oder Minderwertigkeit beweisen zu wollen, und schlägt vor, sich statt dessen auf die Darstellung des Einmaligen zu beschränken.[120] Er preist den Talmud mehr denn je:

»Der Talmud ist eben seinem Wesen nach wie ein riesiger Sack, in den alles hineingestopft wurde, was das Judentum an Erinnerungen und Traditionen aufbewahrt hatte, und so ist sein Inhalt das bunteste und fröhlichste Durcheinander und Nebeneinander, das man sich nur denken kann.«[121]

Auf seinem Höhepunkt, so schreibt er, vereinte das Judentum das Geistige mit dem Ethischen – und das hatte es noch nie gegeben. Andere Religionen waren entweder mystisch-fromm oder ethisch, aber nicht beides zusammen. Das Judentum konnte beides vereinigen, weil seine Ethik im Glauben an Gott wurzelte: Gott befahl, und die Juden gehorchten.[122]

Jesus habe den »Urton« alttestamentlicher Frömmigkeit vernehmbar werden lassen und damit die Einheit von Ethischem und Geistigem aufrechterhalten.[123] In einer bemerkenswerten Passage äußert sich Kittel zur jüdischen Herkunft des Jesus von Nazareth:

»Man braucht diese Zusammenhänge sich nur klar zu machen, um zu wissen, wie widersinnig und wie historisch falsch ohne jede Ausnahme die Versuche sind, Jesus und das Christentum vom Alten Testament und von der geistigen Geschichte seines Volkes lösen zu wollen. So wie Jesus in allem zunächst Glied seines Volkes ist: wie er in dessen Kultursphäre gehört; wie er ihm in seiner Sprache, in den Formen des Ausdruckes und der Rede angehört, so ist er auch ein Glied dieses Volkes in der Art, aus dem Brunnen der alttestamentlichen Gottesoffenbarung diese Doppelheit hervorquellen zu lassen von Frömmigkeit und Sittlichkeit, von Gottesbewußtsein und Forderung. Die Ethik Jesu steht nicht unvermittelt da, nicht *ex nihilo* gewachsen. Sie will nichts anderes sein, und sie ist – geistesgeschichtlich angesehen – nichts anderes, als die konzentrierteste Auswirkung jener gewaltigen Bewegung der israelitisch-jüdischen Religionsgeschichte, die ihren Niederschlag eben in dem Schriftenkomplex gefunden hat, den wir das Alte Testament nennen. Das bedeutet freilich: die Christenheit, die sich der ›Hoheit und sittlichen Kultur des Christentums‹ rühmt, von der der alte Goethe zu Eckermann redete, ›wie sie in den Evangelien schimmert und leuchtet‹, sie mag niemals vergessen, daß das Alte Testament nicht aus Zufall in ihrer Bibel steht. Alle christliche Kultur und alle christliche Ethik hat ihre eine große Wurzel in dem sittlichen Bewußtsein der alttestamentlichen Frömmigkeit. Das kann und das darf nicht verwischt werden.«[124]

Weil das späte Judentum und das frühe Christentum aus den gleichen alttestamentlichen Wurzeln kommen, gibt es kein einziges Wort oder keine einzige ethische Lehre Jesu, die in der jüdischen Literatur nicht ihr Ebenbild hätte, behauptet Kittel.[125] Er versäumt nicht, zwischen Christentum und Judentum zu unterscheiden. Die Tragödie Israels liege darin, daß es ihm nicht gelungen sei, die Einheit zwischen Ethischem und Geistigem aufrechtzuerhalten. Die Ethik verwandelte sich in eine moralische Philosophie (wie in Lessings *Nathan der Weise* ) oder einen Ritualismus, und bei beiden ging das geistige Element verloren.[126] Doch rasch kehrt er zur Verteidigung des Judentums zurück und kritisiert jene, die oft aufgrund nur eines Wortes zu Kritikern oder Verteidigern werden, denn:

»Niemand, der die rabbinische Literatur kennt und der Wahrheit die Ehre gibt, kann leugnen, daß mitten in den Ritualismus und in die Dialektik immer wieder hereinklingen die ganz echten Töne eines reinen, sittlichen Strebens und Gedanken, die noch immer von dem Geist des alten ethischen Prophetismus an sich tragen, von dem eben auch das Spätjudentum herkommt.«[127]

Dieses Buch bezeichnet den Höhepunkt in Kittels Toleranz, Bewunderung und Respekt für die Juden. Es enthält keinerlei Spott oder unfaire Kritik. Kittel schließt mit der Aussage, daß beide Religionen sich voneinander unterscheiden sollten, aber diese Aussage ist nicht polemisch, sondern von ehrlicher, deskriptiver Absicht geleitet: »Wo Judentum Judentum bleiben will, da kann es nicht anders als dem Anspruch Jesu den Kampf ansagen. Wo aber Jesu ἐξουσία als Wirklichkeit und als Wahrheit anerkannt ist, da hat das Judentum sein Ende gefunden.«[128]

Als gläubiger Christ war Kittel nicht in der Lage, beide Religionen als gleichberechtigt zu sehen, aber seine Haltung gegenüber dem Judentum zeigt einen stets respektvollen Ton.

Kittels zweites Buch aus dem Jahre 1926, *Jesus und die Juden,* ist die auf eine bestimmte Leserschaft zugeschnittene Neuformulierung und Erweiterung eines Teils von *Die Probleme des palästinischen Spätjudentums und das Urchristentum.* Diese Leserschaft war die Deutsche Christliche Studentenvereinigung, und Kittels Buch befaßte sich mit der Behandlung »völkischer« Fragen vom Standpunkt des Christen aus. Möglicherweise hat er sich in diesen Reihen etwas unbehaglich gefühlt, besonders nachdem die Juden in *Die Probleme des palästinischen Spätjudentums und das Urchristentum* eine so warmherzige Würdigung von ihm erfahren hatten. Denn seine Zielgruppe, die zwar sicherlich die gleiche christliche Basis hatte wie er, war den Einflüssen rassistischer Überzeugungen und der antijüdischen Opposition ausgesetzt. Dennoch verändert Kittel sein Thema nur recht geringfügig. Er besteht darauf, die jüdische Frage auf religiöser Ebene zu behandeln, wenngleich er zugibt, daß auch rassische Erwägungen relevant sind; und er bleibt dabei, daß man die Bedeutung der jüdischen Wurzeln erkennen muß, wenn man Jesus verstehen will. Er fügt einen Kommentar über den nichtreligiösen Juden hinzu, den Repräsentanten einer »Durchschnittsaufklärung«, der zu schnell dem Leichtsinn und der Wollust verfällt.[129] Gleichzeitig stellt er allerdings fest, daß säkularisierte Christen häufig eine ähnliche Richtung einschlagen; und er nennt als zwei Beispiele für den Idealtypus des modernen Juden Hermann Cohen, den Philosophen, und die frommen Talmud-Gelehrten, denen er nur Hochachtung entgegenbringt.[130]

*Jesus und die Juden* findet sich als Nachdruck in dem Buch *Versuche des Verstehens, Dokumente jüdisch-christlicher Begegnung aus den Jahren 1918–1933* von Hans-Joachim Kraus. In seiner Einleitung lobt der Autor Kittel, weil er die jüdische Frage von einem religiösen statt einem rassischen Standpunkt aus behandelt habe. Aber er setzt sich mit gewissen Vorurteilen, die Kittels Analyse einschränken, auseinander. Zum Beispiel nähert sich Kittel der Frage nach der jüdischen Abstammung von Jesus mit den Worten:

»Es ist denkbar, daß Jesus, wenn er Galiläer war, ein paar Tropfen nichtjüdischen Bluts in seinen Adern hatte – ich sage: das ist denkbar, ist nicht ganz ausgeschlossen; aber absolut sicher ist, daß er auf alle Fälle sehr viele Tropfen echt semitischen Blutes in sich getragen hat.«[131]

Kraus beanstandet als erstes die unkritische Verwendung des Begriffs »semitisch«, einem Schmähwort aus dem Sprachschatz der Rassisten. Außerdem findet er, Kittel hätte klar sagen sollen: »Der Herr hat nach seiner leiblichen Herkunft dem jüdischen Volke angehört.« Aber möglicherweise, wenn man es in Verbindung mit seiner überzeugten Aussage in *Die Probleme* . . . sieht, hat Kittel hier nur ein wenig zum Mittel der Ironie gegriffen und nicht, wie Kraus meint, das Thema an den Rand verwiesen. Seine weitere Kritik, daß nämlich Kittel die vorherrschenden Ansichten von jüdischer Gesetzlichkeit und Ritualismus übernommen habe, trifft da schon eher einen konkreten Kern. Kittel hatte diese Ansichten übernommen, wenn auch weniger intensiv als 1914. Schließlich wendet sich Kraus gegen Kittels streng lutherische Interpretation der Bergpredigt als einer absoluten und unerfüllbaren Forderung, die weniger als moralischer Leitfaden gedacht gewesen sei, sondern dem sündigen Menschen den Weg zu seinem Erlöser hätte weisen sollen. Jesus wird somit zum einzigen Kriterium der religiösen Wahrheit, der jüdisch-christliche Dialog ist ausgeschlossen, es sei denn, es finde eine Konversion statt. Kraus glaubt, daß die Bergpredigt auch als ein neuer und bedeutender moralischer Wegweiser zu werten sei. Jesus wäre dann ein weniger strenger Richter der Juden. Indem die Christen sich mit der großen Bedeutung der Bergpredigt auseinandersetzten und einen Zugang zu ihr fänden, würde sich das Potential für eine liebende Offenheit gegenüber den Juden entwickeln.[132]

Kraus' Kritik ist völlig berechtigt, wenn man Kittels Arbeit an dem Ziel eines sinnvollen jüdisch-christlichen Dialogs messen will. Seit 1945 bemühen sich Christen um eine Bestimmung der Verständigung, die die Juden nicht gleich verdammt, weil sie Jesus nicht als Christus akzeptieren. Einige Fortschritte, sicherlich von großem Schuldbewußtsein genährt, hat es gegeben, und Kraus' Kritik muß in diesem Licht gesehen werden.[133] Wenn man aber die Normen des Jahres 1926 heranzieht, so scheinen Kittels damalige Veröffentlichungen von bemerkenswerter Herzlichkeit gegenüber dem Judentum. 1929 veröffentlichte er den kurzen Aufsatz *Judentum und Christentum* in einem großen Nachschlagewerk. Er arbeitete gemeinsam mit jüdischen Wissenschaftlern und betonte weiterhin die enge Verbindung zwischen den beiden Religionen. Über die Herkunft Jesu schreibt er zum Beispiel:

»Jesus, der Kreis seiner Anhänger, ebenso Paulus, waren nach Rasse, Nationalität und Religion Juden. Alle Versuche, die nicht-jüdische und nicht-semitische Abstammung Jesu zu erhärten, bleiben im Gebiet der Phantasie. Selbst wenn des Galiläers Blut ein paar Tropfen nicht-jüdischen Blutes enthalten haben sollte, so enthielt es doch auf alle Fälle sehr viele Tropfen volljüdischen Blutes. Wichtiger ist, daß Jesus ohne allen Zweifel sich selbst als Glied seines Volkes gewußt und empfunden hat... Aber auch Paulus, der Heidenapostel, gehört an sich völlig in diese Reihe des aus dem Judentum kommenden und mit ihm innerlich zusammenhängenden Christentums.«[134]

Wenn es im Fall Kittel um seine Werke vor 1933 gegangen wäre, hätte man sicherlich nichts Belastendes finden können. Aber unglücklicherweise war seine Feder auch lange nach der Machtergreifung Hitlers noch aktiv.

Bereits 1921 gab Kittel einen Hinweis auf seine spätere Einstellung. Er hielt damals in Schweden eine Rede über *Die religiöse und kirchliche Lage in Deutschland*. Diese Rede überschritt die Grenzen seiner Disziplin, erlaubte ihm mehr gedanklichen Freiraum und ermöglicht uns heute vielleicht einen besseren Einblick in seine grundsätzlichen politischen Neigungen, als es die ausschließliche Beschäftigung mit seiner akademischen Arbeit kann. Kittel beschreibt ein krankes Deutschland, und zwar nicht nur weil es einen Krieg verloren, sondern weil es sich an die Aufklärung verkauft habe. Das Ergebnis sei der rationale Säkularismus, Materialismus und die sozialistische »Diesseitsreligion«. Kinos, Theater und Prostitution, Geschlechtskrankheiten, Ehescheidungen und Kriminalität – all das zeige die Dekadenz, die Deutschland bedroht.[135] Aber Kittel gibt sich aus verschiedenen Gründen optimistisch; er sieht eine Erneuerung in der Kirche und besonders in der christlichen Studentenbewegung. Glücklicherweise war der Rationalismus »im Aussterben ... Unser gesamtes Geistesleben, von der Philosophie bis zur Lyrik, steht unter dem Zeichen einer Rückkehr vom Rationalismus.«[136] Kittel wollte die Vernunft nicht völlig außer Kraft setzen: »Wir wollen gelehrte Theologen sein.« Aber ganz klar sieht er ihre Grenzen: »Wir wollen auch fromme Theologen sein.«[137] Er sieht fünfzig bis hundert Leidensjahre für Deutschland voraus, aber in einem Ausbruch patriotischer Leidenschaft fragt er, ob er diese Jahre missen wolle? Wäre er lieber bei einem glücklicheren Volk, oder würde er mit irgend jemandem außerhalb Deutschlands tauschen? »Nie!«[138]

Diese Rede Kittels ist keine fanatische Rede. Er schiebt zum Beispiel nicht alle Schwierigkeiten Deutschlands den Juden in die Schuhe. Die Rede ist stark geistlich-religiös geprägt, und jene seiner Empfindungen, die mit politischen, sozialen, nationalen und philosophischen Themen zu tun haben, hätten im Jahre 1921 von Pfarrern oder Theologen eines jeden anderen westlichen Landes wiederholt werden können. Vielen freundlichen und harmlosen englischen oder amerikanischen Christen hätten Kittels Worte gefallen, ebenso, wie sie den schwedischen Christen gefielen.[139] Aber in Kittels Fall waren diese Empfindungen Ausdruck einer Denkweise, die ihn schließlich in Schwierigkeiten bringen sollte. Das Potential für diese Schwierigkeiten konkretisierte sich 1933.

In dem turbulenten Frühjahr des Jahres 1933 hielt Kittel in Tübingen eine öffentliche Vorlesung mit dem Titel *Die Judenfrage*. Diese Rede, von Kittel in seiner Verteidigungsschrift in Schutz genommen, bewirkte Reaktionen wie die folgende eines englischen Bewunderers:

»Es schmerzt mich außerordentlich zu sehen, daß ein geistiger Führer und eine Autorität wie Sie solche Ansichten zum Ausdruck bringt. Ich habe Ihre Bücher bisher mit Freude und Nutzen gelesen, ich habe viel aus ihnen gelernt ... Ihre jetzigen Äußerungen sind mit Ihrer früheren Lehre kaum vereinbar, und sie sind gegen Christentum wie Judentum gleichermaßen ungerecht ... Was für eine Enttäuschung, begreifen zu müssen, daß das Idol auf tönernen Füßen steht.«[140]

Wie kam es zu einem solchen Ausbruch? In *Die Judenfrage* befaßt sich Kittel mit einem ihm völlig neuen Thema, das er zumindest öffentlich noch nie vorher behandelt hatte: die politische Frage, was mit den Juden in Deutschland geschehen solle. Er stellt fest, daß es so viel Verwirrung und Unklarheit um diese Frage gibt, daß manche Leute »so möchte man fast sagen, innerlich ein schlechtes Gewissen« haben könnten, wenn sie darüber nachdenken.[141] Kittel will das Problem durch die Herstellung einer soliden christlichen Basis für den Widerstand gegen die Juden lösen, so daß die Frage »zugleich deutsch und zugleich christlich« behandelt werden kann.[142] Gleichzeitig warnt er: »Gott will von uns nicht, daß wir sentimental sein sollen, sondern daß wir die Tatsachen sehen und ihnen Rechnung tragen.«[143] Außerdem warnt er vor einer Individualisierung des Problems:

»Nicht darum handelt es sich, ob einzelne Juden anständige oder unanständige Juden sind; auch nicht, ob einzelne Juden ungerechterweise zugrunde gehen oder ob einzelnen damit recht geschieht. Die Judenfrage ist überhaupt nicht die Frage der einzelnen Juden, sondern die Frage des Judentums, des jüdischen Volkes. Und darum darf, wer ihr auf den Grund gehen will, nicht zuerst fragen, was aus dem einzelnen Juden, sondern was aus dem Judentum werden soll.«[144]

Das gegenwärtige jüdische Problem hat für Kittel zwei Gründe: 1. Die Diaspora: Juden blieben immer Fremde und seien (aufgrund ihrer fremdrassischen Herkunft) nirgendwo zu Hause; 2. die Emanzipation und Assimilation: Die Juden hätten ihr fremdes Blut, ihren fremden Geist dem deutschen Volk injiziert, was dann zur Dekadenz geführt habe.[145] Nur vier Lösungsmöglichkeiten scheint es zu geben:

1. Die Ausrottung. Kittel lehnt diese Lösung ab, allerdings lediglich aus Gründen der Zweckmäßigkeit: es habe noch nie funktioniert und werde auch jetzt nicht funktionieren.[146]
2. Der Zionismus. Aus verschiedenen Gründen ist Kittel dagegen. Er hält ihn für nicht praktikabel, Palästina könne nur eine geringe Anzahl Juden aufnehmen, es würde zur Feindschaft mit den verdrängten Arabern kommen. Außerdem seien viele Juden Sozialisten oder Kommunisten, und es sei kaum anzunehmen, daß sie für diese Aufgabe hart genug arbeiten würden.[147]
3. Die Assimilation. Für Kittel eindeutig das Übelste. Assimilation führe zu rassischer Vermischung, und, mehr noch, direkt in die Dekadenz. »Diese Dekadenz aber, und nichts anderes, ist

in jeder Hinsicht das eigentliche Grundproblem der heutigen Judenfrage.«[148] Kittel gibt eine recht anschauliche Darstellung der Gefahren der Assimilation:

»Sie kann müde, feinsinnig, und doch, weil sie entkräftet und ansteckt, gefährliche Resignation sein, die das Mark eines Volkes zerfrißt; sie kann kalter, rechnender, vielleicht sich selbst zerquälender und zerfleischender Relativismus sein; sie kann wilde Agitation und Demagogie sein, der nichts heilig ist. Immer ist sie seelische Heimatlosigkeit, und darum Gift und Auflösung.«[149]

Assimilation habe eine Literatur und einen Journalismus hervorgebracht, denen nichts heilig ist, eine Justiz, die nicht den Interessen des Volkes dient, eine verantwortungslose Jagd nach Reichtum und sogar eine Medizin, die mehr am Geld als an der Volksgesundheit interessiert ist. Kittel räumt zwar ein, daß es auch Deutsche gibt, die sich so verhalten, und Juden, die es nicht tun. Aber er glaubt, daß das assimilierte Judentum den »Mutterboden« für diese Dekadenz abgibt.[150] Die Assimilation wird somit zum Schlüssel für Kittels gesamte These. Das wilhelminische Deutschland, das er noch erlebt hat, gibt es nicht mehr. Die Weimarer Republik und das, was sie repräsentiert – Niederlage, Scham, Verachtung der Religion und der etablierten Klassen, Säkularismus, Unmoral, gefährlicher Radikalismus, also all die Auswirkungen des modernen, urbanen Lebens – hätten einen einzigen Grund: das assimilierte Judentum, das entwurzelte Judentum, das von der Aufklärung korrumpierte Judentum. Da die Assimilierung der Grund für Deutschlands Schwierigkeiten sei, lehnt Kittel eine weitere Assimilierung als mögliche Lösung strikt ab. Das läßt nur noch eine Alternative übrig:

4. Der »Gastzustand« oder die Separierung der Juden von den Völkern, mit denen sie zusammenleben. Kittel verficht dies als die einzig mögliche Lösung und beschreibt ihre Auswirkungen auf die gegenwärtige Situation in Deutschland.[151] Dieses theoretische Gerüst gibt Kittel die Möglichkeit, jene nationalsozialistische Politik zu unterstützen, die sonst unmenschlich oder ungesetzlich hätte erscheinen können, tatsächlich kommt er damit gefährlich nahe an jenen »vulgären Antisemitismus« heran, dessen Widersacher er angeblich war.

Bevor Hitler kam, so erklärt Kittel, weigerten sich die Gelehrten, rassische Probleme aufzugreifen. Man lachte sogar über die Rassenforschung. Deshalb sei die Rassensituation in Deutschland immer schlimmer geworden, bis die Leute schließlich instinktiv mit antisemitischem Verhalten reagierten. Kittel kann es ihnen nicht verargen: »Jugend und Volk aber wußten, daß all diesen Theorien zum Trotz es ein sittliches Recht gäbe, sich solche Dinge zu verbitten und nötigenfalls Scheiterhaufen zu errichten und Stinkbomben zu werfen.«[152] Der Fehler läge bei den liberalen Intellektuellen, denen die Dinge entglitten seien:

»Keiner, der an diesen Unklarheiten teilgehabt hat, darf heute ›seine Hände in Unschuld waschen‹. Er trägt mit Schuld daran, wenn heute an vielen Stellen Härten geschehen und geschehen müssen. Er ist mitschuldig daran, wenn es zu Explosionen kommen mußte und wenn Unschuldige von den Trümmern begraben werden. Das muß offen und klar ausgesprochen werden – zur Erinnerung an all die, welche heute an Sünden der Vergangenheit sich nicht gerne erinnern lassen.«[153]

1945 wurden diese Worte zu einer qualvollen und vernichtenden Wahrheit. Da wollte Kittel seine Hände in Unschuld waschen, doch waren seine Verfehlungen sicherlich größer als die jener liberalen Intellektuellen, die er hier verdammt. Kittel erkennt sehr genau, daß es zu Härten führen wird, wenn die Juden zu »Gästen« statt Staatsbürgern erklärt werden sollen. Der Jude würde zum Beispiel keine Bürgerrechte haben und neue Gesetze würden seine Position als »Fremder« bestimmen.[154] Jüdische Autoren sollten ungehindert schreiben, aber ihre Literatur klar als jüdisch gekennzeichnet sein und nicht für deutsch gehalten werden können. Kittel beklagt, daß seine Freunde in England und Skandinavien Emil Ludwig und Lion Feuchtwanger als repräsentativ für die deutsche Literatur ansehen, aber noch niemals von Paul Ernst oder Erwin Guido Kolbenheyer gehört haben. Dafür sieht er auch einen Grund:

»Es bleibt eine der tollsten Grotesken der neueren Geistesgeschichte, daß der jahrzehntelang für die literarische Geschmacksbildung des deutschen Publikums einflußreichste Berliner, Verleger Samuel Fischer, ein als zweiundzwanzigjähriger junger Mensch aus der Slowakei eingewanderter Ostjude war.«[155]

Ähnlich paranoide Züge zeigt Kittels Einschätzung der Erziehung. Er findet es bedenklich, daß jeder Fremde deutsche Jugendliche unterrichten kann; aber besonders eine Gruppe, nämlich die Juden, sind inzwischen in großer Zahl an den Universitäten anzutreffen:

»Es gehörte die ganze Oberflächlichkeit der hinter uns liegenden intellektualistischen Zeit dazu, daß ein durchschnittlich gescheiter und wissenschaftlich scharfsinniger Jude eine besondere Qualifikation zum Universitätsprofessor zu haben schien, und daß es Fakultäten in Deutschland geben konnte, deren Professoren zur größeren Hälfte Juden waren.«[156]

Diese »zahllosen mittelmäßigen jüdischen Intellektuellen« stellten eine solche Gefahr dar, daß die Deutschen »mit unerbittlicher Härte und radikaler Konsequenz den normalen Zustand wiederherstellen« müßten. Vielleicht könnte man, nachdem die Situation wieder zurechtgerückt sei, gelegentlich einem hochqualifizierten Juden einen Lehrauftrag erteilen, wie sie auch an hervorragende Professoren aus anderen Ländern vergeben wurden.[157]

Auf den ersten Blick scheinen andere Berufe das geistige und intellektuelle Leben in Deutschland nicht so sehr zu gefährden wie gerade der Lehrberuf, aber Kittel will auch anderswo Kontrollen sehen. Jüdische Ärzte verbreiten »bestimmte Auffassungen über das Sexualleben«; und was ein jüdischer Anwalt ist, der versucht, »mit Hilfe der seinem Geiste eignenden Kasuistik eine Rechtsprechung herbeizuführen, bei der zwar der Buchstabe des Gesetzes bestehen bleibt, bei der aber für deutsches Rechtsbewußtsein das Gegenteil von Recht geschieht«.[158] Auch jüdische Geschäftsleute führten ihre Manipulationen im Rahmen des Gesetzes durch, während sie deutsche Bauern und Handwerker zugrunde richteten. All diese Probleme würden noch dadurch verschärft, daß die Juden in viel zu großer Zahl in diese Berufe drängen.

Kittel akzeptiert die Frage, ob Juden vielleicht intelligenter und fähiger sind als Deutsche, aber er erklärt den Erfolg des jüdischen Studenten, »nicht weil er tüchtiger war, sondern weil er fixer war, während das Wesen und die Art des Deutschen darin lag, daß er langsam sich ausreifte«.[159] In der zweiten und dritten Auflage seiner *Judenfrage* sorgt sich Kittel weiterhin um eine eventuelle jüdische Überlegenheit. Es könnte so aussehen, schreibt er, »als sei Antisemitismus gleichbedeutend mit Neid auf den Tüchtigeren, gleichbedeutend mit ohnmächtigem Haß des Unfähigen auf den ihm Überlegenen«. Aber dann weicht er dem Problem dadurch aus, indem er fragt, ob der Vorschlag unfair sei, Stellungen an Schulen und in akademischen Berufen proportional zu ihrer Anzahl in der Bevölkerung an die Juden zu vergeben.[160] Eine schwache Äußerung. Und nicht nur das, sondern auch irreführend, denn Kittel hatte das Proportionalitätsargument bereits in dem Moment verworfen, als er meinte, daß Juden vom Lehrberuf grundsätzlich auszuschließen seien.

Eine letzte Bedingung des »Gastzustands« wäre das Verbot der Mischehe, da den Juden nicht gestattet werden dürfte, die deutsche Rasse auch weiterhin zu verderben. Wenn ein deutscher Mann eine jüdische Frau oder eine deutsche Frau einen jüdischen Mann heiratete, sollten sie ihre Bürgerrechte verlieren und unter die Gesetze des Fremdenrechts fallen.[161] »Anständige« Juden, die ihre Gastposition akzeptierten und erfüllten, würden gut behandelt werden, assimilierte Juden hingegen besonders unfreundlich und feindselig. Kittel ist überzeugt, daß ein frommer osteuropäischer Jude für Deutschland eine wesentlich geringere Gefahr darstellt als ein gebildeter, assimilierter Jude, der seit mehreren Generationen über die deutsche Staatsbürgerschaft verfügt.[162]

Die vollen Konsequenzen eines solchen »Gastzustands« waren eindeutig sehr weitreichender Natur, und Kittel läßt keinen Zweifel daran, daß er dies wußte. Er gibt zu, daß gute, rechtschaffene Juden ihre Posten verlieren würden, ohne zu wissen, wohin sie sich danach wenden sollten. Aber die Deutschen seien empfindsam genug und würden solchen Härtefällen mit Verständnis begegnen. Man würde helfen, wo es nur ging:

»Aber freilich, wir dürfen auch nicht weich werden! Wir dürfen nicht aus Schwäche eine Entwicklung weiter laufen lassen, die sich für beide, für das deutsche wie für das jüdische Volk, als verfehlt erwiesen hat. Es ist hart, wenn Beamte, Lehrer und Professoren, die sich nichts haben zuschulden kommen lassen, als daß sie Juden sind, Platz machen müssen. Es ist hart, wenn Deutsche die mit ihren Vätern und Großvätern seit hundert Jahren sich gewöhnt hatten, gleichberechtigte Staatsbürger zu sein, wieder in die Rolle des Fremdlings sich finden müssen. Aber niemals dürfen solche Erwägungen zu sentimentaler Erweichung und Lähmung führen.«[163]

Kittel warnt besonders die Christen vor einer Schwächung des Kampfes durch die »sogenannte« christliche Sensibilität: »Ist der

Kampf sachlich richtig, so hat auch der Christ seinen Platz in der Front dieses Kampfes.«[164]

Kittel schlägt diese harte Lösung der Judenfrage vor und hegt darüber hinaus die Erwartung, daß wahre Juden mit ihm übereinstimmen und ebenfalls in diesem Vorschlag die beste Lösung für ihr Volk sehen werden. Sie sollten den liberalen Säkularismus und die Assimilation abschütteln, zur Religion ihrer Väter zurückkehren und »Fremdlingschaft« als Gottes Urteil für ihren Ungehorsam akzeptieren, diese »gottgewollte Tragik«, der sie sich als fromme Juden stellen müßten.[165] Kittel drückt das so aus:

»Zum Gott der Väter kommen, heißt für den Juden immer auch, zu dem Gott der Geschichte kommen. Die Geschichte Gottes mit dem jüdischen Volk aber heißt seit zweitausend Jahren: Fremdlingschaft unter den Völkern der Welt.«[166]

*Die Judenfrage* erzeugte einen Sturm. Kittel konnte später tatsächlich berichten, daß einige jüdische Blätter das Buch priesen und die Regimepresse ihn attackierte.[167] Solche Reaktionen waren durchaus möglich. Kittels Betonung des christlichen Aspekts verärgerte die Rassenmystiker, die nicht bereit waren, ihren Haß zwischen orthodoxen und säkularisierten Juden aufzuteilen. Konservative Juden wiederum, die der Assimilation und Säkularisierung negativ gegenüberstanden, erkannten Gemeinsamkeiten in Kittels Argumenten. Unter seinen Kollegen jedoch traf Kittel auf viel Kritik. Wie die erste Ausgabe seines Buches zeigt, hatte er so etwas erwartet und war nicht bereit nachzugeben:

»Wir dürfen uns auch nicht dadurch lähmen lassen, daß eine ganze Welt um uns her von Barbarei und von Rückfall in vergangene Zeiten schreit ... es niemanden in der ganzen Welt angeht, wie das deutsche Volk seine kulturellen Angelegenheiten regelt.«[168]

Dieser aggressive Ton war kaum geeignet, die Wogen zu glätten, und die Reaktionen ließen auch nicht auf sich warten. Die zweite und dritte Auflage zeigen, wie Kittel damit umging.

Wo seine Wortwahl zu hart erschien, mäßigte er sich etwas. Seiner Aussage über jüdische Ärzte und Rechtsanwälte fügte er beispielsweise hinzu: »Gewiß gibt es auch viele anständige, edle, wahrhaft menschenfreundliche Juden unter den Ärzten und unter den Rechtsanwälten.« Seinem Angriff auf die Geschäftsleute schickte er folgenden Kommentar voraus: »Es ist unbillig zu leugnen, daß es viele redliche jüdische Kaufleute gab und gibt; aber . . .«[169] Seine Ausführungen zur »Ausrottung« der Juden hatten ebenfalls zu scharfen Reaktionen geführt, so daß er hier noch einmal qualifizierte. »Ausrottung«, so räumt er ein, sei nicht nur unpraktisch, sondern auch unchristlich.[170]

Über diese kosmetischen Korrekturen hinaus änderte Kittel jedoch nichts. Sein Meinungsaustausch mit Martin Buber ist ein typisches Beispiel dafür. Buber veröffentlichte in den *Theologischen Blättern* vom August 1933 einen offenen Brief an Kittel. Er wendet sich nicht gegen Kittels Ansichten. Es seien die herrschenden Ansichten, so schreibt er, er wundere sich allerdings, daß auch Kittel sie vertritt. Buber konzentriert seinen Angriff auf Kittels Vorschlag, die Juden sollten diese Verleumdung und Diskriminierung unterstützen, da sie doch ihrem Glauben entsprächen. Buber zitiert Passagen aus der Thora, den fünf Büchern Mose, in denen Gott verlangt, daß man seinen Nachbarn liebe und daß für Fremde wie für das Volk nur ein Gesetz gelte. Deshalb brauchen die Juden Kittels Proklamationen nicht zu akzeptieren, als ob diese der Wille Gottes seien. Wenn in Deutschland wirklich die Gerechtigkeit und Liebe verwirklicht würden, die Gott in der Bibel gebietet, vielleicht könnte man dann auch von einem »Gehorsam unter die Fremdlingschaft« sprechen. Aber für Buber ist das ganze Konzept schlechthin falsch. Der »ewig wandernde Jude« ist ein christliches Konstrukt, so schreibt er, und kein jüdischer Glaubensartikel. Die einzige jüdische Verpflichtung ist die Vorbereitung auf die Sammlung der Kinder Israels und nicht, die Diaspora und damit verbundene Diskriminierungen zu billigen.[171]

Kittel antwortete Buber mit einem fünfzehnseitigen Brief, der in der zweiten und dritten Auflage von *Die Judenfrage* abgedruckt ist. Zunächst gibt er seiner Enttäuschung Ausdruck, und zwar nicht wegen der Meinungsverschiedenheiten, sondern »weil ich gemeint hatte, daß wir . . . uns unterhalten könnten, und weil ich sehe, daß auch dies kaum der Fall ist«.[172] Dieser rhetorische Hieb scheint unfair. Bubers Brief war weder polemisch noch persönlich. Kittels wirkliche Beschwerde scheint gewesen zu sein, daß Buber nicht einmal teilweise mit ihm übereinstimmte. Punkt für Punkt führt er seine Argumente aus. Ob Buber glaube, daß ein für alle gültiges Gesetz Nicht-Juden erlauben würde, jüdische Priester zu werden?[173] Heißt es die Juden verleumden, wenn man viele jüdische Intellektuelle als mittelmäßig oder schlecht bezeichnet? Das träfe nur dann zu, meint Kittel, wenn er behauptet hätte, sie seien schlecht, weil sie Juden sind. Er betone ihre »Andersartigkeit« und nicht, wie im vulgären Antisemitismus, ihre »Minderwertigkeit.«[174] Sei es eine Schmähung, die Juden von der Ausübung eines Rechtsberufes in Deutschland auszuschließen,

»wenn wir erstens feststellen, daß in den letzten Jahren jüdische Richter und jüdische Rechtsanwälte sich unterfangen haben, das deutsche Recht zu verzerren und deutsches Rechtbewußtsein zu vergewaltigen, und wenn wir zweitens glauben, ›Recht‹ sei nicht eine Abstraktion, sondern ein aus Blut und Boden und Geschichte eines Volkstums Gewachsenes?«[175]

Kittel lobt Bubers Bibelübersetzung aus dem Hebräischen ins Deutsche, aber sei es denn eine Verleumdung, wenn ihm der deutsche Text so fremd sei wie der hebräische? Er kann sich denen nicht anschließen, die Bubers Bibelübersetzung mit der Luthers vergleichen; nicht weil beide nicht gut wären, sondern weil die eine jüdisch und die andere deutsch ist. Es wäre, als ob man einen Fisch mit einem Vogel vergliche.[176]

Herbert M. Loewe, Dozent für Rabbinismus in Cambridge, führte mit Kittel einen privaten Briefwechsel über *Die Judenfrage*. In einem Brief vom 10. September 1933 räumt Kittel ein, daß die Kritik an seinem Buch beunruhigend war: »Nach manchen Erfahrungen dieser Wochen hat sich mir die schmerzliche Erkenntnis aufgedrängt, daß ein gegenseitiges Verstehen zwischen mir und manchen Kollegen und bisherigen Freunden sehr schwer ist.«[177]

Aber auf Loewes Einwand, daß er vielleicht in politischer Bedrängnis geschrieben habe, behauptet Kittel seinen Standpunkt und versichert, daß keinerlei Druck auf ihn ausgeübt worden sei.

»Ich [kann] Ihnen doch nicht anders antworten ... als daß ich bei der von mir vertretenen Meinung bleibe ... Es ist auch nicht so, wie Sie vermuten, daß ich unter irgendeinem politischen oder sonstigen Druck meine Schrift geschrieben hätte. Ich habe, was ich heute sage, seit vielen Jahren vertreten; nur daß ich immer gehofft hatte, einsichtige Männer würden das Notwendige verstehen, ehe es mit Gewalt hereinbräche.«[178]

Es zeigt sich also, daß die Kritik an der *Judenfrage* bei Kittel keinen neuen Denkprozeß auslöste. Er war überzeugt, daß sein Buch eine angemessene christliche Antwort auf das drängende jüdische

Problem war. Im nachhinein könnte man seine Meinung, daß es ein solches Problem überhaupt gab, vielleicht für seinen ersten Fehler halten. In dem Moment, wo diese Meinung als Faktum akzeptiert wurde, und das wurde sie in Kittels Umgebung, führte sie leicht zu unglückseligen Schlußfolgerungen. Eine von Kittels Schlußfolgerungen war, in der radikalen Trennung von Deutschen und Juden eine möglicherweise humane und gerechte Lösung zu sehen. Die Ereignisse der folgenden Jahre gaben ihm unrecht, aber selbst 1945 machte Kittel keinen Rückzieher. Er war und blieb vom jüdischen »Problem« überzeugt. Obgleich er für Menschlichkeit und Gerechtigkeit eintrat, meinte er eigentlich, Deutschland solle so menschlich und gerecht sein, wie es die Umstände eben erlaubten. Also wurde seine Einschätzung der Umstände zum entscheidenden Faktor. Kittels weitere Veröffentlichungen nach 1933 werfen ein Licht auf die Dinge, wie er sie sah.[179]

*Die Judenfrage* ist eine politische Aussage, sie war Kittels Plan zu einer Lösung der Judenfrage. In seiner Verteidigungsschrift behauptet er, seine weiteren Arbeiten nach 1933 seien rein akademischer Natur gewesen und hätten an sein 1914 begonnenes Werk angeknüpft. Dies ist nicht ganz zutreffend. Vor 1933 verwies Kittel in seinen Arbeiten auf die engen Bindungen zwischen Christentum und Judentum. Sein Werk wurzelte in der literarischen Analyse jüdischer und christlicher Quellen. Obwohl sich einige Vorurteile gegen Juden finden, ist der allgemeine Tenor keineswegs polemisch. Nach 1933 änderte sich Kittels Werk in Inhalt und Ton. Seine neuen Themen zum Beispiel handeln von der rassischen Zusammensetzung der Juden vor 2000 Jahren und ihrer Ausbreitung im römischen Reich. Anthropologische Beweise ersetzten das Neue Testament als Hauptquelle, und ein polemischer Ton trat an die Stelle früherer Objektivität. Dieser Wandel hatte einen Zweck. Vor 1933 verteidigte Kittel das Judentum, danach griff er es an. Zwar stimmt es, daß Kittel weiterhin am Alten Testament festhielt und jenen widersprach, die es vom Christentum trennen wollten. Aber jetzt war er bemüht, das alte Israel vom post-exilen Judentum zu unterscheiden. Echte, fromme Juden waren akzeptabel, aber dekadente, säkulare Juden waren es nicht. Hier lag der Kern des jüdischen »Problems«, und nach 1933 war es Kittels Absicht, dieses Problem auf der Basis seines Verständnisses von Christentum, vom deutschen Volk und seiner Auffassung von Geschichte zu analysieren.

Ein großer Teil von Kittels Arbeiten nach 1933 erschien in den *Forschungen zur Judenfrage,* dem Organ, das Walter Franks Reichsinstitut herausgab. Die ersten vier Bände dieser Zeitschrift enthalten Reden anläßlich der Jahreskonferenzen der Forschungsabteilung Judenfrage von 1936 bis 1939, und Kittel ist recht gut repräsentiert. Auf der Eröffnungstagung sprach er über *Die Entstehung des Judentums und die Entstehung der Judenfrage.* Diese Rede war eindeutig darauf ausgerichtet, das von Kittel geschätzte Alte Testament vom modernen Juden zu trennen. Kittel nähert sich diesem Ziel dadurch, daß er von einer Zeit des Übergangs spricht: In den tausend Jahren von 500 v. Chr. bis 500 n. Chr. seien die Juden des Alten Testaments zum neuzeitlichen Judentum degeneriert.

Als erstes beschreibt er die Diaspora. 538 v. Chr. seien die Israeliten aus der babylonischen Gefangenschaft befreit worden, wenn auch viele es vorzogen, nicht heimzukehren. Von dem Zeitpunkt an habe sich etwas anderes, gänzlich Neues herausgebildet. Das frühere Israel sei ein ganz normaler kleiner Staat gewesen, mit eigenen Grenzen, eigenem Land und eigener politischer Struktur. Doch mit dem Zusammenbruch seiner politischen und physischen Grundfesten sei das Judentum zu einer Religion und einer Rasse ohne Heimat geworden.[180] Zu dieser Heimatlosigkeit kamen durch die Diaspora noch zwei weitere Probleme: einmal weitverbreitete Rassenmischungen und dann der Übergang vom tiefwurzelnden agrarisch geprägten Lebensstil zum urbanen Lebensstil des Geschäftsmanns und Händlers.[181]

Trotz der Diaspora hätten die Juden das Bewußtsein ihres Judentums aufrechterhalten. Kittel sieht den Grund hierfür im Talmud, der zu jener Zeit entstanden sei. Früher habe die Stärke der israelitischen Religion in ihrer prophetischen Tradition gelegen, die das Christentum beizubehalten vermochte. In der Diaspora jedoch habe der Talmud begonnen, den Legalismus, das Gesetz, in das Zentrum zu rücken. Wenn das Ergebnis auch eine kasuistische, scheinheilige Religionsausübung war, so habe sich aber gleichzeitig die starke Basis jüdischen Zusammenhalts formiert.[182]

Schließlich nennt Kittel einen dritten Faktor für die Wandlung der Israeliten des Alten Testaments zum Judentum: den Drang zur Weltherrschaft. Die Juden hatten sich immer als auserwähltes Volk gesehen, früher wurde diese Überzeugung allerdings durch moralische Wertbegriffe und die Beziehung zu Gott definiert. Als die tatsächliche politische Macht der Juden schwand, begannen sie, diese Beziehung in einem neuen, mehr politischen Licht zu sehen. Nun riefen sie zum Beispiel Gott um die Zerstörung ihrer Feinde an und träumten von der Weltherrschaft.[183]

Das Resultat aus Diaspora, Talmud und dem Drang nach der Weltherrschaft war schließlich, daß die Juden für ihre Nachbarn zum Problem wurden. Kittels Schlußfolgerung geht also dahin, daß Judentum und Judenfrage zur gleichen Zeit entstanden sind, nämlich in den tausend Jahren von 500 v. Chr. bis 500 n. Chr. Er plädiert für eine weitere Erforschung dieser kritischen Periode, zeigt sich aber gleichzeitig überzeugt, daß die wichtigsten Lehren hieraus bereits gezogen worden sind. Erstens ist das Christentum der logische Rivale des Judentums; deshalb ist es die stärkste antijüdische Kraft in der Geschichte gewesen.[184] Zweitens sehen nur Stümper die jüdische Frage als nebensächlich oder harmlos an. Kittel bekräftigt seine eigene Ansicht,

»daß es nicht willkürliche Brutalität und Barbarei war, sondern echtes, aus historischer Nüchternheit geborenes politisches Handeln, wenn der Führer des neuen Deutschlands für das deutsche Volk als erstes Volk der Neuzeit das Judenproblem in radikalem Entschluß auf eine völlig neue Grundlage stellt.«[185]

Auch auf der zweiten Jahreskonferenz sprach Kittel über ein Forschungsthema, das mit seinen Empfehlungen des Vorjahres übereinstimmte. Es ging um rassische Vermischungen bei den Juden in den tausend Jahren vor der Errichtung der Ghettos. Er sieht ein Paradox: Von den israelitischen Gründungsvätern Esra und Nehemia sei im 5. vorchristlichen Jahrhundert das absolute Verbot von Ehen zwischen Juden und Nicht-Juden ergangen. Kittel jedoch findet ausreichende Beweise, daß in den folgenden Jahrhunderten solche Ehen stattgefunden haben. Es war nur ein oberflächliches Paradox, erklärt er, nicht wirklich, denn die Diaspora und der Proselytismus erwiesen sich stärker als die Verbote von Esra und Nehemia. Durch die Diaspora sei es zu einem ganz natürlichen Druck zur Mischehe gekommen, da die Juden unter so vielen Völkern zerstreut lebten. Und um diese unvermeidliche Abkehr vom Glauben zu rechtfertigen, verlangte das jüdische Dogma, daß jeder Konvertit einem Juden gleichgestellt wurde. Hieraus erwuchs eine fast ungehemmte rassische Vermischung, glaubt Kittel. Dieser Prozeß sei außerdem ein charakteristisches Zeichen für den jüdischen Griff nach der Macht, wie sich am klassischen Beispiel der Ehe zwischen Esther und dem persischen König Xerxes beweisen lasse.[186] Kittels Folgerungen lassen keinen Zweifel an der Absicht seiner Forschungsarbeit:

»Außerdem aber zeigt unsere geschichtliche Betrachtung unwiderleglich, daß die durch den Nationalsozialismus vollzogene radikale Ausmerzung des Konnubiums zwischen Juden und Nichtjuden, nicht, wie fast die ganze außerdeutsche Welt behauptet, eine unerhörte Grausamkeit gegen die Juden ist, sondern in Wirklichkeit der heilsame Zwang für das Assimilationsjudentum, zu seinen eigenen Grundlagen und zu deren Gesetzen zurückzukehren.«[187]

Auf der dritten Jahreskonferenz der Forschungsabteilung Judenfrage sprach Kittel nicht, allerdings steht sein Name auf der Liste der Mitwirkenden an der entsprechenden Ausgabe von *Forschungen zur Judenfrage*. Er veröffentlichte einen zweiseitigen Widerruf zu seinem *Konnubium*-Artikel. Durch Beispiele jüdischer Mischehen hatte Kittel nachweisen wollen, daß Origenes, einer der ersten Christen, Halbjude gewesen sei. Er interpretierte eine Passage aus einem Hieronymus-Brief des 4. Jahrhunderts (über hundert Jahre später) als Hinweis dafür, daß Origenes von seiner Mutter Hebräisch gelernt und Psalmen mit ihr gesungen habe. »Genau so war es bei Origenes«, schrieb er, »der 202 n. Chr. als Sohn einer Jüdin und eines heidnischen, später christlichen Vaters geboren wurde.«[188] Nun stellte er allerdings fest, daß er diese Passage ungenau interpretiert hatte, denn sie bezog sich auf Blaesilla, die Tochter der Paula, und nicht auf Origenes:

»Während Origenes, worüber sich ganz Griechenland wundert, in wenigen Monaten Hebräisch lernte, überwand sie [Blaesilla] sogar in wenigen Tagen die Schwierigkeiten der hebräischen Sprache, so daß sie in Erlernen und Singen der Psalmen mit ihrer Mutter [Paula] wetteifern konnte.«[189]

Da die Hebräisch lehrende Mutter nicht seine Mutter war, war auch Origenes kein Halbjude, gibt Kittel zu. Aber er versäumt es zu bemerken, daß auch Blaesilla vermutlich keine Halbjüdin war, denn Paula war Christin. Die Kernaussage des Zitats ist die schlichte Tatsache, daß Hebräisch eine erlernbare Sprache ist. Dieses Beispiel wirft den Schatten des Zweifels auf Kittels sämtliche Forschungen in dieser Richtung. Weitreichende Schlußfolgerungen auf der Basis spärlichen Beweismaterials sind gefährlich, besonders wenn jemand schon eine stark vorgefaßte Meinung zu seiner Arbeit mitbringt. Wenngleich für sich selbst gesehen unbedeutend, zeigt dieses Ereignis doch, daß Kittels sachliche Basis nicht immer stark genug sein mochte für die Schlüsse, die er zog.

1939, auf der vierten und letzten Jahreskonferenz der Forschungsabteilung Judenfrage hat Kittel nicht gesprochen, wiederum aber seinen Beitrag zur dazu erscheinenden Ausgabe der *Forschungen zur Judenfrage* geleistet. Er verfaßte zwei besondere Studien, beide beschäftigten sich mit den rassischen Merkmalen der frühen Juden. Kittel stellt die Frage nach der möglichen Existenz früher Abbildungen, die einen Nachweis für das physische Erscheinungsbild der Juden aus der Antike liefern könnten. Obgleich das jüdische Dogma die Darstellung der menschlichen Gestalt ablehnt, enthielt eine 1932 in Dura entdeckte Synagoge Wände mit menschlichen Abbildungen. Mit dieser Information als Ausgangspunkt schlägt Kittel vor, daß Archäologen, Anthropologen, Historiker und Theologen sich dieser und anderer Bilder für eine weitere Beweisführung annehmen sollten.[190]

Außerdem glaubt er, daß verschiedene in Trier gefundene Terrakottafiguren des 3. und 4. Jahrhunderts jüdische Karikaturen darstellen. Diese Figuren waren recht unvollständig, bei nur wenigen waren Kopf und Torso noch in einem Stück, keine Figur der gefundenen Gruppe zeigte einen weiblichen Kopf. Trotzdem sieht sich Kittel in der Lage, recht weitreichende Schlüsse zu ziehen. Die männlichen Figuren zeigten große Hakennasen – ein sehr gebräuchliches Ausdrucksmittel des Karikaturisten –, und Kittel gibt zu, daß jeder Menschentypus des Mittleren Ostens hier angesprochen sein könnte, aber er nimmt an, daß der Jude gemeint ist. Drei der Phalli zeigten eine dünne Linie, für Kittel ein Beweis für eine Beschneidung, was ihn in seiner Auffassung bestärkte. Besonders eine »obszöne Gruppe« weckte Kittels Interesse. Sie bestand aus einem Mann, einer hakennasigen Figur mit je einem Phallus vorne und hinten und einer Frau in auffallend »schamloser« Haltung. Dieser Frau fehlt der Kopf. Kittel geht davon aus, daß sie keine Jüdin darstellt, weil die wenigen erhaltenen weiblichen Köpfe der Figurensammlung keine Hakennasen aufweisen. Auf dieser Basis gründet er seine Schlußfolgerungen: Die Karikaturen seien gegen Juden gerichtet gewesen, und zwar insbesondere gegen lüsterne Juden, die mit nichtjüdischen Frauen in rassische

Sünde verstrickt gewesen seien.[191] Die nächste Frage lautet, wo diese rassische Feindschaft gegen die Juden ihren Ursprung hatte. Kittel hatte ein spanisches Kirchenedikt gefunden, das bereits 300 n. Chr. die Mischehe verbot, aber die »obszöne Gruppe« datierte von 275 n. Chr., also vor dem spanischen Kirchenerlaß und zu einem Zeitpunkt, als Trier noch heidnisch war. Die römische Zivilisation kannte den Antisemitismus, aber aufgrund ihrer urbanen Dekadenz habe sich diese Einstellung bei der römischen Gesellschaft nie wirklich festgesetzt und sei auch aus rassischen Gründen nicht weiter verfolgt worden.[192] Das lasse nur eine Erklärung zu: Der rein deutsche Instinkt der Menschen in und um Trier habe sie das Übel der rassischen Vermischung erkennen lassen. Kittel drückt das so aus:

»Vielleicht ist es . . . kein Zufall, daß diese Urteile sich uns – wenn auch in derber Form – gerade dort spiegeln, wo die Welt des alternden Imperiums, die den Juden als ihren Begleiter mit sich brachte, auf eine Bevölkerung ungebrochenen Instinktes und noch jugendlicher Kraft stieß.«[193]

Nach Erscheinen dieser Ausgabe fand Kittel seinen Mitstreiter, denn der siebte Band der *Forschungen zur Judenfrage* wird gänzlich von Kittel und dem prominenten Rassenforscher Eugen Fischer bestritten. Nominell ist das Buch eine Studie jüdischer Porträts und der Trierer Karikaturen. Aber in ihrer Einführung offenbaren die Autoren eindeutig ihre eigentliche Absicht. Sie hoffen nachzuweisen, daß das jüdische Problem bereits vor 2000 Jahren existierte. Sie argumentieren weiterhin, daß das scheinbare Paradox des Judentums, nämlich die Tendenz zur Assimilation einerseits sowie Proselytismus und Separation andererseits als eine Konspiration zum Zwecke der Weltherrschaft verstanden werden sollte. Assimilation ist das hinterhältige Vordringen an die Plätze der Macht. Proselytismus und Separation führen zur beabsichtigten Konsolidierung dieser Macht:

»Immer ist das Ziel: die Macht über die Welt . . . Immer, zu allen Zeiten, ob im Ersten oder im Zwanzigsten Jahrhundert, ist Weltjudentum Traum der alleinigen Weltherrschaft im Diesseits und im Jenseits!«[194]

Der von Kittel verfaßte erste und größte Teil dieses Buches versucht, diese Hypothese zu untermauern. Kittel sammelt Beweise – vieles stammt aus seinen früheren Arbeiten –, um zu zeigen, daß die Juden zur Zeit des römischen Reiches weit verstreut waren, daß sie sich rassisch mischten, mit anderen Kulturen und Religionen assimilierten, daß sie einflußreiche Positionen und spezielle Privilegien suchten und erhielten und daß sie sowohl den Internationalismus wie den Zionismus repräsentierten. Hier allerdings sind Kittels Quellenbelege wesentlich dürftiger als seine Schlußfolgerungen. Sicherlich lassen sich einzelne Beispiele für einige seiner Behauptungen finden, aber es gibt bei Kittel keinerlei Nachweise für den Repräsentativcharakter dieser Eigenschaften. Soweit es sich um einen Gegensatz handelt wie etwa den von Assimilation und Separation, wirkt Kittels Theorie, daß sich dieser Gegensatz in einer zynischen Verschwörung für die Weltherrschaft auflöst, einfach lächerlich. Der stärkste Beweis, den er antreten kann, ist das *Buch Esther* zusammen mit einigen strengen Talmud-Versen, die, wie Kittel glaubt, zeigen, daß Juden »Menschenfeinde« sind.[195] 1926 hatte er geschrieben, daß im Talmud eigentlich alles zu finden sei, aber nur ein Mensch mit schlechten Absichten würde einige negative Passagen aufgreifen, um die Juden zu verurteilen.[196] 1943 war diese Mahnung zur Selbstdiagnose geworden.

Im zweiten und dritten Teil dieses Buches wenden sich die Autoren schließlich der Analyse jüdischer Abbildungen und Karikaturen zu. Kittel schreibt zwar eine Einführung zu jedem Kapitel, aber es ist Fischers Expertenmeinung, die sich hier Gehör verschafft. Zunächst einmal befaßt dieser sich mit den Darstellungen von achtzig ägyptischen Mumien aus dem zweiten und dritten nachchristlichen Jahrhundert und hofft, sie rassisch klassifizieren zu können. Er erläutert:

»Es gibt ein Etwas (vielleicht besser gesagt, viele solche Einzelheiten) in der jüdischen Physiognomie, was nicht meßbar, kaum im einzelnen so beschreibbar ist, daß sich der Leser oder Hörer ein klares Bild davon machen kann.«[197]

Fischer glaubt, daß viele dieser Abbildungen Juden darstellen; acht oder neun den »intellektuellen jüdischen Typ«, und eine hatte sogar den »frechen«, für den intellektuellen Juden so typischen Ausdruck.[198]

Fischers wissenschaftliche Methode erscheint vom heutigen Standpunkt aus fragwürdig, aber zumindest was die Trierer Terrakottafiguren angeht, scheint sein Einfluß heilsam gewesen zu sein.

In seiner Einleitung zu diesem Kapitel nimmt Kittel vieles von seinen früher geäußerten, rücksichtslosen Schlußfolgerungen zurück. Er erwähnt die weiblichen Figuren nicht und spricht auch nicht mehr von Rassenvermischung. Sein einziger Kommentar zur Motivation hinter diesen Figuren besteht in der Vermutung, sie hätten Ausdruck antijüdischer Gefühle sein können. Fischer stellt dann fest, daß selbst präkolumbianische, mexikanische Karikaturen oft lange Hakennasen zeigten. Aber auch er glaubt an den Nachweis der Beschneidung bei den Trierer Figuren und nimmt deshalb auch an, daß Juden dargestellt sind.[199]

Kittel hat nur noch einen weiteren Beitrag zu den *Forschungen zur Judenfrage* geliefert, und zwar im fünften Band. Er publizierte eine Studie der Diaspora während der Zeit des römischen Reiches und folgte jedem Fragment einer archäologischen und historischen Spur über die Ausbreitung der Juden. Im Auftrag der Forschungsabteilung Judenfrage entstand aus dieser Arbeit eine Karte Spaniens, Frankreichs, Deutschlands sowie der Donau- und Schwarzmeer-Länder. Der Begleittext listet wichtige Markierungen, literarische Hinweise usw. auf, die darauf schließen lassen, daß Juden einst bis in diese oder jene Region vorgedrungen waren.[200] Kittel hoffte auf eine weitere Veröffentlichung im neunten Band, worin Italien, Griechenland, der Mittlere Osten, Nordafrika und Ägypten behandelt werden sollten, aber das Ende des Krieges bedeutete auch das Ende für diesen Band.

Kittel lieferte Beiträge zu sechs von acht Bänden der *Forschungen zur Judenfrage* und kann als fragwürdiges Verdienst für sich in Anspruch nehmen, der am häufigsten vertretene Autor gewesen zu sein. Ein großer Teil seiner Veröffentlichungen nach 1933 findet sich hier wieder. In seiner Verteidigungsschrift erläutert er, daß seine Position am Reichsinstitut die seltene und nützliche Gelegenheit bot, eine christliche Stimme in einer ansonsten säkularen Institution zu erheben. Man kann allerdings bezweifeln, ob seine Stimme so christlich blieb, wie sie nationalsozialistisch wurde. Seine Arbeiten waren nicht sonderlich theologisch ausgerichtet, aber sie gaben brauchbares Propagandamaterial ab. Vielleicht hatte sich die beabsichtigte Richtung der Einflußnahme einfach umgekehrt.[201]

Mehrere andere Artikel und Reden verstärken den Eindruck, den Kittel in seinen Beiträgen zu den *Forschungen zur Judenfrage* hinterließ. 1939 hielt er in Berlin unter der Schirmherrschaft des

Reichsinstituts eine Rede über *Die historischen Voraussetzungen der jüdischen Rassenmischung*. Diese Rede ist eine Wiederholung seiner Ansicht, daß jene Rassenmischung sich in den tausend Jahren zwischen Vertreibung und Ghetto entwickelt hat. Aber ein neuer Faktor ist hinzugekommen: Kittel untersucht die Frage, warum die jüdische Rassenmischung schlimmer sei als andere europäische Rassenmischungen:

»Der grundlegende Unterschied ist nur der, daß es sich jetzt nicht um einen einheitlichen, organischen Wachstums- und Volkswerdungsprozeß handelt, sondern um einen Prozeß, der sich auflöst in Hunderte und Tausende von immer wieder Einzelvorgängen in vielfältig verschiedenen Landschaften und Volkstümern und Vermischungen, mit immer wieder anderen Variationen der zugrunde liegenden Rassen des mediterranen Raumes.«[202]

Kittel schließt seine Rede mit einer Huldigung an Hitler und das nationalsozialistische Deutschland, der rettenden Kraft, die sich der Flut der jüdischen Unterwanderung entgegenwirft.[203]

1943 veröffentlichte Kittel einen Artikel über die Vorschriften des Talmud zur Behandlung von Nicht-Juden durch Juden. Die Zukunftsaussichten für diesen Artikel waren miserabel. Er wurde im *Archiv für Judenfragen* gedruckt, der Zeitschrift der von Goebbels geförderten Antijüdischen Aktion mit dem Untertitel *Schriften zur geistigen Überwindung des Judentums*. Außerdem erschien er 1943, also zu einem Zeitpunkt, als der Genozid längst offizielle Politik des Dritten Reiches geworden war. Max Weinreich meint, daß Kittel wußte, was vor sich ging, und daß er mit diesem Artikel eine Rechtfertigung beabsichtigte.[204] Wie Kittel später einräumte, hörte er 1943 von Tötungen in Rußland, aber es ist unklar, ob er bereits davon wußte, als er diesen Artikel schrieb.[205] Jedenfalls ist es einer der unbesonnensten Aufsätze, die er je verfaßte – und in seiner Verteidigungsschrift geht er mit keinem Wort darauf ein.

Kittel beginnt mit der Behauptung, daß im Talmud

»ein abgrundtiefer Haß gegen die Nichtjuden zum Ausdruck kommt und daß daraus auch alle Konsequenzen gezogen werden, bis hin zur vollen Freiheit der Tötung; etwa wenn es heißen kann: Sogar den besten unter den Gojim darfst du töten, auch der besten unter den Schlangen sollst du das Gehirn zerschmettern.«[206]

Zur Untermauerung seiner Behauptung zitiert er eine Talmud-Passage, aus der hervorgeht, daß jeder, der versehentlich einen Juden tötet – obwohl er eigentlich ein Tier, einen abgetriebenen Fötus oder einen Nicht-Juden töten wollte –, straffrei ausgeht.[207] Also wurde das Töten eines Nicht-Juden keiner höheren Schuld unterworfen als das Töten eines Tieres. Kittel zitiert ebenso Passagen, aus denen hervorgeht, daß gewöhnliche Ehrlichkeit bei Nicht-Juden keine Anwendung finden muß, ebensowenig, wie ein Jude einen Nicht-Juden zu retten braucht, der in einen Graben gefallen ist. Er räumt ein, daß es bei allen Nationen Fremdenfeindlichkeit gibt, selbst hin bis zum entschuldbaren Mord, fährt dann aber fort, die Juden als einzigartigen Fall darzustellen. Weil sie in der Diaspora lebten, mit anderen Völkern, ohne politische Absonderung, bedeutete dies dem Juden gestattete Töten des Nicht-Juden die Erlaubnis, seinen Nachbarn umzubringen. Kittel sieht, daß es im Talmud auch sanftere Textstellen über Liebe und Gerechtigkeit gibt. In den vergangenen Jahrhunderten wurden diese Stellen von den Apologeten des Judentums aufgegriffen; für Kittel ist das reiner Opportunismus. Gegenwärtig zeigten die Juden noch Zurückhaltung, weil sie noch zu verletzbar seien, zu dünn verteilt; aber unter der Oberfläche bleibe der Wunsch nach der Weltherrschaft, mit dem Freifahrtschein zum Mord als heimlicher Waffe.[208] Eine äußerst exzentrische Interpretation des jüdischen Glaubens, unvereinbar mit Jahrhunderten jüdischer Geschichte und mit dem Inhalt und Tenor von Kittels früheren Arbeiten. Andererseits entsprach diese Interpretation der Parteilinie und lieferte eine Rechtfertigung für die meisten antijüdischen Handlungen. In seiner Verteidigungsschrift behauptet Kittel, daß drei seiner Artikel vom Herausgeber verändert worden seien. Unglücklicherweise ist dieser Aufsatz nicht darunter.[209]

Im März 1943 hielt Kittel eine öffentliche Vorlesung an der Universität Wien über sein bekanntes Thema, daß die Juden des Alten Testaments den Abstieg in die Degeneration nach der Vertreibung begonnen hätten und somit zu den Juden geworden seien, die wir heute kennen. Er betont die rassische Degeneration. Obgleich alle Völker aus den Kreuzungen der Rassen entstanden seien, hätten die Juden in der Diaspora eine solch rücksichtslose Vermischung betrieben (sogar mit Schwarzen, wie Kittel anmerkt), daß ihr rassischer Grundstock entartete und verdarb.[210] Außerdem stellt er fest, daß die bäuerliche Gesellschaft des Alten Testaments in der

Diaspora zu einer urbanen Gesellschaft wurde, die dann ihre Wurzeln in der Ackerkrume und ihren gesunden, organischen Charakter verloren habe. Schließlich behauptet er, daß das geistige Leben der Juden zu einem erbarmungslosen Legalismus verkommen sei. Viele Führer, auch Jesus, hätten diese Entwicklung verdammt, aber die Masse der Juden habe ihren Warnungen keine Beachtung geschenkt.[211] Das Thema des »auserwählten Volkes«, legitim, solange dieses Volk gehorchte, pervertierte zu einer Idee von Überlegenheit und Weltherrschaft.[212] Das Judentum habe in der Antike Feindseligkeit provoziert, aber erst das Christentum sei einsichtig und stark genug gewesen, die jüdische Bedrohung hinter Ghettomauern verschwinden zu lassen. Jahrhunderte später habe der aufgeklärte Liberalismus die Schleusen für eine neuerliche jüdische Bedrohung geöffnet, aber jetzt sei der Nationalsozialismus dabei, das wieder in Ordnung zu bringen.[213]

1945 beschrieb Kittel diese Rede als eine mutige Tat zur Verteidigung seines christlichen Glaubens. Außerdem habe er, nachdem er gerade von den Morden an Juden in Rußland erfahren hatte, seinen Vortrag mit den Worten geschlossen, daß »alles Grauen sich sammelt und alle Dämonen toben!«.[214] Es trifft zu, daß er in dieser Vorlesung den Judaismus des Alten Testaments und die jüdischen Wurzeln des Christentums verteidigt hat. Im Kontext des Jahres 1943 und besonders vor einem nationalsozialistischen Publikum hätte man das als eine mutige Tat auslegen können. Aber seine Verteidigung des Christentums impliziert keine Verteidigung des zeitgenössischen Juden. Im Gegenteil, Kittel fand, daß das Christentum wegen seiner Haltung in der Judenfrage im Dritten Reich einen Ehrenplatz verdient habe. Das Christentum war keine schwächliche Sentimentalität, es war eine starke, prinzipientreue antijüdische Kraft.

Es war eine Abschiedsvorlesung, denn Kittel kehrte nach vier Jahren in der österreichischen Hauptstadt im April 1943 nach Tübingen zurück. 1944 wurde er wieder nach Wien eingeladen, um einen zweiten Vortrag zu halten, in dem er seine Argumente von früher genauer definierte. Er belegte sein Recht zu einer rassischen Analyse mit der Beobachtung, daß rassische Faktoren bereits vor 2000 Jahren eine Rolle spielten, selbst wenn dies damals nicht erkannt worden sei. Der Untergang Roms diente ihm als Beispiel. Roms Macht basierte auf seiner starken Armee und seiner starken Bürgerschaft; die Armee blieb stark, also mußte Rom aufgrund der rassischen Zersetzung seiner Bürgerschaft zerfallen sein. Kittel nennt dann die Juden als ein Element der Zersetzung. Tatsächlich habe das Judentum mit seinem Anspruch auf Privilegien und Überlegenheit sowie seiner rassischen Degeneration schon damals, in den Jahren, als Roms Einfluß zurückging, die Weltherrschaft an sich reißen wollen.[215] Nur das Christentum habe über ebensoviel Kraft wie Entschiedenheit verfügt, der jüdischen Bedrohung Einhalt zu gebieten. Kittel ist sorgfältig darauf bedacht zu zeigen, daß das Christentum keine rassischen Sünden zu verbergen hatte. Zum Christentum konvertierte Juden waren bereits früher zum Judentum konvertierte Heiden und demzufolge keine Mitglieder der jüdischen Rasse; aus dem Judentum hervorgegangene christliche Missionare hatte es nur wenige gegeben, was rassisch unbedeutend war. Das Christentum sei universal, erkennt Kittel, aber nur auf geistiger Ebene. Es gestatte den Menschen ihre uneingeschränkte »völkische« Entwicklung. In der Frage nach den jüdischen Ursprüngen des Jesus von Nazareth ist Kittel weniger offen als 1926. Er behauptet, daß zumindest die Ideen Jesu antijüdisch waren.[216]

Das Bild, das sich aus dem oben Gesagten ergibt, zeigt keinen frommen Christen, der sich mit Fragen nach Erlösung und einem christlichen Leben auseinandersetzt. Aber es gibt ausreichend Hinweise, daß Kittels Charakter durchaus über eine solche Seite verfügte. Nach wie vor arbeitete er zum Beispiel am *Theologischen Wörterbuch*, blieb sein Herausgeber; das Werk hat bis heute wenig von seiner Bedeutung eingebüßt. Außerdem publizierte er nach 1933 einige strikt theologische Aufsätze. Zwei davon haben mit der Revision der Lutherbibel zu tun, die 1938 zu einem Diskussionsthema unter den deutschen Protestanten wurde, als eine nichtlutherische Übersetzung des Neuen Testaments herauskam. Kittels Achtung vor der Schrift, seine Sorge um den Wert des Lutherschen Werkes und sein Verständnis für das Bedürfnis nach einer Übersetzung für den täglichen Gebrauch sind absolut akzeptierbar.[217] 1938 schrieb Kittel eine Huldigung an seinen Vorgänger in Tübingen, Adolf Schlatter. Er preist Schlatter als einen gläubigen Christen, dessen Verhältnis zu Jesus und zur Bibel nie in Zweifel stand.[218] Er muß gehofft haben, daß man von ihm das gleiche sagen würde.

## 5. Schluß

Wie soll man Kittel beurteilen? In seinem Buch *History, Archaeology and Christian Humanism* widmet William Foxwell Albright ein kurzes Kapitel einem rücksichtslosen Angriff auf Kittel. Er schreibt zum Beispiel, daß Kittels Geschichte noch dunkler und böser sei als die viel grelleren Geschichten Görings und Goebbels', denn Kittel sei Wissenschaftler und christlicher Theologe gewesen.[219] Er verleiht Kittel und Emanuel Hirsch die schreckliche Auszeichnung, die Vernichtung der Juden theologisch legitimiert zu haben.[220] Aber dann fügt er an anderer Stelle hinzu:

> »Angesichts der unglaublichen Verworfenheit seiner Angriffe auf das Judentum und die Juden, die wenigstens bis 1943 andauerten, ist Gerhard Kittel daran schuldig geworden, vielleicht mehr als irgendein anderer christlicher Theologe zum Massenmord an den Juden beigetragen zu haben; eine *apologia pro vita sua,* die er Anfang 1946 verfaßt hat [wahrscheinlich ist damit Kittels Verteidigungsschrift gemeint] . . . zeichnete das höchst bestürzende Bild eines krankhaften Geisteszustandes.«[221]

Albright ist prominenter Archäologe und Semitist, der mit diesem Buch den christlichen Humanismus als einen wertvollen und ausreichenden Weg zur Lebensbewältigung darstellen wollte. Für ihn kreist Geschichte um die Bibel, sowohl das Alte wie das Neue Testament, und um das »Drama der Erlösung«; und das Ziel des christlichen Humanismus sei es, diese Tatsache zu zeigen.[222] Vielleicht erklärt sich hieraus zumindest teilweise seine Vehemenz gegen Kittel; Kittels Arbeit sei nichts anderes als eine satanische Verzerrung des Christentums, denn sonst müßte das Christentum selbst in Frage gestellt werden. So sehr ich Albrights Urteil schätze, so bin ich doch mit seiner zu Beginn geäußerten dogmatischen Auffassung ebensowenig einverstanden wie damit, daß er die Komplexität des Problems Gerhard Kittel offenbar nicht zur Kenntnis nimmt. Sein Angriff erlaubt keine Verteidigung. Aber in den Jahren nach 1945 hat es viele vertrauenswürdige Menschen gegeben, die Kittel in Schutz nahmen.

Unmittelbar nach dem Krieg steckten die Franzosen Kittel ins Gefängnis, und seine Kollegen von der Universität Tübingen konnten ihm nicht helfen, weder mit seinem früheren Posten noch mit einer Pension. Aber ein Entnazifizierungsprozeß rehabilitierte ihn, und bei allen Vorbereitungen zu seinem Prozeß kam es zu einer Welle von Unterstützung für Gerhard Kittel. Über Kittels akademische Rolle sagte Hans Freiherr von Campenhausen, 1946 Rektor der Universität Heidelberg und Gastprofessor in Wien von 1939–1941:

»Obwohl ich der Bekennenden Kirche angehörte und niemals Mitglied der NSDAP gewesen war, haben wir uns doch in allen die Fakultät und die Kirche betreffenden Dingen gut verstanden. Prof. Kittel faßte seine Arbeit an der Wiener Universität grundsätzlich als einen kirchlichen Dienst auf und stand mit den führenden Männern der Evangelischen Kirche Österreichs in enger Fühlung.«[223]

Walter Rey, studentischer Teilnehmer an Kittels Seminar »Die Rassenfrage im Neuen Testament« in Tübingen 1944–45, schrieb später:

»Damit hat er [Kittel] zugleich nicht nur die gemeingefährliche Parteiideologie ad absurdum geführt, sondern gerade auch uns Studenten die Waffen zur Bekämpfung dieses nazistischen Irrtums in die Hand gegeben. Ich hatte dieses Seminar als Antinazi besucht . . . ganz sachlich vom Worte Gottes aus die Judenfrage beleuchtet zu sehen.«[224]

Der Student Claus Schell hörte Kittels Vorlesungen zur Judenfrage 1941–42 in Wien und berichtete:

»Dabei hatten die Hörer genügend Gelegenheit, die Einstellung des Professors kennenzulernen und zu überprüfen. Man hörte aber kein einziges Wort der Gehässigkeit . . . sondern hier wurde ernste historische Forschung betrieben, die nur die Erkenntnis zur Wahrheit zum Ziel hatte . . . In all seinen Arbeiten kommt eine Auffassung zum Durchbruch, die – wenn man Kittel richtig versteht – den Nat.soz. total überwindet. Es gehört geradezu zur Ironie der Geschichte, daß ein Mann, der das Rasseproblem des Nazismus überwunden hat in der Judenfrage, ebendeswegen vor Gericht gestellt wird. Prof. Kittel will doch durch alle seine exakten, mühsamen, historischen Forschungen dartun, daß die völkisch-rassische, rein biologische Betrachtung ad absurdum führt.«[225]

Martin Dibelius von der Universität Heidelberg, von den Nationalsozialisten verfolgter Theologe, kommentierte Kittels Arbeit folgendermaßen:

»Ich fasse zusammen: die fraglichen Arbeiten Kittels sind von einwandfreier wissenschaftlicher Haltung, dienen nicht der Parteiauffassung vom Judentum, haben theologische Besinnung als Voraussetzung und werden hoffentlich nicht irgendeinem Verdammungsedikt zum Opfer fallen, sondern die Wissenschaft weiter befruchten.«[226]

Und ein Kirchenführer, Thomas Breit, schrieb zu Kittels Verteidigung:

»Herr Prof. Kittel hat . . . der Kirche einen unersetzlichen Dienst geleistet. Das kann nur von dem in Zweifel gezogen werden, der von dem entschlossenen Angriff des Nat.soz. auf die Grundlagen der kirchlichen Verkündigung nichts weiß. Die Intention des Vortrags [wahrscheinlich *Die Judenfrage*] und die darin entwickelten Erkenntnisse sind als theologische Widerstandsbewegung gegen den Nationalsozialismus zu werten.«[227]

Schließlich gab es eine Reihe getaufter Juden, die über die von Kittel erhaltene Hilfe berichteten. Wilhelm Dittmann, Theologiestudent in Tübingen von 1937–1939, schrieb:

»Obwohl ich als Mischling ersten Grades nach den Nürnberger Gesetzen für die reguläre Absolvierung des Studiums größte Schwierigkeiten hatte, auch in meiner Stellung unter den Studenten sehr exponiert war, hat Herr Prof. Kittel durch seine väterliche Art mich stets mit Wort und Tat beraten und mir geholfen, wo er nur konnte. Als meine Zulassung zur Promotion wegen meiner Abstammung in Frage stand und ich selbst schon den Plan zu promovieren aufgeben wollte, hat Prof. Kittel mich bewogen, ein Gesuch einzureichen; seinem Gutachten war es zu verdanken, daß ich Zulassung erhielt.«[228]

Annemarie Tugendhat schrieb von einem weiteren Ereignis, bei dem Kittels Verhalten tadelsfrei gewesen zu sein schien:

»Mein Vater ist Jude. Er wurde bei der Aktion gegen die Juden im Jahr 1938 in das Konzentrationslager Welzheim gebracht. Ich lernte Prof. Kittel im Jahr 1938 kennen, kurz nach dieser Aktion, bei einem Vortragsabend in Stuttgart. Ich stand noch ganz unter dem Eindruck des damaligen Geschehens und der Inhaftierung meines Vaters. Ich suchte Prof. Kittel an jenem Abend auf, der mir allein durch seine Schrift ›Die Judenfrage‹ bekannt war, um ihn zu fragen, was er als Christ zu dieser Aktion zu sagen habe. Ausdrücklich möchte ich nun hier bezeugen, daß er sofort bereit war, trotz seines anstrengenden Vortrags, sich in ein Gespräch mit mir einzulassen, das, wie er damals sagte, man ›nicht zwischen Tür und Angel abmachen könne‹ und das sich dann auch bis gegen 2 Uhr nachts hinzog – obwohl es in diesen Tagen für Jedermann gefährlich war, auch nur durch einen Gruß seine Bekanntschaft mit einem Juden zu bezeugen. Wenn ich auch heute selbstverständlich den genauen Wortlaut des damaligen Gespräches nicht wiedergeben kann, so ist mir das eine doch ganz deutlich in Erinnerung, daß Prof. Kittel auf das schärfste gegen die Aktion, die gegen die Juden in Szene gesetzt war, Einspruch erhob und sich als Christ gegen jede Rechtfertigung dieser Handlungsweise verwahrte. Während unsrer Unterhaltung wurde das eine ganz klar, daß nicht die Rassentheorie des NS die Grundlage für die Darlegungen und Überlegungen des Prof. Kittel zur Judenfrage bildete, sondern seine Theologie. Dies zeigte sich besonders daran, daß er als Christ unbedingt bemüht war, für all die schwierigen Probleme eine menschliche und liebevolle Lösung zu finden. Keineswegs stellte sich bei diesem Gespräch – wie das in jenen Tagen allzu häufig geschah – der erhabene Arier und Professor über den verachteten Mischling, sondern in liebevoller und mitfühlender Weise suchte er die Not zu verstehen und zu helfen.

Diese persönliche Achtung von Mensch zu Mensch hat Prof. Kittel auch in den Jahren der größten Anfeindungen gegenüber uns Juden bewahrt. Wenn er nach Stuttgart kam, so erkundigte er sich immer wieder nach meinem und dem Ergehen meiner Eltern und hielt so die Verbindung mit uns aufrecht. Es war unter uns kirchlichen Juden bekannt, daß man zu ihm kommen und Hilfe und Rat bei ihm finden durfte. Ich bitte höflich, bei der Beurteilung des ›Falles Kittel‹ dieser meiner Erklärung Beachtung schenken zu wollen.«[229]

Diese Aussagen darf man nicht ignorieren. Ähnliches findet sich in Richard Gutteridges Werk und in seiner persönlichen Erklärung: »Gerhard Kittel war, wie der Unterzeichnete als einer seiner Schüler, der seine Freundschaft hoch schätzte, bezeugen kann, ein sanfter und warmherziger Mensch.«[230] Auch Siegele-Wenschkewitz betont die Ehrlichkeit und Aufrichtigkeit, mit der Kittel die jüdische Frage aus seiner theologischen Sicht heraus behandelte. In einem Brief an den Verfasser macht sie geltend:

»Ich sehe, daß das, was Kittel nach 1933 in der Judenfrage als christlicher Theologe glaubte vertreten zu können, im Ansatz auch heute noch ungebrochen in der exegetischen, überhaupt theologischen Wissenschaft vertreten werden kann, und ich wollte, indem ich Kittel so plausibel vorstellte, den heutigen Zeitgenossen einen Spiegel vor die Augen halten, der sie erkennen läßt: genau so sind wir selbst, genau das denken wir selbst. Auch ich finde Kittel keineswegs harmlos ... aber er ist viel mehr typisch und Repräsentant seines Fachs, vielleicht überhaupt des deutschen protestantischen Theologen seiner Zeit, als man heute, wenn man ihn zum Außenseiter und Sündenbock macht, denken möchte.«[231]

Es ist also zu einfach, aus Kittel, wie Albright es tut, den Sündenbock oder das Opferlamm zu machen. Wir müssen anerkennen, daß er sich selbst als wahren Christen mit traditionellen christlichen Interessen sah, was vermutlich auch zutrifft. Er war ein sensibler Mensch, der sich akademische Achtung erworben hatte, und er vertrat eine Haltung in der Judenfrage, die sich von der nationalsozialistischen Politik unterschied. All das kann und darf man nicht übersehen. Aber Kittels wichtigste Forschungsarbeit zwischen 1933 und 1945 war von einer rigorosen und harten antijüdischen Einstellung geprägt. Zwar blieb seine Arbeit auf christlicher Grundlage, aber sie stimmte ebenso mit der schlimmsten Nazipropaganda überein. Kittels Tragödie kündigte sich bereits in der Leichtigkeit an, mit der er sein Christentum diesem unheiligen Zweck verschrieb.

Hier sind die Zeitabläufe wichtig. 1914 war Kittel ein junger Wissenschaftler des Judaismus, der einiges erhoffen ließ, der aber auch einige Vorurteile mit sich trug. 1926 fühlte er sich als Forscher stark genug, den Wert des Judentums sowie seine Bedeutung und sein Verhältnis zum Christentum rigoros zu verfechten. Fast gelang es ihm, zu einer Position wahrer Toleranz und echten Verständnisses gegenüber dem jüdischen Glauben vorzudringen, eine Richtung, die die Nachkriegstheologie jetzt einmal vorläufig eingeschlagen hat. Vielleicht ist es ein Zufall, aber dieser Höhepunkt in Kittels Einstellung zu den Juden fiel mit den besten Jahren der Weimarer Republik zusammen. 1933 ging Kittel diese Toleranz plötzlich verloren. Seine Verteidigung der Juden wurde zum Angriff. Vielleicht trugen die schlechten Jahre 1930–1933 dazu bei, ihn bitter werden zu lassen: Hitlers Machtergreifung war sicherlich der entscheidende Faktor für das offene Ausbrechen dieser Bitterkeit. Dennoch bleibt die Frage bestehen: Was war geschehen? Auch wenn Kittel noch 1947 Kollegen fand, die ihm beistanden, so gibt es keinen Zweifel, daß sich nach 1933 die Stoßrichtung seiner Arbeit änderte, und zwar mit unglücklichen und langwährenden Resultaten.

Vielleicht kamen Kittels wahre Gefühle 1933 zum Durchbruch. Seine Feindseligkeit gegen die Juden muß irgendwo eine wirkliche Basis gehabt haben, von der aus er sie so intensiv entwickelte; 1926 war diese Feindseligkeit jedenfalls noch unterdrückt worden. Eine bessere Erklärung wäre vielleicht der Opportunismus. Für Kittels Karriere war eine antijüdische Einstellung nach 1933 von großem Nutzen. Sein Arbeitsgebiet paßte gut ins nazistische Konzept, und wenn er die Parteilinie unterstützte, würde er die Früchte hieraus ernten. Später behauptete er das Gegenteil, und Kollegen unterstützten ihn in dieser Behauptung. Sie benutzten dabei allerdings Argumente, die zwar in der Atmosphäre des Dritten Reiches sicherlich ihre Gültigkeit hatten, heute allerdings nicht mehr überzeugen können. Einige von Kittels Kollegen waren froh über seinen Widerstand gegen die Absicht der Deutschen Christen, das Alte Testament aus der Bibel zu entfernen. Andere akzeptierten immer noch seine These vom »jüdischen Problem«, die ihre Beurteilung seiner Forschungen beeinflußte. Kittel hatte statt des biologischen einen geistigen Antisemitismus geformt.[232] Und die Tatsache bleibt bestehen, daß er sich zu keiner Zeit gegen die antijüdische Politik als solche gewendet und dem Nazismus nie Widerstand geleistet hat. Die antijüdische Politik, wie sie die Nazis betrieben, mochte er nicht, und innerhalb der Partei forcierte er seine eigenen Ansichten. Diese Haltung reichte für Karl Prümm aus, Kittels Wiener Rede aus dem Jahre 1943 als »eine Tat« zu bezeichnen. Individuellen Juden begegnete Kittel mit menschlicher Anteilnahme und Worten, die ihren Ohren wohltaten. Aber die Worte, die er veröffentlichte, waren weniger sorgfältig gewählt. Er glaubte an die jüdische Bedrohung, er rief nach harten Methoden, ihr zu begegnen, und in seiner Forschungsarbeit suchte er hauptsächlich nach Beweisen der jüdischen Degeneration. Mit anderen Worten, er schwamm im Nazi-Strom, auch wenn ihm ein anderer Weg vielleicht lieber gewesen wäre.

Persönlicher Ehrgeiz und der Druck der Gruppe müssen in Kittels Karriere nach 1933 eine Rolle gespielt haben. Er bekleidete eine wichtige Position am Reichsinstitut für Geschichte des neuen Deutschlands, die ihn zufriedenstellen konnte. Nicht viele Theologen standen mit der gehobenen Elite der Partei auf freundschaftlichem Fuße. Kittel scheint beeindruckbar gewesen zu sein, er war bemüht zu gefallen, sich einzufügen und akzeptiert zu werden.[233] Diese Eigenschaften überraschen vielleicht nicht bei dem ehrgeizigen Sohn eines großen Vaters.[234] Wie ein Politiker vor unterschiedlichen Wählerschichten war Kittel in der Lage, persönliche Anteilnahme für jüdisch-christliche Freunde, eine akzeptable Theologie für seine Studenten[235] und einen harschen Antisemitismus für das Publikum des Reichsinstituts gleichzeitig in sich zu vereinen.

Kittel war ein ausreichend beweglicher Geist, um zwischen all diesen Versionen seines Selbst Verbindungen herzustellen. Und, obgleich Albright Kittels Verteidigungsschrift gelesen hat und einen »kranken Verstand« diagnostizierte, könnte man diesen Verstand auch als flexibel oder klug einstufen, auf der Suche nach einem Leitfaden, der stark genug ist, das Tuch zusammenzuhalten. Aber ein flexibler Geist kann durch seine Umgebung zu leicht beeinflußt werden, und Kittels Umgebung, zum Beispiel das Reichsinstitut, war rundum schlecht. Scharlatane wurden wie Wissenschaftler behandelt, und selbst die besten Wissenschaftler blieben bei ihren mystischen rassistischen Ideen, die die besondere Atmosphäre des Dritten Reiches nicht überlebten.

Die ständige Berührung mit diesen Ideen hinterließ natürlich bei Kittel ihren Eindruck, zumal sie in Deutschland von einem breiten ideologischen und intellektuellen Gerüst getragen wurden. Hohler Empirismus stand »völkischen« und organizistischen Denkmodellen gegenüber. Die Wahrheit der deutschen Erfahrung wurde zum endgültigen Schiedsrichter der Wahrheit in einer ansonsten relativistischen Welt. In einer solchen Umgebung konnte berechtigte Forschungsarbeit auf gefährliche und tragische Pfade einschwenken, auf denen keine Hinweisschilder zu finden waren, die als Warnung hätten dienen können. Ein solches Hinweisschild, nämlich die Aufklärung mit ihren Ideen von Gleichheit, Menschenrechten und Toleranz, lehnte Kittel ab. Auch das Christentum ließ ihn im Stich. Es war sein Unglück, daß er sich ausgerechnet der antijüdischen Seite in der christlichen Tradition zuwandte, und Liebe, Mitleid und Barmherzigkeit in dieser Tradition von seinen Überlegungen praktisch ausschloß. Ein tragischer Irrtum, dem das Christentum allerdings immer wieder Raum gegeben hat.

Wenn also Kittel formbar war, bedeutet das dann, daß er keine Prinzipien hatte? Kann man seine Unbesonnenheit im Dritten Reich einzig und allein als Opportunismus bezeichnen oder als ein Nachgeben auf politischen Druck? Diese Frage nach Kittels Aufrichtigkeit ist eine schwierige und wichtige Frage, aber ich glaube, daß seine Haltung unter Hitler aufrichtig war. In seinem Brief an Loewe aus dem Jahre 1933 spricht er auf vehementeste Weise von dieser Aufrichtigkeit, weist den Einfluß eines Druckes von außen weit von sich und betont die Kontinuität seiner Gedanken in beiden Verteidigungsschriften nach dem Krieg. Auch Siegele-Wenschkewitz betont die offene Ehrlichkeit Kittels gemeinsam mit seiner »Anpassungsfähigkeit«.[236] Aber es gibt noch einen Leitfaden, der half, das Gewebe von Kittels Leben und Gedanken zusammenzuhalten, so daß inmitten seines Opportunismus und seiner Beeinflußbarkeit seine letztliche Aufrichtigkeit gesehen werden kann. Und zwar hat dieser Faden den Vorteil, von Kittel selbst beim Namen genannt worden zu sein: der »Weltanschauungskampf«.

Für Kittel war die Welt aus den Fugen geraten, zu seinem persönlichen und zu Deutschlands Nachteil. 1933 sah er ein schwaches, geschlagenes und demoralisiertes Deutschland. Er sah Entwurzelung, Aufrührertum, Materialismus, Relativismus – kurz, er sah die Auflösung der »guten alten Zeit« hin in eine moderne, urbane, kosmopolitische, pluralistische Welt. Was er sah, gefiel ihm nicht, und er machte die Aufklärung mit all ihren Folgen dafür verantwortlich. Und dann, in Übereinstimmung mit dem Nationalsozialismus, lernte Kittel, die Aufklärung, den Rationalismus, den Säkularismus, die Unmoral und die Dekadenz auf die Juden zu schieben, und zwar ganz besonders die assimilierten Juden.

Später sagte er uns, was seiner Meinung nach falsch war: er habe Hitler und den Nationalsozialismus falsch eingeschätzt. Siegele-Wenschkewitz akzeptiert diese Selbstanalyse und macht sie zum Eckpfeiler ihres Buches. Aber sie haben beide unrecht. Diese Auffassung ist zu selbstgefällig und ignoriert die tiefere Komplexität des Problems Kittel. Es trifft eher zu, daß Kittel Hitler und den Nationalsozialismus genau erkannte und daß ihm gefiel, was er sah, da er sich selbst auf der gleichen Seite des »Weltanschauungskampfes« wähnte. Diese Interpretation erklärt, warum Kittel Hitler begeistert und öffentlich unterstützte, und zwar nicht nur 1933, sondern auch 1944. Wenn sein Fehler in einer Fehleinschätzung gelegen hätte, so gab es bis 1944 ausreichende Beweise für eine Korrektur. Doch seine Veröffentlichungen während der *gesamten* Zeit stimmen mit der Nazipolitik überein, unterstützen sie, unterstützen alle Maßnahmen im Rahmen der Judenfrage mit möglicher Ausnahme des Genozids.[237]

Natürlich gab es innerhalb des nationalsozialistischen Spektrums radikale und moderate Elemente, eine Mannigfaltigkeit, die die Grenzen der Frage verwischt. Kittel war gegen radikale, heidnische, antichristliche Elemente im Nationalsozialismus, und diese waren wiederum gegen ihn. Aber es gehörte zu Hitlers politischem Genie, Vielfältigkeit und verwischende Grenzen zu fördern, um dadurch sein Netz nur noch weiter auswerfen zu können. Und Kittel war eindeutig einer von jenen, die in diesem Netz gefangen wurden. Eine weitere Verwirrung ergibt sich aus der natürlich naheliegenden Neigung, Hitler und den Nationalsozialismus fast ausschließlich mit ihrer Politik der Ausrottung zu identifizieren. Kittel hat aber niemals gesagt: Vergast die Juden.

Kittel focht seinen Weltanschauungskampf, indem er die Juden angriff. Er erweckte den christlichen Antisemitismus des Mittelalters wieder zum Leben, versah ihn mit einer Schicht zeitgenössischen Mystizismus und errichtete ihn als deutsches, christliches Bollwerk gegen die jüdische Bedrohung. Das entsprach zwar nicht genau der Nazipolitik, es kam ihr aber gefährlich nahe. Mit dieser Einstellung war es Kittel möglich, zwölf Jahre lang mehr innerhalb als außerhalb der Partei zu arbeiten, und diese physische und geistige Kooperation, wie ihre Begrenzungen und Einschränkungen auch ausgesehen haben mögen, war Kittels tragischer Fehler. Er hat Schande verdient, denn seine Schriften von 1933 bis 1945 waren hart und grausam. Aber ebenso brauchen wir Verständnis und wache Aufmerksamkeit; denn, wie Siegele-Wenschkewitz angemerkt hat, seine individuellen Ideen leben weiter.

## 6. Epilog

Im Oktober 1945, einige Monate nach Kittels Verhaftung, begannen die Bemühungen seiner Freunde in Frankreich, England und Amerika, ihm zu helfen. Ein französischer Theologe, Theo Preiss, wirkte als Initiator, nachdem er als Abgesandter der französischen Regierung über die religiöse Situation in Deutschland berichtet und Kittel bei dieser Gelegenheit im Gefängnis besucht hatte. Er schrieb Professor C. H. Dodd in Cambridge und bat ihn, andere Freunde Kittels zu benachrichtigen und um ihre Hilfe anzugehen. Es ging hauptsächlich um Kittels Posten als Herausgeber des *Theologischen Wörterbuchs*. Preiss war der Ansicht, er habe Kittels Entlassung aus dem Gefängnis bereits durchgesetzt, und zwar mit der einzigen Auflage, daß Kittel sich wöchentlich zu melden habe.

Doch er scheint zu optimistisch gewesen zu sein. Aus einem Brief Frau Kittels vom Juni 1946 geht hervor, daß ihr Mann immer noch im Gefängnis war; tatsächlich wurde er erst im Oktober entlassen.[238]

Professor Dodd schrieb an Herman Preus in Amerika und bat ihn, mit einigen Leuten Kontakt aufzunehmen, die Kittel benannt hatte. Preus kam der Bitte nach, und aus seinen Unterlagen läßt sich das spätere Netzwerk der Korrespondenz zusammensetzen. Preus schrieb an die vier Pastoren seiner Liste, und jeder von ihnen sandte einen Brief an die französische Militärregierung, in dem er sich für Kittels Arbeit am *Theologischen Wörterbuch* aussprach.[239] Im März 1947 berichtete Kittel Preus, daß die französischen Behörden seiner Weiterarbeit am *Wörterbuch* zugestimmt hätten und daß er überzeugt sei, diese Entscheidung sei von den Briefen aus Amerika beeinflußt worden.[240] Aber dann stand er vor einem neuen Problem: Das Werk sollte in Stuttgart veröffentlicht werden, also in der amerikanischen Zone, was eine amerikanische Genehmigung voraussetzte. Kittel sandte eine neue Liste mit den Namen von Leuten, von denen er sich Unterstützung erhoffte, und bat Preus um Kontaktaufnahme. Diese Bemühung führte zu drei Bestätigungen, die Kittels Arbeit am *Wörterbuch* fortgeführt sehen wollten. Aber zwei der angesprochenen Theologen weigerten sich mit der Begründung, Kittels frühere Haltung nicht beurteilen zu können, außerdem wünschten sie keine Aussage zu treffen, die man als Blanko-Bestätigung auslegen könnte.[241] Kittels Briefwechsel mit Preus dauerte bis zum Februar 1948; nirgendwo findet sich ein Hinweis, ob die amerikanische Erlaubnis je erteilt wurde. Verstärkt wurde das Problem noch durch den Entnazifizierungsprozeß gegen Kittel, nach dessen Ausgang seine deutschen Kollegen über seine zukünftige Arbeit am *Wörterbuch* entscheiden würden. Im November 1947 berichtet Kittel, daß er auf seine Rehabilitierung warte, und im Februar 1948, daß er sie erhalten habe.[242] Über das *Wörterbuch* trifft er keine weiteren Feststellungen.

Aus Kittels Briefen an Preus geht hervor, daß er zunächst im Tübinger Schloßgefängnis, später im Balinger Internierungslager gefangengehalten wurde, und zwar vom Mai 1945 bis zum Oktober 1946. Während der fünfzehn Monate dieser Gefangenschaft sah er kein einziges Mitglied seiner Familie.[243] Auch nach seiner Entlassung blieb das Leben hart. Es gelang ihm, im Kloster Beuron eine bescheidene Stelle in der Bibliothek zu bekommen. Außerdem diente er einer kleineren Gruppe dortiger Lutheraner als Pastor und konnte sich auch noch ein wenig seinen eigenen Interessen widmen.[244] Aber er hatte Reiseverbot, besonders was eine Rückkehr nach Tübingen anbelangte, und seine Frau durfte nicht bei ihm in Beuron sein. Frau Kittel lebte mit der gemeinsamen Tochter und der neugeborenen Enkelin bis zum Frühjahr 1947 im Kittelschen Sommerhaus am Walchensee, bis dieses Haus an eine Flüchtlingsfamilie übergeben wurde.[245] Daraufhin zogen die drei in eine Zweizimmerwohnung nach Mannheim. Einige Wochen später erhielt Frau Kittel die Genehmigung, in ihr ehemaliges Haus in Tübingen zurückzukehren, allerdings durfte sie nur zwei Räume belegen und mußte das Haus mit zwölf anderen teilen.[246] Diese Briefe der Jahre 1946 und 1947 berichten auch von großer Lebensmittelknappheit und sind voller Dankbarkeit gegenüber der Familie Preus, die Care-Pakete schickte.

Kittel kehrte nie mehr an die Universität Tübingen zurück, die übliche Pension wurde ihm versagt. Preus gegenüber sprach er lediglich von »Schwierigkeiten«, die seine Rückkehr verhinderten, aber ein Brief von Theo Preiss erläuterte diese Angaben näher: Bischof Wurm und Kittels Fakultätskollegen hatten Preiss anvertraut, sie seien der Ansicht, daß sie nicht um Kittels Rückkehr bitten könnten, die sie außerdem nicht für wünschenswert hielten.[247] Wurm bemühte sich um Kittels Entlassung aus dem Gefängnis[248], aber er ließ Preiss wissen, daß Kittel seiner Ansicht nach die jüdische Frage hätte fallenlassen sollen, als offenkundig wurde, daß die Nazis für wissenschaftliche, christliche und sogar menschliche Argumente nur ein Lachen übrig hatten.[249]

Im Februar 1948 sandte Kittel seinen letzten Brief an Preus. Er enthielt die gute Nachricht von seiner Rehabilitierung, die er Preus' hilfreicher Intervention zuschrieb: »Den Denunziationen meiner deutschen Gegner gegenüber hat Ihre Haltung tiefen Eindruck gemacht und sie ist der wesentlichste Faktor meiner Rehabilitation.«[250] Eine weitere gute Nachricht war die, daß die französische Militärregierung Kittels Bewegungsfreiheit wieder gestattet hatte, und zwar »auch für Tübingen«. Also konnte er endlich wieder nach Tübingen in sein Haus zurückkehren und mit seiner Frau zusammen sein.[251] Vom Schicksal des *Wörterbuchs* erwähnt Kittel nichts. Aber selbst eine positive Entscheidung hätte nicht mehr viel bewirkt: Kittel starb am 11. Juli 1948.[252]

# 3. Kapitel: Paul Althaus – Der Vermittler

## 1. Einleitung

Paul Althaus (1888–1966) war in Deutschland ein bedeutender lutherischer Theologe. Seine Laufbahn begann er 1914 als Privatdozent in Göttingen. Während des Krieges diente er als Pastor im russischen Polen, 1919 nahm er seine akademische Karriere in Rostock wieder auf. 1925 wurde er Professor für systematische Theologie in Erlangen, wo er bis zum Ende seines Lebens blieb.[1] Vermutlich ist Althaus am ehesten als Luther-Forscher in Erinnerung geblieben. Nachdem Karl Holl 1926 gestorben war, folgte Althaus diesem Begründer der »Luther-Renaissance« als Vorsitzender der Luther-Gesellschaft, ein Posten, den er über dreißig Jahre lang bekleidete.[2] Althaus publizierte viel und war Herausgeber mehrerer Zeitschriften.[3] Zusätzlich zu seiner Anerkennung als Wissenschaftler genoß Althaus großen Respekt innerhalb der Kirche. Als zum Beispiel 1933 die Jungreformatorische Bewegung und die Deutschen Christen beide einen Kandidaten für den Posten des Reichsbischofs vorschlugen und erbittert um den Ausgang der Sache kämpften, nannte der württembergische Bischof Wurm Althaus als einen von drei Kandidaten, die für breite Kreise als Kompromiß akzeptierbar wären.[4] Der Vorschlag gelangte nicht an die Öffentlichkeit und hatte auch keine Chance zu jener Zeit, aber er zeugt von dem Ansehen, das Althaus genoß.

Weit mehr als Kittel oder Hirsch repräsentiert Althaus das ehrbare Luthertum im Dritten Reich. Zu keiner Zeit zeigte er die Eitelkeit oder den Opportunismus, die Kittel manchmal zugeschrieben werden, noch hatte er es an sich, zu reizen oder einzuschüchtern, wie es sein bitterer, schneidender Kollege Hirsch tat. Althaus hatte anscheinend keinerlei Charakterfehler. Er genoß seine intellektuelle und professionelle Position in ruhiger Zuversicht und zeigte sich der Welt als eine warmherzige, menschliche

Persönlichkeit. Er war der perfekte Ehrenmann, Freund und Lehrer.[5]

Althaus' Theologie paßte zu diesem Persönlichkeitsbild: Sie war von Grund auf respektabel. Er repräsentierte eine lutherische Theologie, aber er war nicht streng orthodox.[6] Die intellektuellen Schwierigkeiten der liberalen Wissenschaft des 19. Jahrhunderts waren ihm nicht unbekannt, wenngleich er die Lösungen der liberalen Theologie ablehnte. Ebenso erkannte er die Übergriffe des modernen Säkularismus auf die Reihen der Gläubigen in Deutschland sehr genau. Aufgrund dieser zweifachen Sorge war Althaus bereit, ein kritisches und schöpferisches Auge auf die von Luther und den lutherischen Bekenntnissen weitergegebene Theologie zu werfen. Er glaubte, daß sie ohne Substanzverlust der modernen Zeit eingegliedert werden könne. Allerdings haben dies natürlich alle modernen Theologen geglaubt, die sich nur durch eine individuelle Gewichtung des Substantiellen voneinander unterschieden. Althaus hielt sich weiterhin eng an Luther, was nicht heißen soll, daß die von ihm entwickelten Adaptationen belanglos waren. Zum Beispiel modifizierte er Luthers Lehre zu Kirche und Staat, die »Zwei-Reiche-Lehre«, was tatsächlich zu weitreichenden Konsequenzen führte. Eine Beurteilung Althaus' sollte aber nach traditioneller Sicht beginnen, das heißt, seinen Konservatismus und seine Orthodoxie berücksichtigen.

Althaus führte eine ständige Debatte mit Emanuel Hirsch, seinem Freund und Verbündeten, die seine grundsätzliche theologische Einstellung erkennen läßt. 1940 zum Beispiel veröffentlichte Hirsch sein umstrittenes Buch *Die Auferstehungsgeschichten und der christliche Glaube*, in dem er der Kirche vorwarf, nicht ihrem theologischen Verständnis entsprechend zu predigen und zu lehren.

Gerade die Darstellungen von Ostern und der Auferstehung enthielten nach Hirsch besonders viel Heuchelei; Hirsch konzentrierte sich dementsprechend auf die Auferstehung und versuchte darzulegen, wie dieses Ereignis seiner Ansicht nach zu vermitteln sei. Er glaubte, daß die ältesten Berichte im Neuen Testament nur von einer geistigen Erscheinung des auferstandenen Jesus sprechen, ähnlich der Vision, die Paulus auf der Straße nach Damaskus hatte. Seiner Ansicht nach hatten spätere Autoren diese Grundidee mit all den physisch-körperlichen Elementen ausgestattet, die schließlich im »leeren Grab« gipfelten. Hirsch argumentierte, daß dadurch das wahre Bild des auferstandenen Jesus verzerrt werde, eines Jesus, der sich dem Menschen in geistiger Form nähert. Die physischen Elemente seien überflüssige und unwahre Hinzufügungen, die das Christentum auf vielfältige und schädliche Weise entstellten. Denn durch sie käme es zu einer Konzentration auf das Zukünftige statt auf das Gegenwärtige und auf die physische, institutionelle Kirche statt auf den einzelnen und seine eigene Antwort auf den Ruf Jesu. Hirsch schließt dieses Buch mit vier Predigten als Beispiel dafür, wie seiner Meinung nach das Osterereignis verkündet werden solle.[7]

Althaus reagierte fast unmittelbar nach Herausgabe des Buches und veröffentlichte einen Angriff auf Hirschs Interpretation. Hirsch habe das Recht, seine Auffassung zu dieser entscheidenden und zeitgemäßen Frage einer Neuinterpretation der Schrift zu äußern, aber er, Althaus, halte eine öffentliche Replik für notwendig:

»Denn er stellt an das christliche Denken und an die kirchliche Verkündigung so weitgehende Zumutungen des Abbaus und Neubaus, daß die Kirche mit Recht verlangen kann, schon heute von uns anderen zu hören, was wir über die entscheidenden Thesen von E. Hirsch denken; wo wir ihm in dem Versuch der Umformung des christlichen Lehrens zustimmen und wo wir etwas anderes als Umformung, nämlich Substanzverlust erkennen.«[8]

Althaus bestreitet weder Hirschs Methoden noch seine Motive. Lediglich die Art und Weise, wie Hirsch die ihm zur Verfügung stehenden Daten verwendet, ficht er an. Althaus räumt ein, daß vieles an der Ostererzählung des Neuen Testaments für theologische und literarische Zwecke später konstruiert worden ist, aber er widerspricht Hirsch in zwei fundamentalen Punkten. Bei den Erscheinungen Jesu unterscheidet Althaus zwischen den Ostererscheinungen und späteren menschlichen Visionen. Da die Terminologie im Neuen Testament unterschiedlich sei, widerspricht er Hirschs Gleichsetzung dieser beiden Phänomene.[9] Zweitens, so argumentiert er, sei das »leere Grab« – nach Hirsch eine spätere Erfindung – ein selbstverständlicher Teil der frühesten Ostergeschichte. Die Jünger zum Beispiel kehrten bald nach Jerusalem zurück und verkündeten die Auferstehung. Wäre das Grab nicht leer gewesen, meint Althaus, dann hätte man ihnen nicht geglaubt.[10] Allerdings sei die Bedeutung des leeren Grabes wohl auch überbewertet worden. Es sei in jedem Fall ein sehr unklarer

Beweis einer Auferstehung und außerdem setze die Auferstehung in einen neuen Leib nicht unbedingt die Entfernung des alten Leibes aus einem Grab voraus. Das sei der Bereich des Mysteriums.

Althaus ist zwar bereit, diesen Bereich zu sehen, aber zu strenggläubig, um Hirschs Version zu akzeptieren. Er bezichtigt Hirsch, eine wichtige Wahrheit der Ostergeschichte wegzurationalisieren – und zu »psychologisieren«.[11] Althaus vertritt eine mehr traditionelle Auffassung:

»Die echte Ostererfahrung besteht darin, daß das Osterzeugnis des Neuen Testamentes mit seinem wesentlichen Gehalte uns den Glauben abgewinnt, im Zusammenhange des gesamten Zeugnisses von Jesus.«[12]

Zu einer ähnlichen Kontroverse kam es zwischen Althaus und Rudolf Bultmann. Bultmann zog aus der Suche nach dem historischen Jesus im 19. Jahrhundert den Schluß, daß die Geschichte keine ausreichende Grundlage für den christlichen Glauben sei. Er verzweifelte am Nachweis des historischen Jesus und wandte sich statt dessen der Vorstellung Christi zu, wie sie von der frühen Kirche verkündet wird. Dieses »Kerygma« wurde seine Glaubensbasis. Von hier aus begann Bultmann mit einer Entmythologisierung des Neuen Testaments, auf der Suche nach der wahren Vorstellung Christi, wie die frühen Christen sie hatten, die seitdem aber von den Symbolen und Mythen jener Zeit überdeckt worden sei. Das Ergebnis ist ein existentialer Glaube: die so geläuterte Botschaft Christi zwinge den Menschen zur Auseinandersetzung mit seiner Existenz und verlange von ihm eine Entscheidung.[13]

Althaus bestreitet nicht, daß hier ein plausibler Zugang zum Neuen Testament vorliegt. Er sieht den Unterschied zwischen Bultmann und den liberalen Theologen des 19. Jahrhunderts und daß Jesus für Bultmann eine Person blieb und kein Symbol war.[14] Doch für Althaus ist Bultmanns Geschichtsauffassung zu simplifizierend. Bultmann verzweifelte an der objektiven Geschichte und gestattete nur eine existentiale Version, eine Geschichte, der nur als individuelles Erleben Bedeutung zukommt. Althaus argumentiert, daß historisches Verstehen auf mehreren Ebenen stattfindet und sich vom Objektiven zum Intuitiven erstreckt. Er glaubt, daß es auf dieser Basis ein vielversprechenderes historisches Verständnis Jesu geben könnte, als Bultmann bereit war zuzugeben; und deshalb sei Bultmanns Stellungnahme zum Neuen Testament nur einer von mehreren fruchtbaren Versuchen.[15]

In beiden Kontroversen bleibt Althaus konservativ, ohne antiintellektuell zu sein. Er anerkennt den Wert einer historischen, kritischen Theologie und befaßt sich mit Bultmanns und Hirschs Werk als dem von Kollegen und nicht von Gegnern, kommt also von innen und nicht von außen auf sie zu. Aber eine moderate Lösung ist ihm wichtiger als ihnen, er möchte so wenig wie möglich von der traditionellen Orthodoxie über Bord werfen. Als er die Herausgeberschaft der *Beiträge zur Förderung christlicher Theologie* übernimmt, erläutert er seinen theologischen Standpunkt: Es sollte eine spezifisch christliche Zeitschrift bleiben. Religiöse Studien, die das Christentum verwässern, weil sie in ihm nur eine Religion unter anderen sehen, seien nicht akzeptabel. Gleichzeitig aber warnte er, daß dieses Interesse an der reinen Lehre nicht zu einer neuen Orthodoxie führen dürfe, sondern eine breite Meinungsvielfalt gepflegt werden solle.[16] Nach diesen Überzeugungen richtete Althaus seine eigene theologische Arbeit aus, hier zeigt sich einer seiner stärksten Charakterzüge. Althaus wehrte sich absolut dagegen, radikal zu sein. Er verfügte über ein starkes Empfinden für eine Position der Mitte, und genau da wollte er sich aufhalten, da fühlte er sich wohl. Hirsch und Bultmann folgten beide der Logik ihrer Untersuchungen in unbequeme und beunruhigende Gewässer. So etwas lag Althaus nicht. Ebensowenig mochte er den entgegengesetzten Weg radikaler Ablehnung jeglicher Bibelforschung. Althaus erklärte die Schrift nicht für unfehlbar und beharrte ebensowenig darauf, daß rationales Vorgehen bei geistigen Dingen nichts zu suchen habe. Statt dessen suchte und fand er einen Standpunkt in der Mitte und benutzte sein rationales Instrumentarium zur Verteidigung dieser Position.

## 2. Althaus' politischer Standort

Auch in der Politik suchte Althaus einen Standort in der Mitte. Allerdings definierte er diese Mitte vom Standpunkt seines Milieus aus, in dem es ein Links-von-der-Mitte kaum gab. Ein erster Hinweis auf seine politische Einstellung ergibt sich aus seiner Zeit als Pastor im polnischen Lodz während des Ersten Weltkrieges. Im August 1916 wandte er sich dort an eine Gruppe von Pastoren mit der Forderung, daß die Kirche »völkischen« Themen gegenüber eine positive Haltung einnehmen solle. Er beschrieb die deutsche »völkische« Bewegung als eine wachsende Kraft bei den deutschen Siedlern in Polen. Er selbst ermutigte jene Schulen und Organisationen, die diese Bewegung unterstützten. Und da er das Ganze für eine heilige »Gewissenssache« hielt, war Althaus der Ansicht, daß die Kirche allgemein Stellung beziehen solle. Er glaubte nicht, daß ehemalige Deutsche »re-germanisiert« werden könnten, aber einer weiteren »Entdeutschung« sollte entgegengetreten werden.[17] Mit dieser Haltung entfernte sich Althaus von der traditionellen lutherischen Unparteilichkeit in politischen Dingen.

Kurz nach dem Krieg meldete sich Althaus erneut zu den Beziehungen zwischen Kirche und »völkischen« Belangen zu Wort, wie er später berichtete:

»Zu Weihnachten 1918 schrieb ich, kaum aus Polen heimgekehrt, angeekelt von der schamlosen Selbstpreisgabe der Deutschen, von der Beschuldigung der Führer, von dem würdelosen Bekenntnis der deutschen Schuld am Kriege: ›In den Tagen des Sieges war es die Aufgabe der Kirche, alle Vermessenheit und allen Übermut und allen Pharisäismus unseres Volkes zu zerschlagen. Heute aber, nach der schweren Niederlage und im Zusammenbruche, liegt es der Kirche ob, zum Guten des guten Gewissens und zum Trotze des getrosten Glaubens für unser Volk zu rufen.‹ Es kam der 28. Juni 1919, das erpreßte Schuldbekenntnis des deutschen Volkes. Hat die Kirche damals und seither ihre Seelsorge-Pflicht erfüllt? Hat sie das Verbrechen von Versailles, nicht nur das unserer Feinde, sondern das deutsche Verbrechen dieser Unterschrift gestraft?«[18]

Aus diesen 1933 geäußerten Worten geht hervor, daß Althaus ein Verfechter der Dolchstoßlegende war. Seiner Ansicht nach erforderte die Außerordentlichkeit der Situation ein Überdenken der traditionellen lutherischen Unparteilichkeit in politischen Dingen. Im *Römerbrief, 13* ordnet Paulus Gehorsam gegen die Obrigkeit an, und später hat Luther diese Lehre noch verstärkt übernommen. Die Weimarer Republik hatte ganz sicher eine Regierungsautorität im Sinne von Paulus und Luther und verdiente als solche den Gehorsam.

»Aber waren sie Obrigkeit in dem gleichen Sinne und Maße wie etwa Bismarck und sein königlicher Herr? Waren sie gleich ehrwürdig? ... Die Antwort versteht sich von selbst.«[19]

Der Christ in Deutschland mochte diese Autorität als »Notbau« akzeptieren, aber er sah sie auch als »Ausdruck und Mittel deutscher Entwürdigung und Verkümmerung ... Das Ja trug alle Vorläufigkeit und allen Vorbehalt in sich.«[20]

1919 nahm Althaus seine akademische Laufbahn an der Universität Rostock wieder auf, eine direkte politische Rolle im Widerstand gegen Weimar spielte er nicht. Später wurde er von den Deutschen Christen deswegen angegriffen. Julius Leutheuser, Führer der Deutschen Christen in Thüringen, behauptete, daß Althaus in einer Reihe von Radiosendungen aus den zwanziger Jahren den alten lutherischen Gedanken der Nachgiebigkeit gegenüber dem Reich dieser Welt verkündet habe und die Hoffnung auf das Reich im Jenseits.[21] Trotz seiner politischen Inaktivität kultivierte Althaus eine Ideologie, in der seine negative Einschätzung von Weimar klar zum Ausdruck kam. 1927 zum Beispiel sprach er auf dem Zweiten Deutschen Evangelischen Kirchentag in Königsberg über das Thema »Volkstum«. Das Jahr 1927 war eines der hoffnungsvollsten in der kurzen Geschichte der Weimarer Republik, doch Althaus ging davon aus, daß sich die Deutschen in einer Zeit großer Drangsal befanden. Er beschrieb die »völkische« Vision einer Wiedergeburt mit Betonung der organizistischen, antimodernen, antiurbanen und – mit einigen Einschränkungen – antisemitischen Elemente dieser Vision. Er verkündete den Geist der neuen Zeit und appellierte an die Kirche, nicht zurückzubleiben.[22] Man sollte diese Rede nicht mit der radikalen »völkischen« Ideologie eines Alfred Rosenberg oder auch nur der Deutschen Christen in einen Topf werfen. Althaus vermischte seine christlichen und »völkischen« Prinzipien auf eine Weise, die die »völkischen« Elemente immer als gerechtfertigt erscheinen ließ. Althaus machte zum Beispiel verschiedene antijüdische Äußerungen, aber er verteidigte auch den Juden des Alten Testaments und war der Ansicht, das deutsche Volk könne sich mit der Erfahrung des jüdischen Volkes identifizieren und aus seiner Beziehung zu Gott lernen. Seine Frage, warum der einzelne sein Volk lieben solle, beantwortete Althaus: nicht »weil es herrlicher ist als andere«, sondern nur, »weil es mein Volk ist«.[23] Dieses Gefühl ist weit entfernt von einer radikalen völkischen Ideologie. Hier zeigt sich Althaus' Verlangen nach Ehrlichkeit und Mäßigung.

Trotz seiner Ehrlichkeit und Mäßigung begrüßte er jedoch freudig Hitlers Machtergreifung 1933. Einige Kollegen sehen den

Grund dieser ersten Begeisterung in seiner Bindung an »volksmissionarische« Ideen, wie dies in seiner Rede aus dem Jahre 1927 zum Ausdruck kommt.[24] Für Althaus war der »völkische Geist« der Geist der Zeit; und die Kirche müsse das Volk enthusiastisch unterstützen, wenn dieses dabei sei, einen Teil seines verlorenen Terrains zurückzugewinnen. Da er diese Ansicht so klar geäußert hatte, fühlte Althaus sich vielleicht verpflichtet, Hitler, als er Führer des Volkes wurde, seine Stimme zu geben. Allerdings gibt es genug Beweise dafür, daß es ihm leicht fiel, den »Volksgedanken« zu unterstützen, da er sich mit seinen eigenen politischen Überzeugungen deckte. Ton und Inhalt seiner Äußerungen im Jahre 1933 und danach machen dies eigentlich sehr klar.

Im Oktober 1933 publizierte Althaus *Die deutsche Stunde der Kirche,* ein Buch, das im darauffolgenden Jahr drei Auflagen erlebte. Schon sein erster Satz ist eindeutig: »Unsere evangelischen Kirchen haben die deutsche Wende von 1933 als ein Geschenk und Wunder Gottes begrüßt.«[25] Als Beweis für diese Behauptung nennt er die Erklärungen verschiedener kirchlicher Gremien. Zum Beispiel jener Männer, deren Aufgabe im April 1933 es war, eine neue Kirchenverfassung zu erarbeiten, und die der politischen Wende »ein dankbares Ja!« entgegenbrachten, oder des bayerischen Landeskirchenrats, der in seiner Osterbotschaft wissen ließ:

»Ein Staat, der wieder anfängt, nach Gottes Gebot zu regieren, darf in diesem Tun nicht nur des Beifalls, sondern auch der freudigen und tätigen Mitarbeit der Kirche sicher sein.«[26]

Althaus mißt den Ereignissen von 1933 sogar religiöse Bedeutung bei. So wie im August 1914 erlebten die Menschen wieder ein Gefühl von Einheit, von Berufung, von Gehorsam und eines mächtigen Lebenssinnes – und all diese Empfindungen seien religiöser Natur. Die Kirche sollte diese religiöse Bedeutung nicht ablehnen, sondern, so meint Althaus, sich die Worte des Paulus zu eigen machen: »Was ihr unwissend verehrt, das verkündigen wir euch.«[27]* Dies sei ein Beispiel dafür, wie Gott die Geschichte als Lehrmittel benutzt. Althaus schließt daraus:

* Das korrekte Zitat aus Apostelgeschichte 17,23 heißt: »Nun verkündige ich euch denselben, dem ihr unwissend Gottesdienst tut.« (A. d. Ü.)

»So nehmen wir die Wende dieses Jahres als Gnade aus Gottes Händen. Er hat uns vor dem Abgrund und aus der Hoffnungslosigkeit gerettet. Er hat uns – so hoffen wir – einen neuen Lebenstag geschenkt.«[28]

1935 wandte sich Althaus erneut einer Betrachtung der »Stunde des deutschen Volkes« zu und erläuterte, warum er glaube, daß das Dritte Reich eher dem Willen Gottes entspräche als die Weimarer Republik.

»Nach dem Maßstab dieses Willens unterscheiden sich echte und gebrochene Staatlichkeit, echte Herrschaft und Entwürdigung und Entleerung des Staates zum Dienst dynastischer Willkür oder des Mehrheitswillens. Wir haben als christliche Kirche keine politischen Zensuren zu erteilen. Aber im Wissen um den Auftrag des Staates, dürfen wir Dank gegen Gott und freudige Bereitschaft da aussprechen, wo ein Staat nach Zeiten der Entleerung und Lähmung seiner selbst durchgebrochen ist zu neuem Wissen um Herrschaft, um den Dienst am Leben des Volkes, um die Verantwortung für die Freiheit, Echtheit und Gerechtigkeit des völkischen Daseins. Wir dürfen Dank und freudige Bereitschaft für das aussprechen, was an Willen zu echter Brüderschaft aller Blutsbrüder in unserer neuen Volksordnung zum Ausdruck kommt ... Wir Christen wissen uns durch Gottes Willen gebunden an die Förderung des Nationalen Sozialismus, daß alle Glieder und Stände des Volkes zum Dienst und Opfer füreinander bereit seien.«[29]

Dieser eine Absatz reicht von der Aussage, daß die Kirche keine politischen Urteile fällen soll, bis hin zu der Erklärung, daß Christen an den Nationalsozialismus gebunden sind. Dieser scheinbare Widerspruch wird für Althaus zweifach überwunden: Erstens durch den nationalsozialistischen Mythos, keine politische Partei zu sein wie andere, sondern eine Bewegung, die sich über die Politik hinaus erhebt. Also ist die Unterstützung der »Wende« von 1933 nur eine Bestätigung des Offensichtlichen und keine kontroverse politische Entscheidung. Zweitens sieht Althaus den Übergang von der Weimarer Republik zum Dritten Reich aus konservativ-moralischer Sicht. In Weimar erkannte er nur Säkularismus, Permissivität und den Zusammenbruch sämtlicher moralischer Wertbegriffe. Der Nationalsozialismus hatte versprochen, die Disziplin, die Ehrfurcht vor den Institutionen und den Respekt gegenüber der Kirche wiederherzustellen; für Althaus wäre es also absurd gewesen, den nationalsozialistischen Staat nicht willkommen zu heißen.

Eine dieser angeblichen Tugenden, nämlich der Respekt gegenüber der Kirche, schien manchen schon bald ein grausamer Witz zu sein. 1934 formulierte die Bekennende Kirche die Barmer Erklärung als Ausdruck ihres Widerstandes gegen die von den Nationalsozialisten unterstützte Kirchenpolitik der Deutschen Christen. In dieser Erklärung wehrt sie sich gegen die Ansicht der Deutschen Christen, daß Gott den Menschen durch die deutsche Geschichte eine neue Botschaft zukommen lasse: Gott offenbare sich den Menschen nur durch Christus. Jede Botschaft, die sich nicht durch Christus im Neuen Testament begründet, sei falsch, und jeder Versuch, deutsche Geschichte mit einer heiligen Offenbarung gleichzusetzen oder in den Ereignissen von 1933 Gottes Ruf an die Kirche zu sehen, sei gefährliche Häresie. Die Barmer Erklärung ist ein ausdrückliches Nein an die Adresse jener, die ihre Religion auf die Ereignisse von 1933 bauten, und sie war eine ausdrückliche Ablehnung dieser Ereignisse selbst.[30] Althaus konnte die Barmer Erklärung nicht akzeptieren; sie entsprach weder seiner politischen Einstellung noch seiner Theologie. Er hatte zu lange darauf bestanden, daß die Kirche zu den Bestrebungen des deutschen Volkes ja zu sagen habe und nicht nein. Die Barmer Aussage erschien ihm zu negativ. Außerdem vertrat er eine weitergefaßte Auslegung der Offenbarung.

Althaus reagierte zunächst auf die Barmer Erklärung durch seine Unterschrift unter den sogenannten *Ansbacher Ratschlag,* ein Gutachten seines Erlanger Kollegen Werner Elert, das acht Pastoren und Theologen unterzeichnet hatten.[31] Er war sich der Bedeutung dieser Unterschrift durchaus bewußt: Dieses Dokument war ein eindeutiger Angriff auf die Barmer Erklärung, und durch ihn und Elert, die beiden herausragenden Unterzeichner, wurde es mit der Erlanger Fakultät verbunden. Althaus verlangte vorsichtig noch zwei verschiedene Neufassungen des Dokuments, bevor er seine Unterschrift zusagte.[32] Diese Vorsichtsmaßnahme erwies sich als ebenso begründet wie unzulänglich. Die Deutschen Christen griffen den *Ansbacher Ratschlag* mit Freuden auf und druckten ihn in einem ihrer Blätter unter der Überschrift *Führende Theologen widerlegen Barmen* ab. Das Blatt begeisterte sich, daß diese Theologen von »Weltruf« Barmen für alle Zeit widerlegt hätten.[33] Der *Ansbacher Ratschlag* wurde knapp zwei Wochen nach der Barmer Synode gedruckt und wandte sich an die Mitglieder im Nationalsozialistischen Evangelischen Pfarrerbund als Versuch,

»endlich die genuin lutherische Stimme« zu erheben.[34] Er besteht aus acht Punkten, die sich direkt gegen die Barmer Erklärung richten, auch wenn diese kein einziges Mal wirklich genannt wird. Das theologische Thema lautet, Gottes Wort könne freier interpretiert werden, als dies die Barmer Erklärung gestatte. Was die Politik und den Römerbrief angeht, so erklärt der *Ansbacher Ratschlag,* daß es Gottes Ratschluß sei, daß Regierungen zu gehorchen sei: »Als Christen ehren wir mit Dank gegen Gott jede Ordnung, also auch jede Obrigkeit, selbst in der Entstellung, als Werkzeug göttlicher Erhaltung, aber wir unterscheiden auch als Christen gütige und wunderliche Herren, gesunde und entstellte Ordnungen.«[35] Und deswegen:

»In dieser Erkenntnis danken wir als glaubende Christen Gott dem Herrn, daß er unserem Volk in seiner Not den Führer als ›frommen und getreuen‹ Oberherren geschenkt hat und in der nationalsozialistischen Staatsordnung ›gut Regiment‹, ein Regiment mit ›Zucht und Ehre‹ bereiten will. Wir wissen uns daher vor Gott verantwortlich, zu dem Werk des Führers in unserem Beruf und Stand mitzuhelfen.«[36]

Das Dokument zeichnet die Beziehungen zwischen der Kirche und der natürlichen Ordnung der Dinge auf und stellt fest, daß die Kirche vielleicht ihre eigene »Ordnung« den geschichtlichen Gegebenheiten anpassen muß.[37]

Die öffentliche Kritik am *Ansbacher Ratschlag* kam schnell. Die *Junge Kirche* zum Beispiel veröffentlichte einen Aufsatz mit dem Titel *Die genuin lutherische Stimme?* unter Betonung des Fragezeichens.[38] Auch Hans Asmussen, einer der führenden Köpfe der Bekennenden Kirche, arbeitete eine Widerlegung aus.[39] Private Kritik muß Althaus noch mehr Ärger bereitet haben. Ein Kirchenbeamter aus München, Ehrendoktor der theologischen Fakultät Erlangen, reagierte am 12. Juni äußerst heftig auf das Gerücht, die Fakultät beabsichtige, gegen die Barmer Erklärung Stellung zu beziehen. Er nennt es einen Dolchstoß gegen Bischof Meiser und die Bekennende Kirche in Bayern.[40] Ein weiterer Briefschreiber beklagt sich, den *Ansbacher Ratschlag* in einem Blatt der Deutschen Christen abgedruckt zu finden, und schlägt vor, daß Althaus von diesem Blatt eine Klarstellung seiner Position verlangt und sich gegen den Mißbrauch des Originaldokuments verwahrt.[41] Der bitterste Brief kam von Heinrich Benckert, einem ehemaligen Studenten, der Althaus am liebsten ins Ohr »schreien« wollte. Auch er spricht von einem Dolchstoß in den Rücken und nennt die Veröffentlichung des *Ansbacher Ratschlags* auf der ersten Seite eines Blattes der Deutschen Christen viel schlimmer als zehn Bischöfe vom Schlage eines Müller.[42]

Es ist schwierig, Althaus' Miturheberschaft und Unterstützung beim *Ansbacher Ratschlag* klar herauszufiltern. Asmussen berichtet zum Beispiel, daß Althaus in einem bestimmten Kreis von Theologen eine Erklärung verteilte, wonach er seine Unterschrift zurückzog.[43] Falls dies zutrifft, so war dieser Umstand aber nicht weiter bekannt, und Althaus' Name bleibt an seine ursprüngliche Unterschrift gebunden. Briefe an ihn aus den ersten Julitagen beziehen sich auf seine »bösen Ahnungen« zum *Ansbacher Ratschlag* – ein Beweis, daß er tatsächlich eine Klärung seiner Position zirkulieren ließ, die seine Kritiker etwas besänftigte.[44] Ob er hierin auch seine Unterschrift widerrief, bleibt schwierig zu beweisen. 1964 beschied Althaus eine Bitte negativ, über den *Ansbacher Ratschlag* etwas zu schreiben. Er sei keiner der »Väter« dieses Dokuments gewesen und habe sich dem entsprechenden Kreis erst bei seiner letzten Sitzung angeschlossen. Er habe unterschrieben, weil er seinem Widerstand gegen die Barmer Erklärung und die »drohende Kanonisierung« dieser Theologie öffentlich Ausdruck verleihen wollte. Althaus gibt zu, die theologischen Aussagen nicht sorgfältig genug gelesen zu haben, und weist darauf hin, daß allerdings auch die damalige Situation zu berücksichtigen sei. Der sogenannte Röhm-Putsch vom 30. Juni hatte noch nicht stattgefunden, Reichspräsident Hindenburg lebte noch und gab Althaus die Basis zu seiner Hoffnung auf eine gute Regierung. Nur einige Monate später wäre ihm, so Althaus, eine Unterzeichnung nicht mehr möglich gewesen.[45]

In den ersten Julitagen des Jahres 1934 veröffentlichte er einen Aufsatz in einem bayerischen Kirchenblatt, der wahrscheinlich einen besseren Einblick in seine Reaktion auf die Barmer Erklärung und die Kritik an seiner Rolle im Ansbacher Kreis gestattet. Althaus nennt seine Kritik an der Barmer Erklärung rein theologisch und wehrt sich gegen die Benutzung seiner Ideen für innerkirchliche Kämpfe. Auch erklärt er sich mit der Barmer Synode darin einig, daß die Deutschen Christen offenkundig Irrlehrer sind.[46]

Aber er kritisiert die Synode aus zwei Gründen. Erstens würde nicht versucht, jene Fragen zu behandeln, auf die die Deutschen Christen Antworten besitzen. Althaus wiederholt, daß die Wünsche des »Volkes« eine Reaktion der Kirche hervorrufen müssen. Zweitens wendet er sich gegen die enge Auslegung der Offenbarung. Man habe das Evangelium betont und das Gesetz außer acht gelassen und dadurch die »revelatio generalis« ausgeklammert, in der dem Menschen Gottes Gesetz erläutert wird. Althaus glaubt an die Christozentrik. Auch er hält die auf Christus gerichtete »Heilsoffenbarung« für die erste Offenbarung. Aber Althaus besteht auf einer »Ur-Offenbarung«, die sich dem Menschen erschließt, wenn er die erste Offenbarung in Christus begreift. Obgleich die Deutschen Christen dieses Konzept mißbrauchen, indem sie der sekundären Form der Offenbarung zuviel Gewicht geben, wäre es nicht richtig, das Konzept der »Ur-Offenbarung« aufzugeben, es sollte vielmehr genauer definiert werden.[47]

Diese Aussage ist sorgfältig begründet und wesentlich weniger scharf formuliert als der *Ansbacher Ratschlag.* Ernst Wolf, Interpret der Barmer Synode aus dem Blickwinkel der Bekennenden Kirche, beschreibt Althaus' Kritik an der Barmer Erklärung als eine der besten.[48] Dies ändert nichts an seiner generellen Ablehnung der Barmer Haltung und der erneut geäußerten Sorge um das »Volk«.[49] Der ganze Aufsatz ähnelt in seiner Substanz dem *Ansbacher Ratschlag,* wenn auch ein vermittelnder und kompromißbereiter Stil ihn weniger hart wirken läßt.

Aber Althaus war nicht nur gegen Barmen, er wandte sich auch gegen die Deutschen Christen. Allerdings tat er dies nur zögernd, da er Denkungsart und Ziele der Deutschen Christen teilte. Doch ging er in Opposition, als er ihr verschwommenes Denken nicht mehr länger akzeptieren konnte. Die »Glaubensbewegung Deutsche Christen« hatte 1932 ein Zehn-Punkte-Programm veröffentlicht, aus dem die Grundelemente dieser Bewegung hervorgehen. Im Geiste der nationalen Einheit riefen die Deutschen Christen nach einer vereinigten »Volkskirche«, um die geteilten Kirchen der Vergangenheit zu ersetzen. Der vierte Programmpunkt schlägt eine recht allgemeine konfessionelle Basis für diese Einheit vor:

»Wir bekennen uns zu einem bejahenden artgemäßen Christusglauben, wie er deutschem Luthergeist und heldischer Frömmigkeit entspricht.«[50]

Eine Analyse des historischen Versagens der Kirche erfolgt in Punkt fünf:

»In dem Schicksalskampf um die deutsche Freiheit und Zukunft hat sich die Kirche in ihrer Leitung als zu schwach erwiesen. Die Kirche hat bisher nicht zum entscheidenden Kampf gegen den gottfeindlichen Marxismus und das geistfremde Zentrum aufgerufen, sondern mit den politischen Parteien dieser Mächte einen Kirchenvertrag geschlossen.«[51]

Aus dem Dokument geht hervor, daß die angestrebte »Volkskirche« den »religions- und volksfeindlichen Marxismus und seine christlich-sozialen Schleppenträger« bekämpfen will. Es verlangt nach Reinheit der Rasse und dem »Schutz des Volkes vor Untüchtigen und Minderwertigen«. Schließlich wendet es sich gegen die Judenmission, gegen Mischehen und gegen das »christliche Weltbürgertum«.[52]

1933 hielt Julius Leutheuser, einer der führenden Deutschen Christen in Thüringen, eine Rede, die die Position dieser Bewegung noch weiter erhellt. Er beginnt mit einem Vergleich zwischen Jesus und Hitler: Der Nationalsozialismus sei aus dem einen, das evangelische Christentum aus dem anderen hervorgegangen.[53] Dann windet er sich durch die Geschichte, um nachzuweisen, wie der deutsche Staatsgedanke, die evangelische Kirche und Gottes Eingreifen in die Geschichte alle zusammengehören. Schon vor der Reformation habe zum Beispiel die deutsche Kirche in ständigem Streit mit der römischen Kirche gelegen, die laut Leutheuser aus einem römischen Körper mit einem jüdischen Geist bestand. Rom habe den Mönch hervorgebracht, Deutschland aber den »heiligen Arbeiter«. Als Friedrich der Große sich selbst als den ersten Diener des Staates bezeichnete, habe das dem Auftrag Jesu entsprochen, daß derjenige den anderen zu dienen habe, der der Erste zu sein wünsche. Leutheuser glaubt, daß nach Luther Deutschland sich einer Einheit aus Evangelium, deutschem Staat und deutschem Soldaten erfreute. Die Weimarer Republik habe diese Einheit zerstört und Hitler habe sie jetzt wieder aufgebaut.[54]

Ein zweites Pamphlet Leutheusers zeigt seine Art der theologischen Argumentation. In diesem Fall antwortet er auf die Kritik Ernst Ottos, eines Pfarrers der Bekennenden Kirche in Thüringen. Otto beschuldigte Leutheuser, das Alte Testament aus der Bibel entfernen zu wollen; und Leutheuser reagiert hierauf mit einer Frage: Muß ein Deutscher Jude sein, bevor er Christ werden kann? Er sieht im Alten Testament nur insofern einen Nutzen, als es zu einem besseren Verständnis Jesu führen könne. Ansonsten habe das Neue Testament die Funktion des Alten Testaments aufgehoben. Otto wirft ihm vor, die Sünde zu verharmlosen, aber Leutheuser antwortet, daß der Glaube Berge zu versetzen vermöge, selbst Sünde und Schuld. Jesus überwinde die Sünde. Der Nationalsozialismus, so kritisiert Otto, werde zu einer Religion erhoben. Leutheuser ist der Ansicht, daß der Heilige Geist da wehe, wo er will. Durch Hitler, so schreibt er, sei mehr »Glaubensgeist« über die Deutschen gekommen als durch viele Kirchen. Otto könne dies nicht verstehen, weil ihm die nationalsozialistische Erfahrung fremd sei. Hätte Otto während der Reformation gelebt, so wäre er vermutlich auch gegen Luther gewesen, glaubt Leutheuser.[55]

1935 brachte Leutheusers Kollege Siegfried Leffler ein Buch heraus, in dem er eine systematische Darstellung der Position der Deutschen Christen versucht. Er beginnt mit einer Beschreibung der Krise der Deutschen, eine Krise, die er den Verlust an »Heimat« nennt. Es ist die Krise der Moderne, die Krise der Wurzellosigkeit. Während des 19. Jahrhunderts war niemand in der Lage, den Menschen wieder eine Heimat zu geben, schreibt Leffler. An ihre Stelle traten die hohlen Werte der »Mammonsanbetung«.[56] Leffler beschreibt die »völkische« Ideologie des 20. Jahrhunderts als einen »Heimweg«. Er verwendet Begriffe aus der Religion und versichert, daß Deutschland mit dieser Botschaft eine »Sendung« von Gott erhielt.[57] Der »Führer und Seher« ist Adolf Hitler. Leffler beschreibt ihn mit verklärten Worten als einen Soldaten und Arbeiter, der selbst die Mühsal des deutschen Volkes durchlebte.[58] Außerdem besteht für Leffler eine direkte Linie von Martin Luther zu Hitler. Mit seiner Erkenntnis, daß die Deutschen keine Priester und Theologen zwischen sich und Gott brauchen, habe Luther als erster die jüdische, orientalische Natur des Christentums zerstört. »So können wir uns Adolf Hitler nicht ohne Martin Luther denken.«[59]

Leffler sieht die moderne Religionsdebatte als einen Wettstreit zwischen dem Gesetz der jüdischen Religion und der Schöpfungskraft des deutschen Christentums.[60] Aber er besteht darauf, daß die deutsche Religion christlich bleiben müsse und daß dem neuen deutschen Heidentum entgegenzutreten sei.[61] »Bibel und Bekenntnisse sind die Grundsteine, auf denen das Kirchengebäude ruht.«[62] Auf diese Weise behält Leffler einen Fuß im christlichen Lager und bewegt sich scheinbar auf gleicher Ebene wie Althaus.

Aber Althaus war gegen die von Leffler und Leutheuser entwikkelte Lehre.

Tatsächlich sympathisierte Althaus mit vielem, was die Deutschen Christen vertraten. Er teilte ihre politische Begeisterung für das Dritte Reich sowie eine intellektuelle und emotionale Überzeugung von der »völkischen« Idee. Außerdem sah auch er einen Feind im neuen deutschen Heidentum. Aber er wurde von zwei Dingen abgestoßen, die seine konservative Orthodoxie verletzten: Die Deutschen Christen hatten zuviel von der liberalen Theologie des 19. Jahrhunderts an sich. Die liberale Theologie reduzierte den wesentlichen Inhalt der Bibel, sie lehrte, der traditionellen Theologie zu mißtrauen, und eröffnete die Freiheit, Jesu Leben mit den Begriffen einer Idee neu zu definieren. Die hieraus resultierende Theologie war für Althaus nicht christlich genug. Sie brachte die deutsche Geschichte auf eine viel zu hohe Bedeutungsebene im Verhältnis zur »Heilsgeschichte«. Althaus' zweiter Einwand galt der Idee der »Volkskirche«. Die Deutschen Christen wünschten sich eine einheitliche deutsche Kirche, die dem vereinigten Reich entsprechen sollte. Wegen ihrer liberalen theologischen Position maßen sie dogmatischen Einwänden keine Bedeutung bei. Auch Althaus wünschte sich eine vereinigte Kirche, aber nicht um den Preis seiner Prinzipien. Deshalb widersetzte er sich dem Ruf nach Vereinigung.

Bereits 1933 machte Althaus eine Anspielung auf seine Opposition gegen die Deutschen Christen. In *Die deutsche Stunde der Kirche* erwähnt er ihren Anspruch, im nationalsozialistischen »Erlebnis« die Tugenden »Gläubigkeit, Hoffnung, Liebe, Opfergeist, Gehorsam« zu sehen, also die christlichen Tugenden, die aber vom Nationalsozialismus besser vertreten würden als von der Kirche.[63] Althaus hält dies als Theologe für besonders ärgerlich; andererseits findet allerdings auch er, daß das geistige Element in Ereignissen wie der »Wende« von 1933 von den Theologen anerkannt werden müsse.

In einem 1934 gehaltenen Vortrag mit dem Titel *Christus und die deutsche Seele* attackiert Althaus an der Seite der Deutschen Christen die Idee einer germanischen Religion. Unter Bezug auf jene, die glauben, »Deutschtum« schließe Christentum aus, zeigt Althaus am Beispiel Luthers, Arndts, des Freiherrn vom Stein und Bismarcks das Absurde dieser Idee.[64] Mit Ausnahme der Sachsen sei das Christentum von den deutschen Stämmen gern angenommen worden, weil es ihrem Wesen entsprochen habe. Von Luther revidiert, sei das Christentum dem deutschen Charakter angemessen.[65] Die Mystik nämlich sei nicht unbedingt deutsch. Meister Eckharts Wurzeln seien arabisch und jüdisch, nicht indogermanisch, und Mystik finde man bei allen Völkern.[66] Außerdem entsprächen mystisches Denken und sein enger Verwandter, das heroische Ideal, nicht der Wirklichkeit. Sie seien zu schön, um wahr zu sein. Für Althaus ist es albern zu fragen, ob sie semitisch oder indogermanisch sind, es käme lediglich darauf an, ob sie die Wirklichkeit widerspiegeln. Seiner Ansicht nach ist dies nicht der Fall, sondern sie stellen den irrigen Versuch des Menschen dar, sich seine eigene Glorie zu schaffen.[67]

Weder Leffler noch Leutheuser würden Althaus widersprochen haben, aber in dieser Rede aus dem Jahre 1934 beginnt er, sich von ihnen zu distanzieren. Er beschuldigt die Deutschen Christen, das heroische, männliche Ideal der deutschen Pantheisten zu unkritisch zu akzeptieren. Das Ergebnis sei eine Lehre, die von Jesus dem Helden statt Jesus dem Retter spricht; sie betonten sein Leben mehr als seinen Tod. Althaus kritisiert diese Auffassung als einen Rückfall in die Aufklärung mit ihrer liberalen Sicht von Jesus als einem Lehrer und Vorbild.[68] Diese Lehre entferne sich vom Evangelium Luthers und nähere sich der heidnischen Position des »Deutschgläubigen« Wilhelm Hauer, die davon ausgeht, daß Sünde und Reue dem starken und mutigen Deutschen nicht »artgemäß« seien.[69] Für Althaus kann Luthers Evangelium so gepredigt werden, daß seine Stärke, Männlichkeit und Deutschheit offenkundig sind.[70]

1935 wandte sich Althaus in einer Schrift mit dem Titel *Politisches Christentum. Ein Wort über die Thüringer »Deutschen Christen«* besonders an Leutheuser und Leffler. Als erstes äußert er sich zu ihrer Meinung über das Verhältnis der »Volksbewegung« zum Christentum: »Dieses Thema ist auch das meine, seit ich von 1915 an die deutsche Volksbewegung in Polen erlebte und in ihr mithandelte.«[71] Doch dann kommt sein Angriff. Er wirft den Deutschen Christen vor, die deutsche Geschichte als Heilsgeschichte zu interpretieren. Sie sähen die Deutschen als auserwähltes Volk, als neues Israel. Althaus zitiert Leutheuser: »Wer an Deutschland verzweifelt, verzweifelt an dem Sinn der Welt. Wer nicht an Deutschlands Auferstehung glaubt, glaubt nicht an die Auferstehung Gottes.«[72] Er schreibt die Ursprünge dieses Gedankens Fichte zu und hält ihn für eine lächerliche Aufblähung politischer Ereignisse zu messianischer Anmaßung. Leopold von Ranke habe den Menschen genug über die Geschichte beigebracht und darüber, die »Sendung« eines Volkes mit Vorsicht zu betrachten.[73] Hier hätten die Deutschen Christen den Kontakt zu Deutschlands Führern verloren:

»Was mögen die Führer unseres Staates zu den rauschenden Worten der Thüringer Deutschen Christen sagen? Der nationalen Bewegung geht es um Deutschlands Leben, um nichts sonst. Wir sind keine Weltheilande, wir träumen nicht von messianischer Bedeutung unseres Schicksals für die ganze Welt.«[74]

Auch Althaus glaubt, daß der Nationalsozialismus anderen Völkern in einer ähnlichen Krise wie der Deutschlands vielleicht als Beispiel dienen könnte, und er sieht, daß Deutschland eine Rolle spielt in der Welt, wie jedes »tüchtige Volk«.[75] Aber warum diese messianischen Ansprüche? Im Ersten Weltkrieg hätten die Angelsachsen diesen Fehler begangen.[76] Aber, so schließt er, kein Volk kann Erlösung bieten. Das kann nur die christliche Kirche.[77]

Althaus kritisiert die Deutschen Christen ebenfalls in ihrer Auffassung des Dritten Reiches als einer Parabel von Gottes Reich. Auch für ihn gibt es da zwar eine Ähnlichkeit, aber die Deutschen Christen versäumten es, auf die verbleibenden Unterschiede hinzuweisen.[78] Außerdem wirft er ihnen die Verwendung des Wortes »Christus ist unsere Kraft« vor. Für Althaus ist dies ein fehlgeleiteter Anspruch auf die Kraft Christi bei der Erfüllung der deutschen Aufgabe. Gott mag dem deutschen Volk eine Aufgabe stellen, aber er verspricht keinem Volk, daß es erfolgreich sein wird. »Der Glaube an das Gelingen der deutschen Aufgabe hat mit dem Glauben an den Sieg des Reiches Gottes nichts zu tun.«[79] Außerdem sage diese Auffassung nichts aus über Christus als Retter und Herrn. Er werde ganz einfach Teil einer idealistischen Geschichtsauffassung, ein Garant dafür, daß alles klappt, wie es soll, und daß der Sieg errungen wird.[80] Schließlich wehrt sich Althaus gegen den Ruf der Deutschen Christen nach einer »Volkskirche«: die wirklich brennenden Themen hätten weniger mit der Einheit der deutschen Kirche zu tun als mit der Auseinandersetzung zwischen Christen und der neuen germanischen Religion. Er ruft die Deutschen Christen auf, sich diesem Kampf anzuschließen, statt über sekundäre Dinge zu streiten.[81]

Auf diesen Angriff durch Althaus hin verfaßte Leutheuser gemeinsam mit Erich Fascher, einem anderen Theologen aus den Reihen der Deutschen Christen, eine Entgegnung. Er widerlegt Althaus Punkt für Punkt, verweigert ihm Kompromisse und definiert das Christentum für einen spezifisch deutschen Kontext. Hinsichtlich der »Heilsgeschichte« zum Beispiel argumentiert er, daß alle Geschichte von Gott erschaffen sei. Nur dem, der in der Lage ist, sie so zu sehen, wird sie zur »Heilslehre«; allerdings habe er Althaus nicht für einen von jenen gehalten, die blind sind für die religiöse Bedeutung der deutschen Geschichte. Er wirft Althaus vor, zu sehr den Professor hervorzukehren, der die Schlacht neutral von oben betrachtet und sich weigert, an ihr teilzunehmen. Deshalb erfahre und begreife Althaus auch nicht die Bedeutung dessen, was geschieht.[82] Für Leutheuser ist auch Althaus' Überzeugung einer Gewißheit der biblischen Interpretation nicht glaubhaft. Barthianer sagen *»Die Bibel legt sich selbst aus«*. Wenn das zutrifft, warum gibt es dann so viele protestantische Sekten? Bei unterschiedlichen Interpretationen, die zu erwarten seien, sollten die politischen Führer eingreifen, wie sie es bei den frühen Kirchensynoden immer getan hatten.[83]

Leutheuser greift auch die »Judenfrage« auf. Nach seiner Meinung ist das jüdische Gottesverständnis dem deutschen diametral entgegengesetzt. Der Jude handelt mit seinem Gott; der Deutsche vertraut ihm. Der Jude lebt vom Schweiß der anderen, macht ständig Ausflüchte und versucht, Streitfragen zu manipulieren – sein Verhalten ist also immer das Gegenteil von dem, wie ein Deutscher sich verhalten würde.[84] Althaus hatte Leutheuser auch durch seine Kritik an Fichte und den deutschen Idealisten gekränkt – für Leutheuser die reine Häresie. Er lobt Fichte und Arndt und erklärt, ihre Träume seien endlich durch Hitler realisiert worden.[85]

Fascher schrieb die zweite Hälfte dieser Entgegnung an Althaus. Sein Hauptargument lautet, Althaus sei sich selbst untreu geworden. Er verweist auf seine Vorlesungen und Veröffentlichungen seit 1915 und meint, daß sich hier die gleichen Ideen finden, die auch von den Deutschen Christen vertreten werden. Er wiederholt Leutheusers Vorwurf, Althaus sei lediglich nicht bereit, sich dem Kampf zu stellen.[86] Und er fordert ihn auf, an der nächsten Versammlung der Deutschen Christen teilzunehmen, zu der er eingeladen wird. Er würde dort feststellen können, daß es viel mehr an Gemeinsamkeiten gibt, als er glaube, und diese Diskussion habe sich dann gelohnt.[87]

Faschers Ausführungen zeigen viele logische Gedanken, aber seine Hoffnung wurde enttäuscht, denn Althaus hat sich niemals mit den Deutschen Christen versöhnt. Er war nicht bereit, ihre theologischen Ansichten zu teilen. Wie schon berichtet, war er aber sehr wohl bereit, die politischen Ansichten der Nationalsozialisten zu teilen. Wurde er durch die sorgfältige Imagepflege der Nationalsozialisten in den frühen Tagen des Dritten Reiches getäuscht? Änderte er in späteren Jahren seine Haltung? Vielleicht – aber wenn, dann keinesfalls auf eine offene und klar erkennbare Weise.

Noch 1937 brachte Althaus Publikationen heraus, die seinen früheren Standpunkt untermauerten. Ein wichtiges Jahr, denn es brachte die für den Kirchenkampf dramatische Entwicklung der Verhaftung Martin Niemöllers. Eberhard Bethge, der Niemöller am Tag seiner Verhaftung gemeinsam mit Dietrich Bonhoeffer zufällig besuchte, berichtet, daß er zehn Stunden lang festgehalten wurde, während die Gestapo sein Haus durchsuchte.

Niemöller kam vor ein Gericht, wurde freigesprochen, von der Gestapo unmittelbar danach wieder verhaftet und in ein Konzentrationslager gebracht, wo er zum Symbol für die Unterdrückung durch das Naziregime wurde. Bethge vermerkt, daß die Gestapo danach zu subtileren Mitteln griff: Redeverbote, Verbannungen in kleine Gemeinden, Beschlagnahmungen von Vervielfältigungsmaschinen. Finkenwalde, das von Bonhoeffer geleitete illegale Predigerseminar der Bekennenden Kirche, wurde ebenfalls in diesem Jahr geschlossen. Alles in allem war 1937 ein Jahr, in dem die Auseinandersetzungen zwischen Kirche und Staat ebenso heftig wie öffentlich stattfanden.[88]

1937 beschreibt Althaus in einem Aufsatz *Kirche, Volk und Staat* den Totalitarismus als eine vollkommene Regierungsform. Er meint, daß die Autorität des Staates von Gott sanktioniert sei, weil der Staat Gottes Gesetze anwende. Ohne die Demokratie besonders zu verurteilen, hält er sie aber nicht bei jeder Nation für die beste Regierungsform; um effektiv regieren zu können, brauche ein Staat ausreichend Autorität.[89] In seinen Augen ist das Chaos eine größere Gefahr als die Tyrannei. Weiter führt er in diesem Aufsatz aus, daß die Wünsche des Volkes die Richtung zu bestimmen haben. Solange der Staat dies anerkennt, kann er zu deren

Durchsetzung soviel Macht wie nötig einsetzen. Der Totalitarismus könnte sogar nötig werden gegen »die Bindungslosigkeit der Einzelnen ... im liberalen Staat«.[90] Allerdings gibt Althaus zu, daß der Totalitarismus sich in einen Absolutismus verwandeln könne, der die freie Verpflichtung zerstört, die Menschen und Organisationen ihrer Nation gegenüber empfinden:

»Aber ein Staat, der sich als Diener an dem Leben seines Volkes weiß, wird die anderen Gemeinschaften und Ordnungen im Volke, die er für den geschichtlichen Beruf des Volkes in Anspruch nimmt, nicht ihres eigenständigen ursprünglichen Lebens berauben. Er wird die Totalität – nicht als starres System verwirklichen, sondern den freien Geist der Totalität überall aufrufen, d. h. den Geist der Verantwortung aller Lebensgestalten und Gebiete vor der Aufgabe, Volk zu sein.«[91]

In diesem Aufsatz entwickelt Althaus einige Thesen, die vielleicht eine subtile Kritik am Dritten Reich waren. Er mahnt, daß Kirche und Staat unterschiedliche Rollen zu erfüllen haben und sich deshalb nicht gegenseitig stören sollten.[92] Regierungseingriffe in Kirchenangelegenheiten und die Verfolgung von Pfarrern mögen ihm dabei durch den Kopf gegangen sein, so daß seine Worte ein wenig wie eine Warnung an den Staat klingen. (Gleichzeitig sagt er allerdings den Kirchenmännern, daß sie sich nicht in die Gesetzgebung des Staates einzumischen hätten.) Althaus besteht außerdem darauf, daß weder ein fanatischer Antisemitismus noch eine germanische Religion akzeptierbar seien. Er entwickelt sogar eine Theorie, die das politische Überleben vom Überleben des Christentums in Deutschland abhängig macht. Wenn eine Gesellschaft christlich werde, erlange sie ein tieferes Wissen um die Wahrheit, als sie es vorher in ihrer primitiven Religion hatte. Die primitive Religion liefere mit ihrer Teilwahrheit ein Stück des Stoffes, der eine Gesellschaft zusammenhält, aber eine nachchristliche Gesellschaft kann nicht zum Primitivismus zurückkehren. Dafür sei sie zu kultiviert. Also gebe es ohne Christentum für eine solche Gesellschaft keine Wahrheit mehr, und der daraus resultierende Mangel an Bindung wirke tödlich. Denn: »Für ein Volk nach Christus ist das Christentum eine Frage seiner politischen Existenz geworden.«[93] Dies ist sicherlich eine Mahnung an den Staat, die Kirche mit Respekt zu behandeln.

Althaus schrieb 1937 noch einen Aufsatz mit ähnlichen Andeutungen einer Ambivalenz dem Dritten Reich gegenüber. Es geht um *Christentum, Krieg und Frieden,* und Althaus beginnt mit einer scheinbaren Verteidigung des militaristischen deutschen Staates. Er beschreibt den Krieg als eine unglückselige, aber notwendige Maßnahme, mit der Nationen ihre Differenzen austragen.[94] Eine Analyse, die nicht überrascht: Sie wurzelt in Althaus' Überzeugung von der gefallenen Welt und der Unvollkommenheit des Menschen. Allerdings kommt er dann zu einer Verteidigung des Friedens. Denn die Zerstörungskraft des modernen Krieges und die ständige Bedrohung, daß jeder kleine Konflikt zu einem Weltkrieg eskalieren könne, machen die Bewahrung des Friedens zu einem Gesetz der politischen Vernunft. Althaus macht nur eine Einschränkung bei dieser fast schon pazifistischen Haltung: es sei ein politisches und kein theologisches Thema. Er widersetzt sich jenen, die im Frieden eine höhere menschliche Ordnung sehen, oder sogar etwas, das dem »Frieden Gottes« gleiche.[95] Diesen letzten Abschnitt fügte er dem Aufsatz hinzu, nachdem dieser bereits ohne den Ruf nach Frieden schon einmal veröffentlicht worden war. Möglicherweise hatte Althaus 1937 begonnen, die militaristische Natur des neuen deutschen Staates in Frage zu stellen. Aber es ist ein schwacher Beweis von Opposition. Auch Hitler sprach vom Frieden. Althaus brauchte also nicht zu befürchten, daß er sich bei diesem Thema mit seinen Argumenten vom Führer entfernte.

In einem Vortrag aus dem Jahre 1937 folgte Althaus diesem Modell subtiler Andeutungen von Ambivalenz oder Vorsicht gegenüber dem Nationalsozialismus. Seine Rede richtete sich an die deutsche Kirche mit der Ermahnung, sie solle aus ihren gegenwärtigen Differenzen und Schwierigkeiten lernen. Die wichtigste Aufgabe der Kirche sei es, dem deutschen Volk die christliche Botschaft zu bringen. Die Kirche solle ihre Eigenständigkeit bewahren und nicht zu einem Attribut des Staates oder einer nationalen politischen Religion werden.[96] Althaus macht hier ganz klar seine Erkenntnis deutlich, daß der Nationalsozialismus möglicherweise eine Bedrohung darstellte. Doch seine fortgesetzte Bestätigung der »Volksidee« läßt auf eine weniger kritische Haltung schließen. Er ist überzeugt, daß Kirche und Staat zum Wohle des Volkes zusammenarbeiten müssen. Es sei nicht Aufgabe der Kirche, in den Straßen den Bolschewismus zu bekämpfen: »Das war Vorrecht und herrliches Werk der politischen Bewegung, der wir nicht genug danken können.«[97] Aber während der Weimarer Republik hatte die Kirche dadurch dazu beigetragen, daß sie den »Geist der Auflösung aller Bindungen« bekämpft hatte. Und weiter:

»Die Kirche weiß, daß ihre von Gott gegebene politische Verantwortung sie heute wie gestern in den Kampf gegen den Bolschewismus, gegen das schauerliche Gift der Zerstörung aller würdigen Ordnung, aller Menschlichkeit hineinweist. Sie gehört an die Seite aller, die diesen Kampf mit Ernst führen.«[98]

Diese Aussage läßt keine Zweifel daran, auf welcher Seite Althaus steht. Er gibt noch seiner Hoffnung Ausdruck, daß die Kirche ihre Verantwortung erneut erkennen möge und daß die Politiker »trotz allen Enttäuschungen und Mißverständnissen, ein neues Auge gewinnen für die politische Bedeutung der Kirche Jesu Christi in unserem Volke!«[99]

Wenn sich 1937 bei Althaus die Andeutung einer Ambivalenz gegenüber dem Nationalsozialismus findet, dann war das vielleicht Teil einer Versöhnungstaktik gegenüber der Kirche. Niemöller wurde verfolgt, die Kirche war gespalten, und Althaus hoffte, zu einer neuen Einigung der beiden Teile beitragen zu können, wie er in dem oben erwähnten Vortrag bekannte.[100] Doch seine Ambivalenz war mehr als Taktik. Er verurteilte den Radikalismus der Deutschen Christen und die deutschen Pantheisten, weil ihre Ansichten eine Beleidigung seines christlichen Glaubens waren, und nicht nur, um jene Elemente in der Kirche zu beruhigen, die sich gegen den Nationalsozialismus stellten. Und seine Einstellung zum Totalitarismus hatte nicht nur damit zu tun, daß eine solche Haltung auch den Deutschen Christen gefiel. Aber Althaus hätte den Totalitarismus nicht zu vertreten brauchen, wenn er von Hitlers Einsatz dieses Machtmittels wirklich enttäuscht gewesen wäre. Er hätte dem Bolschewismus nicht so vehementen Widerstand entgegenzusetzen brauchen, wenn er die nationalsozialistischen Repressionen gegen die Linke nicht gebilligt hätte. 1937 scheint Althaus seine Unterstützung des Nationalsozialismus beibehalten zu haben, wenn auch nicht seine unqualifizierte Begeisterung. Nach 1937 waren seine Veröffentlichungen nicht länger politisch. Vielleicht haben seine Leser in der Ambivalenz seiner Arbeiten aus dem Jahre 1937 und den darauf folgenden weniger politischen Themen eine Loslösung von der Marschrichtung des Dritten Reiches gesehen. Aber die öffentlichen Beweise hierfür waren nicht sehr kräftig und auch nicht eindeutig. Zu keiner Zeit hat sich Althaus jemals von seinen früheren Ansichten offen oder klar distanziert.

Gibt es private Hinweise auf einen Ernüchterungsprozeß bei Althaus? Indirekte Beweise finden sich in den Archiven der Landeskirche Hannover, wo Althaus' Briefwechsel mit Bischof Marahrens auf eine schärfere und frühere Ablehnung der Deutschen Christen schließen läßt, als seine öffentliche Haltung erkennen ließ. Im Sommer 1933 zum Beispiel schrieb ihm Marahrens von der großen Zahl Deutscher Christen, die in seine Synode gewählt worden seien, und bat Althaus um seine Meinung, wie er sich verhalten solle. Der zeigte sich von der großen Zahl überrascht und schockiert. Er riet Marahrens zur Zusammenarbeit mit den Deutschen Christen, jedoch ohne sich ihnen anzuschließen. Man habe das Theater in der Generalsynode gehabt und den Skandal, das Amt des Reichsbischofs an sie zu verlieren. Es sei völlig unmöglich, diese Dinge auch noch gutzuheißen, indem man sich ihnen anschließe. So weit wolle er zum Schutz des Begriffs »Schöpfung und Sünde« nicht gehen. Mit Hirsch und Beyer zu sprechen sei ausgeschlossen, meint Althaus. Er habe einen langen Brief geschrieben und gefragt, wie sie die Ereignisse vom 2. und 23. Juli ertragen könnten, aber er habe nur ausweichende oder gar keine Antwort erhalten. Hirsch habe sich einem solchen Absolutismus verschrieben, daß es nicht länger möglich sei, ernsthaft mit ihm zu diskutieren. Für ihn sei er, Althaus, ein Mann, der sich gegen das Schicksal stelle.[101]

Althaus bekennt sich zu seiner Sympathie mit vielen Zielen der Deutschen Christen, eine Sympathie, von der er weiß, daß Marahrens sie teilt. Seiner Ansicht nach sei ihre Theologie gar nicht so schlecht. Doch die Übernahme des Bischofsamtes zeuge von einem »unkirchlichen Willen zur Macht«. »Das Schlimmste ist die ›Dynamik‹ der Bewegung.«[102]

Trotz seiner Sympathie für die Ziele der Deutschen Christen fühlte sich Althaus im Sommer 1933 von ihren Taktiken abgestoßen, und im Wettbewerb um die Position des Reichsbischofs war er nicht für Müller, sondern für Bodelschwingh.[103] Diese Situation wirft ein klares Licht auf die Unterschiede zwischen Hirsch und Althaus. Hirsch war immer bereit, im Einklang mit seinen Überzeugungen extreme Positionen zu beziehen, und stets in der Lage, eine rationale Rechtfertigung (in diesem Falle »Schöpfung und

Sündenfall« oder die Existenz des Bösen in selbst der besten menschlichen Entwicklung) zu finden. Althaus auf der anderen Seite optierte instinktiv für Maßhalten, womit er gleichzeitig das extreme Verhalten der Deutschen Christen ablehnte. Er wollte die Begeisterung in Deutschland für die nationalsozialistische »Wiedergeburt« nicht durch das Heraufbeschwören offener Streitigkeiten stören. Das Ergebnis war, daß er seine wahren Gefühle vor der Öffentlichkeit verbarg.

Ein weiterer Hinweis auf Althaus' wahre Gefühle während der dreißiger Jahre findet sich in der Aussage seines Sohnes und jüngsten Kindes, Pastor Gerhard Althaus. Der junge Althaus, 1935 geboren, kann sich nicht mehr an seines Vaters Ansichten oder Verhalten während dieser Zeit erinnern. Aber die beiden hatten eine enge Vater-Sohn-Beziehung, als Gerhard in den fünfziger Jahren sein Theologiestudium aufnahm, und er berichtet, was seine Eltern später über die damalige Zeit erzählten. Zum Beispiel habe Paul Althaus trotz seiner konservativen, monarchistischen Aversion gegen jede politische Partei die Machtergreifung Hitlers 1933 als einen »Fingerzeig Gottes« gesehen.[104] Doch mit dem Reichstagsbrand im Februar kam der erste Schock, das Gefühl, daß »irgend etwas nicht stimmte«. Dann hielt Althaus im Juli 1933 eine Rede über *»Unwertes Leben« im Lichte christlichen Glaubens,* die ihm Ärger mit dem bayerischen Innenministerium einbrachte. Fanatische Nazis wollten zwischen lebenswertem und lebensunwertem Leben unterscheiden.[105] Zehn Jahre später tauchte diese Frage erneut unter Bedingungen auf, an die Gerhard sich persönlich erinnern kann. Im August 1943, bei einem Urlaub am Tegernsee, predigte Paul Althaus an einem Sonntagmorgen vor einer Kirchengemeinde, bei der sich auch Soldaten auf Heimaturlaub von der russischen Front befanden. Nach dem Gottesdienst kam einer der Offiziere mit Althaus nach Hause, um sein Gewissen zu erleichtern. In seiner Beichte kam ständig das Wort Lager vor (ein Begriff, der den jungen Gerhard verblüffte, weil er ihn nur aus seinen Indianergeschichten kannte). Zivilisten würden erschossen; Frauen und Kinder getötet; unbewaffnete sowjetische Soldaten getötet. Danach sprach Paul Althaus mit seinem Sohn nicht mehr davon, den Krieg zu gewinnen, sondern von »unserer Blutschuld« an den Juden. Gerhard erinnert sich auch, daß, wenn sein Vater das Wort »Blutschuld« bei Tisch erwähnte oder wenn er sagte »Was hat Hitler aus diesem Krieg gemacht?« seine Mutter warnte: »Paulus, nicht so laut.« Sie hatte Angst, das Hausmädchen könnte zuhören und sie denunzieren.[106]

Die Aussage von Gerhard Althaus ist größtenteils mündlich und aus zweiter Hand. Es geht nicht daraus hervor, daß Paul Althaus aus einem Befürworter des Nationalsozialismus zu einem Gegner geworden war. Außerdem findet sich nichts darüber, daß er jemals offen oder öffentlich seiner inneren Ernüchterung Ausdruck verliehen hätte. Maßhalten war der Eckpfeiler seines Widerstandes wie seiner Unterstützung.

Um dieses Verhalten zu verstehen, muß man sich ins Gedächtnis rufen, daß Althaus innerhalb seines Milieus moderat blieb. Er suchte sich selbst einen Platz unter jenen, die den Nationalsozialismus allgemein gut hießen, und war peinlich bemüht, extreme Formen des Fanatismus für oder einer Gegnerschaft gegen das Dritte Reich zu vermeiden. Rückblickend mag dies kaum als eine moderate Haltung gesehen werden. Sie war an den Nationalsozialismus geknüpft, und der Nationalsozialismus gilt heute als die Antithese zum Maßhalten. Aber in Althaus' Welt war der Nationalsozialismus die Verkörperung der »völkischen« Idee. Und innerhalb dieser seiner Welt stand Althaus in der Mitte, dies kennzeichnete seinen politischen Standort.

## 3. Althaus' Theologie

Die Offenbarung ist eines der zentralen theologischen Themen, bei denen sich Althaus auf der einen Seite von den Barthianern und auf der anderen Seite von den Deutschen Christen unterschied. Die enggefaßte, christozentrische Auslegung der Offenbarung besagt, daß Gott nur durch Jesus Christus, wie die Bibel es berichtet, zum Menschen spricht. So lautet die Prämisse bei Barth, der Barmer Synode und der Bekennenden Kirche. Diese Sicht der Offenbarung soll den christlichen Glauben von exzentrischen Darstellungen säubern, wenn ihr das auch nicht unbedingt gelingt. Die Botschaft der Bibel ist empfänglich für viele unterschiedliche Interpretationen. Ein weiteres Problem dieser Sichtweise liegt in der Gefahr eines statischen Glaubens, der den Menschen in ihrer gegenwärtigen Situation nicht mehr gerecht wird. Die weitergreifende Auslegung der Offenbarung sieht einen Gott, der durch die Natur und die Geschichte zum Menschen spricht. Während des 19. Jahrhunderts vertrat der Kulturprotestantismus, ein Phänomen der liberalen Theologie, diese Ansicht; und im 20. Jahrhundert wurde sie zum Glaubensbekenntnis der Deutschen Christen. Das Hauptproblem hierbei ist, daß man auf diese Weise Geschichte rücksichtslos als die neue Botschaft Gottes interpretieren kann.

Althaus, seiner Veranlagung treu bleibend, kämpfte um eine Position der Mitte zwischen diesen beiden auseinandergehenden Auffassungen. Mit Barth war er der Meinung, daß die zentrale Botschaft Gottes, die Botschaft der Erlösung, in Christus liegt; dies ist die »Heilsoffenbarung«, sie ist Gottes wichtigstes Wort an den Menschen und kommt zu ihm durch die Bibel. Aber Althaus wirft Barth einen zu starken »Christomonismus« bei seiner Auslegung der Offenbarung vor.[107] Denn auch in seiner Schöpfung müsse Gott Raum für seine Botschaft gegeben werden. Einer »natürlichen Theologie« will er hiermit ausdrücklich nicht das Wort reden; eine Offenbarung aus der Natur kann in sich selbst nicht ausreichend sein, weil sie nicht zum Christentum führen wird.[108] Außerdem hat Althaus' Ablehnung einer natürlich begründeten Theologie mit deren Bedeutung im römischen Katholizismus zu tun. Doch der Kompromiß, den er entwickelt, akzeptiert eine Offenbarung durch die Natur. Und zwar behauptet er, daß die Offenbarung Gottes durch die Natur nur dann richtig verstanden werden könne, wenn man die Botschaft Gottes in Christus erkenne. So kann die Natur (und natürliche Ereignisse, d. h. also die Geschichte) den Ungläubigen zu Christus bringen und den Gläubigen zum Willen Gottes. Althaus nennt diese neue Konzeption der Offenbarung durch die Natur »Ur-Offenbarung«.[109]

Es ist schwierig, die theologische Bedeutung dieser Ur-Offenbarung abzuschätzen. Althaus hat diese Konzeption nie aufgegeben.[110] Er hat viele Gesinnungsgenossen, selbst wenn diese seine Terminologie nicht verwenden oder sich weigern, die Verbindung zu ihm anzuerkennen. Hans Grass verweist zum Beispiel korrekt auf Tillich, der eine universale Offenbarung erkennt, in der Gott sich selbst durch die Geschichte und die Natur offenbart.[111] Beide, Althaus und Tillich, lehnen Barths Auffassung eines »unendlichen qualitativen Unterschieds« zwischen dem Christentum und anderen Religionen ab; beide vertreten die etwas moderatere Auffassung, nichtchristliche Religionen seien unbedeutendere Versionen von Gottes Wahrheit. Barth erscheint ihnen »christomonistisch« in seiner extremen Ablehnung jeglicher Wahrheit außer der von Jesus Christus geoffenbarten.

Trotz dieser theoretischen Verbindung zu Tillich und anderen »akzeptierbaren« Theologen hat die Lehre von der Ur-Offenbarung seit 1945 nur wenige bekannte Anhänger gefunden; und zwar hauptsächlich wegen der schweren politischen Last, die sie mit sich herumträgt. Wahrscheinlich wäre Althaus anderer Meinung gewesen, da er seine Position als essentiell theologisch einstufte. Grass stimmt hier mit Althaus überein: Auch seiner Meinung nach wandte sich Althaus aufgrund seiner *theologischen* Bindung an die Ur-Offenbarung gegen die Barmer Erklärung.[112] Schließlich scheint der Hinweis auf Tillich, einen politischen Gegner und Exilierten des Dritten Reiches, auf die politische Neutralität des Konzepts zu verweisen. Aber besonders nach 1933 verstärkte sich der Eindruck, daß die Ur-Offenbarung genau zu Althaus' politischer Einstellung paßte. Viele der theologischen Auseinandersetzungen zwischen Barth und Althaus kommen nahe an eine Lösung heran. Herausgefordert, hätte Barth wahrscheinlich zugegeben, Gottes Hand in der Natur zu erkennen, daß aber ein solches Erkennen nicht als instruktiv oder maßgebend gelten könne. Und Althaus würde eingestehen, daß auch für ihn diese Konzeption nur von sekundärer Bedeutung sei. Doch die politischen Differenzen zwischen Althaus und Barth bildeten einen unüberwindlichen Graben zu jeder potentiellen Angleichung in dieser Frage.

Eine fundamentale Prämisse der Ur-Offenbarung, wie Althaus sie entwickelt hat, ist die Auffassung, daß Gott die traditionellen Institutionen und Werte erschaffen habe und damit auch den politischen Status quo in Deutschland billige. Dies ergibt sich klar aus dem *Ansbacher Ratschlag* und seinen Ausführungen über das Gesetz Gottes:

> »Es bindet jeden an den Stand, in den er von Gott berufen ist, und verpflichtet uns auf die natürlichen Ordnungen, denen wir unterworfen sind, wie Familie, Volk, Rasse, (d. h. Blutzusammenhang)... Indem uns der Wille Gottes ferner stets in unserem Heute und Hier trifft, bindet er uns auch an den bestimmten historischen Augenblick der Familie, des Volkes, der Rasse, d. h. an einen bestimmten Moment ihrer Geschichte.«[113]

Nach dieser Theorie entspricht Gottes Wille jederzeit der gegebenen Situation, mit Ausnahme natürlich von irrigen Zeiten wie den

Jahren der Weimarer Republik. Gehorsam gegen Gott heißt, den im Leben zugeteilten Platz anzunehmen, wie ihn alte Traditionen bestimmt haben. 1934 wandte sich Barth gegen diese Offenbarungs-Auffassung, und zwar sicherlich zumindest teilweise deshalb, weil er gegen die herrschende Politik war. Althaus hatte sein Konzept in den zwanziger Jahren entwickelt, als es nur dazu verwandt werden konnte, die raschen Veränderungen bei traditionellen Institutionen und Werten zu erfassen und die Entfernung der Weimarer Republik von Gottes Willen zu zeigen. Aber dann, 1933, konnte das ganze konservative politische Potential der Ur-Offenbarungslehre angewandt werden, und zwar, wie der *Ansbacher Ratschlag* zeigt, zur Unterstützung des neuen Regimes.

Wie schon erwähnt, war Althaus kein überzeugter Verfechter des *Ansbacher Ratschlags,* obschon er seine Unterschrift darunter-setzte. In seiner Kritik an der Barmer Erklärung räumt er den möglichen Mißbrauch der Ur-Offenbarung ein – wie es durch die Deutschen Christen geschah, die damit ihre unhaltbaren Ansichten absegnen wollten.[114] Gleichzeitig beschwert sich Althaus über die Engstirnigkeit der Barmer, die das gesamte Konzept statt nur den Mißbrauch verwerfen. Mißbrauch wäre die »Entjudaisierung« des Christentums oder das Gleichsetzen der deutschen Erfahrung mit Gottes Botschaft in Jesus Christus. Doch sollten die Barmer zugeben, meint Althaus, daß »Ordnungen«, das heißt das deutsche Volk, ein Teil von Gottes Schöpfung und damit Teil seines Gesetzes sind.[115] Und das genau ist die Position des *Ansbacher Ratschlags,* wenn auch in etwas verfeinerter Form.

In einer weiteren Schrift, *Theologie der Ordnungen,* entwickelt Althaus eine umfassendere und systematischere Erklärung der vorhandenen »Schöpfungsordnungen« und ihrer christlichen Deutung. Aus dieser Broschüre geht klar hervor, daß er nicht naiv denkt. »›Ordnungen‹ nennen wir die Gestalten des Zusammenlebens der Menschen, die unerläßliche Bedingungen des geschichtlichen Lebens der Menschheit sind.«[116] Er sieht, daß diese Ordnungen unvollkommen sind, ein Teil der sündhaften Welt. Althaus bezieht sich sogar auf Burckhardt und Meinecke, und zwar dergestalt, daß der Staat im wesentlichen eine Macht darstellt, die böse ist, und eine dämonische Eigendynamik entwickelt.[117] Also könne der Mensch der natürlichen Ordnung nicht dienen, ohne das Böse zu fördern. Diese Erkenntnis könnte zu Skeptizismus oder Nihilismus führen. Althaus vermeidet beides, indem er darauf besteht, daß die natürliche Ordnung auch eine heilige ist. Gott habe sie zum Zwecke des gesellschaftlichen Zusammenhalts und der Stabilität geschaffen.[118] Diese Ordnung stimme niemals ganz mit Gottes Ordnung überein; es gebe kein Naturrecht. Aber man müsse sie als eine menschliche Darstellung der göttlichen Ordnung in einer unvollkommenen Welt akzeptieren.

Althaus hält dies nicht für eine konservative Theorie, denn die natürliche Ordnung sei dynamisch und ständigem Wandel unterworfen. Sich dem Wandel zu widersetzen, könnte also heißen, sich Gott zu widersetzen.[119] Althaus entwickelt sogar eine Theorie der Revolution. Die natürliche Ordnung sei menschlich und unvollkommen. Deshalb, so mahnt er, darf der Mensch keine Vollkommenheit erwarten. Er sollte Gottes Ordnung gehorchen, selbst wenn sie von bösen Menschen verwirklicht wird. Doch unter zwei Voraussetzungen gibt es die Möglichkeit zum Widerstand: Es kann sein, daß Gott den Widerstand eines Menschen hervorruft. Als Beispiel nennt Althaus die Aufforderung Jesu, Weib und Kinder zu verlassen und ihm nachzufolgen, selbst wenn er gleichzeitig die Institution Ehe und Familie unterstützte.[120] Doch weil Gott die »Ordnungen« schuf, steht er über ihnen. Unglücklicherweise ist dies eine sehr subjektive Basis für den Widerstand gegen eine vorhandene Ordnung. Zweifelsohne glaubte Barth, sich auf Gottes Befehl hin der »völkischen« Idee zu widersetzen, während Althaus sie auf Gottes Befehl hin unterstützte. Die zweite Voraussetzung zum Widerstand gegen den Status quo ist nicht weniger subjektiv. Althaus ist überzeugt, daß die vorhandene Ordnung an keinem universalen oder natürlichen Gesetz gemessen werden kann, sondern daß jeder einzelne seinen »unbedingten Sinn« bei der Beurteilung einer Ordnung einbringen kann. Zum Beispiel:

> »Es gibt keine unbedingte Verfassung des Staates, aber es gibt einen unbedingten Beruf und Sinn des Staates – und an diesem ist jede Verfassung kritisch zu messen.«[121]

Althaus wiederholt, daß dieser »unbedingte Sinn« kein Naturrecht sei, sondern eine Idee. Nicht objektiv oder allgemein, sondern subjektiv und spezifisch.

Hat Althaus' Kriterium für den Widerstand überhaupt eine Bedeutung? Vielleicht nicht. Jedenfalls kann er auf keine objektive Weise beurteilt werden. Wenn Althaus sich den Ordnungen des

Dritten Reiches nicht widersetzte, so deshalb, weil er nicht glaubte, daß sie im Gegensatz zu dem standen, was er den »unbedingten Sinn« für Ordnungen nennt. Jemand anders wiederum hätte diesen Ordnungen auf derselben Basis widersprechen können. Vielleicht ist der »unbedingte Sinn« nichts weiter als Voreingenommenheit. Althaus' politische, intellektuelle, emotionale und sozio-ökonomische Voreingenommenheiten favorisierten die Ordnungen des Dritten Reiches.

Allerdings war er sich zumindest der Möglichkeit bewußt, daß er sich bei seinem »unbedingten Sinn« irren könnte. Das zeigt sich daran, daß er die Sünde sowie die Unvollkommenheit der menschlichen Ordnung anerkennt. Für ihn bedeuten Schöpfung und Sündenfall, daß das Heilige und das Dämonische unausweichlich zusammengehören. Dennoch besteht er darauf, daß der Mensch zwischen Gut und Böse, zwischen Schöpfung und Sünde trotz möglichen Irrtums zu unterscheiden hat. Manche versuchten, das Böse in der Welt zu ignorieren, andere sähen nichts als das. Althaus hält es für nötig, die enge Verbindung von Gut und Böse zu erkennen, wenn der Mensch mit der Wirklichkeit umgehen will.[122] Die Spannung aus dieser Erkenntnis kann seiner Ansicht nach nur durch den Glauben gelöst werden, der die Vergebung und Erlösung in Christus annimmt. Dies bewahrt den Christen vor »Skepsis, Illusionismus und Nihilismus«.[123]

Trotz seiner gegenteiligen Behauptung findet sich in Althaus' *Theologie der Ordnungen* ein Konservatismus, der in Angst vor Veränderung und Instabilität wurzelt. Doch auf theoretischer Ebene ist seine Position unpolitisch. Er wendet sich nicht gegen jegliche Veränderung; die Institutionen einer Gesellschaft müßten in sich selbst lebendig und dynamisch sein. Sie müßten sich an jede neue Ära anpassen, aber innerhalb dieser Ära über ausreichende Stabilität und Gültigkeit verfügen, um das Leben mit Ordnung und Bedeutung erfüllen zu können. Althaus war kein eingestandener Existentialist; aber diese Einstellung ist existentialistisch. Er sieht beides, Gut und Böse, in den menschlichen Institutionen; er verzweifelt an der genauen Unterscheidung zwischen Gut und Böse; und er rät zu kühner Handlungsweise. Dieser Existentialismus ist konservativ, weil vorhandene Institutionen in ihm so intensiv bestätigt werden; Widerstand ist nur unter zwingendsten Umständen gestattet.

Innerhalb der *Theologie der Ordnungen* hat die »Volksidee«

einen zentralen Stellenwert. Und das ist bedeutsam, weil sie die Grundlage für Althaus' politische Überzeugungen und damit die Wurzel seines Beharrens auf der »Ur-Offenbarung« überhaupt ist. Wie viele aus seiner Generation war Althaus in der Tradition des romantischen Idealismus mit seiner Gewichtung »völkischer« Gedanken erzogen worden. Während des Ersten Weltkrieges, und besonders während der Begeisterung des ersten Monats, glaubte Althaus, eine geheimnisvolle Bestätigung der romantischen »Volksidee« erfahren zu haben. Für ihn war es eine mit Einschränkungen religiöse Erfahrung:

»Die Entdeckung des Volkes in der deutschen Geistesgeschichte geschah nicht zuerst durch Theologen als solche, sondern durch Dichter, Forscher und Denker, durch Herder, durch Romantiker, die idealistischen Philosophen. Die Erfahrung, ein Volk (nicht nur ein Staat, ein Reich) zu sein, haben wir im Kriege nicht als Christen, sondern einfach als deutsche Männer gemacht.«[124]

Diese wunderbare Erfahrung der Volksidee für die christliche Kirche zu kooptieren wurde zu Althaus' wichtigstem Anliegen. Also wurde das »Volk« zur Ur-Ordnung und Gottes Gesetz zu einer neuen Offenbarung für das gegenwärtige Deutschland. In einem weiteren Bezug auf den Ersten Weltkrieg und das Jahr 1914 schreibt er:

»Die Herrlichkeit der großen geschichtlichen Stunde bleibt unvergeßlich: da war das Gesetz Geist geworden, stand nicht mehr nur fordernd vor dem Menschen, sondern bewegte ihn als sein eigenes Leben.«[125]

In einer Vorlesung des Jahres 1937 präsentierte Althaus eine »Theologie des Volkes«. Zunächst erklärt er, warum weder die Bibel noch das Glaubensbekenntnis den Begriff erwähnen: sie bezögen sich auf die Situation ihrer Zeit, die ein »Volksbewußtsein« nicht gekannt habe. Heute aber müßten sich die Theologen an die Menschen ihrer Gegenwart richten, für die die Volksidee von großer Bedeutung sei. Althaus gibt zu, daß das Volk nicht »der letzte Maßstab« ist, aber er verweist auf seinen Platz in Gottes Schöpfung. Mit Luthers Katechismusworten »Ich glaube, daß mich Gott geschaffen hat« beginnend, fügt er hinzu:

»Der Glaube, daß Gott mich geschaffen hat, schließt weiter mein Volk ein. Denn was ich bin und habe, hat Gott mir aus dem Quell meines Volkes gegeben: das Erbe des Blutes, der Leiblichkeit, der Seele, des Geistes. Gott hat mein Leben vom Äußeren bis ins Innerste durch meines Volkes Leben bestimmt, durch sein Blut, durch seine geistige Art, die vor allem in der Sprache mich begabt und prägt, durch seine Geschichte. Mein Volk ist mein äußeres und mein inneres Schicksal. Dieser Mutterschoß meines Seins ist Gottes Mittel, seine Ordnung, mich zu schaffen und zu begaben ... Die besondere Art eines Volkes ist seine Schöpfung und für uns als solche heilig.«[126]

Objektive Faktoren wie eine gemeinsame Sprache und Geschichte tragen zur Schaffung eines Volkes bei, aber Althaus glaubt nicht, daß diese Faktoren in sich selbst ausreichen. Nur ein geheimnisvoller Prozeß führe schließlich zu jener Mischung aus unerläßlichen Elementen, aus der dann tatsächlich ein Volk erwächst. Dieses Mysterium bezeichnet Althaus als »Gottes Ruf«.[127]

Nachdem Gott ein Volk ins Sein gerufen hat, sind nach Althaus' Auffassung Gottes Gesetz und das Gesetz dieses Volkes eng verwandt, wenn nicht identisch:

»Als Geschöpf Gottes ist das Volkstum Gesetz unseres Lebens ... Wir sind verantwortlich für das Erbe, das Bluterbe und das Geisterbe, für Bios und Nomos, daß er in seiner Art und Echtheit erhalten bleibe. Wir sind unbedingt gebunden zur Treue, zur Verantwortung, daß das Leben, wie es auf uns gekommen ist, nicht durch unsere Schuld entarte oder kranke. Wir sind gebunden, für unseres Volkes Leben einzustehen, bis hin zum Einsatze des eigenen Lebens.«[128]

Eine Unterscheidung zwischen dem Menschlichen und dem Göttlichen trifft er dann allerdings doch. Ein Volk sei niemals dasselbe wie das Reich Gottes; außerdem erscheinen und verschwinden die verschiedenen Völker genau nach Gottes Plan. Die Hingabe an das Volk kommt nicht aus dem etwaigen besonderen Wert eines bestimmten Volkes, sondern weil dieses Volk Gottes Schöpfung für den Menschen ist.[129] Trotz dieser Einschränkungen fährt Althaus fort zu zeigen, daß das Volk einen sehr hohen Rang in seinem Wertesystem einnimmt:

»Unseres Volkes Leben ist nicht unser ewiges Leben; aber wir haben kein ewiges Leben, wenn wir nicht für unser Volk leben. Nicht um den unbedingten Wert des Volkes, sondern um unsere unbedingte Bindung an das Volk handelt es sich.«[130]

Diese Vorlesung wurde 1937 gehalten, trotzdem spricht Althaus immer noch vom heiligen Volk und von der »unbedingten Bindung« des einzelnen an sein Volk. Er entwickelt das Ganze als eine Theologie, aber die politischen Implikationen sind unverkennbar. Er predigt die gleichen Tugenden von Einheit und Gehorsam, die bei den Nationalsozialisten politisch zum Ausdruck kommen. Wenn er zu dem Zeitpunkt irgendwelche Vorbehalte gegen die Richtung gehabt hätte, die der Nationalsozialismus einschlug, hätte er sich nicht so eng an die nationalsozialistische Volksideologie anzupassen brauchen. Tatsächlich weiß man sogar, daß er einige Vorbehalte hatte. Ein Teil seiner Rede verteidigte die Juden des Alten Testaments als ein einzigartiges, endgültig erwähltes Volk, und eines der Hauptanliegen der Vorlesung war die Erhaltung einer christlichen Interpretation des Volksbegriffs angesichts antichristlicher Bedrohungen.[131] Man findet solche Hinweise, aber sie beherrschen die Vorlesung nicht. 1937 hoffte Althaus offenbar immer noch, daß sich Nationalsozialismus und Christentum vereinbaren ließen und daß das, was er bei beiden als ihre Tugenden definierte, dem deutschen Volk zugute kommen würde. Diese Hoffnung ist der Grund für seinen Widerstand gegen die Barmer Erklärung und für die Entwicklung seiner Theorie von der umfassenden »Ur-Offenbarung«, die er neben die besondere Offenbarung durch Jesus Christus stellte.

Ein weiteres wichtiges Thema in Althaus' Theologie ist die Frage nach dem Verhältnis von Kirche und Staat als Interpretation der berühmten Zwei-Reiche-Lehre der lutherischen Kirche. Luther hatte den Versuch unternommen, den scheinbaren Gegensatz zwischen dem sanft-liebevollen Verhalten, das in der Bergpredigt verkündigt und von einem Christen erwartet wird, sowie dem manchmal harschen Verhalten des Staates (wie bei der Todesstrafe oder im Krieg) zu versöhnen. Er ging davon aus, daß Gott die Welt durch zwei Reiche regiert, durch sein Reich, in dem die Liebe herrscht, und durch des Menschen Reich, in dem das Schwert herrscht. Das letztere mag nicht christlich erscheinen, aber es dient Gott durch die Aufrechterhaltung der Ordnung. Es schafft jene Bedingungen, unter denen menschliches Leben gedeihen und Gottes Wort verkündigt werden kann.[132]

Luthers Auffassung von den beiden Reichen wendet sich gegen die Schwärmerei, daß die Welt durch menschliches Handeln und menschliche Reformen in das Reich Gottes verwandelt werden könne. Luthers Sicht des Bösen schließt diese Möglichkeit aus. Aber dieser Abgrund zwischen dem Reich Gottes und dem Reich des Menschen heißt Abwertung und Verzweiflung für das Reich des Menschen. In ihm verkörpert sich der Mensch nach dem Sündenfall. Und weil es aus der Sünde kommt, kann das Reich des Menschen kaum auf große Fortschritte und Verbesserungen hoffen. Innerhalb der Kirche kann diese Sicht der menschlichen Situation dazu führen, Konservatismus zu legitimieren und Quietismus zu verursachen, eine Unwilligkeit, sich mit den Belangen dieser Welt zu befassen. Des Menschen Hoffen und Streben ist dann allein auf das Reich Gottes gerichtet. Dieses Hoffen schenkt eine stellvertretende Freude oder zumindest die Erwartung einer Freude, was für einen Christen als ausreichende Befriedigung angesehen wird.

Die traditionelle Zwei-Reiche-Lehre steht der Politik eher distanziert gegenüber. Sie kritisiert keine Regierungsform, die den Anschein einer Ordnung bewahrt, aber sie gestattet auch keine wirkliche Begeisterung für irgendeine Regierungsform. Für Althaus war dies in den Jahren nach dem Ersten Weltkrieg zu einengend, als eine in seiner Sicht schlechte Regierung (Weimar) und die Hoffnung auf eine gute Regierung (die nationalistische Wiedererweckung) sich anscheinend in unauflösbarem Widerspruch gegenüberstanden.

Nach 1933 konnte er sich nur noch sehr schwer zurückhalten; die »deutsche Wende« war erreicht worden, und er konnte sich nicht enthalten, diese Wende theologisch zu bestätigen. Althaus' Begründung war rein »volksmissionarisch«. Er war überzeugt, daß die Kirche dem deutschen Volk nur dann glaubwürdig Zeugnis ablegen konnte, wenn sie der »völkischen Bewegung«, die die Menschen jetzt so tief anrührte, Begeisterung und Einfühlsamkeit entgegenbrachte.[133] Und zwar besonders deshalb, weil diese Bewegung so stark religiöse Akzente aufwies. Wenn es dem Christentum nicht gelänge, die Menschen für sich zu gewinnen, könnte sie vielleicht ihre eigene Religion entwickeln. Ein weiterer Grund für Althaus' Modifikation der traditionellen Zwei-Reiche-Lehre lag in seiner persönlichen Beziehung zur völkischen Bewegung und in seinem Wunsch, sie mit seiner Theologie zu unterstützen.

»Jedermann sei untertan der Obrigkeit, die Gewalt über ihn hat. Denn es ist keine Obrigkeit ohne von Gott; wo aber Obrigkeit ist, die ist von Gott verordnet.« So beginnt Paulus die entscheidende

Passage zum Verhältnis von Kirche und Obrigkeit in seinem Römerbrief, 13. Ungehorsamsein heißt also, Gott gegenüber ungehorsam sein. Luther legte diesen Vers wörtlich aus, verlangte Gehorsam gegen die Obrigkeit und verurteilte die Revolution. Aber er sprach sich nicht nur gegen aktiven Widerstand, sondern auch gegen aktive Unterstützung der Obrigkeit aus. Das heißt, politische Dinge waren für die wirklichen Belange der Kirche seiner Meinung nach nicht relevant. Wie bereits erwähnt, begann Althaus während der Jahre der Weimarer Republik sich hierin mit Paulus und Luther auseinanderzusetzen und sie in Frage zu stellen. Später schrieb er: »Wir empfanden damals: mit Römer 13 und der altlutherischen Lehre allein könnten wir der schwierigen Lage innerlich nicht Herr werden.«[134] Die Außergewöhnlichkeit der Umstände verlangte nach einer Neuinterpretation des Paulus-Wortes.

1933 begann Althaus Argumente dafür zu entwickeln, warum die Kirche ihre Billigung des Übergangs von der Weimarer Republik zum Dritten Reich kundtun sollte. Er führte ethische Gründe an:

»Die Auflösung des Strafrechtes in Sozialtherapie und Pädagogik, die schon weit gediehen war, hat ein Ende: Strafe soll wieder im Ernste Vergeltung sein ... Er [der neue Staat] hat die schauerliche Verantwortungslosigkeit der Parlamente zerschlagen und läßt wieder sehen, was Verantwortung heißt. Er kehrt den Schmutz der Korruption aus. Er wehrt den Mächten der Zersetzung in Literatur und Theater. Er ruft und erzieht unser Volk zu starkem neuem Gemeinschaftswillen, zu einem ›Sozialismus der Tat‹, der die Starken der Schwachen Lasten mittragen heißt.«[135]

Weimar habe zum Zusammenbruch der Moral geführt, und der Nationalsozialismus habe die Disziplin wiederhergestellt. Aus diesem schlichten Grund glaubte Althaus, 1933 mit 1813 vergleichen zu können – in beiden Fällen Jahre der nationalen Wiedergeburt, so bar jeden Zweifels und jeder Widersprüchlichkeit, daß die Kirche sie rückhaltlos unterstützen könnte.

Später erkannte er, daß selbst die politische Haltung von 1813 erklärt werden mußte, denn auch sie hatte sich bereits von Luther entfernt. Hier brachte er die »Volksidee« als Rechtfertigung ein. Paulus und Luther hätten sich an die Menschen ihrer Zeit gewandt, die Volksidee sei bei keinem von ihnen Bestandteil ihrer Welt gewesen. Beide hätten den Staat als »Rechtsstaat« angesehen, beide ihm eine nur minimale Rolle zugedacht, nämlich die Aufrechterhaltung der Ordnung. Althaus argumentiert, daß der Volksgedanke eine neue und größere Rolle für den Staat mit sich bringt, und fügt hinzu, daß die Theologen dieser neuen Wirklichkeit Rechnung tragen und eine neue Sicht von Kirche und Staat schaffen sollten.[136] Nach seiner Auffassung dient der Volksstaat dem »Schöpferwillen Gottes«, und dies, so beharrt er, sei kein romantischer Idealismus, sondern lediglich eine Beschreibung der Realität, so wie der Apostel Paulus damals die Realität seiner Situation beschrieben habe.[137]

Ziel müsse es sein, die »Merkmale echter Obrigkeit« zu erkennen, statt irgendeiner gerade vorhandenen Autorität zu gehorchen.[138] Die Männer von 1813 hätten dies bewiesen. Während Luther den Ungehorsam nur da zugelassen habe, wo eine Regierung das Wort Gottes unterdrückte, hätten die Männer von 1813 diesen Satz auf jenen Ungehorsam erweitert, der dort gestattet ist, wo eine Regierung das nationale Leben zerstört. Napoleon führte eine gute Herrschaft und keine tyrannische, räumt Althaus ein, aber Stein, Arndt und andere glaubten, der höhere Ruf des »Vaterlandes« rechtfertige den Ungehorsam gegen diese Regierung. Althaus sieht hier eine legitime Weiterführung Luthers; denn der Reformator habe ja durchaus Nationalgefühl gezeigt, aber dies sei eine Situation gewesen, die er einfach nicht habe kennen können.[139] Die Ereignisse von 1933 präsentieren erneut eine Situation, in der Luthers Lehre weitergeführt werden muß. Althaus zufolge haben die Theologen das Volk jetzt als eine neue, wichtige Realität zu erkennen, eine neu gestaltete Ordnung in sich. Beifällig zitiert er: »Was einst der Kampf um den Glauben war, das ist heute der richtig verstandene Kampf um das Volkstum als eine göttliche Schöpfung.«[140]

Die Implikationen dieser Volksidee stellen die traditionellen lutherischen Ansichten über den Staat auf den Kopf. Was die Revolution angeht, so erklärt Althaus zum Beispiel, daß Luther der egozentrischen Revolution ablehnend gegenüberstand. In einer solchen Revolution rebelliert das Volk, weil es sich von der Obrigkeit unterdrückt fühlt und sich von der revolutionären Handlung persönlichen Gewinn erhofft. Aber die »völkische Revolution« habe mit individualistischen, privaten Belangen nichts mehr zu tun. Sie werde akzeptierbar als »die uns befohlene Sache unseres Volkes«.[141]

Luther glaubte an die Begrenzung der Staatsmacht. Auch Althaus hält den absolutistischen Staat für böse, weil er Selbstzweck sein will. Auf der anderen Seite ist aber ein totalitärer Staat dann völlig gerechtfertigt, wenn er den Belangen des Volkes dient:

»Totaler Staat kann bei uns nur bedeuten: Inanspruchnahme aller Einzelnen, aller Lebensgebiete und Lebenskräfte durch den Staat für die Lebensnotwendigkeit des Volkes, für dessen Aufgabe, Nation in Gemeinschaft und Freiheit des Lebens zu sein.«[142]

Diese völlige Vereinnahmung durch den Staat sei nicht nur befriedigend, sondern sogar wünschenswert, solange dieser Staat die Bedürfnisse und Wünsche des Volkes verkörpert.

Wie kann ein totalitärer Staat die Bedürfnisse und Wünsche des Volkes bestimmen? Althaus löst dieses Problem mit dem »Führerprinzip«. Der »Führer« verkörpere die »Obrigkeit«, so wie sie von Luther verstanden wird, doch geht seine Autorität noch weiter. Er erfülle nicht nur die politische Ordnung, sondern führe das Volk auch in sein soziales, wirtschaftliches und geistiges Wachstum. In gewisser Weise sei der Führer dem »Volkswillen« verantwortlich. Aber er unterliege keinen Mehrheitsentscheidungen, da er für die Vergangenheit, die Zukunft und die Gegenwart des Volkes Verantwortung trage: »Daher muß er in seinem Entscheiden Freiheit, Unabhängigkeit haben gegenüber dem Willen der jetzt Lebenden.«[143] Die Sorge um Autorität, »wirkliche Herrschaft« und »die Scheidung von Herrschenden und Beherrschten« sind für Althaus sehr wichtig. Er macht dem »Führer« nur eine sehr vage Einschränkung zur Auflage: Ein Führer könne nicht ewig bei mangelndem oder fehlendem Vertrauen führen. Allerdings könne er das für eine gewisse Zeit. Als Beispiel nennt Althaus Bismarck, der vier Jahre ohne Mehrheit regierte.[144]

In dieser politischen Vorstellung fällt der Kirche eine doppelte Rolle zu. Zunächst einmal die rein religiöse Funktion: die Kirche soll die Botschaft des Christentums verbreiten. Hier unterscheidet sich Althaus von Luther nur darin, daß eine freudigere Bestätigung des Staates, der ja ein »Volksstaat« ist, die Verbreitung des Evangeliums erleichtern würde. Die Deutschen werden eher auf eine Kirche hören, die den Geist der NS-Bewegung teilt. Obgleich hier eine religiöse Angelegenheit angesprochen ist, ist eine politische Haltung impliziert. Des weiteren glaubt Althaus, daß Kirche und Staat eine gemeinsame Verantwortung für das Volk tragen.

Das Volk braucht Führung, Organisation, Erziehung und ein geistiges Bewußtsein. Hier überschneiden sich jeweils die Funktionen von Kirche und Staat, und zwar besonders, wenn beide ihre Verantwortung korrekt wahrnehmen. Für die Kirche ist sehr viel mehr angesprochen als ein Einfühlen in die völkische Bewegung, um sich den Leuten richtig nähern zu können. Verlangt wird eine aktive Bestätigung des Staates und eine Zusammenarbeit mit ihm, und zwar auf eine viel direktere Weise, als Luther es gewollt hatte.

Vielleicht war Althaus' Neuinterpretation der Zwei-Reiche-Lehre nicht so bedeutsam, wie sie auf den ersten Blick scheint. Die traditionelle, unpolitische Haltung der Kirche hatte immer den Status quo unterstützt – in Wahrheit also durchaus eine politische Haltung vertreten – und die Linke stets als eine Bedrohung von Moral und Ordnung abgelehnt. Althaus paßt in dieses Schema. Aber seine Neuinterpretation lieferte anderen Leuten in der Kirche die Begründung für ihre Abneigung gegen die Weimarer Republik und eine Rechtfertigung ihrer Begeisterung für das Dritte Reich. Seit Jahrhunderten war die Weimarer Republik die erste historische Periode, in der die Kirche es schwierig fand, den Staat zu unterstützen – Althaus traf auf ein klar vorhandenes Bedürfnis. Und er wurde diesem Bedürfnis gerecht, ohne irgendeinem Fanatismus zu erliegen. Er verteidigte jedoch das Alte Testament, die Einzigartigkeit des jüdischen Volkes und den Vorrang christlicher Belange über »völkische«. Dadurch bewahrte er seinen Abstand zu den Deutschen Christen. Selbst bei seinem Eintreten für das »Führerprinzip« machte er eine wichtige Einschränkung: »Nur wenn beide, Führer und Volk, bewußt vor dem lebendigen Gott stehen, finden sie das rechte Verhältnis aneinander, in Bindung und Freiheit.«[145] Die Frage ist, ob diese modifizierenden Einschränkungen und Absagen an gewisse Programmpunkte in den Köpfen seiner Leser ebenso hängengeblieben sind wie seine allgemeine Unterstützung von völkischer Idee, totalitärem Staat und Führerprinzip.

Es gibt noch ein weiteres wichtiges Thema in Althaus' Theologie, nämlich das der Judenfrage. Gelegentlich verwandte er die nationalsozialistische Rhetorik recht bedenkenlos und akzeptierte zum Beispiel die rassistische Terminologie. 1937 schrieb er:

»Unter den Momenten, die ein Volk bedingen und ausmachen, ist uns Deutschen jetzt die Blutgemeinschaft oder Rasse entscheidend wichtig geworden ... Um den bestimmten geschlossenen Blutzusammenhang handelt es sich. Rasse ist nicht schon Volk, die biologische Einheit nicht schon geschichtliche Einheit. Aber die Einheit der Rasse im bezeichneten Sinne und ihre Bewahrung ist eine wesentliche Bedingung für die Entstehung und Erhaltung des Volkes.«[146]

Aber selbst diese Worte enthalten den Hinweis, daß biologische Überlegungen für Althaus nicht entscheidend waren. Dieses Zitat führt hin zu seiner Behauptung, daß das »Volkstum« nur dann aus seinen natürlichen, wesentlichen Bestandteilen erwächst, wenn sich ein Mysterium vollzieht, die Entstehung des »Wir-Bewußtseins« – ein Prozeß, den er als schöpferischen Akt Gottes bezeichnet.[147] Das folgende Zitat ist typisch für Althaus, weil es seine essentielle Auffassung zum jüdischen Problem wiedergibt:

»Es geht nicht um Judenhaß – man kann an diesem Punkt gerade mit ernsten Juden übereinkommen –, es geht nicht um das Blut, auch nicht um den religiösen Glauben des Judentums, sondern um die Bedrohung durch eine ganz bestimmte zersetzte und zersetzende großstädtische Geistigkeit, deren Träger nun einmal in erster Linie jüdischen Volkstums ist.«[148]

Ähnlich wie Kittel vertrat auch Althaus eine anti-säkulare, antiurbane und anti-moderne Haltung. Und obgleich er einige rassistische Theorien übernahm, war ihm seine eigene geistige Theorie immer wichtiger. Aber gerade sie gab ihm die Basis, die grundsätzliche nationalsozialistische Politik der Judendiskriminierung zu akzeptieren.

Althaus hatte die Rassetheorie nicht voll übernommen. Deshalb fiel es ihm nicht schwer, den jüdischen Beitrag zum Christentum zu akzeptieren. Häufig beschrieb er die Juden des Alten Testaments als »auserwähltes Volk« mit einem einzigartigen Verhältnis zu Gott. Kein anderes Volk, nicht einmal das deutsche Volk, würde jemals so wie sie Gottes »Heilsgeschichte« erfahren.[149] Ihre Vergangenheit sei eine »einmalige, unvergleichbare und unwiederholbare Geschichte« gewesen.[150] Andere völkische Theologen beurteilten das jüdische Gesetz abwertend. Wilhelm Stapel zum Beispiel beschrieb es als einen »Nomos«, der nur für die Juden Bedeutung hätte. Seiner Ansicht nach hat jedes Volk seinen eigenen »Nomos«. Althaus weigerte sich, diesen Relativismus zu akzeptieren. Auch er war der Auffassung, jedes Volk habe seine eigenen Gebote, doch seien diese kein Ersatz für den »heilsgeschichtlichen« Teil des Alten Testaments, sondern eine Ergänzung.[151]

1933 wurde der sogenannte »Arierparagraph« zu einem theologisch-kirchlichen Diskussionsthema, bei dem Althaus' Ansichten zur Judenfrage in die praktische Erprobung kamen. Im Oktober 1933 veröffentlichte die theologische Fakultät Marburgs ein Gutachten, in dem es heißt, daß dieser Paragraph mit der christlichen Lehre unvereinbar sei.[152] Die Zeitschrift *Theologische Blätter* druckte die Erklärung *Neues Testament und Rassenfrage* ab, die alle »Rassenfragen« als für das Christentum unwesentlich einstuft. Diese Erklärung wurde von Rudolf Bultmann und zwanzig weiteren Theologen unterzeichnet.[153] Daraufhin erteilte die theologische Fakultät Erlangen Althaus und Werner Elert den Auftrag, eine Erwiderung zu verfassen. Das Ergebnis ist eine Apologie des Arierparagraphen. Obwohl es eine »Einheit in Christus« gebe, so Althaus und Elert, habe die Kirche zu allen Zeiten die Zulassung zum geistlichen Amt von bestimmten Bedingungen bei Alter, Geschlecht und physischen Voraussetzungen abhängig gemacht. Wenn dem jetzt noch die rassische Herkunft hinzugefügt werde, so sei daran nichts auszusetzen. Wenn zum Beispiel eine Missionskirche zu einer »Volkskirche« werde, hole sie sich ihre Geistlichen natürlich aus ihren eigenen Reihen.[154] Da das deutsche Volk vom emanzipierten Judentum bedroht werde, ergreife der Staat restriktive Maßnahmen, und »die Kirche muß daher die Zurückhaltung ihrer Judenchristen von den Ämtern fordern«.[155]

Nachdem sie dieses Argument vorgebracht haben, setzen sich die beiden Autoren sofort für Ausnahmen von dieser Regel ein, wie sie das »Gesetz zur Wiederherstellung des Berufsbeamtentums« vorsieht. Ein Jude, bereit, sein Leben für Deutschland zu geben oder ein wahrhaft sich zum Christentum bekennender Jude könne Teil des Volkes werden. Auf dieser Basis, so empfehlen Althaus und Elert, könnten alle Juden und Halbjuden ihre Kirchenposten behalten, es sei denn, die Beweislast spräche gegen sie. Die Kirche sollte ihre eigenen Richtlinien für zukünftige Situationen erstellen, und zwar mit den Bischöfen als geeigneten Entscheidungsträgern.[156]

Dieser Kompromiß ist bezeichnend für Althaus. Sein Wunsch, die »Bewegung« bestätigt zu sehen, und seine Überzeugtheit von der völkischen Ideologie bestimmten seine theologische Billigung der nationalsozialistischen Politik. Außerdem hatte er, wie die meisten seiner protestantischen Zeitgenossen in Deutschland, eine persönliche Aversion gegen Juden und die jüdische Kultur. Später sagte er einmal zu seinem Sohn, »du hast die Juden nicht kennengelernt«.[157] Doch Althaus' christliche Sensibilität und seine intellektuelle Aufrichtigkeit zwangen ihn, bei der Anwendung dieser rassistischen Theorien und Auffassungen zurückhaltend zu sein. Er hielt zumindest einiges an der nationalsozialistischen Judenpolitik für ungerecht, und er wollte Ungerechtigkeiten vermeiden. Zu Fanatismus war er also nicht fähig. Was allerdings nicht heißt, daß seine tatsächliche Haltung akzeptierbar gewesen wäre.

## 4. 1945 und danach

Althaus' Lage muß in den letzten Jahren des Dritten Reiches nicht sehr angenehm gewesen sein. Seine Hoffnung auf die deutsche »Wiedergeburt« war längst zerronnen, und seit spätestens 1943 wußte er von den Massentötungen und erkannte die deutsche Schuld. Mit dem unerbittlichen Zurückweichen der Front an die deutschen Grenzen verschwanden auch die Begeisterung und der Optimismus der frühen Jahre. Und obwohl das Abhören ausländischer Radiosender als defätistisch galt, eröffnete zum Beispiel Werner Elert eine Fakultätssitzung (bei der, wie er wußte, keine Parteimitglieder zugegen waren) mit den Worten: »Hat jemand von Ihnen innere Stimmen gehört?«[158] Privates Leid brachten Althaus der Verlust des älteren seiner beiden Söhne, der 1944 in Frankreich fiel, und die Krankheit seiner zweitältesten Tochter, die 1942 eine Heimeinweisung erforderlich machte.[159] Er selbst wurde vom Krieg weder physisch bedroht noch sonderlich beeinträchtigt. Erlangen blieb außerhalb des Kampfgeschehens, bis auf ein kurzes Aufflackern der Ereignisse am 15. und 16. April 1945, als amerikanische Truppen die Stadt besetzten. Der schlimmste Augenblick kam am Montagnachmittag, das war der 16. April, als 120 fanatische SS-Leute sich entgegen der Order des Stadtkommandanten nicht ergeben wollten. Sie ermordeten ihn, die Erlanger Bürger flohen, von solchem Fanatismus entsetzt und geängstigt, zu den Hügeln vor der Stadt. Selbst Krankenhauspatienten wurden mitgenommen und unter die Bäume gebettet. Die amerikanischen Truppen obsiegten, und die Menschen kehrten dankbar in ihre Stadt zurück.[160] Am darauffolgenden Sonntag konnte Althaus in seiner Predigt der Dankbarkeit Ausdruck geben, daß seine Universitätsstadt vom Krieg weitgehend verschont geblieben sei.[161]

Heute muß man sich zu Althaus zwei Fragen stellen. Erstens: Hatte seine Unterstützung des Nationalsozialismus irgendwelche Nachwirkungen? Zweitens: Hat er seine politische Haltung noch einmal überdacht und entweder Reue oder ein Schuldgefühl über seine frühere Einstellung geäußert? Nach dem Krieg schien Althaus' Schicksal zunächst gesichert. Er war sogar Mitglied der Dreierkommission, die die Amerikaner zur Entnazifizierung der Universität eingesetzt hatten. Die Kommission agierte jedoch sehr langsam und verlor schließlich das Vertrauen der amerikanischen Behörden. Erlangen geriet in den Ruf, seine Professoren und Dozenten sehr nachsichtig zu behandeln und sogar Leute einzustellen, die woanders entlassen worden waren.[162] Am 12. August 1946 schrieb Hans Meinzolt vom bayerischen Kultusministerium an Althaus mit dem Vorschlag, sich aus dem öffentlichen Leben vielleicht etwas zurückzuziehen. Es gäbe Vorwürfe gegen sein Verhalten während der Zeit des Nationalsozialismus, und er würde ihm empfehlen, auf höhere Ämter zu verzichten, seinen Posten als Prodekan seiner Fakultät zur Verfügung zu stellen und diese Schritte mit seinem Gesundheitszustand zu begründen. Auf diese Weise könnte er vermutlich weiterhin ungestört lehren und schreiben.[163] Meinzolt empfahl ihm weiterhin, die Situation mit seinem Rektor zu besprechen, aber nicht den Eindruck zu vermitteln, daß auf ihn Druck ausgeübt werde. Und außerdem, falls er, Althaus, diesen Brief als Druckmittel ansehe, würde Meinzolt es vorziehen, ihn als »nicht geschrieben« zu betrachten.[164]

Der geheimdienstartige Ton dieses Briefes zeigt die Bemühung des bayerischen Kultusministeriums, die Entnazifizierung zu unterlaufen oder sie zumindest abzumildern. Außerdem zeigt er Meinzolts Sorge, daß man ihm später vorwerfen könne, Althaus manipuliert zu haben, was mit den Prinzipien der akademischen Freiheit nicht vereinbar sei.

Trotz dieses guten Rats fand Althaus seinen Namen auf der Liste von 76 entlassenen Professoren, die am 3. Februar 1947 herauskam.[165] In einem Zeitungsartikel dieses Tages hieß es, daß die ihm vorgeworfenen Verfehlungen sich u. a. auf seine Bücher *Die deut-*

*sche Stunde der Kirche* (1933) und *Obrigkeit und Führertum* (1936) bezogen, in denen er die Ereignisse des Jahres 1933 begrüßt, den Verrat an der Weimarer Republik gerechtfertigt und die Demokratie lächerlich gemacht habe. Außerdem wurde ihm vorgeworfen, seine Position in der Entnazifizierungskommission der Erlanger Universität dazu benutzt zu haben, die Wiedereinsetzung antidemokratischer Professoren zu betreiben.[166]

Althaus hatte bereits viel Post auf das Gerücht hin erhalten, daß er in Schwierigkeiten sei. Helmut Thielicke zum Beispiel, der bei ihm studiert hatte, schrieb im November und versicherte ihn seiner Unterstützung. Zwar möge Althaus' theologische Richtung falsch gewesen sein, aber, so fügt er hinzu, die wissenschaftliche Forschung wäre zerstört, wenn Irrtümer »einfach liquidiert« würden. Man müsse sich weiterhin irren dürfen.[167]

Einige Wochen später schrieb ihm ein anderer ehemaliger Student, daß er den Glauben an jegliche Gerechtigkeit verloren habe. »Sie können sich nicht vorstellen, was Sie, gerade Sie, uns an Kraft, Mut und Unterstützung in den Jahren des Kirchenkampfes gegeben haben, in unseren Untergrundkämpfen gegen die gewaltige Macht der Nazis.«[168]

Einige Tage nach Althaus' Entlassung ließ Dr. Künneth, Dekan der Erlanger Synode, eine geheime Erklärung zirkulieren, in der der Widerstand der Kirche gegen die Entnazifizierungspolitik an der Universität zur Sprache kam. Auch die Kirche sei zwar für einen Reinigungsprozeß, habe aber ihre Zweifel, daß die Entnazifizierung hierzu das richtige Mittel sei. Deshalb hatte die Kirche bei der amerikanischen Militärregierung eine allgemeine Erklärung zu diesem Problem abgegeben.[169] Aber allgemeine Erklärungen und Stellungnahmen halfen Althaus nicht. Er mußte zusehen, daß er Zeugenaussagen für seine Verteidigung zusammenbekam, für ihn ein »widerliches Geschäft«.[170]

Thielicke verfaßte eine dieser Aussagen. Er beginnt, indem er sich als ein Mitglied der Bekennenden Kirche ausweist, als jemand, der 1940 in Heidelberg seinen Posten verloren hatte und dann bis 1945 mit Rede- und Reiseverbot belegt war. Thielicke räumt ein, daß Althaus 1933 Begeisterung für den Nationalsozialismus gezeigt habe, seiner Ansicht nach sei es aber eher der Nationalismus und nicht der Nationalsozialismus gewesen, der ihn bewegt habe. Althaus habe sich absolutistischen Anmaßungen stets widersetzt. Und als der Nationalsozialismus sein wahres Gesicht zu zeigen begann, sei er zum Widersacher geworden.[171] Diese letzte Behauptung wird nicht belegt und scheint auch etwas übertrieben zu sein.

Im Frühjahr 1947 unternahm es Karl Heine, Aussagen von Althaus' ehemaligen Studenten zugunsten ihres Professors zu sammeln. Heine war 1937 wegen seiner Aktivitäten für die Bekennende Kirche von der Marburger Universität verwiesen worden. Daraufhin ging er nach Erlangen, von dem er behauptet, es habe den Ruf einer Zufluchtstätte für Theologiestudenten der Bekennenden Kirche besessen. Heine zufolge gebührte Althaus das Verdienst, die dortige Atmosphäre mitgeschaffen und ihm persönlich Hilfe in finanziellen und bürokratischen Dingen gewährt zu haben. Er sei weiterhin in der Bekennenden Kirche aktiv gewesen, habe unter Gestapo-Beobachtung gestanden, aber Althaus habe die Gefahr ignoriert.[172]

Schließlich, am 30. Dezember 1947, gab der für Althaus zuständige Entnazifizierungsausschuß seine positive Entscheidung bekannt:[173] Im Februar 1948 wurde sie auch von der Militärregierung akzeptiert, und Althaus erhielt seine Lehrbefugnis zurück.[174] Nach diesem unangenehmen Zwischenspiel blieb er in Erlangen, lebte und arbeitete dort als hochgeachteter Bürger, unterrichtete bis zu seiner Emeritierung und predigte und publizierte bis zu seinem Tod im Jahre 1966.

Hat Althaus während der Kriegsjahre und nach der Niederlage Deutschlands seine frühere politische Haltung noch einmal überdacht? Wie schon erwähnt, findet sich nach 1937 die alte Begeisterung nicht mehr, und sie löste sich zweifellos in Enttäuschung auf, zumindest während der Kriegsjahre. Eine Sammlung seiner Predigten aus diesen Jahren gewährt uns einen gewissen Einblick in diesen Prozeß. Im November 1941 stellt er fest: »Wie süß klingt das Wort Friede uns heute in den Ohren!«; doch warnt er streng davor, »wehleidig und weich« zu werden. »In der Weltgeschichte geht es immer wieder sehr hart zu, und das ist nicht ohne Gottes Willen.« Jesus sagt »Sei tapfer!«; unser Gott ist der Gott, »der unsere Söhne von uns gefordert hat«.[175] Karfreitag 1942 ist er überzeugt: »Wir sind dieses Kriegs nicht mehr Herr«; aber auch davon, daß das Licht auf die Finsternis folgt.[176]

Im Januar 1946 predigte Althaus über den Römerbrief, 13 und den Gehorsam gegenüber der Obrigkeit. In dieser Predigt findet sich der Ton der dreißiger Jahre nicht mehr. Althaus unterstreicht den Gehorsam gegenüber der Obrigkeit – aber nur dann, wenn diese Gottes Gebote achtet:

»Darin besteht die tiefste Würde eines Staates, daß er auf diese Gebote hält. Jede Obrigkeit, welche diese Grundgebote verachtete und vernachlässigte, entwürdigte und befleckte ihr Amt. Der Staat, der nicht mit hohem Ernste darauf hielte, daß das Leben des einzelnen Menschen und die Ehe heiliggehalten wird, hätte seinen Gottesberuf verraten, er verdiente den hohen Namen Obrigkeit nicht mehr. Aber solange er Ernst macht mit Gottes Geboten, ist der Staat ehrwürdig für uns und selber ein Gesetz, dem wir zu gehorchen haben.«[177]

Zwar treibt er diesen Punkt nicht auf die Spitze im weiteren Verlauf der Predigt, aber vielleicht war das auch nicht nötig. Und obwohl sich einige der Ambivalenzen seiner früheren Schriften auch hier noch finden, scheint seine Enttäuschung deutlicher fühlbar zu sein.

In seiner Weihnachtspredigt 1943 bereits werden die Leiden des Krieges stärker und betonter angesprochen, außerdem scheint er vor der nazistischen Kriegführung zu warnen. Obgleich der Krieg schon immer übel war, seien ihm »seit dem ersten Weihnachtsfest« Grenzen gesteckt worden. Man sei nicht nur der Feind seines Feindes, sondern auch sein Bruder, »das setzt heute dem totalen Krieg eine innere Grenze und erinnert uns an ... die Mitmenschlichkeit«.[178] Am Karfreitag 1944 erinnert Althaus seine Zuhörer daran, daß Jesus die Bequemen aufscheucht und Staaten und Völker daran erinnert, daß sie nicht »das Höchste und Letzte« seien.[179]

Die vielen Hinweise auf eine kritische Einstellung, die sich in diesen Predigten finden, die Weigerung, sich heroisch oder triumphierend zum Krieg zu äußern, lassen die Spannung darauf steigen, was Althaus dann nach dem Sturz der Nazis zu sagen haben würde. Seine erste Predigt nach der Ankunft amerikanischer Truppen in Erlangen beginnt mit einem Hinweis auf die harten Zeiten und das verhältnismäßig günstige Schicksal der Erlanger Bürger, für das sie Gott danken müssen. Waren also, so fragt er, alle Opfer umsonst? Er beantwortet die Frage tröstend, denn kein Gott gebrachtes Opfer ist vergeblich, selbst wenn sein Sinn verborgen sein mag. Anschließend benutzt er eine Sprache, die Schuld und Fehlverhalten ahnen läßt: »Diese [Gottes] Hand – wir können es nicht verschweigen – ist heute auch die Hand des Richters.«[180] In den letzten Monaten des Krieges hätten mehr und mehr Menschen erkannt:

»... einen Niederbruch wie diesen kann man nicht nur politisch-militärisch verstehen und deuten. Hier muß man tiefer blicken. Wir haben es schon lange gefühlt, der Segen Gottes lag nicht mehr auf unserem Wege... Warum denn? Viele von uns haben seit langem darüber gegrübelt. Ich glaube, es gibt keine andere Antwort als diese: unser öffentliches Leben wußte nichts mehr von der Furcht Gottes, die der Weisheit Anfang ist.«[181]

Althaus meint zudem, daß die Kirche nicht versuchen sollte, ihrer Schuld auszuweichen; sie hätte lauter warnen sollen. Und er fürchtet noch ein böses Erwachen, den zu vieles sei noch gar nicht bekannt. Deutschland war darauf aus gewesen, die Welt zu gewinnen, und hatte dabei seine Seele verloren – Althaus hofft, daß die Kirche die Geistigkeit des deutschen Volkes wiederherstellen wird.[182]

In nachfolgenden Predigten kehrt Althaus zu diesen Themen der Schuld und dem Schrecken der deutschen Verbrechen zurück. Im Mai 1945 zum Beispiel spricht er nach der Kapitulation über die Bedeutung des Satzes von der Vielzahl der Sünden: »Heute ist die Sünde sündig geworden wie noch nie... Was für ein Maß der Lüge und Brutalität und Gemeinheit.«[183] Er zitiert seinen Predigttext *Die Liebe deckt auch der Sünden Menge*[184] und meint, daß die Deutschen wie nie zuvor die praktische Bruderliebe lernen müßten. In der darauffolgenden Woche spricht er über den

»schlimme[n] Geist, der die letzten zwölf Jahre beherrscht hat – was an ihm schlimm war, das soll jetzt ausgetrieben werden, aus unserem ganzen öffentlichen Leben, aus der Rechtsprechung, aus der Presse, aus der Schule und Erziehung. Das wollen die Siegermächte. Das wollen wir selber, und wir sind gewiß: Gott will es so.«[185]

Im Dezember wendet sich Althaus der Frage der Barmherzigkeit zu. Wenn die Deutschen jetzt darum bitten, so wird man sie fragen: »Seid ihr Deutschen denn barmherzig gewesen, mit den Polen, mit den Juden und so weiter?«[186] Und dann beschreibt er die deutsche Regierung der letzten zwölf Jahre als

»gegen Gottes Gebote aufgelehnt in frechem Übermut und sie mit Füßen getreten – eins um das andere: du sollst nicht morden, du sollst die Ehe heilighalten, du sollst nicht stehlen und rauben, du sollst nicht lügen.«[187]

Diese Predigten sind eindrucksvolle Schulderklärungen. Sie zeigen Althaus' Verurteilung des Dritten Reiches, und diese Verurteilung erscheint ebenso einleuchtend wie aufrichtig. Bei diesem Schuldbekenntnis gibt es nur ein Problem. Es ist eine pluralisch-allgemeine Aussage statt einer singulär-spezifischen. Althaus gibt nirgendwo offen und geradeheraus zu, daß er einen Fehler gemacht hätte. Für sein Entnazifizierungsverfahren bereitete er eine mehrseitige Aussage vor, in der er seine Schriften der dreißiger Jahre verteidigt. Auf diesen Seiten findet sich nicht die selbstgerechte Verteidigungshaltung Kittels, es ist aber auch keine Reue zu spüren. Er bedauert den Zeitpunkt des Erscheinens des *Ansbacher Ratschlags* und daß dieser von den Deutschen Christen so begeistert aufgegriffen wurde, während er doch lediglich eine Anti-Barth-Haltung hatte ausdrücken wollen. Auch sei vieles in *Die deutsche Stunde der Kirche* viel zu sehr dem Augenblick verhaftet gewesen und daher verfrüht und falsch. Trotzdem schäme er sich dessen auch nicht am heutigen Tage.[188]

1957 veröffentlichte Althaus den Artikel *Luthers Lehre von den beiden Reichen im Feuer der Kritik.*[189] Er gibt zu, daß Luthers Lehre an Hitlers Aufstieg einen Anteil gehabt haben könnte. Sofern er diese Zusammenhänge sieht, wirft er sie allerdings nicht Luther, sondern seinen Anhängern vor.[190] Allerdings, so meint er, seien die Katholiken ebenso bereit gewesen, Hitler zu unterstützen wie die Lutheraner;[191] die Gelegenheit, diese Frage aus dem Blickwinkel seiner eigenen Erfahrung weiter zu verfolgen, nimmt Althaus dabei nicht wahr.

## 5. Schluß

Was waren die bestimmenden Faktoren in Paul Althaus' Charakter? Zunächst einmal war er Christ. Zu keiner Zeit hat er fundamentale Elemente seines Glaubens der Begeisterung für den Nationalsozialismus geopfert. Das zeigt sich an seinem Widerstand gegen die Deutschen Christen, an seiner Verteidigung des Alten Testaments und seiner Abneigung, Fragen wie jene nach dem eventuell nichtjüdischen Jesus überhaupt in Erwägung zu ziehen. Außerdem besteht kein Zweifel, daß seine Reaktion auf 1933 zumindest teilweise aus dem Wunsch kam, das Christentum für das deutsche Volk attraktiv und bedeutsam zu gestalten, indem er es mit Themen und Vorstellungen aus einer »völkischen« Ideologie verband.

Aber ein zweiter wichtiger Charakterzug war Althaus' patriotischer, romantischer Konservatismus. Seit seiner Polenerfahrung im Ersten Weltkrieg stand die »Sache des deutschen Volkes« seinem Herzen sehr nahe. Seine spätere Diagnose der politischen Situation kombinierte eine christliche, moralische Aversion gegen urbanen Säkularismus und linke Politik mit einer Affinität zu neokonservativen Vorstellungen: ein mystisches, organisches »Volk«; ein relativer Antisemitismus und der Glaube an die Wiedergeburt der Gemeinschaft durch Disziplin, Gehorsam gegen die Obrigkeit, Nationalstolz und Einheitlichkeit. Diese Elemente finden sich in Althaus' Theologie der Ordnungen. Er war bemüht, jener Ordnung und Form deutschen Lebens, wie er sie sich vorstellte und wünschte, Gottes Zustimmung zu verschaffen.

Der gemeinsame Nenner hierbei ist für Althaus der Widerstand gegen die Moderne. In der modernen Welt sah er »eine ganz bestimmt zersetzte und zersetzende großstädtische Geistigkeit«.[192] Diese Form der Geistigkeit empörte seine christliche Moralität, seinen Ordnungssinn und, wegen der gleichzeitigen Demütigung Deutschlands nach dem Krieg, seinen Nationalstolz. Die politische Alternative lag für Althaus im Widerstand gegen jene Ordnungslosigkeit und Instabilität, die er so fürchtete. Er sehnte sich nach einem Deutschland, in dem die Menschen stark und einig waren, mit einem machtvollen Staatsapparat und einer geachteten Kirche, ein Land, in dem jeder seinen Platz im Leben als Gottes Fügung annahm. Mit solchen politischen Gefühlen war Althaus nicht in der Lage, der Weimarer Republik irgend etwas Positives abzugewinnen, und er sah sich selbst in grundsätzlicher Übereinstimmung mit Hitler.

Rückblickend wird allerdings offenkundig, daß Althaus sich doch nicht in grundsätzlicher Übereinstimmung mit Hitler befand. Seine Tugenden bewahrten ihn davor. Er war klug und von intellektueller Aufrichtigkeit, und er war der geborene Vermittler. Aufgrund dieser Fähigkeiten durchschaute er die abscheulichsten Theorien der Nazis und der Deutschen Christen und lehnte sie ab; als Mann der Kompromisse versuchte er stets, in Sichtweite zur Bekennenden Kirche zu bleiben und eine Einstellung beizubehalten, die sie nicht abstoßen würde. Dennoch ist gesagt worden, daß Althaus in seiner Beziehung zum Dritten Reich der Schuldhafteste unter allen evangelischen Theologen war.[193] Bei dieser Theorie geht man davon aus, daß die öffentliche Wirkung seiner Unterstützung Hitlers gerade wegen ihrer maßvollen Form besonders groß war. Die Deutschen Christen hatten letztlich wenig Einfluß in der evangelischen Kirche; man konnte über sie hinweggehen, weil sie oft die extremsten Dinge vorbrachten. Aber Althaus genoß ohnehin großen Respekt und machte niemals eine unvorsichtige Bemerkung. Jede Einschränkung, jede Mahnung setzte ein weiteres Zeichen der Bestätigung seiner umfassenden Unterstützung des nationalsozialistischen Staates. In seinen Schriften der Jahre 1933 bis 1937 verteidigte Althaus den totalitären Staat, das Führerprinzip sowie völkische Ideale im allgemeinen und das »gute Regiment« Hitlers im besonderen. Nach 1937 hörten Althaus' politisch ausgerichtete Publikationen jedoch auf. Mit größter Wahrscheinlichkeit liegt der Grund in einer Enttäuschung über das Naziregime. Aber Althaus hat niemals offen widerrufen. Die Öffentlichkeit, die seine Lobpreisungen des Nationalsozialismus gelesen hatte, erhielt niemals eine korrigierte Aussage und hatte zu keiner Zeit Grund zu der Annahme, er habe seine Meinung geändert. Und aus all dem heraus trifft Althaus eine große Verantwortung für den Mangel an breitem protestantischen Widerstand gegen den nationalsozialistischen Staat.

Wo sind Althaus' Fehler zu suchen? Eine nicht einfach zu beantwortende Frage. Er plädierte für eine aktivere Kirche, die ihre Botschaft jenen Themen und Sorgen öffnen sollte, mit denen der moderne Mensch sich auseinanderzusetzen hatte. In sich betrachtet ist dies ja kein Fehler. Auch ein ganz anderer Mann, nämlich Dietrich Bonhoeffer, vertrat in seinen Briefen aus dem Gefängnis diese Auffassung; und seit dem Krieg ist es ein beherrschendes Thema für eine politisch-historisch bewußte Theologie. Auch Paul Tillich, der Zeitgenosse von Althaus, bemühte sich um eine Anpassung der Kirche an die Probleme des modernen Menschen, allerdings war sein Anliegen die Bestätigung des Sozialismus, der Arbeiterklasse und der modernen Kultur. Das Kernthema ist also neutral. Es steht und fällt mit der politischen Welt oder dem politischen Ideal, dem es zugeordnet wird.

Auch Althaus' Klugheit und intellektuelle Aufrichtigkeit stehen außer Zweifel. Er scheint weder mit Voreingenommenheiten behaftet noch auf seinen Vorteil bedacht gewesen zu sein. Auch war er kein Irrationalist, wenn man einmal davon absieht, daß sich

Christentum und romantischer Idealismus beide jenseits der Vernunft bewegen. Er glaubte an die mystische Wirklichkeit von Gott und Volk – beides außersinnliche, nicht dinglich greifbare Begriffe. Dennoch ging er vernünftig mit ihnen um. Er war kein Fanatiker. Im Gegenteil: Althaus war ein vorsichtiger und gemäßigter Mann, der sich selbst in einer Mittlerrolle sah.

Maßhalten wird im allgemeinen nicht als Fehlverhalten verurteilt. War es vielleicht im Falle Althaus etwas anderes? Gerhard Niemöller hat Althaus beschuldigt, den Kompromiß mit dem Teufel versucht zu haben. Das Ergebnis könne dann nur eine partielle Bestätigung des Bösen sein.[194] Doch dies ist die Kritik eines Partisanen, der an die absolute Wahrheit oder Lüge spezifischer theologischer Positionen glaubt. Außer durch einen Glaubensakt ist es unmöglich, die Theologie der Deutschen Christen gänzlich zu dämonisieren. Sie war eher eine von vielen konkurrierenden Ideen und als solche ein anscheinend legitimes Objekt für Althaus' Vermittlung. Ein weiterer Fehler einer solchen Analyse ist die Annahme, daß Althaus in gewissen Punkten den Deutschen Christen nachgab und Kompromisse mit seinen eigenen Überzeugungen einging. Das Gegenteil ist der Fall: Jene politischen und theologischen Überzeugungen, die er mit den Deutschen Christen teilte, waren auch seine eigenen. Niemöller kann ihm nicht vorwerfen, einen Kompromiß mit dem Bösen geschlossen zu haben; er muß Althaus dafür verantwortlich machen, daß er für das Böse eingetreten war.

Eine säkularisierte Version von Niemöllers Kritik könnte sein, daß Althaus die Grenzen des politischen Spektrums verkannt habe, als er seinen Platz in der Mitte suchte. Er hat auf jeden Fall die Linke ausgelassen, wenn er in seiner Analyse nur jene Menschen und Gruppen anerkannte, die die nationalsozialistische Regierung allgemein akzeptierten. Seine Selbsteinschätzung als Gemäßigter wird hier zumindest teilweise in Frage gestellt. Allerdings ist einzuräumen, daß Menschen sich ihre Vorstellung von Mäßigung aus ihrem persönlichen Milieu heraus bilden. Maßvolles Verhalten kann nur von einer Norm her bestimmt werden, und für die meisten Menschen sind Normen national definiert. Deshalb sollte man Althaus vielleicht Kirchturmpolitik und seine bornierte, deutsche Sicht zum Vorwurf machen. Das hätte den Vorteil, mit Althaus' Vorstellung von sich selbst übereinzustimmen, denn er sonnte sich in dem Gedanken, daß seine Ideen, sein Streben und selbst seine christlichen Überzeugungen von der Beziehung zu seinem Volk bestimmt wurden. Gewisse Normen der westlichen Zivilisation und die Normen der traditionellen Zwei-Reiche-Lehre lehnte er bewußt ab mit dem Argument, daß die neue »Volksidee« andere Überlegungen überwiege. Somit kann Althaus nur im Rahmen dieser Idee, wie sie in den dreißiger Jahren in Deutschland verstanden wurde, als gemäßigt eingestuft werden. Die völkische Ideologie wurde für ihn zum großen Schwachpunkt.

Die von Althaus entwickelte Theologie enthält kein wirklich unakzeptierbares Element, aber im nachhinein wird klar, daß eines ihrer zentralen Motive sehr gut zum Nationalsozialismus paßte. In seiner »Schöpfungsordnungstheologie« befaßte er sich mehr mit dem Gesetz als mit dem Evangelium. Dadurch konzentrierte er seine Aufmerksamkeit auf Moral, Ordnung und Stabilität und konnte die Weimarer Republik als den Zusammenbruch einer von Gott intendierten Ordnung betrachten. Indem er die traditionelle Gesellschaftsordnung vor der Weimarer Republik mit Gottes Willen gleichsetzte, wandte sich Althaus gegen die Fortschrittskonzeption und gegen die revolutionären Ideologien der Linken, die gehofft hatte, die Gesellschaft zu erneuern und zu verbessern, und bestätigte die autoritären und paternalistischen Züge des Nationalsozialismus.

Am Ende waren weder Althaus' Theologie, seine Klugheit, seine persönlichen Qualitäten noch seine Rolle als Vermittler entscheidend in seiner Unterstützung einer Bewegung, die er zu spät als ein bösartiges Phänomen erkannte. Entscheidend war die Krise der Moderne, die in ihm die Furcht vor einer instabilen, modernen, säkularen Welt hervorrief. Im Widerstand gegen diese Instabilität baute er eine theologische und eine politisch-intellektuelle Position auf und verließ sich auf das »völkische« Gedankengut als Basis für beide. Althaus richtete seine Berufsethik nicht nach dem Nationalsozialismus, wie Kittel es tat; auch fühlte er sich der Bewegung nicht so radikal verpflichtet wie Emanuel Hirsch. Aber seine »völkische« Haltung band ihn länger und fester an das Dritte Reich, als er es hätte zulassen sollen.

# 4. Kapitel:
# Emanuel Hirsch – Der Nazi-Intellektuelle

## 1. Einleitung

Emanuel Hirsch (1888–1972) war eng mit Paul Althaus befreundet und Zeitgenosse von Althaus und Gerhard Kittel. Auch er unterstützte den Nationalsozialismus. Aber er unterscheidet sich in mehrfacher Hinsicht von beiden. Hirsch war weniger gemäßigt als Althaus. Ihn zeichnete Radikalismus ebenso aus wie die Mäßigung Althaus. Auch war er eindeutig intellektueller als seine beiden Kollegen, zumindest in dem Sinne, daß er sich stärker und bewußter des intellektuellen Erbes des 19. Jahrhunderts bediente und es zu einem wichtigen Teil seines Denkens machte. Kittel scheint auf seine Ängste und Sorgen eher instinktiv reagiert zu haben, um dann seine besonderen Fähigkeiten und sein Wissen in den Dienst des konservativen deutschen Nationalismus und der nationalsozialistischen Ideologie zu stellen, mit einer oberflächlichen und defensiven Kritik an der aufgeklärten Modernität. Paul Althaus nahm eine ähnlich konservative nationalistische Haltung ein. Auf intelligente und vernünftige Weise aus dem traditionellen Luthertum kommend, setzte er sein Wissen und seine Prinzipien für die von ihm gewählte politische Position ein. Auf diese Weise hielt er eine größere Distanz zum Nationalsozialismus, besonders ab Mitte der dreißiger Jahre, und war weniger unmittelbar in die Nazibarbareien verwickelt als Kittel. Im Vergleich zu diesen beiden Männern war Emanuel Hirsch intellektuell geschmeidiger, stärker historisch-philosophisch orientiert, kannte sich in den geistigen Entwicklungen des 19. und frühen 20. Jahrhunderts besser aus, war sich der intellektuellen Krise des 20. Jahrhunders deutlicher bewußt und wurzelte tiefer im Existentialismus, der die besten Theologen seiner Generation prägte. Und auf dieser breiteren Basis baute Emanuel Hirsch eine stärkere Bindung an das nationalsozialistische Ideal auf.

Hirsch stellt in der vorliegenden Untersuchung den Kulminationspunkt dar. Bei Intellektuellen und Theologen des Dritten Reiches stellt sich die Frage, ob ihr intellektuelles und geistiges Erbe ihre politischen Entscheidungen begünstigt hat oder nicht. Tatsächlich geht die Frage sogar noch weiter. Kann man angesichts der Krise der Vernunft in diesem Jahrhundert vom abendländischen, christlichen Erbe erwarten, daß es einen intelligenten Menschen zu einer akzeptablen politischen Haltung führt? Bei Althaus und Kittel war das nicht der Fall. Beide waren intelligent und angesehen, aber beide vertraten einen politischen Standpunkt, der historisch nicht respektiert wird. Auch Hirsch war intelligent und respektiert; und er widmete sich der Suche nach einem Verständnis des intellektuellen und spirituellen Erbes des Abendlandes auf intensivere Weise, drang tiefer in die Krise der Zeit ein. Statt ihn aber vor Irrtümern zu bewahren, ließ ihn dies zu einem noch stärkeren Befürworter Hitlers und des Nationalsozialismus werden. Die Rekonstruktion seiner Laufbahn versucht, hierfür Erklärungen zu finden.

Emanuel Hirsch wurde am 14. Juni 1888 im preußischen Brandenburg als Sohn eines lutherischen Pastors geboren. Er wandte sich fast selbstverständlich der theologischen Laufbahn zu, und 1906, nachdem die Familie nach Berlin umgezogen war, begann er dort mit seinem Theologiestudium. Es war die Ära von Harnack und Seeberg, doch Hirsch entschied sich, bei Karl Holl, dem Vertreter der Luther-Renaissance, zu studieren, von dem er später mit großer Bewunderung sprach.[1] Während seiner gesamten beruflichen Tätigkeit richtete er sich nach Holls Reinterpretation Luthers für die moderne Zeit und durchsetzte sie mit Nationalismus und Patriotismus.[2]

Als Student wurde Hirsch Mitglied beim Wingolfsbund, einer christlichen Studentenverbindung. Hier fand er verstärkten Widerhall des konservativen Nationalismus, den er von zu Hause kannte. Außerdem bescherte ihm der Bund die erste wichtige Freundschaft auf der Basis gemeinsamer theologischer Interessen, denn Paul Tillich war ebenfalls Mitglied. Es wurde eine fruchtbringende Freundschaft, wobei Tillich zunächst einmal vorschlug, Hirsch solle sich mit Fichte befassen.[3] Aus mehreren Gründen wurde dieser Philosoph rasch zu einem wichtigen Gewährsmann in Hirschs intellektueller Entwicklung. In Fichtes Erkenntnislehre, basierend auf dem ethischen Idealismus, findet sich die Hochschätzung moralischer und geistiger Werte. Außerdem hebt Fichte die Bedeutung politischer Verantwortung und politischen Handelns hervor; seine Schriften aus der napoleonischen Zeit geben dafür gute Beispiele. Hirsch verfaßte seine Habilitationsschrift über Fichte, die in verkürzter Form 1914 veröffentlicht wurde.[4]

Nach Luther und Fichte war Søren Kierkegaard die dritte wichtige Gestalt für Hirschs Entwicklung. 1920 begann er, anscheinend aus eigenem Antrieb, sich ernsthaft mit Kierkegaard zu befassen.[5] 1922 reiste er nach Kopenhagen und traf Eduard Geismar, einen führenden Kierkegaard-Forscher in Dänemark. Hirsch, seine erstaunliche Auffassungsgabe und intellektuelle Intensität beweisend, lernte rasch Dänisch, um Quellen und Sekundärliteratur in der Originalsprache lesen zu können.[6] Schon 1923 war er in der Lage, einen von Geismars Aufsätzen für eine deutsche Zeitschrift zu übersetzen und dem Werk eine eigene, wesentliche Einführung voranzustellen. Während der zwanziger Jahre führten Geismar und Hirsch ihre Kierkegaard-Studien als Kollegen durch, und Hirsch brachte 1933 ein bedeutendes Werk über Kierkegaard heraus, das noch heute als Klassiker häufig zitiert wird.[7]

Hirsch begann seine akademische Laufbahn 1912 als »Inspektor des theologischen Stiftes« an der Universität Göttingen. 1914 übernahm er die gleiche Position an der Universität Bonn. Im darauffolgenden Jahr wurde er Privatdozent für Kirchengeschichte in Bonn, blieb dort bis 1917, ließ sich beurlauben, um in einer Gemeinde in Baden zu wirken. 1921 erhielt er aus Göttingen den Ruf an den Lehrstuhl für Kirchengeschichte und kehrte dorthin zurück. 1936 übernahm er den Lehrstuhl für systematische Theologie und blieb dann auch Professor an der Universität Göttingen bis 1945.[8]

Gegen Ende des Krieges wurde Hirsch dort seiner Position enthoben. Er war erst siebenundfünfzig Jahre alt und offensichtlich noch nicht bereit, sich pensionieren zu lassen, denn er forschte und schrieb noch weitere fünfundzwanzig Jahre lang. Die offizielle Begründung für seine Amtsenthebung lautete »nachlassende Sehkraft«. Doch Hirsch war bereits seit mindestens 1931 fast blind. Die plausibelste Deutung dieser Ereignisse ist wohl die, daß man Hirsch wohlwollend gehen ließ, bevor seine prominente Stellung zu legalen Auswirkungen in Form eines Entnazifizierungsprozesses geführt hätte. Seine Kollegen kannten seine unhaltbare Politik und räumten ihm Hindernisse aus dem Weg.[9] Hirsch erlitt finanzielle Einbußen, aber er kam niemals wegen der Rolle, die er im Dritten Reich gespielt hatte, vor ein Gericht.[10]

Man muß Hirsch als eine Hauptfigur in der deutschen Theologie des 20. Jahrhunderts ansehen. Sicherlich war er der führende Kierkegaard-Experte seiner Generation; ebenso leistete er bedeutende Beiträge zur Luther-Forschung und zur systematischen Theologie. Er publizierte sehr viel, gab mehrere Zeitschriften heraus und war einer der führenden Teilnehmer an politischen Diskussionen und kirchenpolitischen Aktionen der zwanziger und dreißiger Jahre. Wolfgang Trillhaas schrieb später unter Hinweis auf Hirschs umfassendes Wissen: »Man wäre geneigt zu sagen: Hirsch war der letzte Fürst der ... evangelischen Theologie.«[11] Außerhalb Deutschlands und nach 1945 war Hirsch längst nicht so bekannt wie die drei Großen, Barth, Bultmann und Tillich. Einer der Gründe dafür liegt sicherlich in seiner so sehr auf Deutschland konzentrierten Arbeit. In vielem, was er schrieb, sprach er bewußt nur die Deutschen an. Ein weiterer und sicherlich wichtigerer Faktor ist, daß er nach 1945 zur persona non grata wurde. Seine Unterstützung des Nationalsozialismus konnte nicht ignoriert werden.

Es ist häufig vorgebracht worden, daß der Nationalsozialismus, als Ausbruch eines Irrationalismus, über keine intellektuellen Grundlagen verfügt habe und deshalb für eine wirkliche intellektuelle Billigung nicht attraktiv gewesen sei.[12] Der Nationalsozialismus besaß keinen Karl Marx in seinen Reihen. Dies ist aber kein Beweis dafür, daß alle Intellektuellen den Nationalsozialismus unattraktiv fanden, noch dafür, daß die Wissenschaftler zögerten, der nationalsozialistischen Idee der Gesellschaft eine intellektuelle Rechtfertigung zu geben. Genau darin sah nämlich Emanuel Hirsch, Theologe, Philosoph und Historiker, seine Aufgabe.

Das folgende Kapitel will versuchen zu zeigen, daß Hirsch, dessen aktive Laufbahn 1914 begann und 1945 endete, eine konsequente, intellektuell vertretbare politische Ethik und historisch-theologische Philosophie entwickelte, die das nationalsozialistische Regime für Deutschland begrüßte und unterstützte. Er befaßte sich mit drei Hauptthemen, von denen jedes einzelne Krisenausmaß besaß. Von seiner geistigen Einstellung her war Hirsch überzeugter Christ. Er erkannte die Wirkung von Säkularismus, Wissenschaft und Materialismus auf Religion und Moral und beklagte diese Entwicklung. Er nannte sie dekadent und destruktiv und hoffte, zu einer Umkehr beitragen zu können. Als vorrangiges

Ziel galt ihm, dem modernen Deutschen Luthers Bedeutung nahezubringen. Als Intellektueller war Hirsch überzeugter Rationalist. Er weigerte sich, die Errungenschaften und den Wert von Wissenschaft und Vernunft zu leugnen. Er bestand auf intellektueller Redlichkeit und Strenge – Qualitäten, die sich beide in seinen Werken finden. Aber er erkannte auch die Krise des Relativismus und sah ihre Auswirkungen auf die intellektuelle Welt. Daher suchte er sich zwei Säulen, Fichtes Idealismus und Kierkegaards Existentialismus, und hoffte, auf ihnen eine befriedigende Wahrheitstheorie aufbauen zu können. Politisch war Hirsch überzeugter Nationalist. Nach der Niederlage von 1918 brach deshalb die Welt für ihn zusammen. Er sah das deutsche Volk in einen hoffnungslosen Überlebenskampf verstrickt, und er wünschte sich, zur Wiedergeburt deutscher Größe beitragen zu können. Sein ganzes Leben hindurch vereinigte Hirsch spirituelle, intellektuelle und politische Interessen. Sein großes theologisches Ziel war die Ausarbeitung einer politischen Ethik, die im Christentum wurzelte. Er hoffte, dieser Aufgabe mit intellektueller Aufrichtigkeit und Genauigkeit nachzukommen, und ging davon aus, daß das Ergebnis das bestmögliche Rezept für Deutschlands Größe und Glück sein würde.

Weiter oben wurde Hirschs Position als intellektuell vertretbar bezeichnet. Hier liegt vielleicht die entscheidende Frage dieser Untersuchung. Kann man Hirschs politische Haltung aus rein intellektuellen Gründen ablehnen? Meiner Ansicht nach nicht. Im historischen Rückblick ist es freilich leicht, sie zu verwerfen, seitdem wir das Dritte Reich in der deutschen Geschichte zu beklagen haben. Außerdem könnte man seine Auffassungen auch auf der Basis einer bestimmten Haltung zur Demokratie, den Menschenrechten usw. ablehnen. Aber sind diese Ablehnung und die auf ihr beruhenden Wertvorstellungen intellektuell stabiler begründet als die von Hirsch? Genau das ist die faszinierende Frage dieser Untersuchung.

## 2. Hirschs politischer Standort vor 1933

### *a. Die ideologische Grundlage*

Der August 1914, der Beginn des Ersten Weltkrieges, und der Januar 1933, die Machtergreifung durch Hitler, waren die beiden wichtigsten Monate in Emanuel Hirschs Leben. Man kann seine politische Philosophie mit Sicherheit aus den Ereignissen dieser beiden Perioden herleiten, und da politische Ethik einen so entscheidenden Anteil an seiner Theologie und Philosophie hatte, kann sein ganzes Leben am besten von hier aus beleuchtet werden. Der August 1914 bedeutete für Hirsch eine große Vision von der Schönheit und religiösen Bedeutung einer geeinten und entschlossenen Nation. Sie wurde zu seinem gesellschaftlichen Ideal. Deutschlands Niederlage und die Jahre der Weimarer Republik waren für ihn natürlich eine furchtbare Enttäuschung; doch schien Hitlers Aufstieg 1933 die Chance zur Wiedergeburt zu sein.

Der November 1918 und der Mai 1945 waren ebenfalls zwei sehr wichtige Monate in Hirschs Leben: Mit Macht brach die Wirklichkeit der Niederlage über seine Hoffnungen und Träume herein. Aber sie hatten auch eine kreative Funktion. Im November 1918 war er erst dreißig Jahre alt und stand am Anfang seiner Karriere. Er war in der Lage, sich das zu seiner Weltanschauung passende Feindbild zu malen, und entwickelte eine Leidenschaft, die ihm sein ganzes Leben hindurch als Antriebsfeder diente. Die Rolle, die das Jahr 1945 für ihn spielte, ist schwieriger abzuschätzen. In jenem Jahr verschlechterten sich seine Lebensumstände, doch scheint er seine Weltanschauung nicht drastisch geändert oder neu überdacht zu haben.[13].

Diese Weltanschauung hatte in den ersten Tagen des Ersten Weltkrieges konkrete Formen angenommen. Hirsch ging davon aus, daß Deutschland in diesen Krieg hineingezwungen worden war, besonders durch den Druck des imperialistischen England, und die einzig ehrenhafte Reaktion hierauf war das Schwert.[14] In einer Predigt über Jakobs Ringkampf mit Gott (1. Mose 32; 22–32) am 13. September 1914 verkündete Hirsch: »Alle Opfer an Gut und Blut sind nichts als der Versuch, Gott die Entscheidung für uns abzuzwingen; wir lassen ihn nicht, er segne uns denn.«[15] Der Krieg wurde als ein natürliches, unvermeidliches Ereignis in der menschlichen Geschichte angesehen, als Prüfstein für die Ausführung von Gottes Willen:

»Wo aber Großes auf dem Spiele steht, wo es sich darum handelt, welche Rolle ein Volk in der Weltgeschichte der Zukunft spielen soll, wo gar das die Frage ist, ob es überhaupt eine Rolle spielen, ob es fernerhin als selbständiges Volk existieren soll – da wäre es unsittlich, ungläubig, feige, nachzugeben.«[16]

Und noch einmal betonte er:

»Krieg ist ein Gottesurteil, aber nur das Volk hat das Recht, dieses Gottesurteil zu fordern, das bereit ist, sich nötigenfalls in diesem Kriege zu verbluten.«[17]

Die Begeisterung vom August 1914 überlebte bei keiner der kriegführenden Nationen die Schützengräben. Als sich in Deutschland allerdings Friedensbewegungen zu formieren begannen, widersetzte sich Hirsch. Er war ganz und gar für den uneingeschränkten U-Boot-Krieg und die maximale Annexion.[18] Im Frühling 1918 hoffte er immer noch auf den Sieg, wenn Deutschland nur seine Verzagtheit überwinden würde:

»Trotz unserer Zagheit und Unentschlossenheit, trotz unserer zahllosen Torheiten stehen wir da mit der Aussicht auf einen glänzenden Sieg. Aber die entscheidende Antwort auf unser Wagen hat uns Gott noch nicht gegeben.«[19]

Am 21. Oktober 1918, die Hoffnung noch nicht aufgebend, rief er nach einer letzten großen Anstrengung unter des Kaisers Führung.[20]

Natürlich waren Hirschs Hoffnungen auf eine Siegesfeier vergeblich. Wie für viele andere Deutsche, wurde auch für ihn die Niederlage noch bitterer durch den völligen Zusammenbruch der Hohenzollern-Dynastie und des Bismarckschen Staatssystems. Für Sozialdemokraten hatte er nichts übrig.[21] Ebenso widersetzte er sich der Demokratie und machte sie für die Risse in Deutschlands politischem und sozialem Gefüge verantwortlich. Also begann er fast unmittelbar nach der Niederlage, eine Interpretation des deutschen Versagens und ein Rezept für neuerliche Erfolge auszuarbeiten.

Bevor man sich Hirschs Arbeiten aus den zwanziger Jahren zuwendet, muß man wissen, daß er nicht aktiv am Ersten Weltkrieg teilgenommen hatte. Er hatte sich freiwillig gemeldet und war aus gesundheitlichen Gründen abgelehnt worden. Hirsch war sein Leben lang schmächtig, kränklich und hatte schlechte Augen. Er konnte noch nicht einmal, wie Tillich und Barth, als Feldgeistlicher dienen. Am Abend nach seiner Ablehnung vom Militärdienst hörte Hirsch, so schreibt er einmal, aufgeregte Truppen zum Bahnhof marschieren und beklagte sein trauriges Schicksal.[22] Helmut Heiber berichtet über die unverhältnismäßig große Zahl von Menschen im Dritten Reich, die, wegen physischer Unzulänglichkeiten vom Militärdienst ausgenommen, zu brausenden Militaristen und chauvinistischen Kriegshetzern auf dem Papier wurden: »Ausschließlich an der Schreibmaschine ergriff sie die heroische Ekstase; wo es hingegen um das eigene Leben ging, handelten sie durchaus vernünftig.«[23] Möglicherweise wird Hirschs Rolle hier nicht fair gesehen. Ich halte es für unmöglich zu beurteilen, wie er sich im Falle des aktiven Militärdienstes verhalten hätte. Doch haben seine physischen Schwächen vermutlich die Entwicklung seines Denkens beeinflußt. Er sah sich als jemand, der den Kampf mit anderen Mitteln kämpfte, und verglich sogar das Stakkato seiner Schreibmaschine mit dem eines Maschinengewehrs.[24] Bei den sich auf Hirschs Laufbahn richtenden Interpretationen darf man diese psychologische Sicht nicht außer acht lassen.

1920 brachte Hirsch seine erste große Bewertung der deutschen Situation unter dem Titel *Deutschlands Schicksal* heraus, ein Buch, das in den drei darauffolgenden Jahren drei Auflagen erreichte. Dieses Buch gibt den Blick frei auf Hirschs politisch-philosophische Weltanschauung, enthüllt jene Gefühle, die 1914 entstanden waren, und zeigt schon die Position, die er sein ganzes Leben lang beibehalten sollte. Mit der Zeit perfektionierte er sein Werk und brachte in den dreißiger Jahren viele neue Konzeptionen heraus, aber die eigentliche Kernthese war schon ausgearbeitet.

*Deutschlands Schicksal* begann als eine im Sommer 1920 vor Studenten gehaltene Rede. Hirsch hatte sich vorgenommen, der deutschen Geschichte, die man kurz zuvor als so verwirrend und komplex erfahren hatte, den Schleier des Rätsels zu nehmen und für die Studenten verständlich zu machen.[25] Außerdem rät er ihnen zu erkennen, daß die Geschichte »Gewissensfragen« stellt, die nur von »Gewissensentscheidungen« gelöst werden können. Und dann fordert er sie auf, die Probleme mit ihm zu durchdenken, ein offenes, ruhiges Bewußtsein zu behalten und ihre eigenen Entscheidungen zu treffen.[26] Diesen Vortrag nahm Hirsch als Ausgangspunkt und entwickelte sein Buch daraus.

In der Einleitung zu seinem Buch verteidigt er den Wert, den er der Geschichte beimißt. Nach Niederlage und Revolution sei der einzige gemeinsame Nenner in Deutschland »für die Edleren unter uns« die Sorge um Deutschlands Schicksal.[27] Sämtliche Lösungsvorschläge seien umstritten. Aber von einem ist Hirsch überzeugt: Deutschlands Führer müssen die »Gesetze alles geschichtlichen Zusammenlebens von Menschen« sehr genau kennen, und das kann nur dann der Fall sein, wenn der neuen Studentengeneration Geschichte ordentlich beigebracht wird.[28] Hirsch macht noch eine letzte Anmerkung zu dieser historischen Aufgabe: Er will sie nicht chronistisch-empirisch angehen, sondern durch »die geschichtsphilosophische Besinnung«. Ersteres sei zwar nicht unkorrekt, doch sein Interesse und seine Ausbildung drängten ihn zu einer wissenschaftlichen Beleuchtung dieser Besinnung.[29]

Es wird sehr schnell offensichtlich, daß Hirschs historische Besinnung zum Teil das gedankliche Erbe des 19. Jahrhunderts in düsterem Licht sieht. Neben guten Naturwissenschaften sei eine schlechte Philosophie produziert worden:

»Was uns heute fehlt, ist die Besinnung auf die letzten Gründe all unsrer politischen wie sozialen, geschichtlichen Urteile. Das Denken unseres Jahrhunderts hat eine merkwürdige Fähigkeit, technisch erreichbare Ziele begrenzten Charakters scharf und klar zu erfassen. Aber gegen diese Fähigkeit sticht seltsam ab die Unklarheit und Flachheit all unsrer Versuche, die begrenzten Teilziele in ein Ganzes höherer Art einzugliedern und aus der Einkehr des Geistes in sich selbst Richtlinien zu finden für das Leben des Einzelnen und der Gesamtheit. Auch wenn wir uns um Allseitigkeit und Tiefe redlich gemüht haben, haben wir am Ende doch nichts zustande gebracht als ein ziemlich willkürliches und etwas anspruchsvolles technisches Programm. In fast allem, was über den Sinn der gegenwärtigen Schicksalstunde gesagt ist, offenbart sich dieser Mangel mit erschreckender Nacktheit. Wir können ihm nur entgegenwirken durch ernsthafte Hinwendung zu den allgemeinsten Fragen unsers Daseins.«[30]

Das 19. Jahrhundert habe aber nicht nur die Mangelhaftigkeit wissenschaftlichen Denkens an sich gezeigt, sondern auch zu einem alles durchdringenden Skeptizismus geführt, besonders gegenüber jeglicher Gottesvorstellung. Nietzsches Geschichtsauffassung zeige zum Beispiel diesen Skeptizismus. Nietzsche, wie Hirsch ihn beschreibt, sieht den Menschen als ein bedeutungsloses Tier, das in einer Ecke des Universums ohne Sinn und Zweck lebt. Für Hirsch ist dieses »naturgeschichtliche« Argument der »Grundstrom« in Nietzsches Denken. Weder Einsteins Relativitätstheorie noch Spenglers Geschichtsauffassung hätten den Skeptizismus über diesen Endpunkt hinausbringen können, den er schon bei Nietzsche erreicht hatte.[31] Hirsch wirft Nietzsche vor, er habe dem menschlichen Leben Ernsthaftigkeit und Verantwortungsbewußtsein genommen. Außerdem widerspreche der Skeptizismus sich selbst: Denn wenn Nietzsche den Menschen als ein intelligentes Tier *innerhalb* des Universums beschreibt (also begrenzt), dann muß er selbst über aller Geschichte und über dem Universum schweben, um darauf hinunterzublicken. Aber ist nicht auch er ein Mensch und damit ebenso unfähig, eine höhere Wahrheit zu erkennen? Diesen Makel sieht Hirsch in allem Skeptizismus. Die Leugnung der Wahrheit ist selbst wiederum eine Wahrheitsbehauptung und somit Zeugnis für die Möglichkeit von Wahrheit. Sie ist auch ein unbeabsichtigtes Zeugnis für Gott, denn Gott ist der wirkliche »Überschauer«, den Nietzsche und Spengler beide den freien Geist nennen. Für Nietzsche und Spengler gibt es gewisse Freigeister, die eine Vorstellung der Wahrheit erreichen können. Hirsch entgegnet, daß dann einfache Menschen an dieser Gottheit nicht teilhaben könnten, und nennt ihre Philosophie einen idealistischen Romantizismus.[32]

Er selbst meint:

»Die Menschheitsgeschichte kann ... nur von dem verstanden werden, der ihren metaphysischen Kern und ihre religiöse Beziehung sieht. Menschheitsgeschichte und Gottesgedanke gehören notwendig zusammen.«[33]

Natürlich ist seine Beweisführung nicht empirisch. Aber er will seine Interpretation historischer Kenntnisse neben die Interpretationen der Skeptiker stellen. Wenn seine Ansicht überzeugt, dann ist dies für den einzelnen Beweis genug. Dann nennt Hirsch zwei seiner Hauptargumente:

1. Die Geschichte kennt Kreativität (als Beispiele führt er Amos, Sokrates, Luther, Leibniz und Kant an). Das von ihnen

erbrachte »Neue« kann nicht mit der physischen Umgebung (d. h. Nietzsches »Naturgeschichte«) erklärt werden, denn: »Jedes Neue in der Menschheitsgeschichte ist eine Bezeugung dessen, das ich ihren metaphysischen Kern nennen möchte, des lebendigen schöpferischen Menschengeistes.« Und hinter diesem Geist steht der Gott der Schöpfung. Von Nietzsche sagt Hirsch dann: »Er hat den Tiegel gesehen, aber nicht den Chemiker.«[34]

2. Hirsch versichert, daß es etwas »Übergeschichtliches« gibt, eine »ahnende Gewißheit« der Seele, die mehr ist als ein »Erzeugnis geschichtlicher Zufälligkeit«, und daß es »sittliche Normen« gibt. »Aus der Gewißheit ihrer Bezogenheit auf ein Ewiges heraus eint sich eine individuelle Seele mit diesem Ewigen durch Bejahung einer bestimmten Pflicht.«[35]

Selbst in der Physik wäre von Symbolen der Wirklichkeit statt der Wirklichkeit selbst die Rede. Er sieht das menschliche Erkennen ausgerichtet auf die Symbole Gottes. Und auch diese Symbole schaffen einen inneren Zusammenhang, der von der darunterliegenden Wirklichkeit überzeugen kann.[36] Abschließend fügt er hinzu: »Es ist einfach nicht wahr, daß die Menschengeschichte eine rein menschliche Angelegenheit ist.«[37]

Nachdem er sich mit Nietzsches Skeptizismus befaßt hat, wendet sich Hirsch der »absoluten« Geschichtsauffassung Hegels zu. Hegel versäume es, zwischen Gott und Mensch zu unterscheiden. Dies habe seinen Reiz:

»Es geht ein Zauber von der absoluten Geschichtsphilosophie aus, dessen man sich schwer erwehren kann. Das habe ich in meinen Entwicklungsjahren erfahren. Aber sie ist auf trügerischem Grunde errichtet.«[38]

In den Augen von Hirsch hat Wilhelm Dilthey Hegels Konzept der reinen Wahrheit und Vernunft, auf dem die Geschichte aufbaut, in die richtige Position gerückt.[39] Hegel habe eine wunderschöne Philosophie, meint Hirsch, aber sie lasse der unvollkommenen Wirklichkeit keinen Raum. Außerdem akzeptiere diese Philosophie alles, was in der Geschichte geschieht, als angemessen; auch für Kritik sei kein Platz: »Was ist, das ist vernünftig.« Man kann davon ausgehen, daß Hirschs Enttäuschung über die Weimarer Republik seine Abneigung gegen eine solche Bestätigung des Status quo nur verstärkte:

»Sie [Hirschs eigene Auffassung] fordert uns vielmehr auf zu einer sittlichen Beurteilung der Geschichte ... Ebenso könnte die Gegenwart nur verstanden werden, wenn man, statt sie als Weltenwende anzustaunen, fragt nach ihrer Pflicht, ihrem Gehorsam und ihrer Verschuldung.«[40]

Als zusätzlichen Punkt in seiner Geschichtsphilosophie stellt Hirsch die Frage nach der Vernunft in einem Kapitel mit dem Titel *Idee und Leben*. Es sei das Ziel der Aufklärung gewesen, alle Gebiete des Lebens den Regeln der Vernunft zu unterwerfen, alle Probleme durch die Anwendung der Vernunft zu bewältigen. Wurde es erreicht? »Ein dunkles Gefühl in uns widerspricht.«[41] Hirsch beklagt sich, daß der Rationalismus kein Geheimnis, keine Größe, keine »Lebenstiefe« zuläßt. Lessings *Nathan der Weise* enttäuscht ihn wegen seiner einseitigen Betonung der rationalen Idee. Vernunft ist vonnöten, aber Größe findet sich in Individualität und schöpferischer Intuition: »Alle höhere Kultur vollends beruht ganz auf der unauflöslichen Durchdringung rationaler Ideen mit individuellen Lebensprozessen.«[42]

In der Spannung zwischen Intellektualismus und individuellen Gefühlen sollte eine Nation, meint Hirsch, die Wahrnehmung dieses zweiten Elements nicht vergessen. In Deutschland, wo die ganze Zukunft in Gefahr ist, ist die Notwendigkeit dazu sogar noch größer.

»Was wir Deutsche heute tun müssen, um eine Zukunft zu haben, das werden uns sicherlich nicht die Ideenmacher sagen, denen vor allem die Verwirklichung irgendwelcher Prinzipien am Herzen liegt, sondern ganz allein die, die im Herzen das absterbende Leben des deutschen Volkes als ihr eigenes Leben fühlen und darum ihr Denken und Wollen an das Ziel setzen, dies Leben in seiner Kraft und Eigentümlichkeit zu erhalten oder aufs neue zu errichten. Sie sind wortarmer als die andern, aber sie sehen tiefer und wahrer.«[43]

Nicht die Intellektuellen sollten Deutschlands Zukunft bestimmen, sondern eher die einfachen, weniger sprachgewandten Menschen, jene, die in sich den Todeskampf des deutschen Volkes spüren und die in der Lage sind, »wahre« Werte und den »wahren« Sinn unmittelbarer und klarer zu erkennen. Hirsch räumt ein, daß an diesem Weg Gefahren lauern. Intellektuell akzeptierbare Beweise läßt dieser Weg nicht zu, denn die gibt es nur in der Gewißheit des einzelnen, der von der Rechtmäßigkeit seiner Sache überzeugt ist. Ein Handeln auf dieser Basis erfordert den Mut des Glaubens:

»Ist die Geschichte wirklich ein unberechenbarer individueller Lebensprozeß, so bleibt es ein unmögliches Beginnen, das geheimnisvolle Dunkel, das über ihrer Gegenwart und Zukunft liegt, aufzuhellen.«[44]

Eine verhängnisvolle Feststellung, besonders angesichts der zwanzig Jahre, die darauf folgen sollten. Hirsch gibt zu, daß Taten und Ergebnisse nicht immer nach Plan verlaufen, daß das, was »wir mit unseren Taten bezwecken, und das, was durch sie ins Leben tritt, keineswegs immer ein und dasselbe ist«.[45] An diesem Punkt könnten wir uns nur auf unseren Glauben verlassen, mutig nach bestem Vermögen handeln und erkennen, daß Gott noch immer da ist: »Die Geschichte der Menschheit ist kein Werk der Menschheit allein.«[46] In dieser Analyse von *Idee und Leben* geht Hirsch davon aus, daß die beiden miteinander ausgewogen sein müssen, doch scheint er selbst das »Leben« vorzuziehen. Dies ist zum Teil eine Kompensation der Herrschaft der Idee, die er als Erbe des 19. Jahrhunderts betrachtet. Außerdem ist es wichtig für die Auffassung von den Lebenszyklen der Zivilisation, die er von Spengler entlehnt. Hiernach beginnt jede Kultur mit »lebendiger« Begeisterung und reift zu »nüchternem« Verstehen heran. Mit Erreichen dieses Stadiums ist alle Kreativität verlorengegangen, und – hier beruft er sich auf Jacob Burckhardt – nur eine aufrüttelnde Krise kann Jugendlichkeit und schöpferische Kraft wiederherstellen. Der eine rettende Gedanke in Deutschlands gegenwärtiger Qual ist der an eine solche mögliche Wiedergeburt. Es ist schmerzlich, wenn »einmal die Pflugscharen über den abgeernteten und hart gewordenen Acker gehen«; jedoch

»[...] nichts bringt dem Menschengeist so sehr die Begrenztheit und Armut seiner Vernünftigkeit zum Bewußtsein wie die Einsicht, daß die Geschichte im toten Einerlei verkommen müßte, wenn nicht das Leben von Zeit zu Zeit sich feindlich und zerstörend gegen ihn selber wendete.«

Und:

»Vielleicht keimt aus dieser Betrachtung sogar eine neue Hoffnung für das deutsche Volk. Krisen machen jung ... Es wäre ein harter Weg, aber doch ein Weg, der ein Ziel hat.«[47]

In einer weiteren Geschichtsanalyse widmet sich Hirsch dem Fortschritt, den er für einen Irrtum hält, weil er einfach nicht stattgefunden hat, zumindest nicht auf kontinuierliche Weise. Er zieht den Begriff »Entwicklung« vor, weil hier eine Bewegung des »Werdens« angesprochen werde, die Spannungen, Widersprüche und Krisen enthalten könne. Aber er tadelt die Historiker des 19. Jahrhunderts – von denen er Wilhelm Wundt für den besten hält –, die glauben, in der Entwicklung den Sinn der Geschichte entdecken zu können. Wundt zum Beispiel sieht in der Geschichte das Wechselspiel freier Individuen und ihrer individuellen Handlungen, die alle schließlich und endlich in die Idee der Humanität münden, den höchsten und besten Stand der Geschichte, der jetzt gerade vor uns liegt.

Für Hirsch liegt das erste Problem bei dieser Theorie darin, daß besonders aufwühlende Ereignisse wie der Erste Weltkrieg und seine Folgen sie zerstören könnten. Er räumt ein, daß es eine Variation der spiralförmigen Entwicklung oder eine Wellenlinie geben mag, die diesen Krieg vielleicht sogar impliziere. Intensiver befaßt er sich dann mit der Folgerung, Nationen und Epochen nur als »Durchgangspunkte« zu einem Endziel zu sehen. Selbst wenn gewisse Elemente der Geschichte, wie zum Beispiel die Technologie, im Entwicklungskonzept korrekt dargestellt sind, kann man dann von der Poesie und der Moral behaupten, daß sie in der letzten oder von einer Kultur auf eine andere verbessert worden wären? Und das Endziel? Kann man es verstehen oder erkennen? Oder ist es einfach *unser* Verständnis der Tendenz *unseres* Zeitalters, wie in Wundts Idee der Humanität? Und ein weiteres Problem: Wenn das Leben die Parallele liefert, wird die Geschichte ihren Höhepunkt wirklich am Ende erreichen, oder wird die Gesellschaft einen Niedergang vor dem Tod erleiden? Und schließlich: Gibt es bei der entwicklungstheoretischen Geschichtsauffassung irgendwo Raum für freie Entscheidungen?[48]

Hirschs Antwort auf all diese Fragen ist theistisch und existential. Ja, es gibt ein Endziel der Geschichte, das von Gott bestimmt worden ist. Und Gott kennt auch den Sinn der Geschichte. Als Menschen sehen wir die »Idee der Humanität« nicht, aber wir sehen die Bemühungen vieler einzelner und vieler Völker. Gerade diese Vielfalt verbietet ein einziges menschliches Geschichtskonzept; wir können nur einen »Teilzusammenhang« der verschiedenen Gruppen und Perioden in der Geschichte begreifen. Und das, so glaubt Hirsch, verweist durch sich selbst wiederum auf das Ewige:

»Hat die Geschichte überhaupt ein Herz und einen Sinn, so muß man es nicht in der Mannigfaltigkeit des Werdens und des Schicksals suchen, sondern in dem, was jedem Punkte und Momente geschichtlichen Lebens gleichermaßen eigen ist. Das aber ist die unmittelbare Beziehung des Menschengeists in jeder seiner Regungen auf ein Jenseits der Geschichte, auf ein Ewiges.«[49]

Auch die Unvollkommenheit der menschlichen Geschichte weist auf das Ewige. Da die Menschheit durch das Ewige gebunden ist, wird die entwicklungsgeschichtliche Theorie immer widersprüchlich scheinen und voller Illusionen. An die Stelle des menschlichen Geistes setzt sie das »Substantielle des geschichtlichen Daseins . . . und das ist, wie die Dinge nun einmal liegen, eine der Wahrheit entbehrende leere Prätension«.[50]

Außerdem findet Hirsch bei den meisten Historikern noch das Problem, daß sie auf der Suche nach dem Endziel der Geschichte dem einzelnen keine Beachtung schenken und darüber hinaus vergessen, daß Tote einmal lebendige Menschen waren. Fichte zum Beispiel beschreibt einen historischen Prozeß bis hin zu einem vollkommenen Zustand, den er die »sittliche Vernunftgemeinde« nennt. Doch diese letzte Vollkommenheit der Gesellschaft ist von geringer Bedeutung für die Vollkommenheit des einzelnen, denn die meisten werden vor Erreichung dieses Zustands bereits tot sein. Lessing zeigte die Sorge der Aufklärung um den einzelnen und versuchte, diesem Problem mit der Idee der Reinkarnation zu begegnen. Jeder einzelne wird schließlich Vollkommenheit erreichen. Aber Hirsch wehrt sich dagegen, denn der einzelne könne sich an seine frühere Existenz nicht erinnern und die letzte Vollkommenheit sei für seine frühere Gestalt bedeutungslos. Für ihn beginne das Problem mit der Trennung von Geschichte und Ethik. Dadurch wird die Frage nach einer vollkommenen »Endgemeinde« unlösbar, weil sie die Vollkommenheit des einzelnen nicht zuläßt.

Hier bringt Hirsch ein besonders stark religiöses bzw. theologisches Moment mit ein. Das Problem liegt in der Entwicklung eines historischen Konzepts, bei dem die Vervollkommnung des einzelnen in einer Gesellschaft nicht auf eine endlich vollkommene Endzeit warten muß. Wiederum dient ihm Hegel als Hintergrund. Hegel befaßt sich mit der Moral des einzelnen, aber nur innerhalb des Gesamtkonzepts vom Staatsgefüge. Der Staat hat eine allumfassende Funktion; also sind Moral und Patriotismus das gleiche, und es gibt keinen Platz mehr für eine Einzelpersönlichkeit mit einer ewigen oder überstaatlichen Bestimmung. Mit anderen Worten, die Autorität des Staates räumt die Möglichkeit der freien »Tat« nicht ein, die für Hirsch »die Voraussetzung aller höheren Sittlichkeit« ist. Außerdem kennt Hegels Moral als Basis nur die Pflicht und läßt der Liebe keinen Raum.[51]

Ein entgegengesetztes Ideal der menschlichen Gesellschaft finde sich in England und Frankreich. Deren liberale Gesellschaft gestatte die Entwicklung individueller Sittlichkeit und die subjektive Tat – das allerdings in zu großem Maß. Hirschs Einwand ist, daß dieser lockere Individualismus kein Pflichtgefühl hervorbringe, die Gesellschaft zusammenzuhalten. Alle Bindungen seien äußerlich, ergäben sich durch Geschäfte, Verträge usw. Also könne sich die wahre Entwicklung individueller Moralität (und damit des guten Lebens oder der besten Gesellschaft) weder in Hegels Staat noch in der französischen oder englischen Gesellschaft vollziehen.

»Die letzte Gewissenserfahrung und die freie persönliche Tat bleiben unbegriffen in der Geschichtsphilosophie, die das Werden und Vergehen der großen menschlichen sozialen Organisationen zum Gegenstande hat.«

Und deshalb:

»Es ist klar, daß die gesuchte höhere Einheit nur in einer ethisch-religiösen Intuition gefunden werden kann.«[52]

Eine angemessene Beziehung zwischen Individuum und Gesellschaft muß a) individuelle Freiheit, die Voraussetzung für Sittlichkeit, zulassen und b) die Einheit, die dem Chaos zuvorkommen wird. Hirsch glaubt, daß die hier gewünschte Ausgewogenheit nur durch geistige Bindungen, und zwar besonders im lutherischen Sinne, erreicht werden kann. Selbst die Einheit des Katholizismus, der sich diesem Ideal nähert, basiert zu sehr auf Regeln, Vorschriften und äußeren Bindungen. »Sittlichkeit« ist zur »Kirchlichkeit« geworden.[53] Hirsch beschreibt die ideale Gesellschaft als eine »Gemeinschaft der Gewissen«, wurzelnd in Luthers Auffassung von der Gemeinschaft der Frommen. Es wird eine unsichtbare Gemeinschaft sein, mit inneren Bindungen. Solche Bindungen gestatten einerseits mehr Freiheit und bringen andererseits mehr an Gemeinschaft als die äußeren, legalen Bindungen. Und diese »Gemeinschaft der Gewissen« überdauert alle Geschichte und alle Völker und wird, so Hirsch, der Geschichte Sinn verleihen, wie nichts anderes es kann. Die Lebenden und die Toten, die Gegenwart und die Zukunft werden von diesem Geschichtskonzept aufgenommen. Und wenn dann die einzelnen Mitglieder der »Gemeinschaft der Gewissen« ihrer Rolle in Staat und Gesellschaft gerecht werden, wird die Sittlichkeit aus der Gesellschaft als ganzes erblühen.[54]

Nachdem er seine ethische, theistische Geschichtsphilosophie vorgestellt hat, wendet sich Hirsch einzelnen Aspekten seiner Gesellschaftstheorie zu. Zunächst diskutiert er die Rolle von »Recht und Staat«. Beide seien notwendig, trotz der Begrenzungen durch den Widerspruch ihrer Beziehung zueinander. Recht und Gesetz zum Beispiel bedeuten Zwang, und doch hängt alle Freiheit von ihnen ab. Der Staat könne den Schwachen zwar Macht über die Starken geben, doch können die Schwachen ohne das Recht nicht geschützt werden. Recht und Staat sind unvollkommen, aber unerläßlich. »Der rechtliche Staat ist der Mutterboden der höheren Kultur und Geschichte.«[55]

Es ist Kants Verdienst, erkannt zu haben, so sagt Hirsch, daß Recht und Sittlichkeit niemals übereinstimmen können. Hegel versuche, diesen Widerspruch aufzuheben, indem er das Recht der Vernunft gleichsetzt, aber Hirsch pflichtet ihm nicht bei.[56] Er setzt dem Recht die Liebe entgegen. Die Rechtsordnung des Staates und Gottes »Liebesordnung« würden sich stets voneinander unterscheiden; doch könne man die Rechtsordnung des Staates als eine Erziehung zur Sittlichkeit verstehen. Hirsch stellt fest, daß die letzten fünf der Zehn Gebote heutzutage als Ergebnis der seit langem bestehenden staatlichen Gesetzesmaßnahmen fast als selbstverständlich gelten. In seinen Angriffen auf den Staat übersehe Tolstoj diese Tatsache.[57] Trotz ihrer Unvollkommenheiten, folgert Hirsch, sind Recht und Staat unverzichtbar. Christen sollten am Staat teilhaben und ihn unterstützen, immer unter Nutzung der »Liebesordnung« zur Verbesserung des Rechts. Hastig fügt er noch hinzu, daß dieses Konzept weder schlicht noch naiv zu sein brauche, sondern bei komplexen Fragen stark und ernsthaft sein kann.[58]

In seinem nächsten Kapitel über *Staat, Volk und Menschheit* kommt Hirsch zum vorletzten Anliegen seines Buches. Auf der Grundlage seiner Auffassung von Geschichte und Gesellschaft packt er Probleme des Volkes an. Staat und Volk sollten untrennbar sein. Das Volk werde dem Staat seine »Lebensgemeinschaft«, seinen Geist, seinen Charakter und seine schöpferische Energie verleihen. Es werde die zwingende Macht des Staates durch seine freiwillig eingegangenen Volksbindungen ersetzen und damit zur säkularen Basis für eine »Gemeinschaft der Gewissen« werden.

Für Hirsch strahlt dieser Volksgedanke in viele Richtungen. So reiche er zum Beispiel in Vergangenheit und Zukunft, und kein Staat könne deshalb behaupten, er regiere nur für die jetzige Generation. Und eine Demokratie, die alle Macht in die Hände der Mehrheit legt, sei eine Verdrehung des Volksgedankens, der den Interessen aller dienen soll. In England sei die Demokratie durch Sitte und Tradition eingeschränkt, in Amerika durch die Stärke und Verwurzelung der beiden politischen Parteien. Diese Einrichtungen seien als Schutz vor einer Tyrannei der Majorität ausreichend. Doch eine reine Demokratie, in der die Bürger behaupteten »der Staat sind wir«, sei genauso schlimm wie das »der Staat bin ich« Ludwigs XIV.[59]

Das richtige Verständnis von Volk und Staat kann in Hirschs Augen auch keinen Pazifismus enthalten. Die Denker des 19. Jahrhunderts hatten entschieden, der Krieg solle durch nationale Selbstbestimmung und internationale Kooperation ersetzt werden. Ein rationaler Gedanke, der aber internationale Gesetze für seine Durchführung erforderte. Und dies würde einen internationalen Staat voraussetzen. Angesichts der dominierenden Stellung Englands glaubt Hirsch, daß der Begriff Internationalismus nur ein Deckname für die Hegemonie Englands wäre; nur deshalb habe England behaupten können, es habe im Ersten Weltkrieg für den »Weltfrieden« gekämpft.[60] Und selbst wenn es irgendwann einmal zu einer ausgewogenen Weltregierung käme, könnte sie niemand so lieben wie die eigene Nation. Schließlich zitiert er Ranke, um zu zeigen, daß Kreativität aus nationaler Vielfalt erwächst. Daraus schließt Hirsch: »Es dürfte also kein Zweifel darüber bestehen, wo die tiefere und reichere Lebensform zu finden ist.«[61] Nur in einem »Volksstaat« könne es Sittlichkeit geben, nur ein »Volksstaat« gestatte wahre Kreativität. Wenn dies die Möglichkeit des Krieges in sich berge, so könne man es nicht ändern. Denn eine Weltordnung würde nur zu »einer Verflachung und Verarmung des geistigen und sittlichen Lebens« führen.[62]

Trotz seiner Ablehnung des Internationalismus hält Hirsch eine Form von Gemeinschaft auf der Welt im Rahmen des Geheimnisses der »übermenschlichen ewigen Notwendigkeit« für möglich.

Erstens solle jeder Staat die Verantwortung haben, sich zur vollen Blüte zu entwickeln, denn jeder Staat leiste einen Beitrag zur Menschheit (siehe Athen). Zweitens solle jede Nation verpflichtet sein, sich in einem internationalen Gesetzesrahmen zu bewegen. Macht ist nur dann anzuwenden, wenn es wirklich nötig ist. Eine Nation, die Gewalt anwendet und der Welt keine Gegenleistung dafür bietet, bringt sich in Schande. Schließlich: Jede Nation wird ihre Zeit haben, bis sie eines Tages abtreten muß. Auch wenn keine Nation von sich selbst annehmen möchte, daß sie endlich ist, wird die Weltentwicklung ausgebrannte Nationen zur Seite schieben, damit neue erblühen können. Für Hirsch sind es diese drei Faktoren, die der menschlichen Geschichte inmitten aller Mannigfaltigkeit Einheit und Bedeutung verleihen.[63]

Nachdem er seine Ansicht über die Bedeutung des Volksgedankens in der Geschichte dargelegt hat, wendet sich Hirsch drei Themen zu, die er bereits vorher gestreift hatte. Das erste Thema ist der Krieg. Krieg ist schrecklich, sagt Hirsch, das Gerede vom »frischen, fröhlichen Krieg« ist absurd. Doch findet er, daß in einer Welt aus Nationen – der wünschenswertesten Welt – die Möglichkeit des Krieges immer gesehen werden muß. Die Kriegsmacht zum Schutze des Staates ist vergleichbar der Polizeimacht zum Schutze des Rechts.[64] Heißt das, daß Kriege gerecht sein können? Eine problematische Frage. Hirsch hält das Konzept des Verteidigungskrieges für unklar, weil es schwierig sei, die erste, aggressive Kriegshandlung zu bestimmen, und doch gehört der Verteidigungskrieg zur historischen Definition eines gerechten Krieges. Darüber hinaus benötigen gerechte Kriege ein naturrechtliches Konzept zur Bestimmung gerechter Motive, aber Hirsch mißtraut dem Naturrecht. Denn Kriege, ob gerechte oder ungerechte, werden schließlich von den Mächtigen gewonnen, deshalb sollten sie einfach als ein Kräftemessen verstanden werden. Der Krieg sei ein Werkzeug der Geschichte, ebenso komplex und unvorhersehbar wie sie selbst.[65]

Wenn ein Volk, das durch Kriege Land erobert, gesetzlos erscheinen mag, so verweist Hirsch auf die Großgrundbesitzer, die heute das durch Gesetz schützen, was sie sich gestern mit Gewalt angeeignet haben. Ein ökonomisch gleiches Recht für alle gibt es nicht, ebensowenig wie es ein gleiches Recht für alle Völker geben sollte. Nationen, die Kraft und Ehre verdient haben, werden sie durch den Krieg ihrer inneren Stärke wegen gewinnen. Wenn sie aber den Krieg aus sinnloser »Machtgier« betreiben, so gibt es hierfür keine Rechtfertigung. Hirsch wendet sich jedoch auch gegen die utilitaristische Auffassung, daß das Leben wichtiger sei als Freiheit oder Pflicht. Für ihn gehört der Pazifismus zur utilitaristischen Lehre, denn diese Philosophie sei per definitionem auf sich selbst gerichtet und nicht auf ewige Werte – wie die Selbstaufopferung – bedacht.[66] Eine Philosophie, die die Rolle Gottes in der Geschichte erkennt, weiß, daß der Krieg eine »Frage an Gott« ist:

> »Er bleibt der Herr der Geschichte und segnet nur diejenigen zu großen Dingen in ihr, die alle Kraft und allen Willen an ihre Freiheit und ihre Lebensziele setzen. Ein Volk, das ihn nur mit halbem Herzen fragt, das nicht ernstlich bis ins Letzte mit ihm ringt um sein Leben, das erhört er nicht.«[67]

Und bekräftigend fügt er hinzu:

> »Wenn Krieg wirklich eine Frage an Gott ist, ja ein Kampf mit dem Gott, der prüfend an die Grundpfeiler des nationalen Daseins schlägt, dann ist er ein unausdenkbares Wagnis. Man kann es nur dadurch rechtfertigen, daß man es bis zum Ende durchführt, daß man Gott nicht läßt, bis er segnet. Ein lau und ohne den Willen alles zu tun und alles zu opfern geführter Krieg erscheint mir auch religiös als Frevel.«[68]

Im Gegensatz zu den Engländern hätten die Deutschen den letzten Krieg zu leicht genommen. Jetzt sei es an der Zeit, jeden »Sonderwillen« aufzugeben und ihre ganze Kraft für die Belange der Nation einzusetzen. Hirsch spricht hier von einer Friedensanstrengung, doch geht aus seinen nachdrücklichen Äußerungen klar hervor, daß er einen zukünftigen Krieg für wahrscheinlich und vermutlich für eine gute Gelegenheit hält, Deutschlands Größe erneut zu beweisen.

Hirschs zweites Spezialthema ist der Sozialismus. Er wirft den deutschen Sozialdemokraten (nach seiner Auffassung ungefähr die Hälfte der Bevölkerung) vor, nicht anzuerkennen, daß die Bürger dem Staat zu ihrem eigenen Besten so weit wie möglich zur Verfügung stehen sollten. Statt dessen sähen sie den Staat als ein

Werkzeug der Unterdrückung.[69] Selbstverständlich wendet sich Hirsch auch gegen die Alternative zu den Sozialdemokraten, nämlich gegen »die Herrschaft des Proletariats«. Eine solche Gesellschaftsordnung würde die Menschheit nicht befreien und veredeln, sondern könne nur in die Tyrannei führen. Der Bolschewismus sei keine »Abirrung vom sozialistischen Ideal, sondern seine einzig folgerichtige Verwirklichung«. Er nennt ihn eine mechanistische, arithmetische Theorie, die das Innerste des Lebens zersetzen würde. Auch der Arbeiter erzeuge keinen Gegenstand – wie es die Mehrwert-Theorie behauptet –, ebensowenig, wie der Drukker das Buch schreibt.[70] Das Leben ist viel komplexer, und diese Komplexität, ja selbst seine vielen Unvereinbarkeiten verleihen ihm Kreativität und Energie.

Hirsch hat einen Alternativvorschlag zum sozialistischen Ideal: den Nationalstaat, der als eine Zweckgemeinschaft existiert und sich um all seine Bürger kümmert. Nur ein solcher Staat wird individuelle Freiheit zulassen und gleichzeitig die Gruppe schützen. Das Schicksal wird den einen gute Plätze und den anderen schlechte zuweisen, aber dieses Schicksal ist in jedem Falle besser, als irgendeine Vernunftskonstruktion es sein könnte. Die Freiheit des Individuums wird weiterhin jene Vitalität begünstigen, die Englands Empire und Deutschlands Stahlwerke hervorgebracht hat. Die Ungleichheit wird dann zu solchen Reichtümern führen wie das in Armut entstandene Werk Dostojewskijs und das aus dem Reichtum kommende Tolstojs. Der Moral wird durch »die Demut und Treue des Dienenden und die Verantwortung und Ritterlichkeit des Herrschenden« Genüge getan werden.[71] Wenn Grundbesitz zu Ungerechtigkeiten führt, sei es die Aufgabe des Staates, regulierend einzugreifen. Hirsch besteht nicht auf einem Laissez-faire-Kapitalismus, aber er befürwortet staatliches Eingreifen statt Sozialismus als Antwort auf wirtschaftliche Ungerechtigkeiten, ein Konzept, das so viel besser zu seiner übrigen Weltanschauung paßt.

Das letzte Thema, dem sich Hirsch in diesem Buch zuwendet, ist Leo Tolstoj. Nach dem Ersten Weltkrieg hatte der russische Dichter in Deutschland große Wirkung gehabt. Hirsch sieht als Grund hierfür zwei wichtige Eigenschaften: Tolstoj zeigt eine besondere Sensibilität für Kummer und Leid, was ihn für die Deutschen der Nachkriegszeit besonders sympathisch machte. Und in seiner mystischen, auf der Bergpredigt gegründeten Idee von Bruderschaft und Liebe verspricht er, daß eine liebende Gemeinschaft ohne Mühe und Anstrengung kommen wird. Nicht Stärke und Organisation befürwortet er, sondern Passivität. Kämpfe nicht gegen das Böse, liebe deine Feinde usw. Auch diese Haltung ist für die Deutschen, müde und verzweifelt wie sie sind, attraktiv.[72] Hirsch, der dies zwar versteht, lehnt es aus theologischen und politischen Gründen ab. Tolstojs Interpretation der Bergpredigt, die Staat, Gesetz und Nation anprangert, sei dem Neuen Testament fremd. Die Liebe Jesu war nicht so sanftmütig, wie Tolstoj glaubt, auch habe er die staatliche Exekutivaufgabe für das Gesetz nicht abgelehnt.[73] Politisch ist für Hirsch jede Nation verloren, die sich zurücklehnt und ihres Schicksals harrt. Nietzsches Kritik an Tolstoj war also richtig, aber Hirsch beklagt sich, daß Nietzsches »Machtwillen« das *wozu* oder *wofür* fehlt. Das beste Ergebnis wäre eine Mischung aus »Selbständigkeit« mit »selbstlosem Dienst«, also etwas Nietzsche und etwas Tolstoj. Aber die Deutschen sollten sich hüten, Tolstoj voll zu akzeptieren, bloß weil er sie jetzt an ihrem schwächsten Punkt anspricht. Jetzt sei nicht die Zeit, in Liebe zu zerfließen, sondern es sei die Zeit für starkes, kühnes, mutiges und aggressives Handeln.[74]

Das Schlußkapitel von *Deutschlands Schicksal* trägt den gleichen Titel. Hirsch bemüht sich um eine Interpretation der deutschen Situation im Rahmen seiner theistischen Geschichtsauffassung. Das setzt die Erkenntnis voraus, wie tief Deutschland gesunken ist. Auch wenn Hirsch die staatliche Autorität als von Gott gebilligt betrachtet, kann man das gegenwärtige Deutschland wohl kaum als souveränen Staat sehen:

> »Am richtigsten bezeichnet man Deutschland jetzt als Ententekolonie mit stark beschränkter Selbstverwaltung ... Wir waren ein Weltvolk, ein adeliges Volk, vielleicht das blühendste und beste von allen. Wir stehen in Gefahr, erniedrigt, als Volk vernichtet zu werden, so daß nur eine formlose Masse von Arbeitern im Dienst fremder Interessen bleibt.«[75]

Die »formlose Masse« der deutschen Arbeiter ist offensichtlich nicht der von Hirsch bevorzugte Teil der Bevölkerung. Tatsächlich mahnt er die Arbeiter, daß es keine sozialen Verbesserungen geben könne, bevor Deutschland nicht seine nationale Stärke wiedererlangt hat.[76]

Hirsch stellt sich hinter die Dolchstoßlegende und erklärt sie mit der Vorstellung von den zwei Seelen in einer Brust. Deutschland im August 1914 sei aller Bewunderung wert gewesen. Hätte diese »Seele« weiterhin geherrscht, so wäre vielleicht sogar der Krieg gewonnen worden. Aber es habe jene zweite »Seele« gegeben, die an die »Humanität« und Gerechtigkeit bei Deutschlands Feinden geglaubt hat:

»Diese Seele lebte im deutschen Reichstag und in den großen Parteien. Sie hat die starken Männer in Heer und Regierung gehaßt und die Schwachen und Unfähigen gestützt. Sie hat den Kampf gegen die erste Seele mit jedem Jahr entschlossener geführt. Sie entartete mehr und mehr und stellte sich endlich, alle Gewalt an sich reißend, bloß in der Revolution von 1918.«[77]

Vielleicht sei der Idealismus der Führer dieses anderen Deutschland verwirrend, doch solle man die von ihnen ausgehende Gefahr und den Schaden, den sie anrichten, nicht unterschätzen. Fichte hat ein Wort an die Fürsten gerichtet, das Hirsch nun diesen »Idealisten« zuruft:

»Es ist ihm durchaus nicht erlaubt, nach Willkür von den ewigen Regeln, die Verstand und Vernunft der Verwaltung der Staaten geben, abzugehen, ... [und dann] hinzutreten und zu sagen: Ich habe an Menschheit, ich habe an Treue und Redlichkeit geglaubt ... Glaube er, wenn er will, an Menschheit in seinen Privatangelegenheiten, irrt er sich, so ist der Schade sein; aber er wage nicht auf diesen Glauben hin die Nation; denn es ist nicht recht, daß diese, und mit ihnen vielleicht die edelsten Besitztümer, welche die Menschheit in tausendjährigem Ringen erworben hat, in den Not getreten werden, bloß damit von ihm gesagt werden könne: er habe an Menschen geglaubt.«[78]

Diese Feststellung und die gesamte Position, die Fichte und Hirsch gemeinsam einnehmen, verlangen natürlich, daß ihre Erkenntnis jener »ewigen Regeln« richtig ist. Andernfalls wären nämlich die Rollen vertauscht.

Wenn Deutschland einen Dolchstoß in den Rücken erhalten habe und in seiner Existenz gefährdet worden sei, was wäre dann gegenwärtig zu tun? Hirsch macht einen einfachen Vorschlag: eine Wiederherstellung dessen, was das Land vor dem Krieg gewesen war, ob es nun Jahrzehnte oder Jahrhunderte dauern wird. Der Wille und nicht das Schicksal bestimmt die Geschichte, glaubt Hirsch. Deshalb sollte Spenglers schädlicher Einfluß auf Deutschland abgewehrt werden.[79] Die wichtigsten Faktoren für eine Wiedergeburt Deutschlands werden sein Wille, seine Einheit, sein Sinn für Disziplin, Ziele und Opferbereitschaft sein. Natürlich werden auch praktische Entschlüsse helfen. Junge Menschen, Männer und Frauen, schlägt Hirsch vor, sollten dem Staat statt des Militärdienstes ein oder zwei Jahre ihre Arbeitskraft zur Verfügung stellen. So könnten Flüsse der Stromerzeugung zugeführt und Brachland kultiviert werden. Landreformen sollten eine neue Gerechtigkeit bringen und diejenigen Industriezweige verstaatlicht werden, die einer Fremdkontrolle unterworfen zu werden drohen. Dies ist kein ideologischer oder dogmatischer Plan. Es sollen lediglich die praktischen Bedürfnisse der Deutschen auf einer praktischen Ebene behandelt werden. Allerdings, so bestätigt Hirsch noch einmal, sei auch hierbei der »Geist« der wichtigste Bestandteil.[80] Er sei bereit, den Niedergang der Hohenzollern zu akzeptieren. Statt die Monarchie wiederherzustellen, sollten die Institutionen der Weimarer Republik unterstützt werden: Stärkt die Verfassung, die Präsidentschaft und die Bürokratie![81]

Es werde für die Deutschen hart sein, sich zu disziplinieren und Opfer zu bringen, die erst bei ihren Kindern oder Kindeskindern Früchte tragen werden. Deshalb müsse der deutsche Stolz bewahrt werden, und zwar durch Erziehung und durch deutsche Mitwirkung am Schicksal der Menschheit. Die deutsche Wissenschaft sollte sich weiterhin um hervorragende Leistungen bemühen, damit trotz des Verlustes der Kolonien das Deutsche eine Weltsprache bleibt. Wichtigstes Element bei der Wiederbelebung des deutschen Geistes sei jedoch der Glauben:

»Wir Deutschen müssen ein frommes Volk werden, ein Volk, in dem das Evangelium Macht hat über die Gewissen. Sonst werden wir unseres Schicksals nicht Herr ... Zweierlei gibt der Gottesglaube, das für die Erhaltung unsers Volkes wichtig ist. Das eine ist das, was ich in diesen Stunden auseinanderzufalten mich bemüht habe, eine klare Anschauung von Menschheit und Geschichte, von Volk und Staat, die unserem Gewissen das Recht und die Pflicht einschärft, für das eigne Volk und den eignen Staat der eignen Person nicht achtend alles zu tun und zu leiden. Und nur im Zusammenhang mit der Gottesanschauung des Evangeliums werden sich diese ernsten und herben Wahrheiten gegenüber den vielen modernen Träumen bei uns durchsetzen können. Das andre ist etwas Persönliches. Der Gottesglaube weckt eben die Eigenschaften des Charakters und der Seele, deren wir Deutsche jetzt so sehr bedürfen. Wie Ernst Moritz Arndt das ausgedrückt hat: der Gottesglaube schafft Männer, Männer von unerschütterlichem Freiheitssinn und wahrhaftiger Treue, deren Willen kein Mensch entzwei brechen kann. Und Männer mit warmem Herzen, die einer ganzen und starken Liebe zu ihrem Volk fähig sind, auch wenn sie nichts bei dieser Liebe gewinnen, auch wenn dies Volk sich noch so wild und töricht benimmt.«[82]

Solche Männer, so hofft Hirsch, werde Gott in Deutschland nun hervorbringen. Die Deutschen seien jetzt an einem Punkt, wo sie unter »Gottes Hammer« stehen. Und unter diesem Hammer zerbreche alles, Glas und Stein. Deutschland jedoch werde sich als Erz erweisen, das bald zu Eisen geschlagen wird.[83]

Zwei Jahre nach dem Erscheinen von *Deutschlands Schicksal* bereitete Hirsch eine Zweitauflage vor. Das gab ihm die Gelegenheit, die Entwicklung während dieser zwei Jahre vor dem Hintergrund seiner ersten Analyse zu beurteilen. Er modifiziert seinen Text nur geringfügig und beschreibt seine Reaktion auf die bisherigen Ereignisse in einem Nachwort. Mit Genugtuung begrüßt er das Zerplatzen des sozialistisch-pazifistischen Traums: Dies zeige den Deutschen, und zwar besonders der Jugend, die Unmöglichkeit menschlicher Vollkommenheit und werde ihr Augenmerk auf Gott richten.[84]

Ansonsten geht es in dem Nachwort um seinen Streit mit den dialektischen Theologen, besonders mit Barth und Tillich; allerdings wird Hirsch nicht persönlich, und Tillich wird noch nicht einmal namentlich erwähnt. Er kritisiert Elemente der »Zeitphilosophie«, wie zum Beispiel die versuchte Trennung des Christentums von Religions- und Kulturvorstellungen (Barth). Für Hirsch kommt darin lediglich der Versuch zum Ausdruck, das sinkende Schiff zu verlassen; er meint: »Bei manchen hat man das Gefühl, daß sie mit heroischer Geste auf einen Apfel verzichten, den sie für durch und durch wurmstichig halten.«[85] Eine solche Ablehnung der Kultur ist nicht nur politisch bedeutend, sondern nimmt der christlichen Ethik nach Hirschs Auffassung eine wichtige Stütze. Der dialektischen Theologie wirft er vor, mit ihrem radikalen Nein zu den Werten der menschlichen Welt die Ethik überhaupt zu mißachten:

»Ein natürlicher Mensch hört nicht auf, ein natürlicher Mensch zu sein, weil er in den Abgrund des göttlichen Geheimnisses jenseits der Grenzen seines Lebens sich verguckt hat. Er wird vielmehr auch dies Geheimnis nach seiner natürlichen Sinnesart gebrauchen.«[86]

Hirsch kritisiert eine weitere Eigenschaft der »Zeitphilosophie«, nämlich die Theologie der Revolution (Tillich). Diese Theologie baue sich auf einem Nein zu dieser Welt auf, was sich besonders in der völligen Ablehnung vorhandener sozialer und politischer Systeme zeige. Man wirft Hirsch, der Staat, Gesetz und Ordnung hochhält, vor, die unvollkommene menschliche Welt als göttlich anzusehen. Hirsch antwortet: »Das Leben und die Ordnung in Natur und Gemeinschaft sind seine [Gottes] Gaben, nicht seine Erscheinungen.«[87] Auch er sieht die Unvollkommenheit der menschlichen Welt, aber die Ablehnung dieser Welt durch die religiösen Sozialisten ist ihm zu rigoros.

Schließlich kritisiert Hirsch als dritten dialektischen Theologen Friedrich Gogarten, der von den Menschen erwartet, an einen »unbekannten« Gott zu glauben. Hier drehe es sich um die Idee der Offenbarung. Gogarten, der im Sinne von Barth den »unendlichen qualitativen Unterschied« zwischen Gott und den Menschen hervorhebt, spricht von der »Verborgenheit« Gottes und fügt hinzu: »Das letzte in der Religion erlaubte Wort ist die Frage.«[88] Hirsch besteht darauf, daß seine Theologie und seine Vorstellung von Ethik und Bewußtsein auf »Erkenntnis« basieren: »Denn ohne eine bestimmte Erkenntnis des Guten ist das Gewissen nicht zu denken... Die Geschichte kann ja bei diesen Voraussetzungen [Gogartens] gar nicht anders verstanden werden denn als Ort der Gottverlassenheit.«[89] Gogartens Position, sagt Hirsch, werde zwangsläufig zu Verwirrung führen und dann rasch in Relativismus und Skeptizismus verfallen:

»So finde ich auch bei vielen der gegenwärtigen Verkünder des unbekannten Gottes Züge, die mich stutzig machen, ja, die mich fragen lassen, wieweit denn hier überhaupt eine religiöse Verkündigung vorliegt. Gar zu nahe berührt sich das Nein, das sie im Namen Gottes über der gestalteten Glaubenserkenntnis sprechen, mit dem Relativismus und der Skepsis des neueren weltlichen Denkens. Gar zu sehr läuft der Zweifel, den sie im Namen Gottes gegen das fromme Leben richten, auf eine Auflösung des betenden und gehorchenden Glaubens in das vor dem Geheimnis verstummende Schweigen stark verweltlichter Mystik hinaus. Gar zu sehr spürt man in ihrer religiösen Verkündigung den Widerhall der verwirrenden Zeitereignisse, die uns allen die Rätselhaftigkeit des göttlichen Weltregiments und die Unsicherheit aller irdischen Lebensverhältnisse zum Bewußtsein bringen.«[90]

Hirsch will Relativismus und Skeptizismus vermeiden. Die erklärte Absicht seines Buches lag darin, der aus einer theistischen und ethischen Geschichtsphilosophie kommenden positiven Sicht von Staat und Nation ein entsprechendes Fundament zu geben. Nicht Spekulation, sondern Glauben und Gehorsam sind sein Wunsch:

»Die in der Paradoxie der Unendlichkeit sich vergessende Spekulation wird es nicht der Mühe wert finden, den Wirklichkeiten des irdischen Lebens ein gründliches Nachdenken und eine ganze Treue zu schenken. Wo aber das Unsichtbare mit dem Gewissen ergriffen wird, da wächst der Gehorsam, der bereit ist, mutig und opferbereit den langen mühseligen Weg des leidenden Widerstandes zu wandern, der allein unser Volk wieder hinaufführen kann in die Höhe.«[91]

*Deutschlands Schicksal* zeigt Hirsch als klugen, konservativen deutschen Theologen, der mit den Auswirkungen des Ersten Weltkrieges umzugehen sucht. Er erkennt die Schwächen im Rationalismus des 19. Jahrhunderts, und wenn er sich auf Hegel, Burckhardt, Nietzsche, Spengler und Einstein bezieht, so tut er dies angemessen und korrekt. An den Problemen der Armen und Arbeiter geht er nicht achtlos vorüber, er ist gewillt zu helfen, doch innerhalb vorsichtig gesteckter Grenzen, die keinesfalls Revolutionäres miteinschließen. Seine Liebe gilt Deutschland und den Christen; sein intellektuelles Gebäude soll dazu dienen, diese beiden vor der geistig-kulturellen Krise des 20. Jahrhunderts und der politisch-materiellen Krise der Nachwirkungen des Ersten Weltkrieges zu bewahren.

Niemand kann leugnen, daß es in den zwanziger Jahren in Deutschland eine Krise gab. Die Frage ist, ob Hirschs Reaktion darauf mehr oder weniger angemessen war als die anderer und ob er nicht vielleicht die Vernunft falsch anwendete, um zu seinen Überzeugungen zu gelangen. Pluralismus und Veränderung, die Zentrifugalkräfte des modernen Lebens, mochte er nicht. Sein Ideal war eine Gesellschaft, in der ein seiner selbst bewußtes und vereintes Volk unter der Autorität eines gerechten Staates agiert. Seine Geschichtsphilosophie und seine Erkenntnistheorie waren existentialer Natur. Das heißt, für ihn war die Wahrheit empirisch nicht verifizierbar, sondern mußte individuell begriffen werden; und dann mußte man mutig und folgerichtig handeln. Dazu bedurfte es eines Glaubenssprunges. Diese Haltung übernahm

Hirsch von Fichte und anderen, und in den zwanziger Jahren wandte er sich Kierkegaard zu, um sie zu festigen.

Über Hirschs einzelne Argumente ist schwierig zu streiten. Er kam aus einer existentialen Grundauffassung, und sein Denken war ebenso kohärent wie in sich selbst konsistent. Hätte der Empirismus eine bessere Erkenntnistheorie liefern können als der Existentialismus? Hätte ein sozialistischer Staat für das Deutschland jener Zeit ein besseres Ideal abgegeben als ein »Volksstaat«? Eine kapitalistische Demokratie? Objektive Antworten, die ihre Verifizierbarkeit nicht aus dem Rückblick beziehen, sind hier schwierig zu finden.

### *b. Politische Aktionen*

So wie Hirsch seine Schreibmaschine während des Krieges als Ersatz für ein Maschinengewehr diente, wurde sie in Friedenszeiten zum Ersatz für das Rednerpult des Politikers. Mit anderen Worten, Hirsch ist selbst nie Politiker geworden. Aber er glaubte an die politische Bedeutung der christlichen Ethik und fuhr fort, seine Ideen mit Nachdruck zu verbreiten. In seiner Korrespondenz mit Eduard Geismar in Kopenhagen zum Beispiel bemühte er sich sehr, seinen Kollegen davon zu überzeugen, daß Deutschland im Ersten Weltkrieg unschuldig und danach ungerecht behandelt worden war.[92] Seine Freundschaft mit Paul Althaus basierte zumindest teilweise auf sehr ähnlichen politischen Ansichten. Der Inhalt seiner politischen Gedanken jener Tage war stets ein konservativer Nationalismus, der die Ungerechtigkeit des Versailler Vertrags hervorhob. Seine Polemik war einseitig und im Licht von Fritz Fischers Arbeit auch fragwürdig, aber sie enthielt ein Körnchen Wahrheit. Natürlich war England eine Weltmacht, die ehrgeizig über ihre eigenen Interessen wachte. Natürlich war ihm diese Macht über Jahre hinweg durch Kriege und Kriegsdrohungen zugewachsen. Die Vierzehn Punkte des amerikanischen Präsidenten Wilson waren den Deutschen als Friedensangebot unterbreitet worden, und Versailles hatte sie dennoch im wesentlichen ignoriert.[93]

Jens Holger Schjørring meint, daß sich Hirsch ab Mitte der zwanziger Jahre von politischen Sorgen gelöst und Weimar gegenüber eine Haltung eingenommen habe, die man liberal nennen könnte: Zum Beispiel wollte er die Rolle der Regierung bei der Religionserziehung begrenzen.[94] Schjørring schließt folgerichtig, daß Hirschs Denken, trotz dieser Loslösung, bis in die dreißiger Jahre hinein eine Kontinuität aufwies. Aber ich frage mich, ob man diese Loslösung, diesen »Liberalismus«, überhaupt erwähnen sollte. Hirsch erkannte die schlechten Chancen für Veränderung in der Weimarer Republik in ihren besten Jahren und protestierte nicht lauthals gegen jede Maßnahme. Aber es gibt auch keine Anzeichen dafür, daß er auch nur einen einzigen Faktor seiner Diagnose und Prognose für Deutschland geändert hätte. Er wartete ganz einfach geduldig ab, und als sich dann in den dreißiger Jahren der Vorhang für harte Zeiten hob, war er bereit, die Richtung zu weisen.

Das erste politisch orientierte Thema, dem Hirsch in den dreißiger Jahren seine Aufmerksamkeit zuwandte, war die internationale ökumenische Bewegung. Bereits 1925, vor der Stockholmer Konferenz, stellte er Deutschlands Teilnahme an der Ökumene in Frage: Die Einheit der Kirche habe politische Motive, bei denen Deutschland und die deutschen Interessen eine untergeordnete Rolle spielten. Außerdem glaubte er, daß die Grenzen der Kirche idealerweise mit den Grenzen eines Volkes übereinstimmen sollten und eine größere Organisation nur ein aufgezwungenes kirchliches System sein könne.[95]

1931 hatte Hirsch erneut Gelegenheit, Stellung zu beziehen. Im Juni hatte sich die Führung der deutschen Abteilung des Weltbundes für internationale Freundschaftsarbeit der Kirchen in Hamburg mit dem internationalen Komitee des Weltbundes getroffen. Hirsch und Althaus nutzten die Gelegenheit, in einem öffentlichen Aufruf die Kirchenführer dazu zu drängen, solchen ökumenischen Organisationen keinesfalls beizutreten. Aber eigentlich richtete sich ihr Protest gegen den Versailler Vertrag. Natürlich hatten sie diesen von vornherein abgelehnt, und jetzt waren sie der Ansicht, daß die Benachteiligung Deutschlands durch eine erneute Verstärkung der unerträglichen, das Volk zerstörenden Reparationslasten weitergeführt werde:

> »Deutschlands Feinde aus dem Weltkriege führen also unter dem Deckmantel des Friedens den Krieg wider das deutsche Volk weiter und vergiften durch die darin liegende Unwahrheit die politische Weltlage so, daß Aufrichtigkeit und Vertrauen unmöglich werden.«[96]

Die deutsche Kirchenführung werde das deutsche Volk enttäuschen und verwirren, wenn sie an einer Ökumene gemeinsam mit Vertretern jener Nationen teilnimmt, die Deutschland auf diese Weise angreifen. Hirsch und Althaus schließen daraus,

»daß eine christliche und kirchliche Verständigung und Zusammenarbeit in den Fragen der Annäherung der Völker unmöglich ist, solange die Andern eine für unser Volk mörderische Politik gegen uns treiben.«[97]

Dieser Aufruf hatte sofort ein Echo. Martin Rade und Friedrich Niebergall etwa finden in dieser vermeintlich christlichen Aussage den Geist des Hasses statt der Liebe: »Hier spricht völkische Selbstgerechtigkeit, nicht anders als in jedem nationalistischen Parteiblatt.«[98] Die negative Reaktion war allgemein sehr stark, wie auch Hirsch in einem Brief an Geismar zugibt. Er verteidigt sich und fragt dann: »Oder bin ich in den dänischen Augen durch die Erklärung mit Althaus ein böses Tier geworden?«[99] Böses Tier oder nicht, Hirsch ist bereit zu kämpfen. Er nennt eine große Anzahl von Ungerechtigkeiten, die Deutschland seit 1918 erfahren habe. Dann meint er, daß Deutschlands einziger Fehler in seinem inneren Zusammenbruch bestand, daß die Unterzeichnung des verheerenden Versailler Friedensvertrags darauf zurückzuführen ist, und zieht die Schlußfolgerung:

»Die militärische Hegemonie Frankreichs, die maritime Englands, der Ausschluß des volkreichen Deutschlands von den Kolonien, hohe deutsche Tributzahlungen, das Schicksal des Ostens, all das soll als gottgefügtes Schicksal um der Idee der Verständigung und des Weltfriedens willen von uns getragen werden.«[100]

Und Rade kann er nur mit Bitterkeit entgegnen:

»Ich lege keinerlei Wert darauf, mit Ihnen in irgendeiner nationalen oder kirchlichen Frage Gemeinschaft zu haben; der ganzen Gesinnung der beiden Herren gegenüber gibt es nur eins für mich: Kampf.«[101]

Hirsch war nicht der einzige Deutsche, der bereit war zu kämpfen. Trotz des Widerspruchs bei Theologen wie Rade hatten Hirsch und Althaus mit ihrer Erklärung auf fruchtbarem Boden gesät. Bereits im März 1931 hatte Präses Wolff von der rheinischen Landessynode die Gründe der Arbeitslosigkeit in den fortlaufenden Reparationszahlungen gesehen und vorgeschlagen: »Es ist zu fragen, ob nicht hier die deutschen Kirchen im Interesse ihres gottgewiesenen

Berufs an der Seele des deutschen Volkes ihre Beziehungen zum Ausland auswerten müssen.«[102]

Nachdem Hirsch und Althaus ihre Erklärung veröffentlicht hatten, blieb Hermann Kapler, Präsident des Evangelischen Oberkirchenrats der altpreußischen Union, der Sitzung des Exekutivausschusses von »Life and Work« im August 1931 demonstrativ fern.

Im Oktober veröffentlichte der Deutsche Evangelische Kirchenausschuß, diesmal gegen Kaplers Wunsch, eine Erklärung zur deutschen Notlage und rief die Christen außerhalb Deutschlands auf, den »Geist des Hasses und der Lüge« zu bekämpfen.[103] Im August 1932 warnte Kapler »Life and Work«, daß »verantwortliche Kreise« in der evangelischen Kirche bei diesem Thema gegen die ökumenische Bewegung eingestellt seien.[104] Wenn also Althaus und Hirsch auch schärfer formuliert haben mochten als andere, so drückten sie doch eine Haltung gegenüber der Ökumene aus, die bei vielen deutschen Kirchenführern anzutreffen war.

Es gibt noch ein Thema aus dem Jahre 1931, das ein zusätzliches Licht auf Hirschs politische Einstellung wirft: Der Fall des Pastors und Theologen Günther Dehn (1882–1970).[105] 1928 hielt Dehn in Marburg einen Vortrag, der auf eine gewisse pazifistische Haltung schließen ließ. Er stellte zum Beispiel in Frage, ob der »Heldentod« im Krieg mit dem christlichen »Opfertod« verglichen werden und ob für die Gefallenen Mahnmale in den Kirchen errichtet werden sollten.[106] Damit handelte er sich den milden Tadel der Kirchenbehörden ein, aber seine Berufung zum ordentlichen Professor an der Universität Heidelberg war ebensowenig gefährdet wie der spätere Ruf nach Halle 1931. Allerdings hatte Gottfried Traub in Heidelberg einen Angriff auf Dehn veröffentlicht, der dann von rechten Studentengruppen an der Universität Halle aufgegriffen wurde. Diese Studenten machten seine Berufung zu einer Kabinettsfrage. Der Rektor stärkte ihm den Rücken, und im Herbst 1931 begann Dehn zu lehren. Allerdings hatten sich etliche seiner Fakultätskollegen bereits auf die Seite der Studenten geschlagen, als Dehn im Dezember den Konflikt durch die Veröffentlichung seiner Sicht der Ereignisse verschärfte. Sein Schlußkommentar in seinem Buch ist ein Angriff auf den konservativen Nationalismus in der Kirche:

»Es kann sein, daß die Kirche die Gegenwart an der Schwelle schwerster Kämpfe mit dem modernen Nationalismus steht, in denen sie in ihrer Existenz gefährdet sein wird. Sollte ich in diesen kommenden Auseinandersetzungen dadurch ein trübes Vorzeichen geben, daß ich feige nachgebe und im Interesse meiner persönlichen Ruhe dem Angriff ausweiche? Hier muß Widerstand geleistet werden. Man pflegt der Jugend in ihren gegenwärtigen Kämpfen ja meist einen, wenn auch irregeführten Idealismus lobend zuzugestehen. Ich möchte dagegen doch ernste Bedenken äußern. Verzerrter Idealismus ist Dämonie. Es ist ja einfach nicht wahr, daß diese fanatische, meinetwegen religiös gefärbte, tatsächlich aber von Gott gelöste Vaterlandsliebe dem Vaterland wirklich hilft. Im Gegenteil, sie wird das Vaterland ins Verderben führen.«[107]

Hirsch konnte der Versuchung nicht widerstehen, auf diesen Angriff gegen seine wichtigsten Überzeugungen zu antworten, und wurde ziemlich bald zu einer zentralen Figur im ›Fall Dehn‹. Gemeinsam mit Hermann Dörries, einem jüngeren Kollegen von der theologischen Fakultät Göttingen, veröffentlichte er am 27. Januar 1932 eine Erklärung zum »Halleschen Universitätskonflikt«. Beide bekennen sich zu ihrem Glauben an die akademische Freiheit, auch für Menschen mit gegensätzlicher Auffassung; aber hier, in diesem Fall, müsse die Grenze gezogen werden. Nach ihrem Dafürhalten gebe es eine Minimalvoraussetzung für jeden Lehrer der deutschen Jugend, und zwar

»die Erkenntnis, daß die Nation und ihre Freiheit bei aller Fragwürdigkeit des kreatürlichen Lebens auch für den Christen von Gott geheiligte Güter sind, die eine ganze Hingabe des Herzens und des Lebens fordern und aus dieser Erkenntnis folgend dann das Bekenntnis zu dem leidenschaftlichen Freiheitswillen unseres Volkes, das von macht- und habgierigen geknechtet und geschändet wird.«[108]

Natürlich war diese von Hirsch und Dörries geforderte Minimalvoraussetzung höchst umstritten, denn sie widerspricht ebenso der dialektischen Theologie wie linker Politik. Dialektische Theologen waren nicht bereit, irdische Verhältnisse als »von Gott geheiligte Güter« zu akzeptieren, noch waren Liberale und Sozialisten bereit, die Freiheit des deutschen Volkes zu einem Kernthema zu machen. Barth wurde rasch zum Führer des Angriffs auf Hirsch, der Streit entwickelte sich dann hauptsächlich zu einer Diskussion zwischen den beiden. Barth versuchte, die Frage theologisch zu definieren, aber Hirsch fand, daß Barth als Schweizer ganz einfach nicht in der Lage sei zu verstehen, um was es geht:

»Wer nicht mit uns in der Lage ist, mit dem deutschen Schicksal sein und seiner Kinder Existenz zitternd vor Gott zu bringen, wer nicht in unserm inneren Sichentscheiden drin zu stehn durch seine Existenz gerufen ist, der kann auch nicht wägen, ob unser Wollen in Gott gebunden ist oder nicht.«[109]

Barth schloß daraus, daß Hirsch ein nationalistischer Fanatiker sei, unfähig, über die Ebene politischer Schlagworte hinauszuwachsen.

Barth und Hirsch korrespondierten mehrere Male miteinander, danach brach der Kontakt gänzlich ab – eine fast schon vorbestimmte Entwicklung bei ihren völlig unterschiedlichen theologischen und politischen Auffassungen. Für Barth muß die Theologie die Kluft zwischen Gott und dem Menschen und die »Einmaligkeit« der Offenbarung hervorheben. Damit würde jegliche übertriebene Wertschätzung irdischer und nationaler Ordnungen zunichte gemacht. Für Hirsch wirkt Gott in der Geschichte, nimmt Einfluß auf das menschliche Schicksal, und der Mensch kann ihn durch die rechte Würdigung der Geschichte und durch ein aufrechtes Gewissen erkennen. Damit lasse sich Gottes Einflußnahme auf die Geschichte des deutschen Volkes erkennen. In dieser Dichotomie spiegeln sich die Konflikte der dreißiger Jahre wider.[110]

Das Thema der Ökumene und der Fall Dehn wurden von Hirsch eindeutig politisch verstanden. Seine Erwartungen eines Wechsels in der deutschen Regierung und seine Anstrengungen in dieser Richtung zeigen sich auch in einigen weiteren Vorkommnissen aus dieser Zeit. Sein Schriftwechsel mit Geismar zum Beispiel war dann auch in einem polemischen und politischen Ton abgefaßt. 1931 beschrieb er seine Sorge über die Auswirkungen der wirtschaftlichen Not in Deutschland:

»Sie wissen nicht, wie groß die Verzweiflung unter uns ist, einfach weil wir für den vierten Teil des Volkes keine Arbeit haben. Und es wird in diesem Winter der dritte Teil des Volkes werden. Sie wissen nicht, wie der Bolschewismus unter uns wühlt. Und die Schuld an alledem trägt Versailles.«[111]

Bis April 1932 unterstützte Hirsch noch Alfred Hugenberg und die rechte Deutschnationale Volkspartei, aber noch nicht Hitler und die rechtsradikalen Nationalsozialisten. Aber am Vorabend der Präsidentenwahl in jenem Monat schrieb er einen Brief an das lokale Parteiblatt der NSDAP:

»Sie wissen, daß ich nicht Nationalsozialist bin und mehr als ein durchaus nicht leichtes Bedenken gegen die NSDAP habe. Sie wissen auch, daß ich Hugenberg für den von seinem Volke nicht erkannten rechten Staatsmann für die gegenwärtige Notzeit halte.

An all dem hat sich nichts geändert. Aber ich komme nicht um die Tatsache herum, daß in der ohne mein Zutun entstandenen verfahrenen Lage am zehnten April sich mir Hitler als einziger Repräsentant eines Willens zum Bruche mit den Fehlern des Jahrzwölfts 1919 bis 1931 und zu einem neuen deutschen Anfange bietet.«[112]

Obgleich ihm die »völkische Religiosität« und die nazistische Rassenlehre fragwürdig vorkamen, überrascht es nicht, daß Hirsch Hitlers Aufstieg mit Begeisterung und einem Ausbruch an Aktivität begrüßte. Die Begeisterung kam direkt aus der Hoffnung, die er in *Deutschlands Schicksal* zum Ausdruck gebracht hatte. Damals, nach 1920, hatte er erwartet, wenigstens eine Generation oder noch länger warten zu müssen. Um so freudiger überrascht war er, als er 1933 schrieb:

»Wir alle, die wir in der gegenwärtigen Stunde unseres Volkes stehen, erfahren sie wie ein Aufgehen der Sonne göttlicher Güte nach endlosen dunklen Jahren des Zorns und der Plage. Wir erfahren sie mit dem Beben der Verantwortung dafür, daß unser Volk diese seine Stunde nicht verderbe, daß es die an ihr geschenkte Möglichkeit, noch einmal neu anfangen zu dürfen, auf die rechte Weise verwirkliche. Wir dachten alle, wir wären in dem Schicksal einer Spätkultur gefangen, in der das öffentliche Leben sich auf die Ordnung der äußern Dinge beschränkt und der Gemeingeist eine religiös und sittlich neutrale Charakterlosigkeit wird. Wir dachten alle, wir müßten es tragen, daß das Ernstnehmen des allereinfachsten Gottesglaubens und das Heilighalten von Sitte und Zucht in die private Sphäre einzelner Kreise sich begrenzte, daß die großen Massen unseres Volkes in Gottlosigkeit und Zuchtlosigkeit dahingehen würden, von der christlichen Verkündigung wie durch eine Wand getrennt. Jetzt ist uns neue Hoffnung geschenkt, und unser Herz sollte uns nicht brennen, daß nun die evangelische Kirche ja sage zu dieser Stunde, daß sie die Möglichkeit, an deutscher Volksordnung und Volksart mitzuarbeiten, ergreife?«[113]

Eine Möglichkeit der Kirche, zur Stunde ja zu sagen, wäre die Schaffung einer geeinten deutschen evangelischen Kirche. Der Partikularismus unter den deutschen Protestanten war von Bismarcks politischem Einigungswerk weitgehend unberührt geblieben, und die dem Nazismus Wohlgesinnten – besonders die Deutschen Christen – hofften, dieses Versäumnis rasch nachzuholen. Am 15. April 1933 schrieb Hirsch an seinen Bischof August Marahrens in Hannover einen Brief zu diesem Thema: Einerseits, so findet er, würde eine wahre »Reichskirche« wegen der theologischen Differenzen unmöglich sein, andererseits sei eine geeinte deutsche evangelische Kirche zu einer historischen Notwendigkeit geworden. Falls die Lutheraner nicht sofort mit der Arbeit beginnen, dann, so fürchtet Hirsch, könnte sich bei der Formierung einer neuen Kirche die Stärke der altpreußischen Union als dominierend erweisen. Also schlägt er die Ernennung eines »evangelischen Nuntius« mit kirchlichen Verhandlungsvollmachten vor. Ihm fallen allerdings außer ihm selbst nur Althaus und Heinrich Rendtorff für eine solche Position ein, und zwar als Theologen, »die einwandfrei am leidenschaftlichsten Maßstab von Deutschheit gemessen« werden.[114] Bevor jedoch Marahrens handeln konnte, ernannte Hitler am 25. April 1933 Ludwig Müller (1883–1945) zu seinem »Bevollmächtigten für Fragen der evangelischen Kirchen«. Hirsch wurde sofort zu einem seiner Hauptratgeber und blieb dies durch die Wirren der kommenden Monate hindurch.

Hirschs Reaktion auf die Ereignisse vom Frühling und Sommer 1933 und seine Teilnahme daran finden sich in seiner Publikation *Das kirchliche Wollen der deutschen Christen,* worin eine Anzahl Erklärungen und Aufsätze abgedruckt ist, die er während jener Monate geschrieben hatte. Für Hirsch stellt sich das Problem vor dem Hintergrund seines Zieles einer effektiven Kirche. Die Kirche werde Schaden nehmen, wenn sie sich von der Wende des Jahres 1933 weiterhin fernhalte. Denn der größte Teil der Deutschen werde eine solche Haltung als zumindest gleichgültig, wenn nicht feindselig gegen das Aufregende und Bedeutende der deutschen Revolution betrachten. Statt dessen sollte die Kirchenführung ihre Bindungen an das deutsche Volk stärken. Dies werde a) eine Reichskirche in Übereinstimmung mit der Einheit des Volkes und b) die Anerkennung des Führerprinzips gemäß der neuen politischen Werte verlangen.[115]

Hirsch rechtfertigt diese beiden Veränderungen der Kirche auf unterschiedliche Weise. Auch wenn die Botschaft des Evangeliums dem einzelnen durch das Mysterium des Heiligen Geistes zugehe, könne der Botschaftsträger hinderlich sein, wenn er auf irgendeine Weise merkwürdig, fremd oder anstößig wirke. Also ist die beste Basis für eine erfolgreiche Verkündigung des Evangeliums die Gemeinsamkeit von Blut, Nationalität und Kultur.[116] Die Kirche sollte sich dieses Vorteils bedienen, statt ihn zu leugnen. Gleichermaßen sollte sie das vom Nationalsozialismus vertretene Führerprinzip akzeptieren. Hirsch hatte als Pastor einen Mangel an Leitung durch die Kirchenführung empfunden, und er argumentiert, daß ohne eine solche Leitung und ohne Disziplin gute, angemessene Ideen oder Ziele der Kirchenführung an der Trägheit der Geistlichen scheitern könnten. Außerdem habe die Kirche stets politische Formen des Staates übernommen (Zeugnis davon lege das römische Pontifikat ab). Auf diese Weise eine Anpassung fortzuführen, habe nichts Falsches an sich, sondern bringe den Vorteil mit sich, daß die Kirche im deutschen Volk der Gegenwart tiefer verwurzelt werde.[117]

Die Kirche ist heilig, sagt Hirsch, und ihre Botschaft ist etwas Heiliges, das keine Einmischung duldet. Aber ebenso hat die irdische Seite der Kirche mit dem Staat auf verschiedene und wichtige Weise zu tun. Zum Beispiel befassen sich beide, Kirche und Staat, mit Erziehung, moralischen Werten und Pflichtgefühl. Die Kirche liefert den moralischen Unterbau für einen geordneten Staat, und der Staat garantiert jene Ordnung und Stabilität, in der das Evangelium erfolgreich verkündet werden kann. Deshalb sollte die Kirche so weit wie möglich mit dem Staat zusammenarbeiten, allerdings ohne den heiligen Kern ihrer Botschaft zu gefährden. Obwohl die Kirche stets Gefahr läuft, zu menschlich zu werden, sollte sie kühn handeln und auf Gottes Gnade vertrauen. Die wahre Freiheit für die Kirche verlangt lediglich, »daß die Kirche frei sein wird dazu, ohne staatlichen Befehl und staatlichen Eingriff, Gott und dem Evangelium am deutschen Volke zu dienen«.[118] Und das glückliche Ergebnis könnte eine wahre »Volkskirche« sein, in der die Deutschen die Botschaft des Christentums begeistert als Höhepunkt der deutschen Wiedergeburt annehmen. Für Hirsch hatte es ein kurzes Aufflackern dieser Begeisterung während der Schmalkaldischen Kriege 1546/47 und im Befreiungskampf gegen Napoleon gegeben. Er hoffte, daß die Kirche diesmal so reagiert, daß die Wirkung Beständigkeit habe.[119]

Hirschs Rückversicherung bei dieser Befürwortung einer Volkskirche war seine Überzeugung, Hitler sei ein vom Himmel gesandter christlicher Führer. Im Frühsommer 1933 schrieb er:

»Kein einziges Volk der Welt hat so wie das unsere einen Staatsmann, dem es so ernst um das Christliche ist; als Adolf Hitler am 1. Mai seine große Rede mit einem Gebet schloß, hat die ganze Welt die wunderbare Aufrichtigkeit darin gespürt.«[120]

Außerdem glaubte er, daß die NSDAP aufgrund der Hervorhebung von Glauben und Moral eine positive Beziehung zum Christentum habe. In den Konflikten des Kirchenkampfes von 1933 spielte Hirsch deshalb eine führende Stützerrolle für Ludwig Müller, den Bevollmächtigten des Führers.

Im Mai 1933 trafen sich Müller, Präsident Kapler von der Preußischen Union, der lutherische Bischof Marahrens und Pastor Hesse aus Elberfeld als Vertreter der reformierten Kirche in Loccum, um die Verfassung für die neue »Reichskirche« zu beraten. Dieses Treffen löste eine Kette von Ereignissen aus, es kam zu vielen hastigen Stellungnahmen verschiedener kirchlicher Gruppen. Niemand war sich eigentlich über Tagesordnung und/oder Verhandlungspartner im klaren – ging es nur um formelle Dinge oder auch schon um Personenentscheidungen? Schließlich wurde dann die Nominierung des Reichsbischofs zum Hauptthema. Am 18. Mai nominierte eine kleine ostpreußische Gruppe der Deutschen Christen Ludwig Müller. Die Jungreformatorische Bewegung folgte rasch mit der Nennung Friedrich v. Bodelschwinghs, eines Kandidaten, der für die Gemäßigten akzeptierbar war. Daraufhin protestierte die von Hossenfelder geführte breite Bewegung der Deutschen Christen gegen den Vorstoß der Jungreformierten: Müller habe die Unterstützung des Führers, also sei auch er der einzig akzeptable Kandidat. In einem verwirrenden Durcheinander erhielt Bodelschwingh am 27. Mai die meisten Stimmen der Kirchenführer. Nach einem Monat erwies sich seine Position vor dem Hintergrund politischer Querelen als unhaltbar. Schließlich verlangten die Deutschen Christen eine Neuwahl, und zwar diesmal durch alle evangelischen Christen.[121]

Während des Streits um den Reichsbischof stand Hirsch an Müllers Seite. Er war in der Nacht vom 16. auf den 17. Mai, einen Tag vor den Verfassungsberatungen in Loccum, bei ihm und entwarf eine Erklärung, die die Schaffung einer Reichskirche rechtfertigte und sich für Müller als Bischof einsetzte. Diese Erklärung wurde am 4. Juni im *Evangelischen Deutschland* abgedruckt.[122] Am 7. Juni sprach er sich in der gleichen Zeitschrift für eine allgemeine Kirchenwahl aus, und zwar sowohl zur vorgesehenen Verfassung der neuen Kirche wie zur Wahl des neuen Reichsbischofs.[123] Außerdem veröffentlichte er einen Aufsatz im *Völkischen Beobachter,* in dem er die Wahl Müllers unterstützte.[124] Und am 9. Juli veröffentlichte er im *Evangelischen Deutschland* eine letzte Rechtfertigung seiner eigenen und der Rolle der Deutschen Christen bei diesen Ereignissen.[125] Trotz der plumpen Kraftmeierei begeisterter Nazis zeigte sich Hirsch während dieser Wochen als Gegner Barths und der Jungreformierten und beharrte auf der theologischen Legitimation einer Reichskirche, die die Veränderung der politischen Landschaft in Deutschland unterstützen könnte.

Es gab noch ein entscheidendes politisches Thema für die Kirche des Jahres 1933, und das war der sog. Arierparagraph: Am 7. Oktober 1933 übermittelte Hirsch der Reichskirchenregierung seine persönliche Meinung hierzu. Die Diskussion dauerte an, und im Mai des folgenden Jahres veröffentlichte er dieses »Gutachten« deshalb in der *Deutschen Theologie.* Hirsch bemühte sich hierin um einen Konsens mit der Regierung, allerdings mit der Einschränkung der Erhaltung der Einheit christlicher Theologie und christlicher Liebesethik. Das nationalsozialistische Konzept eines jüdischen »Gastrechts« entspreche auch seiner Vorstellung, denn die Juden seien durch Geschichte und Rasse weiter von Deutschland entfernt als die meisten seiner Nachbarn. Diese Tatsache hätten Christen zu akzeptieren, aber sie könnten auch mehrere positive Funktionen dabei übernehmen. Sie sollten zum Beispiel darauf bestehen, daß es sich hier nicht um eine Frage der »Minderwertigkeit« handele, sondern um eine »Fremdigkeit«: Einzelne Christen könnten ihre persönliche Freundschaft mit Juden aufrechterhalten, das Los »der zahlreichen einzelnen Menschen, welche jetzt zwischen beiden Völkern stehen«, soweit wie möglich verbessern und sich freuen, wenn die Zeit reif ist, daß wieder Ausnahmen gemacht werden können.[126]

Die Kirchenführung jedoch hat, wie in der Volkskirche impliziert, eine Beziehung zum Staat und ist ihm verpflichtet; und das müsse mit der Forderung nach christlicher Einheit in Einklang gebracht werden. Hirsch löst dieses Problem auf etwas ironische Weise durch den Hinweis auf die lutherische Lehre vom Priestertum aller Gläubigen. Vor Gott seien alle Christen gleich und jeder könne priesterliche Funktionen übernehmen. Jüdische Konvertiten sind hiervon nicht auszunehmen. Pastoren jedoch nehmen in der Kirche eine menschliche, externe Rolle ein, ihr Einsatz geschieht mit menschlichen Mitteln, und die mögen unvollkommen sein. Es gibt viele, die aufgrund geistiger oder körperlicher Unzulänglichkeiten diese Rolle nicht übernehmen können. Wenn aber die Volkskirche nun entscheidet, daß Volkszugehörigkeit eine ausreichende Qualifikation für ein Kirchenamt darstellt, dann sollte man dies nach Maßgabe der christlichen Einheit akzeptieren.[127]

## 3. Hirschs politische Philosophie im Jahre 1933

In den Jahren 1930–1933, als Hirsch an diesem kirchenpolitischen Streit teilnahm, schrieb er gleichzeitig sein Hauptwerk über Kierkegaard. Im Anschluß daran veröffentlichte er die beste und umfangreichste Erklärung seiner politischen Haltung, das Werk *Die gegenwärtige geistige Lage im Spiegel philosophischer und theologischer Besinnung*. Die Einleitung zu diesem Buch datierte er auf den 30. Januar 1934, vermutlich bewußt in Erinnerung an Hitlers Machtergreifung im Jahr zuvor.

Das Thema dieses Buches findet sich in zwei Zitaten wieder, die Hirsch an den Anfang setzte. Zunächst Goethe: »Über Geschichte kann niemand urteilen, als wer an sich selbst Geschichte erlebt hat.«[128] Die persönliche Bedeutung dieses Zitates unterstreicht Hirsch mit einer kurzen autobiographischen Erwähnung seiner eigenen gelebten Geschichte:

»Es ist für meine gesamte geistige Haltung entscheidend geworden, daß mein Arbeiten und Schaffen so gut wie ganz, jedenfalls schon von einem Alter an, da ich noch jung genug war, um bildsam zu sein, in eine Zeit der Erschütterung und Wandlungen, des ständigen Umbruchs, und endlich nun eines neuen Anfangs der Geschichte meines Volkes gefallen ist.«[129]

Das zweite Zitat stammt von Søren Kierkegaard, Hirschs Studienobjekt seit zwölf Jahren:

»Wenn einer in Aufrichtigkeit wagen will, so bekommt er wohl schon Kräfte genug in der Entscheidung . . . Es ist gewiß: die Zuversicht, mit der man wagt, gibt übermenschliche Kräfte. Aber es ist auch gewiß (o wunderlich, wie genau es stimmt): wer die Zuversicht nicht hat, der versteht sie auch nicht. Siehe, das große Kriegsschiff bekommt seine Bestimmung erst zu wissen auf hoher See, die Schute weiß alles im voraus.«[130]

Hirsch sieht den Lärm der Zeit, die Mangelhaftigkeit objektiven Wissens und die Fehlbarkeit menschlichen Handelns. Aber mit Kierkegaard ist er der Ansicht, daß »ein geistig lebendiger Mensch« die Grenzen des objektiven Wissens überschreiten und Stellung beziehen muß.[131]

In dem ersten und wichtigsten Kapitel, *Die allgemeine geistige Krise,* erklärt Hirsch dann, warum objektives Wissen nicht umfassend oder nützlich ist: Vor einigen hundert Jahren habe der Zusammenbruch der katholischen Orthodoxie während der Reformation zur Dominanz einer rationalistischen, humanistischen Weltanschauung geführt, die vom Dreißigjährigen Krieg bis zum Ersten Weltkrieg angehalten habe. Gemeinsamer Brennpunkt verschiedener Richtungen dieser Weltanschauung sei die Überzeugung gewesen, daß sein rationales Forschen dem Menschen die höchstmögliche Form von Wahrheit verschafft.[132] Auch Hirsch sieht die Verdienste des Rationalismus während dieser Zeit, aber er kritisiert, daß durch ihn das Christentum sowie »Recht, Sitte, Ordnung und Gewohnheit« unterhöhlt wurden. Verantwortlich hierfür sei das Gegenstück zur Vernunft, die Freiheit. Der autonome, rationale Mensch muß frei sein, zu fragen und Wertentscheidungen zu treffen. Individualismus und Liberalismus finden im Rationalismus ihr natürliches Wachstum, wie es die deutsche Reformation des 16. Jahrhunderts, der niederländische Freiheitskrieg im frühen 17. Jahrhundert und die englische Revolution im späten 17. Jahrhundert bewiesen hätten.[133]

Ein Satz Kierkegaards ist für Hirschs Argumentation von entscheidender Bedeutung, daß nämlich Vernunft und Freiheit letztlich zu der »allumfassende[n] Debatte um alles« führen.[134] Deshalb wirke der Rationalismus so aufwühlerisch, bringe Krisen und Revolutionen hervor und verfüge über keine schöpferischen und einigenden Kräfte. Statt schöpferisch zu sein, sei der Rationalismus, wie Nietzsche korrekt festgestellt habe, letztlich nihilistisch. Für ihn sei jede Wahrheit Selbstbetrug gewesen, die Vernunft und die Freiheit hätten jegliche Vernunft und Freiheit zerstört und nur den Willen zur Macht als endgültige Realität übriggelassen. Denn für die Vernunft könne es keine geheimen Wohnplätze der Wahrheit geben. Der Rationalismus würde sie finden, ihre Geheimnisse rauben und damit die Basis der Wahrheit zerstören. Diesem Angriff sei zum Beispiel die idealistische Philosophie zum Opfer gefallen bei ihrem Versuch, an der Vorstellung eines ewigen Ideals festzuhalten.[135]

Im Historismus findet Hirsch ein weiteres Beispiel für das Versagen der Vernunft: Historisten betonten die Grenzen von Zeit und Raum im Leben. Jede Zeit und jede Epoche müsse aus sich selbst heraus verstanden werden, um subjektive, anachronistische Urteile gegenüber einer anderen Kultur zu vermeiden. Das Ergebnis hieraus, so Hirsch, sei eine »freischwebende Bindungslosigkeit«. Die Vernunft verliere ihren Anspruch auf die Wahrheit, und zwar entsprechend der Auffassung der Weimarer Republik, daß die Wahrheit Parteisache sei.[136]

Hirsch kommt zu dem Schluß, daß die moderne Philosophie aufgrund innerer Widersprüche im Rationalismus Selbstmord begangen habe und die intellektuelle Moderne deshalb ein Paradox sei:

»So erscheint sie auf der *einen* Seite als ein Immer-reicher-werden an objektivem Wissen, auf der *andern* als ein Immer-ärmer-werden an letzter innerlich bindender lebendiger Wahrheitsmacht.«

Ohne einen »Umbruch« werde sich der Mensch in »relativistischen Nihilismus« auflösen, glaubt Hirsch.[137]

Glücklicherweise, so meint er, habe aber jetzt in Deutschland ein Umbruch stattgefunden. Vielleicht werde es Deutschland gelingen, zum Geheimnis des Lebens vorzudringen, zu einer neuen Gemeinschaft. Vielleicht erwiesen sich die Not und die »Untreue im eignen Haus« schließlich als Glück im Unglück. Es ist nur ein »Vielleicht«, denn Hirsch weiß, daß es niemand sicher wissen kann:

»Aber wir haben uns an diese Möglichkeit, dies Vielleicht gewagt, mit Haut und Haar, haben den Weg zurück uns verriegelt. Wir verwirklichen es oder – aber, wenn wir in die Augen unsrer Jugend schauen, so gibt es kein Oder für uns.«[138]

Die Schmerzen des Übergangs werden in Deutschland fühlbar sein, werden zu Protest und Kritik führen. Aber Hirsch vergleicht dies mit Geburtswehen: notwendig, wenn auch unangenehm.[139]

Da Hirsch die »allumfassende Debatte um alles« als das destruktive Element im Rationalismus auffaßt, fordert er einen intellektuell akzeptablen Schutz gegen diese Debatte. Er führt zu diesem Zweck drei griechische Begriffe ein: Horos, Nomos und Logos. Horos definiert er als die Grenze, die vom Individuum oder der Gruppe ohne destruktive Folgen nicht überschritten werden kann. Nomos ist der Begriff für »Ordnung, Lebens- und Denkverfaßtheit« in einer Gesellschaft. Logos schließlich sieht er als »sich aussprechender lebendiger Geist«, als eine dynamische Form der Vernunft.[140]

Hirsch glaubt, daß die deutsche »Wende« des Nationalsozialismus eine Neueinführung von Horos, Nomos und Logos in das deutsche Leben bedeutet. Die Nationalsozialisten ließen die »allumfassende Debatte um alles« nicht zu, sondern legten Wert auf ein »Grenzbewußtsein«.[141] Und dieses Grenzbewußtsein brauchte man dem Volk nicht aufzuzwingen, und ebensowenig sei es ein künstliches Produkt der Vernunft:

»Der neue Wille selbst ... ist nicht künstlich von uns gemacht; er ist als ein *heiliger Sturm* über uns gekommen und hat uns ergriffen ... Nur ein Deutscher freilich kann das innerlich verstehen.«[142]

Die Nationalsozialisten sähen nicht nur die Bedeutung des Horos allein, sondern sie würden in ihm das gottgegebene »Geheimnis des Blutbundes« erkennen, das heißt, sie sehen Horos als für jedes Volk individuell von Gott gegeben. Völker, die dieses Grenzbewußtsein nicht haben (Hirsch denkt dabei zweifellos an die Weimarer Republik), verlieren ihre Wurzeln und verfallen rasch der Zerstörung.[143] Das Weltbürgertum sei eine Verletzung der von Gott gesetzten Grenzen des Lebens.

Der Ausdruck des Horos finde sich bei jedem Volk in seinem Nomos, in den Richtlinien, Werten und sittlichen Normen, die menschliches Verhalten bestimmen. Die nationalsozialistischen Auffassungen von Gesetz und Ordnung, Familie und Tradition zeigen für Hirsch ihr rechtes Verständnis des Nomos. Einige sähen diese Erneuerung des Nomos als einen Rückschritt in die Barbarei, besonders wegen der Betonung von Blut und Rasse. Aber, so meint Hirsch, dies sei keine hohle Vorstellung, kein biologischer Materialismus. Die Biologie sei das Sprungbrett zum Verständnis der tiefen, geistigen, gottgegebenen Bedeutung des »Blutbundes« in jedem Volk: »Die Erinnerung an Blut und Rasse ist die Weise, in der uns das ganze große Geheimnis der Grenze am mächtigsten ergriffen hat.«[144]

Logos wird von Hirsch als eine Form des Rationalismus interpretiert, die ein neues und befriedigenderes Verständnis von Vernunft und Freiheit habe, und zwar beispielhaft in der deutschen Wende. Nicht länger könne die Vernunft vorgeben, allumfassend zu sein. Die Wissenschaft wird weiterhin nützliche Dienste erweisen, aber wenn sie in Grenzbereiche gerät, habe sie keinen Anspruch auf fundierte und gesicherte Antworten:

»*Vernunft ist der sich als Logos geistig verstehende und entfaltende Nomos bestimmten menschlich-geschichtlichen Lebens selbst,* und Wissenschaft ist nichts als Zucht und Rechenschaft dieses wirklichkeitsbestimmten Logos vor sich selbst über die ihn bestimmende Wirklichkeit.«[145]

Auch die Freiheit müsse begrenzt werden. Statt in ihrer eigenen »Selbstmächtigkeit« werde sie nunmehr in ihrer Verantwortlichkeit gegenüber dem »volksstaatlichen Nomos« wurzeln. Jede Freiheit, die den Nomos aufhebt, wäre tatsächlich eine *Dämonie* statt wahrer Freiheit. Hirsch meint sogar, daß die Freiheit sich am beispielhaftesten bei Offizieren findet: »Wer nicht den Ruf der Fahne hört, der weiß auch nicht, was Freiheit ist.« Für die meisten anderen gelte: »Freiheit wurde in einem wunderlichen Irrgange tatsächlich mit Unverantwortlichkeit gleichgesetzt.«[146]

Hirsch erkennt das Mystische an diesem Freiheitskonzept an und auch die möglichen Fehlinterpretationen. Horos werde durch die Geschichte und durch Gott definiert. Die Gefahr liege darin, irrtümlich das eine über das andere zu stellen. Hier gelte es, kühn zu agieren, allerdings mit religiösem Ernst und starkem Realitätssinn. Vernunft sollte der »wirklichkeitsbestimmte Logos« sein und Freiheit die »wirklichkeitsgebundene Verantwortlichkeit«. Und abschließend meint er:

»In der Unabschließbarkeit der Verantwortung wird Grenze echte Grenze ... Alle Spannungen unsrer neuen Eingrenzung der Freiheit sind Spannungen einer Gottesbegegnung, ausgedrückt in dem Umkreis des Tathaften ... Ist es denn aber wahr, daß so Gottesbegegnung das letzte Geheimnis der deutschen Wende ist?«[147]

Er glaubt, daß in diesem Augenblick deutscher Geschichte Gott an Hitlers Seite steht, wenn auch die letzte Antwort noch offen bleibt: »Sie liegt in dem Kommenden, das durch unser entscheidungshaftes Denken und Handeln hindurch sich verwirklichen läßt.«[148]

Hirsch erstellt eine kluge und klare Analyse der Krise der Vernunft im frühen 20. Jahrhundert. Sie könnte in jeder heute erscheinenden geistesgeschichtlichen Anthologie einen Platz einnehmen. Sein Versuch, die »allumfassende Debatte über alles« abzuwenden, wurzelt in einer existentialen Bestätigung der ewigen Werte Horos und Nomos und ist damit eine angemessene Interpretation Kierkegaards für das 20. Jahrhundert. Doch erscheint Hirschs Werk wegen des Inhalts seiner »ewigen Werte« befremdlich. Er fällte Urteile über Hitler und den Nationalsozialismus, die den Prüfungen der Zeit nicht standhielten.

Ein heute anachronistisch anmutendes Beispiel für Hirschs Urteilsvermögen ist seine Analyse der jüdischen Frage. Er akzeptiert das antisemitische Vorurteil von einer zerstörerischen jüdischen Kraft in Deutschland. Und dann nimmt er dieses Postulat und fügt es klar und konsequent in sein Gedankensystem ein: Der Rationalismus des 19. Jahrhunderts habe die Einheit der Menschheit hervorgehoben. Von diesem Abbau ethnischer Unterschiede hätten die Juden profitiert, denn dies hätte zu ihrer legalen Emanzipation geführt. Also sei es nur natürlich gewesen, daß die Juden alles in ihrer Macht Stehende taten, historische Bindungen zu zerreißen, so daß einzig eine neutrale Menschheit übrigbliebe. Aber genau das sei die zerstörende Kraft, von der Hirsch fürchtet, daß sie in eine »freischwebende Bindungslosigkeit« führen wird; somit sieht er die jüdische Emanzipation als Teil der allgemeinen Krise.[149] Darüber hinaus bindet er auch den Bolschewismus in dieses Argument mit ein: Er sieht ihn als die Kulmination des wissenschaftlichen Materialismus, in dem die Menschen zu reinen Objekten werden, und eben das erweise die enge und natürliche Verwandtschaft zum jüdischen Volk:

> »Wenn später das Geschichtsgedächtnis der Menschheit sich des 19. Jahrhunderts erinnern wird, wird man den Marxismus so als Ergebnis einer deutsch-jüdischen Mischehe und als Beleg der inneren Unmöglichkeit der Judenemanzipation auf dem Boden christlicher Volkstümer verstehen, den Bolschewismus vielleicht sogar als eine ungläubige Abart jüdischer Religion bezeichnen.«[150]

Diese Einschätzung ignoriert alle nichtjüdischen Marxisten und verkennt die »Unmöglichkeit« einer jüdischen Emanzipation. Aber Hirsch ist nicht der einzige, der in Marx jüdisches Gedankengut erkennt oder eine scheinbare Affinität zwischen linker Politik und Judenemanzipation. Allerdings räumt er ein, daß das Judentum an der Krise Deutschlands zwar sicherlich teil habe, aber kaum ihr Hauptgrund sei. Die Wurzeln der Krise in der christlichen Kultur liegen für ihn in dieser Kultur selbst.[151]

Darüber hinaus ist *Die gegenwärtige geistige Lage* der Untersuchung gewidmet, wie Philosophie und Theologie mit der Wirklichkeit der deutschen Wende umgehen sollen. Die Philosophie habe eine neue Aufgabe, nämlich innerhalb der Universität und für das Volk als ganzes die philosophische Basis für ein neues Deutschland zu schaffen. Mit der Einführung dieses Themas definiert Hirsch drei kritische Punkte der Philosophie: Erstens brauche sie eine Theorie des Wissens. Diese Theorie könne entweder auf der Wissenschaft aufbauen, was Hirsch für letztlich undurchführbar hält, oder sie kann auf einer »verstehende[n] Geistigkeit«, einem »Ergriffensein« von der Geschichte basieren. Hirsch führt diese letztere, existentiale Position auf Sokrates zurück:

> »Es ist bekannt, daß dem Philosophieren des Sokrates, infolge des Ergriffenseins ihres Urhebers durch die damalige Geschichtswende des hellenischen Nomos, eine unerhörte Wucht solcher geschichtlicher Existentialität eigen gewesen ist.«[152]

Der zweite wichtige Punkt in der Philosophie sei das Geschichtsverständnis. Hirsch glaubt, daß ein rechtes Geschichtsverständnis auf das Geheimnis der Gemeinschaft hinweist. Frühere Philosophien hätten versucht, die »reine Menschlichkeit« des Individuums zu verstehen, aber das »Sichverstehen in geschichtlicher Existenz« werde diesen Irrtum korrigieren. Wiederum zitiert Hirsch als Beispiel Sokrates, der die Bedeutung der Gemeinschaft verstanden habe. Schließlich sollte die Philosophie auch ein Religionsverständnis haben. Für Hirsch ist dies der entscheidende Punkt. Die deutsche Philosophie sei auf 1933 vorbereitet gewesen, da sie bereits im Existentialismus wurzelte. Aber der Existentialismus könne entweder zu Atheismus führen, in dem die Grenze das Nichts ist, oder zum Christentum, in dem die Grenze Gott ist. Er glaubt, wenn die deutsche Philosophie die rechte Theorie des Wissens, nämlich die »verstehende Geistigkeit« und die rechte Geschichtstheorie mit Betonung der »Gemeinschaft«, wählt, wird es zu einer Religionsphilosophie kommen, die die christlichen Wurzeln in Deutschland akzeptiert.[153]

Die Aufgabe der Philosophie werde es also sein, die deutschen Universitäten zu erneuern. Die idealistische Philosophie sei der Grundstock gewesen, auf dem die Größe der deutschen Universität des 19. Jahrhunderts aufbaute. Letztendlich jedoch habe die idealistische Philosophie versagt, und die Stärke der Universität sei gefährdet. Auch die Überspezialisierung und ein allgemeines Abfallen des Standards würden zu ihrem Niedergang beitragen. Für Hirsch liegt die Lösung darin, die Spezialisierung hinter sich zu lassen und Forschung und Lehre der gemeinschaftlichen Erziehung und Bildung des neuen Deutschland zu widmen. Auch wenn dies ein »Umlernen« und »Neuwollen« für die Lehrenden bedeutet, wird es zu einer neuen Kameradschaft in den Fakultäten führen, zu einer »Gemeinschaft des Fragens«, einer »volklichen und staatlichen Geistigkeit« und einer gemeinsamen »geistig-ethischen Grundhaltung«.[154] Hirschs völlige Akzeptierung der nationalsozialistischen Wende zeigt sich in seiner Unterstützung der Aktivität von SA- und SS-Studenten an der Universität: »Wenn der Übergang vollendet ist, . . . dann werden Lehrer und Schüler alle miteinander den gleichen braunen Rock tragen.«[155]

Die Philosophie sollte außerdem die Aufgabe haben, die Beziehung zwischen Volk und Staat im neuen Deutschland zu klären. Weil er während der Zeit der Weimarer Republik über dieses Thema geschrieben hat und weil er Volk und Staat von Fichte und Treitschke her versteht, nimmt Hirsch das Recht für sich in Anspruch, einige Vorschläge vorzubringen. Er geht davon aus, daß trotz der politischen Souveränität des Staates die wahre Souveränität beim Volk liegt. Deshalb sei die Demokratie für Deutschland weder notwendig noch wünschenswert. Die politische Philosophie früherer Zeiten habe nur zwei Möglichkeiten, die Autokratie oder die Demokratie, gekannt. Aber Deutschland sei jetzt in der Lage, eine neue autoritäre Regierungsform zu schaffen, indem die Menschen dem Staat freiwillig Gehorsam leisten, solange in diesem Staat das Volk angemessen repräsentiert ist.

Egalitarismus sei eine Täuschung mit einer verderblichen Wirkung auf sittliche Vollkommenheit. Hirsch propagiert statt dessen das Akzeptieren der Ungleichheit und eine »Auslese der Tüchtigen«. Die Deutschen hätten das Führerprinzip aus »ursprünglichem Wollen« heraus akzeptiert. Obgleich Hirsch manchmal die mögliche Korrumpierbarkeit dieser neuen Staatsform einräumt, sei dies gegenwärtig nicht gegeben, sei »diskussionslos, selbstverständlich«. »Der geistige Ring ist geschlossen«, schreibt er. Es sei die Rolle der Philosophie, diese Basis zu klären und darauf aufzubauen.[156]

Natürlich gilt Hirschs Hauptsorge nicht der Philosophie, sondern der Theologie, und für ihn sind die Wurzeln der Theologie wesentlich tiefer im deutschen Volk verankert und von weit größerer Bedeutung für die deutsche Wende als die der Philosophie. Er glaubt zum Beispiel, daß die theologische Erziehung unter Ausnutzung aller Disziplinen einige der Gefahren der Spezialisierung vermeiden konnte, die die Philosophie befallen haben. Dies habe bei den Theologiestudenten zu einer engeren Bindung an Volk und Staat geführt, wie ihre Teilnahme am Ersten Weltkrieg zeige: »[Theologiestudenten] haben ... das weitaus größte Blutopfer von allen Deutschen gebracht.«[157] Die christlichen Wurzeln in Deutschland erkenne man daran, daß jeder große Deutsche der Geschichte ein Christ war. Und obgleich die Ursprünge des Christentums nicht in Deutschland liegen, habe die deutsche Kirche erkannt, daß sie ihre Botschaft am wirksamsten verbreiten kann, wenn sie in die menschliche Wirklichkeit um sich herum eintaucht. Aus dieser Position in Volk und Staat heraus verweist sie dann auf das Ewige.[158] Auf der Grundlage dieser Rechtfertigung der Bedeutung des Christentums für das deutsche Volk geht Hirsch davon aus, daß eine rechte Erneuerung der protestantischen Theologie »zum Lebensquell für beide, für evangelisches Christentum und evangelische Theologie, und für unser Volk und unsern Staat« wird.[159]

Hirsch gibt anschließend seine Interpretation der jüngsten theologischen Entwicklungen in Deutschland: Vor dem Ersten Weltkrieg glaubten die Theologen, daß sie sich mit dem Geist der Zeit, d. h. mit Vernunft und Wissenschaft, zusammentun könnten. In den frühen Jahren des Jahrhunderts, als Hirsch studierte, herrschte der Positivismus vor; aber Hirsch glaubt, daß in seiner Generation, und besonders unter den Theologen, die Probleme bereits sichtbar wurden. Nietzsche war populär, und er stellte die Grenzen der Naturwissenschaften in Frage. Die Studierenden wandten sich Kant und Schleiermacher zu und einem Geschichtsbewußtsein, in dem zumindest die geschichtliche Bedeutung des Christentums festgelegt werden konnte. Aber trotz Nietzsche, Kant und Schleiermacher hätten sich weder er noch seine Freunde zufrieden gefühlt, berichtet Hirsch. Keiner von ihnen habe das Gefühl gehabt, daß Feuerbach in einer Diskussion zu schlagen gewesen wäre.[160] Es gab eine Zerrissenheit zwischen Theologie und kirchlicher Lehre. Hirsch und seine Generation suchten Antworten im Idealismus und bei Søren Kierkegaard, schreibt er, aber zu jener Zeit sei es noch zu keinem Durchbruch gekommen.[161]

Das Theologiestudium jener Jahre war fast ausschließlich historisch ausgerichtet. Es habe zwar eine ernstzunehmende Forschung gegeben, aber Hirsch meint, daß dadurch die Theologen direkt in die Krise der Zeit hineingeführt wurden. Historische Studien führten zu Feuerbach und damit zu dem Schluß, daß die Religion eine Erfindung des menschlichen Genius war. Gott war nicht mehr jenseits der Grenze, und der Glaube an den Gottessohn hatte keine Bedeutung mehr. Lehre und Glaube standen im Widerspruch zu Vernunft und Wissenschaft. Außerdem ließen historische Studien darauf schließen, daß das Christentum nicht einzigartig war, sondern schlicht und einfach die Religion der westlichen Zivilisation, die außerdem noch eine ganze Menge von den Religionen des Ostens übernommen hatte. Hirsch und seine Generation reagierten auf diese Krise – die bereits empfunden wurde, auch wenn sie sich noch nicht voll entwickelt hatte – auf zweifache Weise: Erstens hielten sie am Glauben an die »Wahrheit der Absolutheit« des christlichen Gottes fest, und zweitens waren sie bereit, die historische Forschung als nach menschlichen Begriffen nicht gänzlich erfaßbar zu erkennen. Mit anderen Worten: es war eine existentiale und dialektische Reaktion.

Zusätzlich zu dieser theologischen Krise, die Hirsch als Student erlebte, befand sich Deutschland in einer sozialen Krise. Für Hirsch lag der Grund hierfür in der späten Einigung Deutschlands und der darauf folgenden rapiden, sozial zersetzend wirkenden Industrialisierung. In diesem Prozeß verlor fast die Hälfte der Bevölkerung ihre Wurzeln, und deshalb, so glaubt er, war sie für die Krise der Zeit geradezu prädestiniert.[162] Einige wohlmeinende Theologen und Pastoren, betroffen vom sozialen Elend, wandten sich dem Marxismus als einer Lösung dieser Krise zu. Hirsch versteht ihre Sorge, lehnt ihre Entscheidung aber ab. Für ihn ist der Marxismus eine gottlose Religion, die dem Christentum entgegensteht, und außerdem ist der Marxismus international und materialistisch, was die völkischen Werte zerstört, die für Hirsch maßgeblich sind.[163] Die zweite Alternative läge in dem Versuch, die Situation der Arbeiterklasse innerhalb der etablierten Ordnung zu verbessern und schließlich ihre Basis in Volk, Staat und Christentum wiederherzustellen. Hirsch bevorzugt eindeutig den letzteren Weg, aber auch der hatte sich vor dem Krieg nicht aufgetan, weil die zerstörerischen Kräfte so mächtig gewesen waren. In einer autobiographischen Anmerkung erzählt Hirsch, daß es die soziale Frage war, die ihn lehrte, daß die Kirche an beides gebunden ist, irdische wie geistige Belange. Und er lernte, Gottes Hand in Volk, Staat und Geschichte zu erkennen.[164]

Als nächstes behandelt Hirsch die Theologie zwischen 1914 und 1932, als seine Generation begann, sich mit neuen Fragen auseinanderzusetzen. Er ist der Ansicht, daß sich der Krieg und die auf ihn folgende Periode der Unbeständigkeit besonders für die Theologie als fruchtbar erwiesen haben, weil es eine Zeit der Entscheidungen war. Während des Krieges waren die Fragen nach Leben und Tod auch Fragen nach der »Gottesbegegnung«, und die Notwendigkeit zur Entscheidung in vergänglicher Zeit lief parallel zu der Entscheidung, die nötig wurde, wenn man mit Gott zusammentraf. Hirsch ist der Auffassung, daß die neue Generation deutscher Theologen mit bemerkenswerter Einigkeit auf diese Herausforderung reagierte: Sie wandte sich erneut dem Neuen Testament und besonders dem Apostel Paulus zu, befaßte sich noch einmal mit der Reformation und Luther. Dadurch gelangte sie zur Frage nach »Glaube und Unglaube« und weg von den theologischen Problemen, hinter denen sich die Botschaft des Evangeliums zu verbergen begonnen hatte.[165] Außerdem gelangte sie zum Paradox und zur Dialektik. Dieser Krieg hatte das Paradoxe als intellektuelle Waffe akzeptierbar werden lassen; die gemeinsame Entdeckung Kierkegaards und die Erkenntnis des Paradoxen in Luthers Rechtfertigungslehre festigten seine Bedeutung.[166] Der Mut, ein Paradox in der Verkündigung von Gottes Offenbarung zu akzeptieren, trennt nach Hirschs Auffassung diese Theologengeneration von der Vorkriegsgeneration, und er schreibt Kierkegaard den größten Einfluß dabei zu:

»Er hatte in einer anderen Zeit, den Gang des Zeitalters in die Krise mit klarer Vorschau erkennend, der Lage wahrhaft vorgedacht. In einem christlichen Denken, das alle wesentlichen Fragen der Zeitenwende schon in sich trug, hatte er ein neues Verständnis des echt Christlichen auszudrücken gesucht, und damit wirklich neues Testament und ursprüngliches Luthertum in junger zukunftsträchtiger Gestaltung erweckt, die nun erst recht begriffen werden konnte.«[167]

Trotz der Einigkeit in theologischen Grundfragen habe sich seine Generation in der Frage nach der Gesellschaft und ihrem Platz in der Theologie in zwei Gruppen gespalten. Beide Gruppen lehnten den Kulturprotestantismus des 19. Jahrhunderts mit seiner Hoffnung auf eine Verschmelzung von Kultur und Christentum ab. Aber die »Krisentheologen« (gemeint sind Barth und andere, auch wenn Hirsch sie nicht namentlich erwähnt) hätten daraus eine Ablehnung jeglicher Bindungen an diese Welt gemacht. In ihrer Eschatologie stehe diese Welt unter dem Einfluß von Sünde und Tod, und sie hielten Ausschau nach der neuen Zeit, nach der Ankunft des Reiches Gottes. »Das junge nationale Luthertum«, dem Hirsch angehörte, habe hingegen die Notwendigkeit einer Stellungnahme zu den wirklichen ethischen und politischen Problemen der Welt gesehen:

»Es stellte sich im innerdeutschen Streit mit leidenschaftlicher Entschlossenheit auf die Seite derer, die den durch die Niederlage und Revolution von 1918 gewordnen Zustand innerlich nicht anerkannten und unter Kampf gegen die Ideen von 1918, gegen den Traum einer internationalen, volkseinebnenden Weltkultur demokratischen oder marxistischen Gepräges und pazifistischer Ideologie, dem deutschen Volke den Willen zu sich selbst, zum deutschen Neuaufbau bewahren wollten.«[168]

Geschärft durch die Herausforderung der Krisentheologie, bearbeitete dieses junge Luthertum Luthers »Zwei-Reiche-Lehre« aufs neue: Wie konnte man zwischen einer gottgewollten »Gemeinschaftsordnung« und einer sündigen Ordnung unterscheiden?

»Man stand nicht mehr wie einst in einer selbstverständlichen Bindungswelt, man stand in einer gerade ethisch ins Chaos geratnen Auflösung, in der die Urteile Gut und Bös wie Bälle hin- und zurückgeworfen wurden von streitenden Haltungen, und man war selbst in die Opposition gegen das Bestehende hineingezwungen.«[169]

Eine Widerstandshaltung gegen das Bestehende, wobei hier eindeutig die Weimarer Republik gemeint ist, nimmt ein aus dem Luthertum kommender Theologe nicht so leicht ein. Man löste das Problem durch eine Theologie der »Schöpfungsordnungen«, wobei das konkrete »Gemeinschaftsleben« sich im Volk statt im Staat fand. »Es [das junge Luthertum] gewann damit die Legitimität für den nationalen Kampf trotz seiner ausgesprochnen oder unausgesprochnen revolutionären Ziele.«[170] Selbst diese Position wurde nicht eingenommen, ohne sich darüber klar zu sein, daß man vielleicht die »Sündenwirklichkeit« mit Gottes »Schöpfungswirklichkeit« verwechselt und der ersteren unangemessene Werte zugestanden haben könnte. Eine endgültige Haltung konnte nur aus dem Vertrauen auf Gottes Liebe und Gnade kommen:

»Nur in der Tiefe des Rechtfertigungsglaubens war es möglich, die ethische Eingliederung des Christen in die geschichtliche Gemeinschaft nicht auf ein Gesetz zu bauen, sondern aus einem gnadenhaft Verantwortung begründenden allgemeinen Sichbezeugen und Walten Gottes in Natur und Geschichte erwachsen zu lassen.«[171]

Auf die Erwiderung der Krisentheologen, daß diese Einstellung den Graben zwischen zeitlich und ewig nicht erkenne, entgegneten die jungen Lutheraner, daß die Haltung der Krisentheologen jegliche Stellungnahme zu den drängenden »Gewissensfragen« ausschließe, was in sich selbst schon einen Platz an der »Seite der Novemberrevolution« bedeute, ein Akzeptieren der »Zersetzungszeit«. Außerdem sei es eine Kapitulationserklärung an den skeptischen Nihilismus.[172] Trotz dieser harten Worte zeigt Hirsch seine Bewunderung für die Krisentheologie wie auch für die jungen Lutheraner. Beide würden voneinander lernen, beide trügen zu einer neuen deutschen Theologie bei, und beide legten Zeugnis ab für den Gott des Evangeliums. Diese Teilung hätte also den Parteigeist in der Kirchenpolitik der Weimarer Republik nicht verstärkt, sondern tatsächlich die Einigkeit in diesen Jahren erhöht.

Keine der beiden Gruppen kümmerte sich viel um kirchliche Organisationsfragen, sondern sie waren mehr an der Verbreitung des Evangeliums interessiert. Aber gerade hier zeigte sich ein zusätzlicher Unterschied: Für die Krisentheologen sei der menschliche Irrtum durch eine »bestimmte Lehre und bestimmte Amtsgewalt« bei der Verkündigung des Evangeliums ausgeschlossen, d.h., wenn ein Prediger die Bibel und die Lehren der Kirche gewissenhaft studierte, würde sich Gottes Wahrheit von der Kanzel herab trotz menschlicher Schwächen durchsetzen. Diese Auffassung unterstreiche den Unterschied zwischen dem Menschlichen und dem Göttlichen, aber sie gestatte einen Punkt der Begegnung, nämlich jenen geheimnisvollen Moment, in dem Gott mit menschlicher Zunge spricht.[173] Die jungen Lutheraner hingegen seien eher bereit, die Wirkung menschlicher Willkür auf den Akt des Predigens zu akzeptieren. Sie sähen einen Unterschied zwischen der Wirklichkeit und dem Wirklichkeitsbild auf der Kanzel; doch mit Hilfe der Gnade würde Gott zu den Menschen in ihrer Sprache sprechen.[174] Dieser Unterschied ist zweifach begründet: Erstens maßen die jungen Lutheraner der absoluten Aufrichtigkeit einer Beichte weniger Bedeutung bei; auch eine Beichte sei eine menschliche Aussage, die erst durch die Gnade ihre Wirkung erhalte. Zweitens entspräche die menschliche Rolle des Predigers seiner Position innerhalb der menschlichen Gemeinschaft. Sowohl in der menschlichen wie in der göttlichen Ordnung hatte er eine Rolle zu erfüllen:

»... eine Predigt und eine Kirche, die das wirklich um sich wissen, haben keinerlei Möglichkeit, sich aus dem Raume des volklich-geschichtlichen Lebens ausgesondert zu wissen.«[175]

Wiederum erweist sich der Unterschied zwischen jungen Lutheranern und den Krisentheologen als ein politischer.

Als nächstes befaßt sich Hirsch mit der deutschen Theologie nach der Wende von 1933. Etwas überraschend lobt er den Kirchenkampf als ein Beispiel für die Ehrlichkeit der protestantischen Kirche, für ihre Bereitschaft, wichtige Themen erschöpfend zu behandeln. Tatsächlich erscheint er gegenüber seinen Gegnern im Kirchenkampf, den Krisentheologen, recht großzügig; er sieht ein breites Band der Einigkeit zwischen ihnen und ein gegenseitiges nützliches Geben und Nehmen. Doch seine freundliche Haltung, auch wenn sie vermutlich ehrlich gemeint ist, kommt offenbar zumindest teilweise aus der angenehmen Position des Siegers. Er sieht die jungen Lutheraner durch die Ereignisse von 1933 bestätigt, und die Aufgabe der deutschen Theologie liegt für ihn jetzt im Gebot der Stunde: »Wer die Hand an den Pflug leget und siehet zurück, der ist nicht geschickt zum Reich Gottes.«[176] Die Theologen sollten aufhören, sich in kleinlichen Zänkereien und Nebensächlichkeiten zu verlieren, und statt dessen daran arbeiten, wie das Christentum seine Botschaft im Volk am besten verbreiten und ihm in dieser Stunde am besten dienen kann. Trotz individueller Unterschiede sei jetzt Einigkeit in den Fragen nach Kirche, Volk und Staat gefordert.

Für Karl Barth habe die Kirche eine geistige Botschaft, die sie weiterhin verbreiten könne, »als ob nichts geschehen wäre«. Eine in Hirschs Augen absurde Auffassung. »Gott spricht zu meinem Herzen heut nicht, als ob nichts geschehen ist... Die Gefahr, die darin liegt, die trägt Er: Er ist der Herr und braucht nicht zu fürchten für seine Wahrheit.«[177] Wiederum geht es darum, wie Gott sich dem Menschen offenbart: Ist seine Botschaft auch in der historischen Veränderung erkennbar? Oder muß sie erneuert, der historischen Veränderung angepaßt werden? Das Christentum wird sterben, fürchtet Hirsch, wenn es ihm nicht gelingt, seine Botschaft der neuen Zeit gemäß zu überdenken. Die verschiedenen christlichen Konfessionen sollten dieser historischen Betrachtung unterzogen werden, und zwar als Ausdrucksformen ihrer Zeit und nicht unbedingt der reinen Wahrheit:

»Bekennen... ist gemeinsame, auf gegenwärtig entscheidendes Fragen sich sammelnde Rechenschaft von Lehrern, die für ihre Kirche zu sprechen gerufen sind, über die theologische Lehre, die ihnen in ihrem unter das Evangelium sich beugenden Fragen und Antworten als Halt und Ausrichtung gegenwärtiger christlicher Verkündigung sich gebildet hat.«[178]

Für Hirsch ist gerade der Nationalsozialismus empfänglich für eine fruchtbare theologische Mitarbeit, weil auch er die »heilige Grenze« im Leben anerkennt.[179] Und auf dieser Basis seiner Offenbarungslehre, seiner Verkündigungslehre und seiner Einschätzung des Nationalsozialismus versteht es sich für Hirsch eigentlich von selbst, daß die theologische Aufgabe der Stunde darin besteht, ein neues Verständnis von Kirche, Volk und Staat im Einklang mit der deutschen Wende von 1933 aufzubauen.

Schließlich befaßt er sich mit der Bedeutung all dieser Neuerungen für die Organisation der Kirche. Während des 19. Jahrhunderts, so stellt er fest, übernahm die Kirche nach und nach immer mehr soziale Funktionen wie z. B. in Waisenhäusern, Hospitälern usw. Dieses Handeln war angesichts der drängenden sozialen Bedürfnisse aus den Folgen der industriellen Revolution und dem Versagen des Staates völlig angemessen gewesen. Jetzt aber, wo es wieder einen richtigen »Volksstaat« gibt, solle die Kirche sich fröhlich auf ihre eigentliche Aufgabe besinnen und das Evangelium verkünden. Und wo einige dem nationalsozialistischen Staat vorwerfen, sich in Kirchenangelegenheiten einzumischen, sieht Hirsch diese Bereiche weder von der Sache her noch historisch als kirchliche Aufgabe an.[180] Zusätzlich zu dieser verkleinerten Rolle sollte die Kirche eine neue Organisationsstruktur der »Führung als leidenschaftlicher Wille« akzeptieren:

»Wenn das heute nicht leicht und nicht von allen verstanden wird, so auch deshalb, weil es noch nicht allen ins Blut gegangen ist, daß der Nationalsozialismus aus dem Recht der Geschichtswende heraus die für alle Deutschen selbstverständliche und verbindliche Lebensform wird.«[181]

Aber Hirsch sorgt sich noch um etwas anderes: Warum hatte die Kirche des Neuen Testaments angenommen, daß »Christ sein unmittelbar einen Bruch mit allen Ordnungen und Voraussetzungen des allgemeinen Lebens vollziehen« heißt?[182] Auf die Weimarer Jahre bezogen kann er dies verstehen. Aber deutsche Christen unter dem Einfluß Luthers sollten den Unterschied zwischen der inneren und äußeren Kirche erkennen und Gottes Willen darin sehen, daß in normalen Zeiten die äußere Kirche gemeinsam mit dem Staat für eine göttliche Ordnung sorgen wird. Diese konstruktive Rolle sollte auch jetzt das Ziel der Kirche sein:

»Vielleicht geht es äußerlich noch durch manche Schande und Gewissensnot. Wir alle aber glauben und trauen, daß Gott die Not aus seiner Vollmacht zu einer Gnade werden lassen kann, die die Not mit dem Siege der Überwindung krönt.«[183]

In einem Anhang, der sich an Karl Heim an der Universität Tübingen wendet, macht Hirsch einen letzten Versuch, seine Sicht der »Paradoxie« zwischen dem Menschlichen und dem Göttlichen, die seiner gesamten Haltung zugrunde liegt, zu erläutern. Heim habe zwei mögliche Einstellungen zum deutschen Gebot der Stunde genannt: 1. »... die tiefe und reiche Wirklichkeit des Lebens der Menschheit als eine schon in sich begründete und giltige Ordnung« zu akzeptieren, in der Gott als Schöpfer gesehen wird, zu dem aber nicht unbedingt eine enge Beziehung bestehe; 2. Gott als die »einzige Begründung für alle Lebenswirklichkeit« zu akzeptieren, was den irdischen Pflichten eine geringere Bedeutung beimißt.[184] Hirsch sieht hier keine Alternativen. Er lehnt die erste Lösung ab und sieht nur in der zweiten die einzig mögliche Position des Christen. Doch bietet sein paradoxes Verständnis von Zeit und Ewigkeit eine bessere Einsicht in die Komplexität dieser Position. Für den Christen könnten zwei Probleme auftauchen: Entweder sie sähen »das Ewige als Rechtfertigung und Verklärung des Irdischen«, oder sie würden gänzlich in »Innerlichkeit« versinken, ohne jedes »Lebensgefühl« oder »Angesprochensein«. Hirsch wirft einigen Theologen (offensichtlich den Barthianern) vor, das erste Problem so entschieden zu bekämpfen, daß sie in das zweite verfielen. Und andere machten es genau umgekehrt, das heißt, sie landeten bei der Proklamation einer arischen Religion.

Doch Hirsch besteht auf einer Spannung zwischen beiden, in der ein »ewigkeitsentsprungener, ewigkeitsverlangender Glaube« in der Realität handelt und auf das Ewige hinweist. Diese Einstellung sei beides, religiös und ethisch:

»Es ist die Wunderlichkeit des in der religiösen Entscheidung sich verstehenden Ethischen, so Zeit und Ewigkeit zu verknoten, und das nicht nur durch den Befehl, sondern auch durch die entzündete Bewegung des Herzens.«[185]

Hirsch verweist auf Luther, für den die tägliche Arbeit selbst des Geringsten heilig sei, wenn sie zu Ruhm und Ehre Gottes verrichtet würde. Der eine kocht Suppe Gott zu Ruhm und Ehre, so wie Bach für dasselbe Ziel seine Musik schrieb. Und so haben die Verrichtungen des Menschen Anteil am Göttlichen. Auch die deutschen Nationalisten werden hier von ihm mit einbezogen:

»Alles, was ein Fichte, ein Kleist, ein Heinrich von Treitschke *konkret* über das Verhältnis zu Volk und Vaterland aussagen, ist mir wie ins Herz gebrannt. Ich weiß mit ihnen, daß durch Volkstum und Vaterland Gott mir begegnet, Gott mich umfängt mit einer bindenden und segnenden und spannenden Wirklichkeit, die von ursprünglichen Tiefen her mein Leben trägt und meine Selbstmacht zerbricht.«[186]

Der freie Mensch, an die Ewigkeit gebunden und dennoch voll in der Gegenwart, lebe in einem Paradox. Das aber habe Gottes Unterstützung – obgleich ewiglich, hat er die Gegenwart betreten –, und wir können in diesem Paradox leben und in ihm wachsen. Noch einmal verweist Hirsch auf den Krieg als einer letztlichen Verständnismöglichkeit für dieses Paradox:

»Da war wiederum täglich neu geboren das Bewußtsein, dennoch mit der ganzen Unmittelbarkeit des Lebens in die Wankende hineingebunden zu sein und hineingebunden sein zu sollen.«[187]

## 4. Hirschs Standort nach 1933

*Die gegenwärtige geistige Lage* erschien im Frühjahr 1934. Hirschs damalige Position verweist auf seine Haltung während des gesamten Kirchenkampfes. Hat sich diese Haltung während der nächsten paar Jahre geändert, als das wahre Gesicht des Nationalsozialismus sich zu zeigen begann? Seine Aussagen von 1933 scheinen zumindest die Möglichkeit einer späteren Meinungsänderung zu enthalten. Immer wieder spricht er von möglichen Irrtümern bei kühnen Entscheidungen aus der Hitze des historischen Augenblicks heraus. Rückblickend naiv erscheinend, stattete er Hitler und den Nationalsozialismus mit einem Respekt für die »heilige Grenze« und den christlichen Glauben aus, eine Beschreibung, die sich mit der Zeit hätte ändern sollen. Aber es gibt keinerlei Beweise für eine einschneidende Änderung in Hirschs Haltung. Die von ihm 1933 geäußerten Vorbehalte haben nie eine Erweiterung erfahren.

1937 veröffentlichte Hirsch *Der Weg der Theologie,* eine Sammlung von Aufsätzen, die in den zwei vorausgegangenen Jahren an verschiedenen Orten erschienen waren. In diesem Buch kann er auf seine Ideen aus *Die gegenwärtige geistige Lage* zurückkommen. Er gibt zu, daß seine Einschätzung der theologischen Krise zu optimistisch war. Wo er von einer Lösung der Probleme ausgegangen war, hatte die Kirche sich tatsächlich gespalten. Seiner Ansicht nach sollten Theologen nunmehr ihre Stimme weniger laut erheben und ruhig am Wiederaufbau der Kirche arbeiten.[188] Danach unterstreicht er noch einmal seine unterstützende Haltung bei der nationalsozialistischen Wende in Deutschland. Den Nationalsozialisten sei gelungen, was Theologen und Philosophen nicht vermocht hätten, nämlich die Beendigung der »allumfassenden Debatte um alles«. Also fordert er die Theologen zum Dienst an der nationalsozialistischen Weltanschauung auf, die dem deutschen Volk eine Heimat gegeben habe.[189]

1939 veröffentlichte Hirsch eine Sammlung seiner Vorlesungen, *Das Wesen des Christentums,* mit einer etwas defensiv und überdrüssig klingenden Einleitung. Er versichert, daß dieses Buch wie all seine Arbeiten die Meinung eines einzelnen repräsentiert und nicht die einer bestimmten Gruppe innerhalb der Kirche:

»Ich wende mich an die deutschen Menschen, die nach einer wahrhaftigen Rechenschaft vom Wesen des Christentums verlangen. Was sie aus dieser Rechenschaft für Folgen ziehen, geht mich nichts an.«[190]

Sicherlich hatten die harten Auseinandersetzungen der dreißiger Jahre ihn enttäuscht, vielleicht auch verletzt. In diesem Buch nehmen die alten Kämpfe in der Kirche keine zentrale Stellung ein. Es ist ein Versuch, das Wesen des Christentums zu erfassen, und kein Rezept für die deutsche Volkskirche. Aber es ziehen sich zwei Auffassungen durch das Werk, die seine unveränderte Haltung zu bestätigen scheinen, mittlerweile weniger schrill, dafür aber gefestigter.

Zunächst ist da seine letztlich negative Einschätzung des Judentums: Er teilt die allgemeine christliche Sicht vom gesetzesgebundenen Judentum, dem die Gnade des christlichen Evangeliums fehle. Hirsch schätzt das Alte Testament wegen seiner ethischen, monotheistischen Geschichtsauffassung und möchte es nicht aus der Bibel entfernt sehen, aber er ist überzeugt, daß Jesus eine neue und einzigartige Religion geschaffen hat.[191] Das Vater Unser zum Beispiel sieht er als eine einfache, kurze Zusammenfassung der religiösen Überzeugungen Jesu im Gegensatz zum jüdischen Achtzehnbittengebet, fast vierzigmal so lang, das für die Juden zu einem zwanghaften täglichen Ritual werde. Jesu Gebet sieht Gott als den Gott der Menschheit, somit ist seine Religion ewig und universal. Das jüdische Gebet hingegen wende sich nur an die Juden. Für Hirsch ist das Christentum die einzige Religion, die auf einer freien, persönlichen und individuellen Beziehung zu Gott beruht.[192]

An dem bisher Gesagten ist nichts unorthodox. Doch dann wendet sich Hirsch den rassischen Ursprüngen Jesu zu. Wie Kittel stellt er fest, daß die Lehren des Jesus von Nazareth nicht jüdisch, sondern »zweifellos völlig unjüdischer Art« waren.[193] Außerdem habe die deutsche Forschung bewiesen, daß Jesus nichtjüdischen Blutes gewesen sei. Hirsch geht davon aus, daß die Provinz Galiläa seit dem Zusammenbruch des nördlichen Königreichs im 8. vorchristlichen Jahrhundert heidnisch war bis zu seiner Rückeroberung um 100 v. Chr. Den frühen jüdischen Christen sei Jesu Herkunft aus dem galiläischen Nazareth so peinlich gewesen, daß sie versucht hätten, diese Tatsache mit allen möglichen ausgefeilten, aber unhaltbaren Fälschungen zu verschleiern. Zuerst hätten sie behauptet, Jesus sei in Bethlehem geboren (was ihn in Verbindung mit den Weissagungen des Alten Testaments bringen würde). Aber dann mußte Matthäus eine Geschichte erfinden (die Flucht vor Herodes), um Jesu Auftauchen in Galiläa ein Jahr später zu erklären. Lukas nahm die Steuerschätzung des Cyrenius zur Begründung, aber die habe erst 6–7 Jahre nach Christi Geburt stattgefunden. Darüber hinaus, so Hirsch, habe es sich bei den beiden auf David zurückgehenden Stammbäumen um Fälschungen gehandelt, da nicht ein einziges Mal derselbe Name bei beiden für dieselbe Person auftauche. Außerdem habe Jesus in Markus 12, 35–37 selbst behauptet, daß der Messias nicht von David abstammen würde, was durch Johannes 7,42 erhärtet werde.[194]

Sicherlich mochten jüdische Siedler auch nach 100 v. Chr. noch in Galiläa gelebt, aber kaum mehr als 10 Prozent der Bevölkerung ausgemacht haben. »Nach aller Regel wissenschaftlicher Wahrscheinlichkeit ist Jesus nichtjüdischen Bluts gewesen.« Aber Hirsch geht noch weiter. Er glaubt, auch die Chance 1 : 10 widerlegen zu können. Im 1. Jahrhundert nannten die Juden Jesus den »Sohn des Panther«, und im 2. Jahrhundert machte die Geschichte die Runde, daß Maria mit einem Soldaten namens Panther die Ehe gebrochen habe. Hirsch schließt daraus, Jesu Großvater habe jenen griechischen Namen getragen und die Evangelisten hätten versucht, zugunsten der Legende vom Sohn Davids mit der jüdischen Herkunft diese Tatsache zu verbergen. Simeon, der Vetter Jesu, war jahrelang Jerusalemer Kirchenführer. Er und Jesus hatten den gleichen Großvater, also hätte Simeon den Familienstammbaum, der bereits vor 70 n. Chr. im Umlauf war, auf den korrekten Stand bringen können. Aber bei Matthäus heißt Josephs Vater Jakob, bei Lukas Eli. Die frühen Kirchenväter hätten das damit erklärt, daß einer von beiden Josephs Adoptivvater gewesen sein müsse, für Hirsch allerdings der Nachweis, daß der wahre Name verschwiegen werden mußte, weil er eben nicht jüdisch war. Hegesipp, Historiker des 2. Jahrhunderts, schrieb in einer Geschichte Jerusalems, der Vater Jesu habe mit Nachnamen Panther geheißen. Hirsch schließt daraus, daß Joseph als der »Panthersohn« bekannt gewesen sein müsse und weiter, daß die jüdische Sorge um ethnische Reinheit die einfache Annahme eines griechischen Namens oder einer griechischen Einheirat nicht gestattet hätte. Schließlich hatte der Urgroßvater Jesu einen Namen, bei dem sich Matthäus und Lukas beinah einig waren. Hirsch glaubt, daß die Wörter Matthau und Matthat beide hebräische Versionen des Namens Matthäus sind, ein Beweis dafür, daß der Name des Urgroßvaters tatsächlich bekannt war. Deshalb erscheine es widersinnig, daß der Name des Großvaters nicht bekannt gewesen sein sollte.[195]

Hier zeigt sich die Schwierigkeit, Hirschs Werk zu beurteilen. Seine Interpretationen entsprechen offensichtlich der nazistischen Propaganda, und sein Interesse am Thema rührte sicherlich aus der Verfolgung der Juden im Dritten Reich. Aber waren seine Schlußfolgerungen falsch? Verbohrt, ja, denn Jesus wurzelt eindeutig in der jüdischen Tradition, ungeachtet seiner genetischen Herkunft. Außerdem glaubte Hirsch an eine Beziehung zwischen biologischer Anlage und persönlichen Eigenschaften, eine Auffassung, die den Prüfungen der Zeit nicht standgehalten hat. Allerdings räumt er auch ein, daß die rassischen Ursprünge zwar interessant, aber kein schlüssiges Moment für die Charakterbestimmung Jesu seien. Zwar würde es Experten brauchen, um jeden Schritt in Hirschs Beweisführung zu beurteilen, doch erscheinen diese Schritte logisch und könnten möglicherweise die einfachste Erklärung für die verschiedenen Ungereimtheiten im Familienstammbaum des Jesus von Nazareth sein.

Hirschs unveränderte politische Haltung zeigt sich auch an seiner Behandlung des Volksbegriffs in *Das Wesen des Christentums*. In Dreivierteln des Buches findet sich nur ein gelegentlicher Hinweis auf dieses Thema, aber es wird jedes Mal positiv und in Übereinstimmung mit seinen früheren Ansichten behandelt. Zum Beispiel:

»Wir setzen unsere ganze Lebens- und Geisteskraft daran, unser Volk und Reich in eine gesunde lebenbewahrende Ordnung zu bringen und ihm so ein dauerhaftes und ehrenvolles Dasein zu gründen im Kreis der weißen Herrenvölker, denen Gott die Verantwortung für die Geschichte der Menschheit anvertraut hat.«[196]

Immer wieder taucht Gottes besonderes Verhältnis zu den »weißen Herrenvölkern«, und hier besonders zu den Deutschen, auf. Wenn Hirsch die Übernahme des Christentums durch die Deutschen beschreibt, legt er Wert darauf, daß dies nie durch Zwang von Nichtdeutschen geschah (obwohl die Deutschen den christlichen Glauben anderen Deutschen, wie zum Beispiel den Sachsen, manchmal aufzwangen), sondern daß das Christentum als mit dem deutschen Charakter übereinstimmend erkannt und frei angenommen wurde. Es entsprach der deutschen Vorstellung von Führung und Nachfolge mit dem natürlichen Resultat, daß die Religion auf »Land« oder »Volk« basierte und vom Fürsten bestimmt wurde. Und die christliche Ethik gestatte die Freiheit in der Mannigfaltigkeit und die Verantwortung von Herrschern und Beherrschten für ihre jeweiligen Aufgaben, für Hirsch deutsche Merkmale, die auch weiterhin bestehen werden.[197]

Schließlich kommt Hirsch in einem Überblick über die Kirchengeschichte des 19. und 20. Jahrhunderts zu einem Kulminationspunkt, an dem »deutsches Volkstum und christlicher Glaube« als das Ideal gesehen werden. Die anglikanische Kirche zum Beispiel habe auf die intellektuelle Herausforderung des 19. Jahrhunderts mit der Oxford-Bewegung reagiert, einer Betonung der sakramentbezogenen, »amtlichen« Bedeutung der Kirche. Dieser römisch-katholische Zug in der anglikanischen Kirche habe ihr eine Bewältigung der »Wahrheitsfragen« ermöglicht, allerdings nur mit einer Zustimmung zum Dogma, die zunehmend formeller sowie weniger ehrlich und persönlich wurde. Hirsch gibt zu bedenken, daß dies von der protestantischen Betonung des »Menschlich-Geschichtlichen« wegführe, indem es einen magisch-rituellen statt eines persönlichen, in dieser Welt handelnden Gott zeige.[198]

Auf der anderen Seite habe sich die deutsche Theologie einer gründlichen Bearbeitung der intellektuellen und theologischen Probleme des 19. Jahrhunderts geöffnet. Zwar habe dies zu weniger Einheit und mehr Auseinandersetzungen geführt, aber Hirsch meint, dies sei der einzige Weg, dem Christentum der Reformation gerecht zu werden. Die einzige Alternative zum mutigen Gang ins »Neuland« sei der Rückfall in die »Gesetzesreligion«.[199] 1939 gibt Hirsch zu, daß die Kirchenführer noch keine Position herausgearbeitet haben, die der Herausforderung des 20. Jahrhunderts begegnen könnte. Aber über zwei Dinge in dieser »Umformungskrise« ist er sich klar: Erstens sei die westliche Zivilisation in großer Gefahr, wenn es dem Christentum nicht gelingt, seine Bedeutung für den Menschen zu erneuern, und zweitens sei die deutsche Auffassung von der Beziehung des Christen zu seinem »Volksstaat« die bestmögliche Basis für eine Abwendung dieser Gefahr. Einige Christen betonten Freiheit und Liebe, wie sie zum Beispiel die Bergpredigt verlangt, bis zu einem Punkt, wo liberaler Individualismus und Pazifismus als die einzig möglichen christlichen Positionen gesehen würden. Aber die Freiheit, sagt Hirsch, kann nur im Rahmen der Verantwortlichkeit verstanden werden, und das Chaos ist nur dann vermeidbar, wenn diese an eine menschliche Gemeinschaft wie den »Volksstaat« gebunden ist:

»Es besteht zwischen deutschem Volkstum und christlichem Glauben keinerlei Scheidung oder Gegensatz, die es schwer machten, als Deutscher ein Christ, als Christ ein Deutscher zu sein. Glaube und Liebe sind dazu erschaffen, einem Leben in Freiheit und Ehre, wie es unserm Gemeinschaftsethos gemäß ist, der tiefste tragende Grund zu sein. Wer es anders sagt, von dem gilt: entweder er mißbraucht das Christentum zu deutschfeindlichen Zwecken, oder er ist durch solchen von andern geschehenden Mißbrauch zu einem unrichtigen Urteil über das Christentum gekommen.«[200]

Dieses Zitat zeigt, daß Hirschs Haltung, wie sie in den Jahre 1933/34 erwachsen war, sich nicht geändert hatte.

Gibt es außer seinen Schriften aus den dreißiger Jahren noch andere Hinweise auf seine politische Einstellung? Im Berlin Document Center findet sich eine »Parteistatistische Erhebung«, die Hirsch am 1. Juli 1939 ausfüllte. Danach wurde er am 1. Mai 1937 Parteimitglied, und zwar mit der Nummer 5.076.856;[201] außerdem war er Mitglied im Nationalsozialistischen Deutschen Studentenbund, der Volkswohlfahrt, dem Reichsluftschutzbund und dem Roten Kreuz; weiterhin förderndes Mitglied der SS mit der Nummer 216.529.[202] Ein weiteres Formular weist ihn als Mitglied Nummer 294.388 im Nationalsozialistischen Lehrerbund aus, Eintritt am 1. Juli 1934. Diese Information ist alles in allem nicht sehr erstaunlich, allerdings wird das bereits Gesagte noch einmal bestätigt. Sein Parteieintritt von 1937 scheint zu zeigen, daß die ersten drei Jahre des Naziregimes ihn nicht zu desillusionieren vermochten. Schließlich kann man Hirschs Übereinstimmung mit dem Regime auch daran sehen, daß er während dieser Jahre des »Führerprinzips«, als die Fakultätsvorstände nicht mehr jährlich im Kollegenkreis gewählt wurden, Dekan der theologischen Fakultät in Göttingen war.

Auf den ersten Blick sieht es so aus, als ob es während seiner Amtszeit zu keinen Kontroversen hätte kommen müssen. Niemand verlor wegen politischer Opposition seinen Posten, wie Paul Tillich in Frankfurt oder Karl Barth in Bonn. August Marahrens, Landesbischof in Hannover, war außerdem Hirschs Freund und teilte vielfach seine Begeisterung für Hitler und die nationalsozialistische Erneuerung in Deutschland.[203] Fast der gesamte Lehrkörper unterstützte 1933 die Position der Deutschen Christen. Bei Neuberufungen konnte Hirsch für gewöhnlich die Richtung beibehalten, und selbst ein Anhänger der Bekennenden Kirche wie Hermann Dörries teilte seinen konservativen Nationalismus, wie aus seiner Rolle im Fall Günther Dehn hervorgeht.[204] Schließlich machten auch Hirschs Format als Theologe und Lehrer ihn zu einem geeigneten Kandidaten für den Posten des Dekan, es war also nicht nur eine politische Ernennung.

Aber seine Rolle als Dekan führte zu vielen Auseinandersetzungen und großer Verbitterung. Bereits im Sommer 1933 kühlte seine Beziehung zu Bischof Marahrens ab. Hirsch schwenkte die Fahne für die Deutschen Christen und Ludwig Müller, Marahrens hatte Skrupel aufgrund seines lutherischen Glaubens und hielt sich zurück. Bereits im Mai schrieb er verzweifelt an Hirschs Freund Paul Althaus, bat ihn um Hilfe, um Hirsch von seinem irrigen Weg abzubringen.[205] Doch die Mühe zeigte keinen Erfolg. Für die nächsten Jahre tat sich zwischen Hirsch und Marahrens eine Kluft auf. Während des Kirchenkampfs blieb Hannover eine der drei sogenannten »intakten« Kirchen, die weder Müller und die Deutschen Christen zu akzeptieren bereit war, noch Barth und den radikalen Flügel der Bekennenden Kirche.

Auch zwischen Hirsch und seinen Kollegen taten sich Gräben auf. Seine Bindungen an den Nationalsozialismus und die Deutschen Christen waren enger als bei den meisten seiner Kollegen, und in der mächtigen Stellung als Dekan sorgte die direkte und manchmal beißend-sarkastische Art seiner Persönlichkeit für eine Atmosphäre aus Furcht und Bitterkeit. Hermann Dörries zum Beispiel war, wie er später erzählte, davon überzeugt, daß Hirsch ihn denunziert habe und er nur aufgrund des freundlichen Eingreifens durch Rektor Friedrich Neumann vor dem Konzentrationslager bewahrt worden sei.[206] Friedrich Baumgärtel, Alttestamentler, nahm, obwohl er gern in Göttingen geblieben wäre, einen auswärtigen Ruf an, um den dortigen Spannungen und der vergifteten Atmosphäre zu entkommen.[207] Der Verdacht, daß Hirsch heimlichen Denunziationen frönte, wird durch seine Rolle als Repräsentant des Nationalsozialistischen Dozentenbundes erhärtet, die er seit 1937 bekleidete.[208] Schließlich hat Adolf Wischmann, Studentenpfarrer in Göttingen während der späten dreißiger Jahre, von einem Fall berichtet, bei dem sich Hirsch als Denunziant betätigte. 1939 wurde Wischmanns Gehalt vom Staat gestrichen. Hirsch leugnete, dies veranlaßt zu haben. Als Wischmann aber schließlich den Beweis in Händen hielt, handelte es sich um einen von Hirsch unterzeichneten Brief.[209]

Hirschs aggressive, einschüchternde und beunruhigende Rolle innerhalb der theologischen Fakultät wird durch die dortigen Archive bestätigt. Am 10. Dezember 1934 zum Beispiel erbat die Bekennende Kirche von der theologischen Fakultät Göttingen eine schriftliche Stellungnahme zur Frage nach dem Eid auf den Führer. Sofort erkannte Hirsch dies als einen Versuch, Karl Barth zu helfen, der an der Bonner Universität versuchte, eben diesen Eid zu umgehen.

Also sandte er den Brief weiter nach Berlin, an Kirchenrat Mattiat vom Ministerium für Wissenschaft, Kunst und Volksbildung, mit einer erklärenden Notiz und der Bitte um Rat.[210] Fast unmittelbar danach erhielten alle Rektoren eine Direktive vom Minister:

»Es ist zu meiner Kenntnis gekommen, daß von einer angeblichen ›vorläufigen Leitung der Deutschen Evangelischen Kirche‹ eine mit dem Namen Breit unterzeichnete Aufforderung an die Dekane der Evangelischen Theologischen Fakultäten ergangen ist, zu dem Beamteneid gutachtlich Stellung zu nehmen. Ich ersuche zu veranlassen, daß auf diese Aufforderung eine Antwort nicht erfolgt.«[211]

Hier zeigt sich ein Verhalten, das über mehrere Jahre andauerte. Hirsch führte mit Berlin eine lebhafte Korrespondenz, kam persönlich zu Besuchen, und er und das Ministerium bauten eine gemeinsame und einigermaßen effektive Front gegen sämtliche Aktivitäten auf, die im Zusammenhang mit der Bekennenden Kirche stehen und die theologischen Fakultäten berühren konnten.

1935 folgte eine Auseinandersetzung der anderen. Bernhard Rust, Minister für Wissenschaft, erließ am 28. Februar 1935 einen Erlaß an die Rektoren, in dem er dagegen protestierte, daß Mitglieder der theologischen Fakultäten sich am Kirchenkampf beteiligt hätten. Gleichzeitig sprach er ein Verbot derartiger Aktivitäten aus und empfahl den Professoren, ihren Studenten zu raten, sich um die Theologie statt um die Kirchenpolitik zu kümmern.[212] Sechs Dozenten (Stange, Meyer, Bauer, Dörries, von Campenhausen und Hoffmann) unterzeichneten eine Protestnote an Rust, in der sie ihre Loyalität dem nationalsozialistischen Staat gegenüber bekräftigten, aber auch ihre akademische Freiheit sowie ihr Recht und die Pflicht, an Kirchenangelegenheiten aktiv teilzunehmen. Dieser Brief lief über das Dekanatsbüro und gab Hirsch die Gelegenheit, seinen Kommentar beizufügen. Er empfahl die Ignorierung des Protestes seiner Kollegen, und dem wurde offensichtlich entsprochen.[213]

Ein weiterer wichtiger Streit entbrannte einen Monat später über die Kontroverse und zunächst vorläufige Berufung von Walter Birnbaum auf den Lehrstuhl für praktische Theologie. Dieser Streit hatte verschiedene Gründe. Birnbaums akademische Meriten waren nicht erheblich, er hatte im Kirchenkampf eng mit Ludwig Müller und sogar dem berüchtigten August Jäger zusammengearbeitet, und der Lehrstuhl in Göttingen wurde als Belohnung für politische Dienste gesehen. Die Studenten der Bekennenden Kirche boykottierten Birnbaums Lehrveranstaltungen von Anfang an und protestierten gegen seine Teilnahme an Prüfungen, und zum Schluß erwies er sich dann noch als ein besonders widerspenstiges Mitglied des nach 1945 entlassenen Lehrkörpers. Außer diesem Streit hat Birnbaum vermutlich wenig zur Fakultät beigetragen. Selbst Hirsch, sein größter Befürworter, wird zu Birnbaums langweiligen Vorlesungen der Kommentar nachgesagt: »Wenn im Garten Eden statt des Apfelbaums ein Birnbaum gestanden hätte, wäre es nie zum Sündenfall gekommen.«[214]

Birnbaum hatte einen akademischen Grad in Theologie erworben, fiel aber später 1926 in Leipzig durchs mündliche Examen für sein Lizentiat (obwohl seine schriftliche Arbeit *Die katholische liturgische Bewegung. Darstellung und Kritik* in jenen Jahren veröffentlicht wurde). Er verfolgte keine akademische Karriere, übernahm auch keine Pfarrstelle, sondern wurde Leiter am Rauhen Haus der Wicherngesellschaft in Hamburg. In seiner Autobiographie beschreibt er seine Sorge um die Innere Mission, die diese Tätigkeit in ihm keimen ließ. Außerdem berichtet er von heftigen, potentiell gewalttätigen Abenden bei den Auseinandersetzungen mit Freidenkern und Kommunisten in den Arbeitervierteln Hamburgs. Obgleich er nie Parteigenosse wurde, entsprach seine völkische, nationalistische und antilinke Einstellung der Naziideologie, und er schloß sich bereits 1933 den Deutschen Christen an. Später rechtfertigte er diesen Schritt mit den damaligen großen Kircheneintrittszahlen und seiner Überzeugung, daß die

Wende von 1933 eine großartige Gelegenheit zu einer Volksmission im Wichernschen Sinne bot.[215]

Ende 1933 wurde Birnbaum Mitglied der Reichsleitung der Deutschen Christen und im April 1934 der Reichskirchenregierung; er arbeitete eng mit Ludwig Müller zusammen, August Jäger war sein unmittelbarer Vorgesetzter.[216] Eigenem Bericht zufolge war Birnbaum Ende 1934 in Urlaub, als Jäger versuchte, die Eingliederung der bayerischen und württembergischen Kirche zu erzwingen, und ihre Bischöfe verhaften ließ.[217] Jäger wurde gefeuert, und Birnbaum berichtet von Schwierigkeiten mit seinem Nachfolger Dr. Werner, der ihn schließlich mit nicht näher erklärten »Unregelmäßigkeiten« belastete.[218] Am 20. März 1935 bot ihm das Ministerium die vorübergehende Berufung an den Lehrstuhl für praktische Theologie in Göttingen an und half ihm damit aus einer unbequemen Situation heraus.

Birnbaums Ankunft in Göttingen im April 1935 provozierte zahllose Beschwerden von Studenten der Bekennenden Kirche an die Landeskirche in Hannover. Wolfgang Schroeder, Theologiestudent, schrieb zum Beispiel im Juli 1935 an Pastor Klügel im Landeskirchenamt Hannover über Birnbaums Vorlesungen und private Unterhaltungen mit ihm. Schroeder hat eine theologische Beschwerde: Birnbaum habe es bedauert, »daß Luther bei der Lehre von der Rechtfertigung stehengeblieben sei«.[219] Und wenn die Studenten protestierten oder Fragen hatten, habe Birnbaum manchmal geantwortet: »Kinder, ihr seid aber auch zu empfindlich!« Schließlich beklagt sich Schroeder noch über einen »Kuddelmuddel von Meinungen« sowie eine »heillose Verwirrung und Verwischung der Begriffe und die Unfähigkeit, theologisch zu denken«. Außerdem beschuldigt er Birnbaum, den Nazismus mit Erklärungen wie »Der Nationalsozialismus ist der Aufbruch des Lebens gegen den Tod« oder »daß man nun den Nationalsozialismus mit der Aufgabe betreuen wird, die Kirche zu retten« zu vergöttlichen.[220]

Während die Studenten sich in Hannover beschwerten, denunzierte Hirsch sie in Berlin. Im Juni 1935 schrieb Rust »streng vertraulich« an die Dekane und berichtete, daß die Bekennende Kirche hoffe, an jeder Universität Studenten organisieren zu können. Er bat, daß die Dekane hierüber ihm und der Gestapo Mitteilung machen sollten.[221] Hirsch reagierte rasch und berichtete, daß seiner Meinung nach etwa Dreiviertel aller Theologiestudenten von der Bekennenden Kirche beeinflußt seien. Trotz verschiedener Gerüchte seien bis jetzt aber noch keine Lehrveranstaltungen boykottiert worden. Hirsch sorgte sich, daß Aktivitäten von Studenten der Bekennenden Kirche mit den Aktivitäten anderer Studenten aneinandergeraten könnten. Allerdings empfahl er, nicht einzugreifen, da die Fakultät mit dem Problem selber am besten zurechtkäme. Ein Druckmittel sah er zum Beispiel in der Erschwerung der Prüfungsbedingungen für Kandidaten der theologischen Fakultät.[222] Zwei Wochen später, am 4. Juli 1935, schrieb Rust an die theologischen Fakultäten über Gerüchte von Ersatzvorlesungen und Prüfungen unter der Schirmherrschaft der Bekennenden Kirche. Für Rust war das ein Bruch der Kirchenverfassung von 1933, und er ordnete an, daß ab sofort ein dreijähriges Studium an einer deutschen Universität, gefolgt von einem Examen unter der Leitung der offiziellen Kirche in Zusammenarbeit mit der jeweiligen Fakultät, von den zukünftigen Pastoren verlangt werden würde.[223] Zwar entsprach das nicht unbedingt dem, was Hirsch empfohlen hatte, aber ein Konsens zwischen dem Ministerium und Hirsch ist offenkundig.

Im Herbst 1935 hatte Hirsch von den Studentenprotesten gegen Birnbaum an die Landeskirche in Hannover erfahren. Er wies den Inspektor des theologischen Stifts an, »daß in den Gemeinschaftsräumen des Theologischen Stifts Gespräche kirchenpolitischer Tendenz« untersagt sind.[224] Außerdem, so beharrte er, sei die Kirche in Hannover mit Birnbaums Ernennung einverstanden. Als ein Kirchenbeamter ihm antwortete und von weiterer Opposition gegen Birnbaum berichtete, und daß man die studentischen Meinungsäußerungen zu diesem Thema begrüße, reagierte Hirsch auf die für ihn typische, schroffe Weise:

> »Ihr an sich so liebenswürdiges Schreiben vom 23. November hat mich in eine gewisse Verlegenheit versetzt... Ich habe das Gefühl, daß das von Ihnen beabsichtigte Schreiben des Landeskirchenamts an die Studenten in den Kreis eingreift, über den nicht ich, sondern der Herr Minister selber die Verfügung hat.«[225]

Er versprach, den Brief nach Berlin weiterzuleiten und die Empfehlung des Ministers abzuwarten.

Gleichzeitig bat er Birnbaum, ihn über Studentenreaktionen auf seine Vorlesungen zu informieren, insbesondere bei Anzeichen von Boykott. Birnbaum sagte ihm, daß seine Veranstaltungen wesentlich schlechter besucht seien als im Jahr vorher. Außerdem habe er gehört, daß Bode und Reich, zwei Studenten der Bekennenden Kirche, sich am 4. November mit Mahrenholz getroffen hätten, einem Vertreter der Kirchenleitung in Hannover, der sie in ihrem Widerstand gegen Birnbaum bestärkt habe.[226] Am gleichen Tag, als Hirsch diesen Brief erhielt, sandte er ihn nach Berlin zu Mattiat, zusammen mit einem persönlichen Schreiben und einem offiziellen Bericht. Wiederum riet er davon ab einzugreifen und gab sich überzeugt, Birnbaum werde das Ganze schon überstehen.[227] Auch lobte er seine eigene Rolle: Durch zahllose diskrete Unterhaltungen mit Studenten und Assistenten sei es ihm gelungen, eine »Explosion« zu vermeiden. Außerdem hatte er sich bei der Universitätsleitung nach den Möglichkeiten legaler Schritte gegen das Eingreifen der hannoverschen Kirche erkundigt. Mangels Beweises hatte man ihm davon abgeraten. Er gab diese Empfehlung nun an Mattiat weiter und bat, zumindest bis zu seinem persönlichen Erscheinen in Berlin Ende des Monats nicht einzugreifen.[228]

Im Dezember 1935 erbat sich der Minister für Wissenschaft von den Kuratoren erneut einen Bericht über die Studenten der Bekennenden Kirche.[229] In diesem Bericht nannte Hirsch Bode als Studentenführer sowie Professor Dörries und Dozent Hoffmann als nahe Verbündete einer aktiven Gruppe der Bekennenden Kirche in Göttingen. Außerdem, so schreibt er, halte Hoffmann in Übertretung des ministeriellen Erlasses Ersatzseminare ab.[230] In einem direkten Brief an Hoffmann versuchte Hirsch, ihn von diesen Aktivitäten abzubringen:

»Mir sind Ihre homiletischen Sonderübungen bekannt. Ich bitte Sie, sich auf Grund des beiliegenden Erlasses darüber zu äußern, ob Sie dieselben sofort einzustellen bereit sind.«[231]

Aus Hoffmanns Antwort geht hervor, daß er tatsächlich seit Semesterbeginn neben seiner normalen Lehrtätigkeit eine private Diskussionsgruppe geleitet hatte. Und zwar auf Bitten der Studenten, die eine freie Arbeitsgemeinschaft gebildet hätten, und er sei der Ansicht, dies falle nicht unter den ministeriellen Erlaß.[232] Hoffmann hielt seine Stellung, und Hirsch war mattgesetzt. Er widersprach Hoffmanns Interpretation und berichtete wiederum nach Berlin, mit Einzelinformationen zur Bekennenden Kirche, mit Namen (Bode, Marahrens, Mahrenholz, Dörries und Hoffmann werden alle erwähnt). Angesichts der »Zweifelhaftigkeit« und »Geringfügigkeit« der Situation empfiehlt er allerdings erneut, sie zu ignorieren.[233] Möglicherweise gab es aufgrund dieser Empfehlung einige Tage später einen Brief des Ministers an die Kuratoren, in dem dieser die Hoffnung ausdrückt, daß es zu einer friedlichen Weiterentwicklung in der Kirche kommen werde, und verspricht, Bestrafungen diesem Ziel gemäß gering zu halten. Doch der Erlaß, der den Theologieprofessoren und -dozenten eine Teilnahme am Kirchenkampf verbot, wurde nicht aufgehoben.[234]

1935 war ein wichtiges Jahr für die theologische Fakultät in Göttingen. Es war ein konfliktreiches Jahr, und es endete unentschieden. Auf der einen Seite waren die Studenten der Bekennenden Kirche, die Landeskirche in Hannover und eine sehr kleine Gruppe Professoren. Auf der anderen Seite standen Hirsch, die große Mehrheit der Professoren und das Ministerium in Berlin. Durch diesen Streit vergiftete sich die Atmosphäre. Hirschs Macht und Gefolgschaft festigten sich. Zwar konnte er die Studenten nicht so intensiv kontrollieren, wie er es gerne getan hätte, aber obwohl er Gewalt ablehnte, wandte er einschüchternde Methoden an und arbeitete Hand in Hand mit dem Ministerium, um der Bekennenden Kirche, wo es ging, entgegenzuwirken.

1936 setzte sich diese Konstellation fort. Hirsch hatte vorgehabt, Aktivitäten der Studenten der Bekennenden Kirche ganz zu unterbinden. Im Februar hatte er dem Kurator zum Beispiel empfohlen, einem das Semester abschließenden Fachschaftslager, das mit Unterstützung von Dörries von dem Studenten Bode vorgeschlagen worden war, die finanzielle Unterstützung zu versagen. Hirsch warf Bode vor, ein früheres Fachschaftslager der Universität sabotiert zu haben, und nannte seinen jetzigen Vorschlag eine »Gegenmaßnahme«, die weder von der Regierung noch von der Universität Unterstützung verdiene.[235] Dann schrieb er an Stiftsinspektor von Campenhausen und warnte ihn vor jeder weiteren Unterstützung Bodes. Er sei bereit, Campenhausens bisherige Hilfe für Bode zu vergessen, aber:

»Für die Zukunft ... möchte ich Sie darauf aufmerksam machen, daß die Fachschaftsarbeit ein offizielles Stück der politischen Universität ist und daß eine Gruppe, welche die Studenten im Sinne der Abhaltung von der Fachschaftsarbeit beeinflußt, von jemandem, der das Stiftsinspektoramt innehat, weder durch Rat noch durch Mitarbeit unterstützt werden kann.«[236]

Von Campenhausens Reaktion ähnelte der Antwort Hoffmanns. Aktivitäten in Opposition zu den offiziellen Studentenaktivitäten gebe es weder beabsichtigt noch unbeabsichtigt, schrieb er. Er halte es aber für seine Christenpflicht, Studenten mit Rat und Tat zur Seite zu stehen und: »Ich bitte, mich wie bisher in der Freiheit meiner persönlichen theologischen und kirchlichen Überzeugung nicht hindern zu wollen.«[237] Hirsch reagierte sarkastisch und hartnäckig. Von Campenhausen möge »allen beliebigen Studierenden« soviel raten und helfen wie er wolle. Allerdings mit einer Einschränkung:

»Es geht darum, daß die *Sondergruppenarbeit* der Studierenden Bode und Harms von Ihnen, solange Sie Stiftsinspektor sind, gemäß von mir Ihnen erteiltem dienstlichen Befehl nicht mehr irgendwie unterstützt werden darf.«[238]

Hirsch hatte über die Bedenklichkeit von Aktivitäten zu entscheiden und nicht von Campenhausen.

Das nächste Ereignis in der Auseinandersetzung um die Berufung Birnbaums fiel ebenfalls in den Frühling des Jahres 1936. Hirsch, die Fakultätsmitglieder, die sich zu den Deutschen Christen zählten, und der Minister für Wissenschaft – alle wollten einen endgültigen Ruf für Birnbaum, trotz des Einspruchs der Studenten der Bekennenden Kirche und der Landeskirche in Hannover. Johannes Hempel, stellvertretender Dekan, fuhr nach Hannover und versuchte vergebens, die dortigen Vorbehalte zu zerstreuen. Als die Kirchenleitung erfuhr, daß Birnbaum seinen Ruf auf jeden Fall erhalten würde, setzte sie das Ministerium in Berlin offiziell von ihren »Bedenken« in Kenntnis – eine bedeutende, wenn auch fruchtlose Geste.[239]

Die endgültige Berufung Birnbaums führte schließlich zu den letzten Etappen in der Auseinandersetzung um Ersatzkurse und Prüfungen. Im Herbst 1936 entdeckte Hirsch drei Briefe, die unter den Studenten der Bekennenden Kirche zirkulierten. Sofort sandte er Kopien nach Berlin mit einem Begleitschreiben, daß er das Material der radikalen Dahlemer Gruppe um Martin Niemöller zurechne, und er fügte hinzu:

»Es ist bemerkenswert, daß ein Vertreter des Landeskirchenamts Hannover, Pastor Klügel, mit dieser Göttinger Filiale des Berlin-Dahlemer Kreises zusammenarbeitet ... Es ist weiter bemerkenswert, daß der Landesbischof selber mit diesem Kreis bekennender Studenten in Göttingen in Verbindung und Fühlung steht... Nach meinen Beobachtungen haben die beiden Dinge auf die Theologiestudenten den Eindruck hervorgerufen, daß die Landeskirche von den Studenten eine bestimmte kirchliche und kirchenpolitische Haltung fordert.«[240]

Am 17. November, vier Tage später, setzte der Minister für Wissenschaft seine stärkste Waffe im Kampf gegen die Ersatzveranstaltungen der Bekennenden Kirche ein, nämlich die Androhung des Studienverbots. In einem Brief an die Dekane der theologischen Fakultäten hieß es:

»Jedem eingeschriebenen Studenten der evangelischen Theologie ist es verboten, derartige Ersatzkurse oder ähnliche Einrichtungen an Stelle der Hochschul-Vorlesungen zu besuchen und sich am Boykott gegen Hochschullehrer zu beteiligen. Bei Zuwiderhandlungen haben die Rektoren den dauernden Ausschluß vom Studium an allen deutschen Hochschulen auf Grund der Bestimmungen der Strafordnung für Studenten vom 1. April 1935 durchzuführen.«[241]

Die nächsten Wochen zeigten eine Flut von Reaktionen auf diesen Erlaß. Hirsch veröffentlichte ihn für die Studenten und als Einschüchterung für die Leiter von Ersatzseminaren. Er schrieb zum Beispiel an Pastor Lueder über die Gefährlichkeit der Ersatzkurse und die harten Strafen für die Studenten. Lueder beschwerte sich in Hannover und Hannover in Berlin über Hirschs Schikanen. Aber in dem folgenden Wettkampf um den größeren Einfluß zeigte es sich, daß Hirsch am längeren Hebel saß. Er informierte den Minister, daß jener Brief »nichts weiter als eine freundliche Information über den ergangenen Ministerialerlaß« gewesen sei. Sein Ziel sei es, den Theologiestudenten zu helfen, »Gewissenskonflikte« zu vermeiden, indem er ihnen klarmache, daß es für sie nur eine Alternative gibt: die Meidung der Seminare der Bekennenden Kirche. Es sei nur logisch gewesen, diese Botschaft durch Lueder vermitteln zu wollen, da jener einen Ersatzkreis aufgebaut hatte und von anderen wußte. Danach warf er der Kirche vor, durch ihren Angriff auf ihn indirekt den Ministerialerlaß angegriffen zu haben.[242] Die endgültige Antwort des Ministeriums auf diesen Streit stammt aus der Feder von Hirschs Freund Mattiat. Hirschs Argumente wurden voll übernommen, tatsächlich liest sich seine Ausführung wie eine geringfügige Veränderung von Hirschs eigenem Brief.[243]

Auch die Studenten protestierten gegen den Ministerialerlaß. Im Februar 1937 schrieb Heinz Rettberg an den Reichsminister im Namen von vierzig (anonymen) Göttinger Studenten, daß der Novembererlaß sie in große »Gewissensbedrängnis« stürze. Angesichts ihrer zukünftigen kirchlichen Pflichten könnten Theologiestudenten nur von solchen Lehrern eine anständige Ausbildung erhalten, deren Bindung an Schrift und Bekenntnis ihrem Ordinationsgelübde entspräche. Sie bäten daher um die »akademische Lernfreiheit«, ihre Studien selbst wählen zu können.[244] Rettberg sandte diesen Brief über das Büro des Dekans, Hirsch leitete ihn mit einigen Kommentaren an den Minister weiter: Rettberg sei der studentische Rädelsführer der Bekennenden Kirche gewesen, der den ganzen Ärger über Birnbaums Berufung initiiert habe. Außerdem habe Martin Niemöller kürzlich in Göttingen gesprochen, die ministerielle Fakultätspolitik angegriffen und vermutlich diesen Brief inspiriert. Hirsch empfahl, den Brief zu ignorieren und den Erlaß beizubehalten, was vom Minister rasch bestätigt wurde.[245]

Die ganze Auseinandersetzung um Ersatzkurse und theologische Examina der Bekennenden Kirche brachte die hannoversche Landeskirche in eine schwierige Lage. Sie wollte keinen Streit mit dem Minister, insbesondere angesichts ihrer geringen Erfolgschancen. Andererseits jedoch war die theologische Abschlußprüfung die Voraussetzung für den Eintritt in den Kirchendienst, und die Kirche wollte ihre Kontrolle hierüber nicht verlieren. Unter den Studenten war der Widerstand groß, und zwar nicht nur gegen Prüfungen durch Birnbaum, sondern auch durch Hirsch, der 1936 zwei Aufsätze veröffentlicht hatte, die über das hinausgingen, was im Rahmen des lutherischen Bekenntnisses erlaubt sein konnte.[246] Unter großem inneren und studentischen Druck entschloß sich die Kirche schließlich, Stellung zu beziehen. Im Frühjahr 1937 wurden die Prüfungen nach ihren Regeln abgehalten, das heißt, nur bekenntnismäßig akzeptable Prüfer wurden zugelassen.[247] Im Mai reagierte Hirsch mit einem Memorandum für alle Professoren seiner Fakultät, in dem er die Zusammenarbeit mit der Kirche in ihren Prüfungsausschüssen verbot und Berichte über jegliche Kontaktversuche der Kirche anforderte.[248]

Im August berichtete er dem Universitätskurator, daß es in Göttingen offenbar keine Ersatzkurse gebe.[249] Im Oktober informierte er den Rektor, daß keine Disziplinarmaßnahmen notwendig gewesen seien; der ministerielle Erlaß vom 17. November 1936 habe sein Ziel, illegale Aktivitäten unter den Studenten zu unterbinden, erreicht.[250] Rückblickend ist natürlich offensichtlich, daß es auf dieser Basis keinen wirklichen Frieden geben konnte. Während Hirsch glaubte, seine Fakultät unter Kontrolle zu haben, kontrollierten weder er noch der Staat das Prüfungsverfahren der Kirche.

Am 16. Mai 1938 unternahm der Staat seine letzten und stärksten Anstrengungen in der Frage der theologischen Prüfungen. Das Ministerium für kirchliche Angelegenheiten schloß die Eingangspforten der staatlich unterstützten Kirchen für jeden Studenten, der ab Herbst 1938 seine theologischen Examina unter Leitung der Kirche ohne volle Beteiligung des designierten Universitätslehrers absolvierte.[251] Studenten der Universität Erlangen, Tübingen, Halle, Rostock, Greifswald und Göttingen überschwemmten die Kirchenleitung in Hannover mit Petitionen gegen diesen Erlaß. Jeder von ihnen, insgesamt ungefähr sechzig, hätte normalerweise seine Prüfungen in Hannover zu absolvieren gehabt, aber alle wehrten sich gegen die Möglichkeit, von Birnbaum oder Hirsch geprüft zu werden.[252] Der Entwurf einer »Denkschrift« in den Kirchenarchiven zeugt von der Besorgnis, die diese Entwicklung hervorrief. Prüfer hatten mit den Bekenntnissen der Kirche übereinzustimmen, wenn sie akzeptierbar sein sollten:

»Infolgedessen ist es heute einfach nicht mehr tragbar, daß Professoren, die durch eine staatliche Besetzung – wenn auch als ›Theologieprofessoren‹ – ins Amt gekommen sind, eo ipso für die bekenntnismäßige Entwicklung der Landeskirche so wesentliche Prüfungsfunktionen wahrnehmen.«[253]

Und im Hinblick auf die Konsequenzen für die zukünftigen Geistlichen:

»Es ist jetzt schon erkennbar, daß die kirchlich und bekenntnismäßig klare und feststehende Jugend die Hannoverschen Prüfungen meiden und Hannover zum großen Teil überhaupt verloren gehen wird. Das ist aber der für die Landeskirche wertvollste Teil. Dagegen werden die Deutsche Christen . . . die bisher Hannover meiden, sich sehr ermutigt fühlen.«[254]

Diese Denkschrift geht davon aus, daß die Kirche entweder die zukünftigen Gehälter der Studenten übernehmen oder die Empfehlung herausgeben muß, die Studenten mögen ihre Prüfungen in Bayern ablegen (worüber zwischen den beiden Kirchen ein gegenseitiges Abkommen bestand). Aber was würde geschehen, wenn die Deutschen Christen auch in Bayern die Prüfungen in die Hand nähmen?[255]

Dieser Konflikt zwang Bischof Marahrens in eine viel stärkere Opposition gegen den Staat, als er eigentlich wollte. Sein Gefühl riet ihm zum Kompromiß, und im Juni 1938 schlug er einen solchen Weg vor.[256] Aber der Minister für Wissenschaft reagierte im August mit einem weiteren aggressiven Erlaß:

»Nach dem Kirchengesetz über die Vorbildung der Geistlichen vom 31. Oktober 1928 muß an jeder ersten theologischen Prüfung ein ordentlicher Professor der evangelisch-theologischen Fakultät der Universität teilnehmen.

1. Diese Vorschrift ist seit Frühjahr 1937 nicht eingehalten worden.
2. In den seitdem (erstmalig im März 1937) stattgefundenen ersten theologischen Prüfungen ist demnach die Prüfungskommission gesetzwidrig zusammengesetzt gewesen.«[257]

Der Minister rät zur Nachsicht gegenüber den Studenten, allerdings unter der Bedingung, daß künftige Prüfungen sich genau nach den entsprechenden Verordnungen richten und es zur vollen Kooperation zwischen Landeskirche und Universität kommt.[258]

Am nächsten Tag heftete Hirsch einen Brief an die Göttinger Studenten ans Schwarze Brett:

»Ich warne die Studenten der Theologie, an der seitens des Landeskirchenamtes jetzt zum Herbsttermin 1938 ohne Beteiligung der theologischen Fakultät abgehaltenen ersten theologischen Prüfung teilzunehmen. Die Prüfung ist für Sie wertlos, da sie den Bestimmungen der Verordnungen des Kirchenministers vom 31. Mai 1938 widerspricht.«[259]

Es werde keine staatlichen Geldmittel oder Gehälter geben, fährt er fort, und dann bietet er als Alternative die Prüfung durch die Professoren der theologischen Fakultät an. Es gäbe eine spezielle ministerielle Genehmigung für die Prüfung, und sie werde von einer ganzen Reihe Landeskirchen anerkannt, vielleicht sogar von der hannoverschen Landeskirche.

Im August 1938, als die Krise ihren Höhepunkt erreichte, kam es schließlich zu einer Lösung. Entgegen allen Erwartungen kam der Vorschlag von Hirsch, als ihn am 26. August ein Vertreter der hannoverschen Landeskirche aufsuchte. Dieser traf zunächst mit den Professoren Dörries und Joachim Jeremias zusammen, beide Mitglieder der Bekennenden Kirche, die wenig Optimismus für die Aussichten einer Einigung zeigten. Die ersten Minuten mit Hirsch verliefen so hitzig, daß er fürchtete, das Gespräch werde abgebrochen. Aber dann, im Verlauf der Unterhaltung, schlug Hirsch schließlich einen Kompromiß vor. Er würde freiwillig auf die Teilnahme an Prüfungen verzichten und dafür sorgen, daß Birnbaum keinen Studenten prüfe, der ihn unwiderruflich ablehne. Ansonsten würde Birnbaum prüfen, und die legalen Forderungen des Ministeriums würden erfüllt.[260] Ein internes Schreiben zeigt, daß Marahrens mit diesem Arrangement nicht sehr glücklich war. Er wollte das Recht der Kirche nicht aufgeben, über die Teilnahme des Lehrkörpers aufgrund seiner bekenntnismäßigen Akzeptierbarkeit die letzte Autorität auszuüben.[261] Allerdings würde dieser Kompromiß die unmittelbare Krise der Herbstprüfungen beheben, die Examina seit 1937 würden vermutlich (wenn auch nicht garantiert) staatlich anerkannt, und die Lösung erschien den meisten Studenten akzeptabel. Damit willigte die Kirche ein, und die Krise war beigelegt.[262]

Nach sechs turbulenten Jahren legte Hirsch sein Amt nieder und übergab es an Otto Weber, ein weiteres loyales Parteimitglied. Der Konflikt erlosch. Der Hauptstreit über das Problem der Prüfungen war beigelegt worden. Außerdem lenkte der Ausbruch des Krieges die Aufmerksamkeit vom Kirchenkampf weg und beraubte die Universitäten mehr und mehr ihrer Studenten. Und schließlich, mit sinkenden Anforderungen an die Lehrenden, verringerte sich auch Birnbaums Rolle in der Fakultät. 1941 folgte er dem Ruf Görings, an der russischen Front Luftwaffenangehörige zu unterrichten. Birnbaum sprach über die Übel des Bolschewismus, reiste ausgiebig, hielt zahlreiche Vorträge und erfreute sich ebenso einiger Urlaube in Holland, Belgien und Frankreich.[263] Nach der Niederlegung seines Postens als Dekan der Fakultät spielte Hirsch keine besondere politische Rolle mehr. Hirsch hatte den Verlust eines Sohnes zu betrauern, gleichzeitig stand er während dieser Jahre in dem Ruf, der vielleicht größte deutsche Theologe zu sein.

Nach 1945, in der erzwungenen Emeritierung, forschte und schrieb er weiter. Studenten besuchten ihn, mit denen er über Kierkegaard und über die Theologie sprach.[264] Obgleich mittlerweile politisch passiv, gibt es keine Anzeichen dafür, daß er seine früheren Ansichten geändert hätte. Kollegen erinnern sich, daß es unmöglich war, mit ihm über Politik zu sprechen in jenen Jahren, und zumindest einige Theologen verbreiteten das Gerücht, daß er bis zu seinem Tod im Keller ein Hitlerbild aufbewahrte.[265] Ob das nun stimmt oder nicht, ein solches Gerücht trägt doch zur Gewißheit bei, daß Hirsch seine politischen Ansichten während seines ganzen Lebens kaum veränderte. Verglichen mit Althaus und Kittel hatte er seine politische Haltung klarer durchdacht, der Geschichte, Philosophie und der Krise der Moderne mehr Aufmerksamkeit gewidmet. Man kann deshalb wohl als sicher annehmen, daß Hirsch, trotz des Fehlschlags der deutschen Wende, nicht zugab, daß seine politische, intellektuelle und theologische Position falsch gewesen sein könnte.

## 5. Analyse

Kann man heutzutage behaupten, daß Hirschs politische Haltung falsch war? Eine nicht unproblematische Frage. Die »deutsche Erneuerung« im Dritten Reich wurde von ihm begeistert begrüßt und befürwortet, und als Dekan seiner Fakultät verteidigte er seine philosophische Position auf aggressive und manchmal harsche Weise. Doch Hirsch selbst würde sich wünschen, auf der Basis seiner Weltanschauung beurteilt zu werden. Er erkannte die um die Jahrhundertwende sehr reale Krise der Vernunft, und die Auswirkungen dieser Krise dürfen nicht übersehen werden. Auch erkannte er das Problem zentrifugaler Kräfte in der modernen, pluralistischen Gesellschaft – Kräfte, die leicht zu einem sozialen Zusammenbruch führen können. Die sechziger und siebziger Jahre haben in Amerika, Europa und anderswo die Krise des modernen Pluralismus aufgezeigt, mit der er es zu tun hatte.[266] Bei der Entwicklung seiner Haltung stützte sich Hirsch auf den Existentialismus, eine einflußreiche Philosophie des 20. Jahrhunderts. Kritiker haben ihm vorgeworfen, Kierkegaards Existentialismus für seine eigene Position mißbraucht zu haben. Aber Hirsch ist kühner vorgegangen, nur aus der Glaubenssicherheit heraus, daß seine existentiale Erkenntnis Gottes zutreffend war, und das scheint Kierkegaards Glaubenssprung genau zu entsprechen. Vielleicht ist es sinnvoll, Hirschs Einstellung einmal mit der anderer deutscher

Theologen zu vergleichen, die historisch auf der »richtigen Seite« standen.

Über die Beziehung zwischen Hirsch und Karl Barth wurde schon berichtet. In den frühen zwanziger Jahren waren sie in Göttingen Kollegen und viele Jahre lang Freunde. Sie respektierten einander trotz unterschiedlicher Meinungen. Dann, in den frühen dreißiger Jahren, wurden sie zu erbitterten Gegnern, und beide übernahmen führende Funktionen in den entgegengesetzten Lagern des Kirchenkampfes. Barth wurde wegen des Falls Günther Dehn zu Hirschs Gegner. Er spielte eine führende Rolle bei der Gründung der Bekennenden Kirche und der Abfassung der Barmer Erklärung. 1935 verlor er seinen Posten an der Universität Bonn wegen seines Widerstands gegen den Nationalsozialismus. Er ging in sein Heimatland Schweiz zurück. Von seinem sicheren Platz an der Universität Basel aus rief er die Christen überall dazu auf, sich Hitler als der Inkarnation des Bösen zu widersetzen.[267]

Der zentrale theologische Streitpunkt zwischen Barth und Hirsch liegt in ihrer Interpretation von Gottes Bedeutung in der Geschichte. Barth bestand auf dem »unendlichen qualitativen Unterschied« zwischen Gott und dem Menschen. Keine menschliche Anstrengung könne jemals heilig sein, denn die Heiligkeit liege in Gott. Hirsch beklagt, daß Barth auf diese Weise Gottes Verbindung mit den wirklichen, historischen Ereignissen ignoriert.[268]

An Barth hat Hirsch zwei Fragen zu richten. Erstens: Hat Gott durch Luther zum deutschen Volk gesprochen? Für Hirsch liegt Luthers Bedeutung darin, daß er die christliche Botschaft für die Deutschen seiner Zeit neu entwickelte. Zweifelsohne stützte sich Luthers Bibelübersetzung stark auf sein »Deutschtum«, das heißt die Verwendung deutscher Ideen und Erfahrungen, um Gottes Botschaft zu vermitteln. Hirsch meint, daß die gleiche Aufgabe für die Deutschen des 20. Jahrhunderts vollbracht werden müsse. Zweitens: Leugnet Barth, daß es jemals eine politische Haltung gegenüber einer politischen Ordnung des Menschen geben kann? Tatsächlich waren Barths Ansichten liberal, demokratisch und sozialistisch. 1948 riet er sogar den Christen der Ostblockländer, ihre Regierungen zu unterstützen.[269] Wie unterscheidet sich Barths politische Haltung von der Hirschs? Barth würde argumentieren, daß Hirsch politischen Umständen heilige, normative Eigenschaften zumaß, wohingegen er bei all seinen Auffassungen von der Erkenntnis ausging, daß diese Welt niemals heilig ist. Aber diese

Klarstellung ist bestenfalls gradueller Natur. Auch Hirsch legt Wert auf die Feststellung, daß der Staat nicht heilig sein kann. Auch er besteht auf der Unterscheidung zwischen göttlich und menschlich. Aber er argumentiert – wie Luther es tat –, daß Gott durch menschliche, politische Institutionen wirken kann, um die Welt sicher zu machen für das Evangelium und ein christliches Leben. Und Christen sollten dieses Wirken bestätigen.

Die Beziehung zwischen Hirsch und Paul Tillich ist noch bedeutsamer, weil sie sich theologisch viel näher waren als Hirsch und Barth. Beide übernahmen mehr vom Erbe des 19. Jahrhunderts als Barth. Beider Theologie betont das Existentiale, und beide haben sich intensiver mit politischen und ethischen Themen befaßt als er. Sie unterscheiden sich darin, daß Tillich aktiv am Aufbau eines religiösen Sozialismus beteiligt war, Hirsch an der Schaffung eines christlichen Nationalsozialismus. Deswegen mußte Tillich Deutschland 1933 verlassen, Hirsch fand im Dritten Reich ein angenehmes Zuhause. Es wurde schon erwähnt, daß Tillich und Hirsch sich als Theologiestudenten an der Universität Berlin im Wingolfbund kennengelernt hatten. Tillich wies Hirsch den Weg zu seiner Habilitationsschrift über Fichte, und die beiden lebten verbunden in Freundschaft und gegenseitigem Respekt bis in die Krise der dreißiger Jahre, als beides zerbrach. In den frühen Jahren von 1908 bis 1912 waren sie sich persönlich und intellektuell sehr nahe. Tillichs Biographie zufolge sagten Freunde, die die beiden auf langen Spaziergängen in Berlin begleiteten, daß es fast unmöglich gewesen sei, ihr Denken auseinanderzuhalten, weil es fast identisch war.[270] Hirsch nährte eine unausgesprochene Zuneigung zu Johanna, Tillichs Lieblingsschwester. 1912 jedoch überraschte sie alle durch ihre Heirat mit Alfred Fritz, mit dem sie vier Jahre lang heimlich verlobt gewesen war. Wiederum geht aus Tillichs Biographie hervor, daß diese Überraschung für Hirsch sehr schmerzlich war. Auch er hatte sich in Johanna verliebt, wollte um ihre Hand anhalten. Aber er hatte zu lange gewartet und litt sehr unter dieser Erkenntnis.[271]

Aber Hirsch überwand diese Enttäuschung und schloß sich Tillich in Entwurf und Präsentation einer humorvollen Parodie zu Ehren der Brautleute an.[272]

Während der Zeit der Weimarer Republik litt ihre Freundschaft unter den großen politischen Differenzen zwischen ihnen. Aber erst als Hirsch 1934 *Die gegenwärtige geistige Lage* veröffentlichte, kam es zum unheilbaren, bitteren Bruch. Tillich, bereits in Amerika, publizierte einen offenen Brief in den *Theologischen Blättern:*

»Lieber Emanuel!

Die spannungsreiche Einheit unserer persönlichen Freundschaft und sachlichen Gegnerschaft ist mir nie stärker zum Bewußtsein gekommen als beim Lesen Deines neuen Buches: ›Die gegenwärtige geistige Lage im Spiegel philosophischer und theologischer Besinnung‹. Ich stimme dem Urteil Karl Barths über seine Bedeutung zu und glaube darüberhinaus fühlen zu können, um was es Dir geht.«[273]

Dieser Brief ist »mir schwerer geworden als ein anderer«, schreibt Tillich. Und er wundert sich über Hirschs Verarbeitung von Ideen, die er für seine eigenen hält. »Der Gebrauch und Mißbrauch der mit meinem Namen verknüpften Kairos-Lehre zwingt mich zum Reden.«[274]

Tillich fühlt sich durch Hirsch, dem er ein Plagiat vorwirft, sehr verletzt. Er fragt, ob Hirsch sich seiner Schuld gar nicht bewußt sei oder ob politische Überlegungen ihn daran hindern, sie einzugestehen.[275] Es macht ihm allerdings größere Sorge, daß Ideen, die die religiösen Sozialisten auf eine Revolution der Arbeiterklasse gerichtet haben, von Hirsch für eine konservative Revolution des Bürgertums übernommen worden sein könnten.

Neun Jahre zuvor hatte Tillich Hirsch sein Buch *Die religiöse Lage der Gegenwart* zugeschickt. In diesem Buch beschreibt er den Zusammenbruch des mittelalterlichen Kosmos, die Rolle des Dämonischen und der »Grenze« und die Suche nach der »tragenden Substanz«. Danach hatte Hirsch Tillich kritisiert, weil er versuche, Prophet zu sein; und jetzt habe er all diese Themen für seine eigenen Zwecke übernommen und verändert.[276] Zwar verwende Hirsch den für Tillich charakteristischen Begriff »Kairos« nicht, aber für Tillich ist dessen ständige Benutzung der Begriffe »gegenwärtige Stunde« und »Aufbruch« gleichwertig. Außerdem sei seine existential-historische Methode genau das, von dem Tillich in seiner letzten Vorlesung in Deutschland sprach. Für Tillich rückt Hirsch sich damit in die Nähe Kierkegaards, Heideggers, Jaspers' und des jüngeren Marx – auf die auch Tillich sich bezieht, die aber bei Hirsch seiner Meinung nach nur eine sehr unbefriedigende Erwähnung finden. Hirschs dynamisches Konzept des »Wahrheitsgedankens«, basierend auf dem »Wagnischarakter des Erkennens«, und die Wendung von einer »freischwebenden Willkür« zur Sorge um die »Gemeinschaft« beanspruche er ebenso wie Hirschs Ruf nach einer Universitätsreform.[277]

Tillich wendet sich hauptsächlich wegen der für seine Begriffe erfolgten Verzerrung gegen diese Anleihen. Er selbst steht zwischen den beiden Polen Barth und Hirsch, wobei der eine Gottes Reich nur in transzendenten Begriffen sieht und der andere nur in der Gegenwart. Tillich beharrt auf einer eschatologischen, paradoxen Sicht, in der Gottes Reich sich nähert, uns berührt, aber niemals mit unserem irdischen Leben verwechselt werden kann. Tillichs Kritik an Hirsch ist kurz und bündig: »Du verkehrst die profetisch-eschatologisch gedachte Kairos-Lehre in die priesterlich sakramentale Weihe eines gegenwärtigen Geschehens.«[278] Er wendet sich auch gegen einige spezifische Aspekte in Hirschs Werk: »Ist das Zeitgeschehen eine Offenbarungsquelle neben den biblischen Urkunden? Fast scheint es so bei Dir.«[279] (Tillich räumt ein, daß dieses Problem auch bei seiner »Kairos-Lehre« vorhanden sein mag. Zwar glaubt er es eigentlich nicht, allerdings sei ihm wohl auch nicht genug Beachtung geschenkt worden.) Außerdem wirft er Hirsch vor, in seinem wissenschaftlichen Ansatz die soziologische Gruppenanalyse nicht berücksichtigt zu haben. Viele seiner Auffassungen wären widerlegt, wenn er gewisse allgemeine soziologische Erkenntnisse angewendet hätte. »Und das wieder ist nur zu erklären, weil Soziologie eine der schärfsten Waffen gegen ungebrochenen Enthusiasmus ist.«[280] Wenn Hirsch zum Beispiel eine vergleichende Analyse mit anderen Ländern anstellte, würde er feststellen können, daß Deutschland einen »Spätherbst« und keinen Frühling erlebt.[281] Außerdem würde seine Betonung der mystischen Vorstellungen die letzten 150 Jahre überbewerten. Ein Gesetz, das sich so häufig ändert, sei überhaupt kein Gesetz. Tillich sieht die Ironie, daß die Lutheraner selbst der übelsten Regierungsform gegenüber Gehorsam predigten, bis ein Staat sich bildete, in dem die alten Herrschenden nicht mehr das Sagen hatten und die Lutheraner plötzlich ihr Recht auf Revolution entdeckten. »Wessen unbewußtes Werkzeug warst Du, als Du das tatest und theologisch rechtfertigtest?«[282] Schließlich wendet sich Tillich gegen Hirschs Befürwortung von Führerprinzip und totalitärem Staat, denn hier sei kein Platz für Persönlichkeitsentwicklung, noch, und das ist das Wichtigste, für eine Entwicklung der Kirche. Er zeigt sich einig mit Barth und Hirsch, daß viele soziale und kulturelle Funktionen der Kirche vom Staat übernommen werden können, aber er fürchtet, daß auf vielerlei subtile und unauffällige Weise der totalitäre Staat die Kirche in solchen Fragen beschneiden wird, wo das Christentum mit dem neuen Konzept vom »Deutschtum« nicht zusammenpaßt.[283]

Der springende Punkt bei Tillichs Angriff auf Hirsch liegt in der Frage, bis zu welchem Grade die christliche Kirche einen irdischen Staat unterstützen sollte. In seinem Entwurf für einen religiösen Sozialismus setzt Tillich sich für ein »Obligatum« mit einem »Reservatum« ein. Und obgleich Hirsch dem einzelnen dieses »Reservatum« zugestehe, verlange er gleichzeitig ein völliges »Obligatum« der institutionellen Kirche gegenüber dem Staat. In einem persönlichen Brief an Tillich erklärt Hirsch dann, daß seine persönliche Beziehung zu Gott es ihm gestatte, einen historischen Augenblick eindeutig zu bejahen. Tillich erwidert, daß ein unqualifiziertes religiöses und theologisches Ja zu einer irdischen Entwicklung »Enthusiasmus« hervorrufen wird, aber keinen »gläubigen Realismus«.[284]

Hirschs Antwort auf diesen Brief beginnt mit einem zornigen Ausbruch, der in eine ausführliche Erklärung und Verteidigung übergeht und mit einem Tribut an seine Freundschaft zu Tillich endet, was unter den gegebenen Umständen gewisse Zeichen von Demut und Verbitterung trägt. Zunächst der Zornesausbruch. Für die Publikation seines offenen Briefes wählt Hirsch Wilhelm Stapel als Empfänger. Da Tillich unter dem Deckmantel eines freundschaftlichen Briefes seine Aufrichtigkeit und Ehrenhaftigkeit angegriffen hatte, hält Hirsch eine direkte Auseinandersetzung nicht mehr für möglich.[285] Aber er möchte seine Ehre und seine Position verteidigen, also bittet er Stapel um die Veröffentlichung seiner Antwort.

Dem Vorwurf des Plagiats begegnet er mit dem Hinweis auf seine und Tillichs gemeinsame Erziehung und Ausbildung im deutschen Idealismus von Kant, Fichte und Hegel sowie unter dem Einfluß der kritischen zeitgenössischen »Grenzfragen von Erkenntnistheorie und Religionsphilosophie«.[286] Zwanzig Jahre lang habe er sich durch Nietzsches und Diltheys Skeptizismus durchgekämpft, zehn Jahre lang Kierkegaard studiert. Tillich solle lieber nach dem wirklich Neuen in seiner eigenen Arbeit suchen, statt Hirsch des Plagiats zu bezichtigen. Außerdem findet Hirsch, daß er ausreichend auf seine Quellen, hauptsächlich Heidegger und

Jaspers, verwiesen habe, die zwar ihren Existentialismus auch auf Kierkegaard begründeten, was aber nichts daran ändert, daß er zu seinen eigenen Schlüssen gekommen sei.[287]

Hirsch beschreibt den Kern seines Denkens als ein »Wirklichkeitsverständnis«, in dem der Gott der Geschichte die entscheidende Funktion hat. Er bezieht diese Ansicht aus seinem Verständnis von Fichte und dem Problem des begrenzten Wissens. Nietzsche und Dilthey hingegen hätten ihn die ungeheure Bedeutung der Frage nach der Grenze erkennen lassen. Für Hirsch liegt die geheimnisvolle Grenze da, wo wir auf Gott treffen, der den Sinn aller Geschichte erschafft und erschuf. Barth habe zumindest dies in seinem Werk erkannt. Und da Barth die religiöse Bedeutung der Geschichte leugnet, sei sein Angriff auf Hirsch konsequent. Aber warum Tillich, der doch auch an den Gott der Geschichte glaube, sich trotzdem auf Barths Seite gegen ihn stellt, ist für Hirsch schwieriger zu verstehen.[288]

Tillich und er vertreten die gleiche idealistische Geschichtsphilosophie und das gleiche Verständnis von der Krise des »Wahrheitsbewußtseins«, die den Skeptizismus mit sich führt – also muß Hirsch nun erklären, warum er und Tillich verschiedene Richtungen einschlugen. Seiner Ansicht nach fehlt Tillich ein eigener, kindlicher, lutherischer »Schöpfungsglaube ... [der] mich in jeder Krise des Geistes gehalten hat«. Außerdem verfüge er über eine »Herbigkeit«, die ihn an das Gesetz von Wirklichkeit und Geschichte binde.[289] Tillich, von Schelling beeinflußt, lehne Bindungen an einen Nomos ab und bewege sich ganz natürlich und konsequent auf eine Position des Individualismus und Internationalismus zu. Tillich habe das höchste individualistische Ideal zum Ausdruck gebracht.[290] Dennoch sieht Hirsch seine Position als einen destruktiven, frei fließenden Individualismus, trotz der Tatsache, daß Tillich sie an den Marxismus bindet:

»Ich habe nie verstanden, wie das marxistische Denken Tillich doch trotz allem größeren Tiefgang, den er hatte, so bezaubern konnte, daß er blind wurde für die eigentliche bindende schöpferische Mitte alles irdisch-politischen Geschehens.«[291]

Hirsch glaubt, daß er mit der festen Verankerung in seinem Volk ein höheres und besseres Ideal gefunden hat. Tillich habe den gleichen Ausgangspunkt erreicht gehabt, nämlich die Erkenntnis, daß jedes Konzept »ganz und gar ... geschichtsbedingt« ist, daß eine

Dialektik von »Wahrheit und Geschichte« hinter jeder philosophischen Frage steht.[292] Diese Erkenntnis habe ihn selbst zu der historischen Bedeutung des Volkes geführt und weg von der »freischwebenden Geistigkeit und aus dem von ihr angerichteten Chaos«.[293] Sein lutherisches Verständnis der Zwei-Reiche-Lehre gestattet es ihm, eine irdische, politische Struktur als heilig, als einen Teil von Gottes Plan zu akzeptieren, ohne davon auszugehen, daß sie sündenfrei sei, oder sie mit dem Reich Gottes zu verwechseln.[294] Mit anderen Worten, Hirsch hält seine Dialektik von menschlich und göttlich, von Zeit und Ewigkeit für besser als die der dialektischen Theologen. Für ihn bedeutet christliche Freiheit eine Freiheit in Christus, die das Gesetz und die Pflicht unserer irdischen Existenz nicht untergräbt.[295] Wiederum taucht hier die paradoxe Zwei-Reiche-Lehre auf. Schließlich bestreitet Hirsch dann, in den Ereignissen von 1933 eine der Bibel vergleichbare »Offenbarungsquelle« zu sehen. Wenn er den nationalsozialistischen Staat als ein religiöses Utopia sehen würde, wäre der Vorwurf berechtigt. Aber wiederum argumentiert er, daß seine paradoxe Zwei-Reiche-Lehre ihn schütze. Der nationalsozialistische Staat sei ganz einfach ein wünschenswerter Staat. Dieser Staat akzeptiere das Christentum und halte die Ordnung aufrecht, deshalb sollte er auch von den Christen als Gottes Werkzeug gesehen und unterstützt werden.[296]

Hirsch zeigt seine tiefe Enttäuschung über Tillichs Reaktion auf sein Buch, denn eigentlich hatte er etwas ganz anderes erhofft:

»Ich hatte heimlich gehofft, er [Tillich] würde in meinem Begriff des Logos einen legitimen Einsatz zur Lösung des Fragmals finden, und ich könnte ihn so, vermöge der untrennlichen Verknüpfung dieses Logosbegriffs mit der Geistigkeit des deutschen Umbruchs, hinüberreißen in die neue deutsche Zeit und damit für Deutschland einen lebendigen Denker zurückgewinnen.«[297]

Trotz dieser Enttäuschung läßt er den Zorn hinter sich, mit dem er diesen offenen Brief begann, und schließt in erstaunlich freundlichem Ton, indem er zum Ausdruck bringt, daß

»ich Tillich Dank schuldig bin, und daß es mich geschmerzt hat, einem Jugendfreunde gegenüber, den ich mir aus meinem Leben nicht wegdenken mag, diese Abrechnung vollziehen zu müssen. Ich danke ihm zweierlei. Einmal, er ist es gewesen, der mich in unsrer Studentenzeit, als mir bei dem Versagen der damaligen Berliner Philosophie die fruchtbare persönliche Anregung fehlte, in den Strom der idealistischen Philosophie hineingelockt hat. Bei dem maßgeblichen Berliner Philosophen damals lernte man, daß die Idealisten Stümper und Frechlinge seien, die es zu lesen nicht lohne, so hatte ich mich auf das ernstliche Studium Kants beschränkt. Jener Anstoß Tillichs ist der Anfang einer bis gegen Kriegsende sich hinziehenden reichen geistigen Gemeinschaft gewesen, die in einem stets gespannten Widereinander – ich hielt zu Fichte, er zu Schelling; ich dachte von dem Ruf zur Pflichte her, er von der mystischen Gottesbegegnung her; ich war von der sozialen Frage zerquält, er lehnte sie damals ab – doch mir (und bisher hatte ich gedacht: uns beiden) ein Geschenk gewesen ist. Als dann 1918 der politische Bruch zwischen uns kam, den ich irgendwie immer auch als von einem Bruch in Religiösen begleitet empfunden habe, da habe ich, und das ist das Zweite, von Tillich dennoch etwas haben können. Es war nun anders denn früher. Jeder ging im geistigen Ringen seinen Weg ohne eigentliche Auseinandersetzung mit dem anderen, er schneller und glänzender, ich schwerer und (durch den politischen Kampfeswillen) geballter. Er ist mir aber die ganzen Jahre hindurch ein einzigartiges Beispiel gewesen eines Menschen, der nach seiner Art und seinem Gesetz und gemäß seiner politischen Entscheidung mit unerhörter Ehrlichkeit alle Nöte der krisenhaften Zeit trug und im Denken bewegte. Ein solches Beispiel kann man, auch wenn man beim dritten Satze jedes Aufsatzes im Widerspruch und manchmal sogar im Zorn ist, nicht vor sich haben, ohne daß es einen weiter und tiefer macht in seinem eigenen Ringen.«[298]

Wenn man den Konflikt zwischen den beiden analysiert, sind Tillichs historische Auffassungen wesentlich einleuchtender. Er kritisiert Hirschs exzessiven Nationalismus, der jetzt durch die Unterstützung, die Hitler in Deutschland erfährt, so verwerflich erscheine. Doch bei den philosophischen Fragen ist Tillichs Vorteil nicht mehr so klar erkennbar. Die Intensität seiner Kritik ist verständlich. In seinen geschichtsphilosophischen und theologischen Auffassungen war Hirsch ihm so nahe, daß Tillich ein besonderes Bedürfnis verspürte, sich von Hirschs Politik zu distanzieren. Aber ob Hirsch Tillich nun in einer Danksagung hätte bedenken sollen oder nicht – sein Argument, daß beide einen existential-historischen Zugang zur Theologie aus einem gemeinsamen Hintergrund heraus fanden, kann kaum widerlegt werden.[299] Es ist auch kaum anzunehmen, daß nur feine Unterschiede in ihrer Theologie die voneinander so weit entfernten Standpunkte der beiden bestimmt hätten. Wie Hirsch korrekt feststellt, ging beider Theologie von einem historisch bedeutsamen Gott aus, eine Position, die sie gemeinsam von Barth unterschied. Offenkundig brachte sie dies aber nicht zu gemeinsamen politischen Überzeugungen.

Kann man die jeweilige politische Haltung dieser Männer mit Vernunft erklären? Rollo May, ein enger Freund und Interpret Tillichs, sieht in dessen Idee der »ekstatischen Vernunft« als Gegenpol zur Krise des Relativismus einen seiner intellektuell wichtigsten Beiträge zum 20. Jahrhundert.[300] Die ekstatische Vernunft ist existential, eine rationale Entscheidung, die die Grenzen des Mysteriums durch einen Glaubenssprung überschreitet. Das aber scheint eine exakte Beschreibung dessen zu sein, was sowohl Hirsch als auch Tillich mit ihren entsprechenden politischen Einstellungen vollzogen. Beide befaßten sich mit Geschichte, beide sahen Gott als an der Geschichte aktiv beteiligt, und beide glaubten an die christliche Aufgabe der politischen Verpflichtung. Und dann ging Tillich nach links, überzeugt, Gott korrekt interpretiert zu haben, und Hirsch ging nach rechts.

Hirsch zeigt außerdem noch Ähnlichkeit zu zwei anderen deutschen Theologen, die von der Geschichte wesentlich freundlicher behandelt wurden als er. Theologisch beharrt Hirsch auf jenem Mut und jener Ehrlichkeit, die der Bibel überflüssige Mythen nehmen können und ihrem reinen Kern, der lutherischen Rechtfertigungslehre, neue Bedeutung verleihen.[301] Diese Auffassung bringt ihn in die Nähe von Rudolf Bultmann. Trotz der Krise der Vernunft im 20. Jahrhundert meint er:

»Es ist ein Mißbrauch, wenn manche Theologen die Mythen und Legenden der für uns abgestorbnen Gestalt christlicher Theologie und Weltanschauung mit Hilfe des Widerstreits von Vernunft und Evangelium wieder einzuschmuggeln suchen in unsre Theologie und Weltanschauung.«[302]

Und seine manchmal radikale Exegese des Neuen Testaments verteidigt er:

»Das Neue Testament . . . ist mir, gerade weil ich immer wieder als unbefangener Leser, der prüft und urteilt und sich nicht zu einem Knechte macht, an es herantrete, das Wunderbuch, von dem ich sage, was Luther von der ganzen Bibel gesagt hat, daß es des heiligen Geistes eignes Buch ist.«[303]

Und er meint: »Der radikale Weg ist der einzige, auf dem wir heute dem Evangelium dienen können.«[304] All das ähnelt Bultmanns

Entmythologisierung des Neuen Testaments, aber diese Ähnlichkeit führte zu keiner politischen Annäherung.

Hirsch mit Tillich oder Bultmann zu vergleichen, scheint etwas seltsam. Wenn man das ganze auf Dietrich Bonhoeffer ausdehnt, wird der Vergleich noch seltsamer. Ihre politische Haltung könnte kaum weiter voneinander entfernt sein, aber ihre theologischen Positionen zeigen erstaunliche Ähnlichkeiten. Bonhoeffer hatte weder Hirschs Interesse noch seine umfassenden Kenntnisse auf dem Gebiet des deutschen Idealismus oder in den historisch-philosophischen Fragen der Erkenntnistheorie. Aber Bonhoeffer vertrat eine existentiale Theologie, fußte also auf Kierkegaard. Auch er glaubte wie Hirsch, daß das Christentum eine aktive politische Ethik brauche, und seine Konsequenz daraus war die Beteiligung am Widerstand gegen Hitler. Doch die verblüffendste Ähnlichkeit zu Hirsch zeigt sich in Bonhoeffers Einschätzung moderner theologischer Aufgaben. Während er im Gefängnis war, befaßte er sich mit der Aufgabe der Kirche für »das Mündigwerden des Menschen«. Seinem Freund Bethge schlug er den »Entwurf einer Arbeit« vor mit »3 Kapiteln«: 1. Bestandsaufnahme des Christentums, 2. Was ist eigentlich christlicher Glaube? 3. Folgerungen. Jetzt, wo der Mensch »mündig« geworden sei, sei Gott »als Lückenbüßer für unsere Verlegenheiten ... überflüssig geworden«. Und ein Ergebnis daraus sei, daß Gott »keine Wirkung mehr auf die breiten Massen hat«. Die Kirche müsse lernen, das Christentum als eine »Begegnung mit Jesus Christus« zu erklären, statt von einem religiösen Verhältnis zu »einem denkbar höchsten, mächtigsten, besten Wesen« auszugehen.[305]

Das erinnert an Hirschs Bemühung, den Deutschen des 20. Jahrhunderts das Christentum verständlich zu machen. Ebenso entspricht es Hirschs oben zitiertem Ausspruch: »Der radikale Weg ist der einzige, auf dem wir heute dem Evangelium dienen können.« Bonhoeffer und Hirsch verlangten beide intellektuelle Aufrichtigkeit, und beide wollten ein Christentum, das den Gesunden und Starken des 20. Jahrhunderts attraktiv erschien und nicht nur den Schwachen und Unsicheren. Hirsch beklagte sich zum Beispiel, daß er keinen einzigen Pastor oder Theologen kenne, der noch an die Christologie oder Trinitätsauffassung des 4. Jahrhunderts glaube, dennoch gehöre diese immer noch zum offiziellen Kirchendogma.[306] Hirsch akzeptiert die wissenschaftlich-historischen Werkzeuge der Aufklärung voll und ganz. Er ist davon überzeugt, daß damit eine neue Theologie nötig werden wird:

»Um dieser Folgen willen ist es in manchen evangelischen Kreisen Brauch, die Aufklärung als eine reine Zersetzungsmacht zu werten, die von Theologie und Kirche überwunden, gleichsam aus ihrer Geschichte ausgestrichen werden müsse. Es ist aber bis vor kurzem eine besondre Ehre und ein besondrer Stolz des deutschen evangelischen Christentums gewesen, solchen Stimmen ernstliches Gehör nicht geschenkt zu haben. Das Schicksal des Christentums im Abendlande hängt daran, daß im evangelischen Christentum die Männer nicht aussterben, die der Umformungskrise als dem unsrer Wahrhaftigkeit von Gott gefügten Wege sich darbieten und in ihr, mit ihren Mitteln, Träger eines geschichtlichen Prozesses werden, in welchem sich neue, der neuen Lage und den neuen Einsichten gemäße christliche Geschichtsgestalt bildet.«[307]

Mit anderen Worten, Hirsch beschreibt die Theologie des mündig gewordenen Menschen. Trotz der Ähnlichkeiten bei Hirschs und Bonhoeffers theologischen Interessen waren ihre politischen Positionen Welten voneinander entfernt. Etwas anderes anzunehmen wäre absurd. Auch wenn Bonhoeffer sein geplantes Buch nicht mehr schreiben konnte, ist es eindeutig, daß seine Theologie für den mündigen Menschen sich nicht auf die Volksidee gestützt oder einen totalitären Staat akzeptiert hätte. Wiederum zeigt sich, daß zwei Männer mit ähnlichen theologischen Ideen politisch nicht übereinstimmten.

In letzter Zeit ist Hirschs Rolle im deutschen Kirchenkampf verschiedentlich untersucht worden. Klaus Scholder zum Beispiel beschreibt und kritisiert Hirschs Position als »politische Theologie«:

»Diese Parallelisierung [heute] übersieht, daß der Gegner damals nicht der ›Pluralismus‹ war, sondern im Gegenteil eine geschlossene mit dem Willen zur radikalen Vereinheitlichung der Kirche auftretende Gruppe. Wenn die Geschichte dieser Zeit für die evangelische Kirche eine Warnung enthält, dann liegt sie allenfalls im politischen Enthusiasmus, der allerdings damals wie heute in der evangelischen Theologie und Kirche seine begeisterten Anhänger findet.«[308]

Der erste Teil dieser Aussage erzählt nur die halbe Geschichte. Der kirchenpolitische Gegner der Bekennenden Kirche waren die Deutschen Christen mit ihrem radikalen Verlangen nach der Einheitskirche. Aber ein Hauptgrund für Hirsch und seine Gesinnungsgenossen war sicherlich der Pluralismus, und indem sie sich mit großer Wut auf diesen Gegner konzentrierten, unterlagen viele Christen leicht den groben Lockungsversuchen der Deutschen Christen wie der Nationalsozialisten. Der zweite Teil in Scholders Aussage geht davon aus, daß keine politische Haltung für die Kirche theologisch akzeptierbar sei, womit er Bonhoeffers und Tillichs, vielleicht auch Barths sowie Hirschs Verhalten verurteilt. Eberhard Bethge hat Scholder wegen seiner konservativen Verurteilung der sozialen und politischen Aktivitäten von Christen kritisiert. Denn das würde theologische Stellungnahmen zu den Problemen Rassismus in Südafrika, Hunger in der Dritten Welt, Nuklearwaffen in den Industrienationen ebenso ausschließen wie die theologische Unterstützung für einen Hitler. Bethge würde es vorziehen, hier zwischen guter und schlechter Politik zu unterscheiden.[309]

Bereits 1966 veröffentlichte Wolfgang Tilgner seine Untersuchung über *Volksnomostheologie und Schöpfungsglaube*. In diesem Buch, das hauptsächlich aus Barths Sicht geschrieben wurde, kritisiert Tilgner Hirsch: Er habe die »völkische« Einheit zum absoluten Wert erhoben;[310] seine Sicht des »Volksnomos« gehe von einer zweiten Offenbarung neben der Offenbarung des Evangeliums aus;[311] die zentralen christlichen Werte würden durch Wertbegriffe des »Volkes« ersetzt[312], und aus all dem gehe hervor, daß Hirsch den Abstand zwischen Gott und Mensch nicht anerkenne.[313] Auch begnüge sich Hirsch mit einer Minimalrolle für die Kirche im »Volksstaat«, kritisiert Tilgner weiterhin und zitiert Karl Barths *Kirchliche Dogmatik* von 1959:

»Wie merkwürdig, daß ein so gelehrter und scharfsinniger Mann wie E. Hirsch es fertig gebracht hat, die Geschichte der neueren evangelischen Theologie unter völligem Übersehen dieser anderen Seite des Bildes [sc. des Aufbruches der christlichen Gemeinde in die Welt] als die Geschichte eines einzigen konsequenten Rückzugs in eine Indianerreservation darzustellen.«[314]

Aber Tilgner verläßt sich schließlich auf die Geschichte statt auf immanente Argumente bei seiner Kritik an Hirschs Haltung. Die politische Theologie der dreißiger Jahre habe gezeigt, wie vital eine christozentrische Offenbarungslehre, also die Barmer Haltung, wirklich ist.[315] Außerdem habe die Erfahrung gezeigt, daß Hirschs Modell einer Volkskirche nicht funktioniert, daß der Staat sich einmischte und die Verkündigung des Evangeliums erschwerte.[316]

Und so mußte sich Tilgner, ausgerüstet mit dem ganzen Gewicht der Barmer Theologie und aus einer theologischen Perspektive schreibend, schließlich der Geschichte und dem Rückblick überlassen: Im nachhinein wissen wir, daß Hirsch sich irrte.

Der dänische Theologe Jens Holger Schjørring hat eine hervorragende vergleichende Studie über Hirsch und Eduard Geismar verfaßt. Schjørring sieht Hirschs Klugheit und die innere Folgerichtigkeit seines Denkens, kritisiert ihn aber gelegentlich auf theologischer Basis: Hirsch habe zum Beispiel in seiner Befürwortung des Volksnomos einen Punkt erreicht gehabt, wo er aufhörte, dialektisch zu sein.[317] Das heißt, er habe es versäumt, das Böse in der paradoxen Spannung gegen das Gute in der Ethik des Volkes geltend zu machen. Aber diese Kritik leidet an der Ambivalenz, die notwendigerweise das Konzept von Paradoxie oder Dialektik umgibt. Hirsch hätte nämlich niemals zugegeben, die Dialektik nicht berücksichtigt zu haben. Er hätte behauptet, daß er, und zwar bei genauem Wissen um die menschliche Unzulänglichkeit, nicht zur Untätigkeit gezwungen sein wollte. Also bestätigte er die Dialektik und bestätigte gleichzeitig mutig seine Überzeugung, daß die Volksethik zusammen mit der christlichen Ethik für das deutsche Volk die bestmöglichen moralischen und politischen Fundamente abgibt.

Schjørrings Kritik bezieht sich also weniger auf die Substanz als auf das formale Urteil. Barth, Tillich, Geismar und sogar Kierkegaard, aus der Paradoxie und der Dialektik kommend, erreichten alle einen Punkt, an dem sie trotz der Paradoxie sich Wertvorstellungen zu eigen machten und entsprechend handelten. Das tat auch Hirsch. In dem Sinne sind sie alle undialektisch. Aber eine Billigung oder Kritik ihrer jeweiligen Position hängt letztendlich von persönlichen, subjektiven Meinungen ab.

Eine wichtige Schlußfolgerung, auf die die vorliegende Untersuchung verweist, ist die, daß Hirschs Klugheit, sein historisches Wissen, sein Erkennen der Krise der Moderne, sein Verständnis von Kierkegaards Existentialismus – daß all dies ihn nicht davor bewahrte, eine politische Haltung einzunehmen, die nach Maßgabe der geschichtlichen Realität verdammt werden mußte. Eine weitere Schlußfolgerung ist die, daß keiner der oben genannten Faktoren seine politische Haltung unbedingt bestimmte. Vielleicht gab es andere wichtige Einflüsse.

Hirschs Elternhaus, seine schulische Erziehung und seine Ausbildung bestärkten alle einen konservativen, lutherischen deutschen Nationalismus. Das war die Politik seines Vaters, des Wingolfbundes und großer Teile von Universität und Kirche. Im Gegensatz dazu war zum Beispiel Karl Barth Schweizer, der aus der reformierten Kirche und nicht aus dem Luthertum kam; Dietrich Bonhoeffer kam aus einer liberalen Familie, war viel gereist, hatte lange im Ausland gelebt und wurde sowohl von England und Amerika wie Spanien und Italien beeinflußt. Aus einer viel engeren deutschnationalen Perspektive waren es Klugheit und eine umfassende Bildung, die Hirsch im Rahmen einer Krise der Moderne Angriffe auf Deutschland und das Christentum erkennen ließen. Die von ihm vorgeschlagene Lösung war eine einleuchtende und vernünftige Reaktion auf ein sehr reales Problem.

Wahrscheinlich hat aber auch Hirschs Persönlichkeit zum Stil und zur Substanz seiner politischen Haltung beigetragen. Er war ein körperlicher Schwächling, der Stärke und Mut pries. Seine Schriften sind angefüllt mit Anspielungen auf Tapferkeit, Helden, Soldaten und Wagnis. Viel von dem Mut, über den er schrieb, war die geistige Courage der existentialen Handlung; aber er verwendete auch martialische und physische Vorstellungen und Bilder und war stark beeinflußt vom Ersten Weltkrieg. Wenn er von seiner Schreibmaschine, diesem »weiblichen Apparat«, dennoch als einer wirksamen Kriegswaffe sprach, ist eine psychologische Kompensation sicherlich impliziert. Darüber hinaus war Hirsch seinen Kollegen gegenüber anspruchsvoll und penibel, reizbar und streitsüchtig, und zwar besonders als Dekan der theologischen Fakultät Göttingen in den dreißiger Jahren. Er hatte nur wenige der unbekümmerten und warmherzigen Eigenschaften Althaus' oder Kittels.

Außerdem ist erwiesen, daß Hirsch auf das weitverbreitete Gerücht, er sei jüdisch, empfindlich reagierte. Sein Name schloß die Möglichkeit nicht aus, und es hieß, daß er jüdisch aussehe. Aus einem Memorandum, das von der Universität Göttingen im Juli 1934 in Umlauf gesetzt wurde, geht hervor, daß er diese Gerüchte kannte und bemüht war, sie verstummen zu lassen:

»Um unwahren Gerüchten zu begegnen hat Herr Professor Hirsch-Göttingen dem Rektor, der Dozentenschaft, der Fachschaft Hochschullehrer in N.S.L.B. und der Studentenschaft Personenstandsurkunden in großer Zahl über seine Vorfahren vorgelegt. Sie erstrecken sich in der Hauptlinie

Hirsch im nachgewiesenen Zusammenhang bis zu einem 1585 geborenen Drescher und Hofmeister Hirsch in Görzig (Anhalt), dem achten Glied in der Reihe der Vorfahren von Professor Hirsch. In den Nebenlinien ist der zusammenhängende Nachweis der Ahnen überall mindestens bis zu den vor 1789 geborenen Persönlichkeiten geführt und bis ins 5. Glied der Vorfahren. Eine unter diesen Vorfahren in der 5. Ahnenreihe Marie Sénéchal ist am 1. 1. 1746 geboren und am 6. 1. 1746 in der französisch-reformierten Kirche zu Prenzlau getauft. Ihre Eltern sind Samuel Sénéchal und Jeanne geb. Sy. Diese Sénéchals stammen wie ebenfalls urkundlich nachgewiesen ist aus Calais. Marie Sénéchal ist also ganz offenbar hugenottischer Herkunft.
Vielleicht liegt in der sechsten Ahnenreihe in einer anderen Nebenlinie noch ein hugenottischer Einschlag vor (Maria Dorothea Neffschatas, geb. 28. 1. 1750), doch ist dieses noch nicht nachgewiesen. Im übrigen handelt es sich um deutsche Bauern-, Schiffer- und Bürgerfamilien. Rektor, Dozentenschaft, Hochschullehrerfachschaft und Studentenschaft stellen auf Grund dieser Urkunden fest, daß Herr Professor Hirsch seine arische Abstammung im bedeutend weiterem Umfange nachgewiesen hat, als es von irgend welchen Staats- oder Partei-Stellen verlangt wird.«[318]

Wiederum kann es sich hier um psychologische Kompensation handeln. Hirschs Begeisterung für den Nationalsozialismus könnte auch den Zweck gehabt haben, die Aufmerksamkeit von seinen physischen Mängeln und dem Verdacht jüdischer Vorfahren abzulenken. Diese Dinge sind sicherlich wichtig und sollten nicht übersehen werden. Man muß allerdings festhalten, daß davon der innere Zusammenhang seines Denkens nicht berührt wird. Wert und Wirkung seiner Ideen haben vorrangige Bedeutung, was immer seine psychologische Motivation gewesen sein mag.

## 6. Schluß

Ein Vergleich zwischen Kittel, Althaus und Hirsch zeigt eine Verwandtschaft ihrer politischen Einstellungen. Sie hatten die gleiche Auffassung zum deutschen Nationalismus und den traditionellen, deutschkonservativen christlichen Wertvorstellungen.

Jeder von ihnen setzte der Entwicklung des Pluralismus in Deutschland seinen Widerstand entgegen, das heißt, sie alle stemmten sich gegen das Aufkommen der Moderne. Die Wirkung der Moderne – Industrialisierung, Urbanisierung, Mobilität, Klassenkämpfe – gemeinsam mit dem modernen Liberalismus, der die Rechte der ethnisch, kulturell und politisch Abweichenden betont, gefährdeten den Lebensstil und die politisch-soziale Umgebung des wilhelminischen Deutschland, in dem sich Kittel, Althaus und Hirsch am wohlsten fühlten. Also hatte jeder von ihnen die Vision eines idealen Deutschland, in dem Autorität, Gehorsam und nationalistische Einheit zur Gemeinschaft führen würden.

Intellektuell nahmen sie unterschiedliche Positionen ein. Kittel war ganz einfach gegen die Aufklärung und kämpfte nicht wirklich mit den Schwierigkeiten, die eine solche Sicht seinem Denken auferlegte. Althaus akzeptierte das intellektuelle Erbe der Aufklärung, aber aus einer vorsichtigen Mittlerposition heraus, die radikale Wege ablehnte. Hirsch wiederum begrüßte das wissenschaftliche, rationale Erbe der Aufklärung mit Begeisterung als die selbstverständliche Position für den modernen Menschen. Das heißt, er unterstrich den intellektuellen Modernismus, während er sich gleichzeitig gegen den politischen, sozialen und kulturellen Modernismus wandte. Die daraus resultierende Spannung stellte die Herausforderung für Hirschs Lebenswerk dar.

Drei Fragen muß man an dieses Lebenswerk richten. Erstens, war die Krise der Moderne real? Sie war es tatsächlich und führt im Leben des 20. Jahrhunderts immer noch zu Spannungen. Jeder gegenwärtige Konflikt, von Rassenunruhen in England oder Amerika bis zur aufgezwungenen Islamisierung durch die iranische Revolutionsregierung wurzelt in Fragen, die denen gleichen, mit denen Hirsch sich auseinanderzusetzen hatte. Wie kann die soziale Einheit bewahrt werden, wenn intellektueller Relativismus und soziokultureller Pluralismus alle gemeinsamen Werte herausfordern? Wie können soziales Chaos und soziale Aufsplitterung abgewendet werden? Wie kann der einzelne eine Weltsicht aufrechterhalten, die dem Leben Sinn und Bedeutung verleiht?

Hirsch beantwortet jede dieser Fragen, indem er die bindende Kraft einer gemeinsamen kulturellen Identität in Deutschland hervorhebt, die aus den historischen Traditionen kommt und die Bedeutung des Christentums beibehält und weiterführt. Dies weist auf die zweite wichtige Frage an Hirsch: war seine Reaktion auf die Krise der Moderne angemessen? Hirsch lehnte den modernen Egalitarismus und die Gleichheit vor dem Gesetz ab. Er akzeptierte den Krieg als ein notwendiges und sogar gesundes Instrument der Geschichte. Seine Ideen waren für totalitäres Denken empfänglich, wie es sich in den schlimmsten Exzessen der Naziära dargestellt hat, und sie manifestierten ein Christentum, in dem Gesetz und Ordnung wichtiger als Liebe und Gnade zu sein scheinen. All diesen Urteilen liegt die historische Erkenntnis zugrunde, daß Hirschs Position ihn an die Seite des Nationalsozialismus stellte. Das historische Urteil muß also lauten, daß seine Lösung der Krise der Moderne unakzeptierbar ist.

Und schließlich, kann ein intelligenter Mensch sichergehen, daß es ihm gelingen wird, eine Wiederholung von Hirschs Irrtum zu vermeiden? In einer zunehmend komplexen Welt könnte der Druck der Moderne sich wiederum in einer ähnlichen Intensität bemerkbar machen, wie dies während der Weimarer Republik in Deutschland geschah, und es wäre schön, dann aus Hirschs Fehlern lernen zu können. Vielleicht könnte man auf einer humanitären Haltung bestehen, in der Liebe oder der Gleichheitsgedanke die schlimmsten Verletzungen der Menschenrechte ausschließen würden. Ein stärkeres Empfinden für Menschenrechte hätte die Nazis sicherlich von ihren übelsten Verbrechen abgehalten. Aber Hirsch hätte sicherlich zweifach protestiert. Erstens mochte er den gleichmachenden Effekt des Egalitarismus nicht. Wenn die Menschen gleich behandelt und gleich gewertet werden sollen, kann dann eine Vorstellung von Elite realisiert oder erhalten werden? Hirsch sah dieses Problem sowohl auf persönlicher Ebene wie unter den Nationen. Er glaubte, daß Gottes Ordnung der Unterschiede im Leben der Realität entsprach und wirkliche Leistung herausforderte. Zweitens würde er einfach argumentieren, daß Träume von humanitärer Liebe utopisch sind. Es sei ein Teil der menschlichen Ordnung aus Vergangenheit, Gegenwart und Zukunft, daß manche hungern und manche bluten, manche sterben und manche in den Krieg ziehen. Er hatte gehofft, daß aus seinem Konzept des Volksstaats Gerechtigkeit erwachsen würde, aber er würde jeder Weltanschauung mißtrauen, die sich auf die menschliche Gerechtigkeit verläßt, um soziales Wohl zu erreichen.

Ein weiterer Schutz vor Hirschs Irrtum könnte sein, die christliche Liebe und Barmherzigkeit höher zu bewerten als das christliche Gesetz. Rückblickend scheinen die Theologen, die diese Auffassung vertraten, durch die nationalsozialistischen Verführungskünste weniger angefochten worden zu sein. Aber sie entspricht sehr stark der oben erwähnten humanitären Haltung, der sich Hirsch wiederum widersetzen würde. Er setzte sich für einen Ausgleich zwischen Gesetz und Evangelium ein, bei dem die Freiheit in Christus von den Verantwortlichkeiten in dieser Welt erhärtet wird. Kein Theologe entkommt diesem Dilemma der guten Werke (Ethik), also hängt die Frage ebensosehr am Inhalt wie an der Betonung des Gesetzes. Außerdem würde Hirsch argumentieren, daß jeder Staat, der auf der Bergpredigt aufbaut, in der wirklichen Welt nicht überleben kann. Die Hoffnung, eine Nation nur auf Liebe zu bauen, wäre unrealistisch.

Ein modernes Politikverständnis würde dem entgegenhalten, daß die Demokratie Schutz gegen die Exzesse des Dritten Reiches bietet. Sicherlich hat das Führerprinzip die Kontrolle der Nazis über die deutsche Gesellschaft und die daraus erfolgenden Mißbräuche erleichtert. Aber auch hier könnte Hirsch Einwände erheben. Erstens wird die Demokratie, wenn man sie einfach als den Willen der Mehrheit versteht, die Rechte von Minderheiten nicht schützen, wie sie es bereits bewiesen hat. Die Mehrheitsherrschaft ist also keine Garantie gegen schreiende Ungerechtigkeit. Zweitens können die Probleme einer Krisensituation und das langsame Agieren der Demokratie zu Spannungen führen. Hirsch sah wie die meisten deutschen Konservativen der Weimarer Zeit in der Demokratie nur ineffektives Parteiengezänk. Und die meisten demokratischen Nationen haben zumindest einen Teil ihrer Prinzipien in Kriegszeiten geopfert. Sollte die Reinheit demokratischer Formen in einer Krise unauflösliches Prinzip bleiben?

Schließlich bedarf es einer sorgfältigen Betrachtung der Geschichte für eine sinnvolle Antwort auf die Fragen, mit denen Hirsch befaßt war. Nur durch die Geschichte sind wir in der Lage, klar zu sehen, welche politischen Haltungen der dreißiger Jahre sich schließlich als akzeptierbar erwiesen und welche nicht. Doch das Problem ist auch hier wiederum offensichtlich. Hirsch war historisch orientiert, und die Geschichte, die er erforschte, führte ihn geradewegs zu der Haltung, die er vertrat. Natürlich muß Geschichte im Kleinen und im Großen gesehen werden, kurz- und langfristig, aus der Nähe und aus der Entfernung. Aber es ist unmöglich zu behaupten, daß sie jemals zu wirklicher Erkenntnis oder zur Wahrheit führen könnte.

Trotz all dieser Fragen würde ich verschiedene Schlüsse aus dieser Untersuchung ziehen. Wir können das Vergehen der Nationalsozialisten am besten dadurch verhindern, indem wir die Werte der liberalen demokratischen Tradition, nämlich Menschlichkeit und Gerechtigkeit, hervorheben und indem wir gewissenhaft die Geschichte auf ihre Bedeutung für unsere gegenwärtigen Entscheidungen untersuchen. Aber diese Schlußfolgerung ist letztlich der von Hirsch analog, also ein existentiales Urteil, das auf einem Glaubenssprung basiert. Søren Kierkegaard drückt dies klar im Titel *Angst und Zittern,* seinem Buch über Abraham, aus. Wie Hirsch erkannte, erlaubt ein Glaubenssprung kühne Handlungen, was gut ist, aber immer die Möglichkeit des Irrtums in sich trägt. Mit Hirschs Beispiel vor Augen wissen wir jetzt mehr denn je: Wir müssen handeln, aber wir können es nur mit Angst und Zittern tun.

## 7. Epilog

In den letzten Monaten des Krieges und besonders, nachdem Göttingen am 8. April 1945 an amerikanische Truppen fiel, wandten sich die Gedanken der Zukunft der Universität und ihrer Fakultäten zu. Am 6. Juli 1945 erschien Hirschs Name auf der ersten Liste von Göttinger Professoren, die aus politischen Gründen entlassen werden sollten. Allerdings entdeckte die britische Militärregierung rasch, daß er einige Tage zuvor in Pension gegangen war.[319] Am 30. Mai hatte Hirsch aus gesundheitlichen Gründen um seine Pensionierung nachgesucht. Er war seit vielen Jahren bereits fast blind gewesen, aber jetzt legte er noch ein Attest über die Verschlechterung seines Sehvermögens vor, was es ihm unmöglich mache, die Aufgabe seines Lehrstuhls zu erfüllen.[320] Offenbar hatte der neue Rektor Rudolf Smend dieses Gesuch Hirschs als die beste Maßnahme empfohlen, um ihn vor möglichen schlimmeren Konsequenzen wie einem Entnazifizierungsverfahren zu schützen.[321] Der bürokratische Teil wurde rasch erledigt, und am 19. Juni traf Smend mit Major Beatty zusammen, dem britischen Offizier, der innerhalb der Militärregierung die Abteilung Erziehung leitete. Beatty genehmigte Hirschs Pensionierung, bat sich aber aus, in Zukunft solche Entscheidungen selbst zu treffen.[322] Als Hirsch dann sowieso auf der ersten Liste genannt wurde, erhob sich die Frage, ob er weiterhin seine Pensionsbezüge erhalten könne (was

75 % von dem war, was er normalerweise als Emeritus erhalten hätte; entlassene Professoren hatten gar keinen Anspruch auf irgendwelche Leistungen). Smend setzte sich erfolgreich für Hirsch ein, genauso wie es ihm vorher gelungen war, das von der Universität zur Verfügung gestellte Wohnhaus am Hainholzweg 66 mit Blick über die wunderschöne Schillerwiese für Hirsch zu erhalten.[323] In all diesen Dingen wurde Hirsch sehr wohlwollend behandelt, man ebnete ihm den Weg, es war ein einigermaßen bequemer Abschied, wenn auch ohne Festlichkeit und ohne den ordentlichen Status des Emeritus. Auf diese Weise blieb ihm die Entnazifizierung mit ihren Entwürdigungen erspart, die zu einem Bruch in seinem Leben und seiner Arbeit und zu großen wirtschaftlichen Schwierigkeiten geführt hätte.

Mit den Jahren stellten sich allerdings die Nachteile einer solchen Pensionierung heraus. Das Fehlen von Anerkennungen, die seinem akademischen Rang entsprochen hätten, begann schwer auf Hirsch und auf denen, die ihn unterstützten, zu lasten. Denn Hirsch, obwohl faktisch blind, war mit seinen 57 Jahren nun keineswegs schon pensionsreif gewesen. Ein Hauptteil seiner wissenschaftlichen Arbeit fällt in die Zeit von 1945 bis zu seinem Tod 1972, und er hatte eine Reihe Anhänger in den Studentengenerationen, die in jenen Jahren die theologische Fakultät in Göttingen durchliefen.[324]

Der erste Anstoß zu einer Verbesserung von Hirschs Lage kam 1949 von der »Notgemeinschaft der deutschen Wissenschaft«. Darin wurde der Göttinger Kurator um einen Assistenten für Hirsch gebeten, der aufgrund seiner schlechten Sehkraft sonst nicht mehr arbeiten könne.[325] In einer scharfen Reaktion verwies Kurator Bojunga auf Hirschs politische Schuld im Dritten Reich. Seiner Meinung nach habe Hirsch gewußt, daß nach Ankunft der Amerikaner seine Position an der Universität hoffnungslos war. Also benutzte er sein langes Augenleiden, um glimpflich davonzukommen.[326] Außerdem verweist Bojunga auf die gegenwärtigen Professoren, die Hirsch für die politische Ernennung zweier Theologen, darunter Birnbaum, verantwortlich machten, die später entlassen wurden. Als vertrauliche Bemerkung fügt er dann noch hinzu, daß Professor Smend über Hirschs Verhalten recht verärgert sei, was Bojunga als schlechten Dank für Smends Hilfe ansieht.[327]

1952 versuchte Birnbaum, inzwischen Vorstand des »Verbands

der amtsverdrängten Hochschullehrer«, in Göttingen für Hirsch zu intervenieren. Der damalige Rektor, Wolfgang Trillhaas, lehnte Birnbaums Bemühen ab, setzte Hirsch allerdings davon in Kenntnis. Hirsch antwortete ihm, daß er mit der Gesellschaft in der Tat nichts zu tun habe, daß er selbst gegen eine Intervention beim Rektor gewesen sei, was aber nicht heißen solle, daß er an den Umständen nicht interessiert sei.[328] Trillhaas dankte Hirsch für seine Richtigstellung und zeigte seine Bereitschaft, Hirschs Angelegenheit dem Kurator und den Professoren vorzulegen. Allerdings war er der Ansicht, daß wegen der gesundheitlichen Begründung bei Hirschs Pensionierung das »Gesetz zur Beendigung der Entnazifizierung« keine Anwendung finden würde. Er sollte Recht behalten.[329]

1954 unternahm Birnbaum einen weiteren Versuch, Hirschs Status in den eines ordentlichen Emeritus zu verwandeln.[330] Als dieser Antrag in der theologischen Fakultät eintraf, wurde er wegen Hirschs Bedeutung als Theologe und wegen seiner fortlaufenden Aktivitäten in seinem Beruf akzeptiert. Allerdings wollte man an diesem Antrag nicht direkt beteiligt sein: Die Fakultät war nicht bereit, zu entschuldigen oder zu übersehen, daß Hirsch in den Tagen des Dritten Reiches zu den einflußreichsten Repräsentanten der nationalsozialistischen Weltanschauung in der Kirche wie auch bei Universitätsangelegenheiten gehört hatte.[331] Bei diesem heiklen Versuch, Hirschs Pensionistenstatus in den eines Emeritus zu verwandeln, ohne der ganzen Sache zu großen Nachdruck zu geben, fügte die Fakultät einen Satz ein, der ein weiteres Licht auf ihre Gefühle Hirsch gegenüber wirft: daß es Hirsch nämlich während der Weimarer Republik vermieden habe, einen Eid auf die Verfassung abzulegen. Die Fakultät würde dem Status emeritus nur dann zustimmen, wenn es Hirsch nicht ein zweites Mal gestattet werde, seine Ablehnung des demokratischen Systems durch die Vermeidung des Amtseids kundzutun.[332] Dieser Versuch einer Rehabilitierung mißlang ebenso wie eine weitere Anstrengung durch seinen früheren Kollegen, Professor Johannes Hempel, der genau wie Hirsch in Verruf geraten war.[333] Die Bemühungen scheiterten alle daran, daß Hirsch 1945 die Universität aus gesundheitlichen Gründen verlassen hatte. Die neuen Gesetze galten nur für jene, die unter der Militärregierung aus politischen Gründen zu leiden gehabt hatten. Hirsch behauptete daraufhin, im Besitz von Papieren zu sein, die die Zwangsentfernung von seinem Lehramt beweisen könnten; allerdings wurden dann solche Papiere nie vorgelegt.[334]

Nur der neue Ruf auf einen Lehrstuhl konnte an Hirschs Status etwas ändern. Als Schlupfloch bot sich die Möglichkeit einer Wiedereinstellung nach Genesung. Als man dies erkannte, war Hirsch allerdings schon zu alt. Man hätte ihm noch eine Honorarprofessur antragen können, aber diesen Schritt wollte die Göttinger Fakultät einfach nicht verantworten.[335] Hier muß ein wichtiger Punkt berücksichtigt werden – nämlich Hirschs stolze und widerspenstige Natur. Die meisten Kollegen waren überzeugt, daß Hirsch auch nach 1945 seine politischen Ansichten nicht geändert hatte und daß politische Gespräche mit ihm unmöglich waren.[336] Hinweise darauf finden sich vielleicht in einer Begebenheit des Jahres 1956. Angesichts der juristischen Hindernisse, Hirschs Status zu ändern, schlug Birnbaum vor, Hirschs Namen mit der Anmerkung »i.R.« ins Vorlesungsverzeichnis zu übernehmen und daß er Post und Einladungen erhalten solle, *als ob* er ein Emeritus wäre.[337] Rektor Weber schrieb an den Dekan der theologischen Fakultät und bat ihn um seine Meinung. Er selbst billige die Idee, und man solle sich durch die Quelle des Vorschlags (nämlich Birnbaum) nicht abschrecken lassen.[338] Weber erhielt sogleich eine positive Antwort und leitete sie an Hirsch weiter.[339] Hirsch reagierte scharf und ablehnend. Er beschuldigte die Universität, nur halbherzige Versuche zu seiner Rehabilitierung zu unternehmen, auch ohne seine Beweise zu berücksichtigen, daß 1945 illegaler Druck auf ihn ausgeübt worden sei. Hätte sie dies getan und wäre sie erfolglos gewesen, so wären kleine Schritte wie dieser mit einer Stellungnahme der Universität, in der sie sich von der staatlichen Position distanzierte, für Hirsch akzeptabel gewesen. Aber seine lebenslange Verpflichtung zu Ehrlichkeit und Klarheit zwängen ihn, die jetzt angebotenen fragwürdigen Minimalehrenbezeugungen abzulehnen.[340]

Birnbaum, von einem Kollegen jener Zeit als »ein Würmchen« neben Hirsch bezeichnet, erlebte seine Entlassung im Rahmen der Entnazifizierung sehr viel anders.[341] Er suchte Major Beatty und Bischof Marahrens auf in dem Versuch, seine Stellung zu sichern. Dann stellte er einen Antrag auf Emeritierung, allerdings ganz vergeblich. Am 17. September 1945 wurde er aus der Fakultät entlassen.[342] Im Januar versuchte er, seinen Status von »entlassen« in »pensioniert« umzuwandeln, was seine Einkünfte von Null auf fünfundsiebzig Prozent seiner Emeritusbezüge gebracht hätte. In seinen Erinnerungen schreibt er, daß Rektor, Senat, Fakultät, Kurator und Militärregierung einverstanden gewesen wären; aber dann hätte man festgestellt, daß eine solche Pensionierung nur aus gesundheitlichen Gründen möglich ist, und den Prozeß gestoppt.[343] 1946 und 1947 kam Birnbaum vor Entnazifizierungsausschüsse, die ihn der Kategorie III zuordneten, d. h. der intensiven und dauerhaften Unterstützung der nationalsozialistischen Ideologie schuldig. Er durfte also weder lehren noch publizieren.[344] Als die Militärregierung 1948 von der Bundesrepublik Deutschland abgelöst wurde, führte Birnbaum insgesamt drei verschiedene Prozesse, die 1951 mit seiner Rehabilitierung endeten.[345]

Die nächste Runde der Auseinandersetzungen war besonders interessant. Birnbaum stellte fest, daß trotz seiner Rehabilitierung die Fakultät nicht bereit war, ihn wiedereinzustellen. Damals war Hermann Dörries Dekan und teilte ihm mit, daß er sein Amt niederlegen würde, falls man die Fakultät zwingen sollte, Birnbaum wieder zu übernehmen; und dann wäre kein Professor für den Dekanatsposten da.[346] Der nächste Dekan, Zimmerli, beharrte auf dieser Auffassung der Fakultät, der es trotz fragwürdiger juristischer Grundlage gelang, Birnbaum nicht mehr einstellen zu müssen.[347] Der Kompromiß bestand darin, Birnbaum zum Universitätsprofessor ohne Bindung an eine besondere Fakultät zu ernennen. Er blieb noch einige Jahre in Göttingen, versuchte einige Vorlesungen zu geben und seine soziale Ächtung (wenn Leute bei seinem Auftauchen die Straßenseite wechselten) zu übersehen. Dann gab er auf und zog 1958 nach München, behielt aber einen ordentlichen Wohnsitz in Göttingen, bis er 1961 emeritiert werden konnte.[348]

Von 1935 bis zum Ausbruch des Krieges hatte Birnbaum vier Jahre lang voll als ordentlicher Professor gearbeitet, bis 1945 eingeschränkt. Aufgrund dessen bezog er von 1952 bis 1961 seine vollen Bezüge als Professor und sein Emeritusgehalt von 1961 bis zum heutigen Tag. Er kann darin allerdings keine Großzügigkeit erkennen, sondern beklagt sich bitterlich über die schlechte Behandlung durch die Universität und besonders die theologische Fakultät nach 1945. Seine begeisterte Unterstützung der Deutschen Christen niemals in Frage stellend, leugnet er auch die politische Natur seiner damaligen Berufung auf den Göttinger Lehrstuhl, vergleicht die Entnazifizierung an den Universitäten mit der »Säuberung« durch die Nazis von 1933 und meint, daß die Entnazifizierung wesentlich grausamer gewesen sei und viel mehr Menschen betroffen habe. Viele Argumente in Birnbaums Erinnerungen sind eine Überlegung wert. Er findet zum Beispiel, daß die Geschichte der Bekennenden Kirche zu einseitig und zu positiv geschrieben worden sei, indem man viele pronazistische Empfindungen innerhalb der Bewegung einfach außer acht gelassen habe. Auch war der Versuch, die Universitäten von nazistischen Einflüssen zu säubern, sicherlich sehr schwierig, wie er sagt, sowohl vom Prinzip als von der Effektivität her. Aber seine Argumente verlieren durch den einseitigen und streitsüchtigen Ton ihre Überzeugungskraft. Er zankt um Kleinigkeiten, sieht allen Widerstand gegen sich selbst als das Resultat der Rivalität zwischen Bekennender Kirche und Deutschen Christen, ignoriert die nationalsozialistische Emphase seiner eigenen Arbeit sowie seine Rolle als »Görings Lieblingsdozent« und bedenkt schließlich alle seine Verleumder mit dem oft wiederholten Satz, daß der oder der ein »Bekenner«, ein Mitglied der Bekennenden Kirche gewesen sei.[349]

Wenn man es recht betrachtet, scheint der Prozeß der Reinigung der theologischen Fakultät Göttingen aus einer schwierigen Situation das Beste gemacht zu haben. Vielleicht war es nicht richtig, Hirsch vor der vollen Verantwortung für seine Rolle im Dritten Reich zu bewahren. Er hätte sicherlich die Fakultät verlassen müssen, hätte jegliches Einkommen verloren und wäre eine lange Zeit der Schande ausgesetzt gewesen. Wenn man sein Alter und seine Gebrechlichkeit berücksichtigt, kann man sich kaum vorstellen, wie er in den ersten Jahren nach 1945 sein Haus aufgeben und sich hätte durchschlagen sollen. (Birnbaum zum Beispiel baute Kachelöfen und verkaufte auf dem Schwarzen Markt Kuckucksuhren an die Amerikaner.) Wenn es ihn vielleicht auch nicht umgebracht hätte, so hätte dies aber sicherlich seine intellektuelle Produktivität eingeschränkt, wenn nicht sogar beendet. Wenn man andererseits seine Schuld während der Nazizeit sieht, kann man die kleinen Kränkungen und legalen Einschränkungen in seinen letzten Jahren nicht als besonders harte Strafe werten. Auch Birnbaum wurde auf eine Weise bestraft, die zunächst materiell schwierig für ihn war und es psychisch blieb. Die Frage nach der Angemessenheit der strafrechtlichen Behandlung in solchen Fällen ist sehr schwierig. Weder Hirsch noch Birnbaum haben Juden getötet. Andererseits haben beide das nationalsozialistische Regime aktiv unterstützt, manchmal mit harten Konsequenzen für die Menschen um sie herum. Rückblickend scheint die Entscheidung der theologischen Fakultät, ihnen nach 1945 Einfluß und Ehre zu versagen, eine angemessene Zurückweisung ihres Verhaltens und ihrer Einstellung.

Vielleicht war es zu vielen Professoren gestattet, 1945 den Übergang zu vollziehen, ohne ihre frühere Haltung wirklich überdenken zu müssen. Der Fall Otto Weber scheint die Komplexität und die notwendige Nuancierung im Umgang mit dieser Frage sehr klar zu zeigen. Weber war loyales Parteimitglied und wurde 1939 Dekan, nachdem Hirsch seinen Posten niedergelegt hatte. Dennoch kam er 1945 und danach relativ ungeschoren davon, wurde schließlich sogar Rektor der Universität. In seinem Antrag auf Hirschs Rehabilitierung greift Birnbaum Weber heftig an. Zwar sei seine Haltung weder so kritisch noch so kühn wie die Hirschs gewesen, doch »er galt bei uns als partei- und behördenfromm«. Allerdings habe er wohl »geeignete Freunde« gehabt, so daß er ungeschoren davonkam und während Smends Rektorat sogar im Senat gesessen habe.[350]

Anscheinend wechselte Weber gerade noch im richtigen Moment ins Lager der Bekennenden Kirche über. Aber wenn Birnbaum Weber in den gleichen Topf wie Hirsch und sich selbst wirft, dann zeigt das nur seine ungenaue Beobachtung, die seine ganze Autobiographie als Ärgernis durchzieht. Wenn Weber nicht über Hirschs Talent zum Widerstand verfügte, heißt das gleichzeitig, daß er auch weniger Leute angriff und weniger Verletzungen zufügte. Auch war sein Ruf nach Göttingen kein politischer Ruf wie bei Birnbaum, noch seine Funktion ein gewisser Blitzableiter für Kontroversen. Webers unmittelbare Schuld war einfach geringer als die seiner Kollegen. Außerdem stand seine Bußfertigkeit und Kooperationsbereitschaft nach 1945 in krassem Gegensatz zu der Unnachgiebigkeit von Hirsch und Birnbaum. Als man Smend, dem früheren Rektor, Birnbaums Vorwürfe gegen Weber zeigte, reagierte er energisch: Weber sei auf seinem Posten geblieben, weil die theologische Fakultät, der Rektor, der Senat, die Militärregierung und die reformierte Kirche, vertreten durch Karl Barth, dafür waren. Smend fügte hinzu, daß die Universität ohne Webers enormen Beitrag sowohl vor als auch nach dem Zusammenbruch für das »Fürsorgewesen« der Studenten in jenen schwierigen Zeiten nicht hätte neu eröffnet werden können.[351] Weder Reue noch eine kooperative öffentliche Gesinnung zeichneten dagegen die Nachkriegsjahre von Emanuel Hirsch aus.

# 5. Kapitel: Schluß

Die vorliegende Untersuchung geht davon aus, daß Deutschland nach dem Ersten Weltkrieg eine schwere Krise der Moderne durchmachte. Innerhalb dieser Krise nahmen drei wohlmeinende und ehrenhafte protestantische Theologen – Gerhard Kittel, Paul Althaus und Emanuel Hirsch – eine politische Haltung ein, die schließlich dazu führte, daß sie Adolf Hitler und den Nationalsozialismus unterstützten. Ein jeder dieser drei Männer war außergewöhnlich. Kittel, mit seinen Kenntnissen des Judaismus und des Talmud, eroberte sich einen wichtigen Platz in der nationalsozialistischen Wissenschaft auf dem Gebiet der »Judenforschung«. Und obwohl er damit eine theologische Basis für die Unterdrückung der Juden geschaffen hatte, war es ihm gelungen, diesen Arbeitsbereich mit seinen christlichen und akademischen Werten in Einklang zu bringen. Paul Althaus nahm eine gemäßigtere politische Haltung ein. Als einer der Führer der deutschen Lutherforschung behandelte er die theologischen und politischen Fragen seiner Zeit auf vermittelnde Weise, stets bemüht, für die entgegengesetzten Lager Wege der Aussöhnung zu finden. Aber eben diese Position der Mitte rückte ihn tief in den Bereich des Nazismus, und er begrüßte und unterstützte Hitler zumindest bis in die späten dreißiger Jahre. Emanuel Hirsch setzte seine Energie für die Entwicklung einer philosophisch-theologischen Weltanschauung ein, in der die Einheit des deutschen Volkes innerhalb der deutschen Gesellschaft Vorrang einnahm. Diese Weltanschauung, die auf einem scharfen Verständnis für die intellektuelle Entwicklung und einem existentialen Glaubenssprung beruhte, machte Hirsch zu einem bewußten Apologeten des Nazismus im deutschen Staat.

Zusätzlich zu ihrer Einzigartigkeit in Stil und Haltung teilten diese drei Männer Wertvorstellungen und Sorgen, die ihre gleichgelagerte politische Einstellung bestimmten. Jeder von ihnen widersetzte sich den unruhevollen Auswirkungen der politischen, wirtschaftlichen und kulturellen Veränderungen in Weimar-Deutschland. Und jeder von ihnen sah in diesen Veränderungen den Zerfall traditioneller christlicher und nationaler Werte, und sie widersetzten sich dem demokratischen System, das diese Veränderungen vorantrieb. Diese Männer waren Nationalisten, denen Deutschlands Niederlage und Demütigung durch den Ersten Weltkrieg persönliche Schmerzen bereitete und die sich nach einer Wiedergeburt von Einheit, Kraft und Stolz in Deutschland sehnten, aufbauend auf den gemeinsamen Werten eines geeinten Volkes. Die treibende Kraft bei all dem war die Angst, daß ein noch radikalerer, bolschewistischer Staat das schon jetzt unakzeptable Weimarer System ersetzen könnte.

Kittel, Althaus und Hirsch waren keine isolierten oder exzentrischen Individuen. Sie erhoben ihre Stimmen lauter als viele ihrer Kollegen, und die Kenntnis ihrer Auffassungen hilft bei der Erklärung der politischen Haltung vieler anderer an den Universitäten und innerhalb der Kirche während des Dritten Reiches. Ihre Ansichten, ihre Themen und ihre Schlußfolgerungen repräsentieren eine Position, die viele Professoren, Theologen und Pastoren in Deutschland vertreten haben müssen. Extremisten waren sie nicht. Es gab sowohl an den Universitäten als auch in der Kirche Radikale, die ihre Meinungen mit wesentlich weniger Zurückhaltung vorbrachten. Aber sie fallen nicht weiter ins Gewicht. Es gab andere an den Universitäten und in der Kirche, die Hitler mutig Widerstand leisteten. Heute werden sie als Helden verehrt. Aber es gab auch eine große Gruppe, die weder zur einen noch zur anderen Seite neigte, sondern die Mitte einnahm. Und hier finden sich wahrscheinlich die meisten Kittel, Althaus und Hirsch ähnelnden Auffassungen. Deshalb repräsentieren diese drei Männer einen wichtigen Teil der deutschen Gesellschaft im Dritten Reich, und ihre Wertschätzung Hitlers trägt zur Erklärung der allgemeinen Ergebung in das Naziregime bei.

Diese Untersuchung handelt auch von der Rolle der Vernunft in der Geschichte. Kittel, Althaus und Hirsch waren klug und gewissenhaft, und sie waren intensiv um ihr Gesellschaftsideal bemüht. Aber es funktionierte nicht. Ihre Folgerungen sind unannehmbar. Die Vernunft erwies sich als unzulänglich. Also scheint die Krise der Vernunft wirklich zu sein. Existentialismus, die herkömmliche zeitgenössische Philosophie und Basis der selbsterkannten Wahrheit, ist moralisch neutral. Was jetzt gebraucht wird, ist ein historisches Verständnis, das mehr ist als relativ und dem Geschichtsforscher ein zuverlässiger Wegweiser sein kann.

Auch die Rolle des Christentums in der Geschichte wird von

dieser Untersuchung berührt. Die drei Theologen, von denen hier gesprochen wird, haben sich selbst und wurden von anderen als wahre Christen gesehen, die nach wahren christlichen Impulsen handelten. Selbst im nachhinein kann man eine christliche Basis für die Position eines jeden einzelnen von ihnen ausmachen. Das Christentum hat sowohl antijüdische als auch antimoderne Züge. Angesichts der deutschen Erfahrung sollte ein Christentum, das diese Züge hervorhebt, in dem zum Beispiel die Liebe Christi nicht gleich erkannt werden kann, unser Mißtrauen hervorrufen. Kittel, Althaus und Hirsch verwahrten sich gegen ein sentimentales oder weiches Christentum. Diese Meinung, wenn sie korrekt wäre, entspricht wohl kaum dem Jesus der Bergpredigt. Eine zweite Warnung aus den Erfahrungen der deutschen Kirche liegt in ihrem Versagen, zwischen christlichen Werten und nationalen Werten, zwischen christlicher und patriotischer Besorgnis angemessen zu unterscheiden. Schließlich ist da die Frage, ob das Christentum der modernen Welt, dieser »mündig gewordenen« Welt entgegentreten kann, ohne sich an einen Adolf Hitler um Schutz zu wenden. In dieser seltsamen Position fanden sich Kittel, Althaus und Hirsch, und sie waren dort nicht allein.

Die vorliegende Untersuchung geht von einer Krise der Moderne aus, einer Krise aufgrund rapider sozialer, ökonomischer und kultureller Veränderungen. Die intellektuelle Moderne trägt zu dieser Krise bei. Sie hat tief in den Abgrund geschaut, nicht tief genug, um auf den Grund zu blicken, aber so tief, um zu ahnen, daß es möglicherweise gar keinen gibt. Und diese Krise wird von der demokratischen Tradition begünstigt, mit ihrer Verteidigung der persönlichen Freiheit und ihrem Pluralismus. Der Katalysator für die Krise der Moderne sind schlechte Zeiten. Ist die nichtdeutsche Welt gegen diese Krise immun? Kann das Experiment mit der Freiheit in der modernen Gesellschaft eine dauerhafte soziale Einheit schaffen statt sozialer Zersetzung? Kann es schlechte Zeiten überdauern?

Natürlich sind schlechte Zeiten ein normaler Lebenszustand für die Ohnmächtigen in einer Gesellschaft. Auf der Welt ist es immer ungerecht zugegangen: arm und reich, reiche Nationen, arme Nationen. Minderheiten und die Armen waren stets benachteiligt. Und die Methoden der Reichen waren oft die gleichen wie die der Nazis, wenn auch gewöhnlich nicht auf so lärmende Weise.

England hat im 19. Jahrhundert Indien ausgebeutet; Amerika

die Indianer. Erst jetzt weichen Rassismus und die Idee von der Überlegenheit der weißen Mittelschicht in Amerika langsam der politischen Bedeutung des Satzes »that all men are created equal« (aus der amerikanischen Unabhängigkeitserklärung), erst jetzt erhalten auch Frauen manchmal politische Anerkennung. Aber die sozialen Spannungen bei diesem Ausgleich, wenn die »Habenden« den »Habenichtsen« politische Freiheit einräumen, sind sehr groß. Das gilt sowohl für die Beziehungen innerhalb der Nationen als auch zwischen ihnen. Werden zum Beispiel die reichen, doch weniger bevölkerten westlichen Nationen jemals eine Weltregierung auf der Basis ihres eigenen demokratischen Prinzips – ein Bürger = eine Stimme – zulassen? Natürlich nicht, zumindest nicht bereitwillig. Sie würden zuviel verlieren. So wie die etablierten Schichten in Deutschland wirkliche Privilegien und Vorteile im politischen Klima von Weimar verloren.

Wovor wir uns fürchten müssen, ist demnach eine Konstellation, bei der eine Kombination verschiedener Krisen das Leben schwermacht: ein verlorener Krieg, wirtschaftlicher Zusammenbruch, Ölknappheit, Lebensmittelknappheit. Wenn dies alles dann mit einem sinnvollen Versuch einhergehen sollte, demokratische Prinzipien zu verfolgen, wirkliche Freiheit zu gestatten und den verschiedenen Gruppen innerhalb der Gesellschaft wirklich eine politische Stimme zu geben, dann wird Vorsicht geboten sein. Dann werden wir die Rufe nach Härte hören, nach Gesetz und Ordnung, nach nationaler Einheit. Wir werden versucht sein, demokratische Prinzipien und Bürgerrechte für das nationale Wohl zu opfern. Kurz gesagt, die Krise wird schnell der Krise von Weimar ähneln. Werden wir es vermeiden können, der Kittel, Althaus oder Hirsch jener Zeit zu sein? Werden wir es vermeiden, unsere Vernunft dazu zu benutzen, eine Position rational zu rechtfertigen, die unsere Interessen und Bedürfnisse schützt, und unsere Augen gegen das schließen, was den Minderheiten und weniger Bevorzugten unter uns Leiden bringt? Bis wir über diese Fragen nicht wirklich nachgedacht haben, steht es uns nicht gut an, Kittel, Althaus und Hirsch laut zu verdammen. Aber hoffentlich wird uns unser Wissen um Kittel, Althaus und Hirsch ermutigen, über diese Frage nachzudenken, weiterhin nach einer Lösung für die Krise der Moderne zu suchen, nach einem fairen und gerechten sozialen und politischen Ideal in der modernen Welt.

# Danksagung

Die vorliegende Untersuchung begann unter der behutsamen und lehrreichen Anleitung von James Joll an der London School of Economics and Political Science. Ich bin Professor Joll dankbar für sein großes Wissen, seinen weisen Rat, die freundlichen Ermutigungen und für die Hilfe durch seine vielen Kontakte zu Wissenschaftlern in England, Deutschland und Amerika. Während mancher Forschungsaufenthalte erhielt ich wertvolle Unterstützung von Professor Jonathan Wright in Oxford, Professor Fritz Fischer in Hamburg und von Reverend R. T. C. Gutteridge in Cambridge. Besonders in Deutschland habe ich dann mit vielen Menschen Kontakt aufgenommen, die mir durch ihre persönlichen Erinnerungen und durch den Zugang zu ihren privaten Unterlagen mit Informationen zu den drei Protagonisten Gerhard Kittel, Paul Althaus und Emanuel Hirsch geholfen haben. Pastor Gerhard Althaus etwa diskutierte mit mir die Laufbahn seines Vaters und gestattete mir freundlicherweise die Verwendung der Althaus-Papiere. Darüber hinaus genoß ich seine und die Gastfreundschaft seiner Familie. Professor Herman Preus, Luther Seminary, St. Paul, Minnesota, der in den dreißiger Jahren in Tübingen studiert hatte, gestattete mir großzügigen Zugang zu seiner umfassenden Korrespondenz mit und über Kittel. Hier erhielt ich wichtige Informationen über Kittels Versuche, sich selbst zu entlasten und seine Karriere nach 1945 wiederaufzunehmen. Professor Wolfgang Trillhaas, systematischer Theologe an der Universität Göttingen in der ersten Nachkriegszeit, gewährte mir Einblick in seine engen Kontakte mit Hirsch während dieser Jahre und auch in den Briefwechsel. Darüber hinaus teilten die Professoren Hermann Dörries, Götz Harbsmeier, Joachim Jeremias, Hans-Walter Krumwiede, Klaus Scholder und Walther Zimmerli ihre Erinnerungen und Erkenntnisse mit mir. Schließlich haben mir in den späteren Stadien der Rat und die Ermutigung von Professor Eberhard Bethge und Dr. Leonore Siegele-Wenschkewitz geholfen und ebenso die tatkräftige Unterstützung durch Dr. Carsten Nicolaisen von der Evangelischen Arbeitsgemeinschaft für kirchliche Zeitgeschichte in München. Besonders dankbar bin ich Professor

John Conway, daß er mich an seinen umfassenden Kenntnissen der deutschen Kirchen- und Universitätsgeschichte während des Nationalsozialismus Anteil nehmen ließ.

Während der gesamten Zeit meiner Untersuchung war ich auf die Mitarbeiter und Materialien verschiedener Bibliotheken und Archive angewiesen, zum Beispiel die Wiener Library (damals London), das British Museum, die Bibliotheken und Archive der Universitäten Göttingen und Tübingen, das Archiv der Landeskirche Hannover, das Berlin Document Center, die British Library of Political and Economic Science an der London School of Economics und die private Bibliothek von Reverend R. T. C. Gutteridge. Finanzielle Unterstützung erhielt ich von der Leverhulme Foundation, dem London University Central Travel Fund und dem American Council of Learned Societies; moralische Unterstützung von Studenten, Kollegen, Freunden und von meiner Familie.

Dieses Buch gehört in die Kategorie jener Projekte, die längere Zeit brauchen, als man gedacht hatte. In den Jahren seiner Entstehung hat meine Frau Melissa mir Anregung, Mut, Rat, drei Kinder und ab und zu einen gequälten Blick geschenkt. Ich danke ihr und den Kindern für ihre Geduld. Zu diesem Buch kann ich jetzt nur noch dasselbe sagen wie zu meinen Kindern: Ich hoffe, daß sie vollkommen sein mögen. Wenn unparteiische Beobachter feststellen, und das werden sie selbstverständlich, daß es dies nicht ist, so übernehme ich die volle Verantwortung.

# Anmerkungen

## Abkürzungen

*CF* Emanuel Hirsch, *Christliche Freiheit und politische Bindung. Ein Brief an Dr. Stapel und anderes,* Hamburg 1935
*DS* Emanuel Hirsch, *Deutschlands Schicksal,* Göttingen 1925
*GG* Emanuel Hirsch, *Die gegenwärtige geistige Lage im Spiegel philosophischer und theologischer Besinnung,* Göttingen 1934
*J* Gerhard Kittel, *Die Judenfrage,* Stuttgart 1933
*KW* Emanuel Hirsch, *Das kirchliche Wollen der Deutschen Christen,* Berlin 1933
*MV* Gerhard Kittel, *Meine Verteidigung* (1945/1946)
*OF* Paul Althaus, *Obrigkeit und Führertum,* Gütersloh 1936
*PC* Paul Althaus, *Politisches Christentum. Ein Wort über die Thüringer »Deutschen Christen«,* Leipzig 1935
*SG* Heinz Zahrnt, *Die Sache mit Gott. Die protestantische Theologie im 20. Jahrhundert,* München 1966
*TG* Jens Holger Schjørring, *Theologische Gewissensethik und politische Wirklichkeit. Das Beispiel Eduard Geismars und Emanuel Hirschs,* Göttingen 1979
*TK* Paul Tillich, *Die Theologie des Kairos und die gegenwärtige geistige Lage. Offener Brief an Emanuel Hirsch, Göttingen, von Paul Tillich, z. Zt. New York,* in: *Theologische Blätter,* 13, 11 (1934)
*TO* Paul Althaus, *Theologie der Ordnungen,* Gütersloh 1934
*VC* Paul Althaus, *Völker vor und nach Christus,* Leipzig 1937
*WC* Emanuel Hirsch, *Das Wesen des Christentums,* Weimar 1939

## 1. Kapitel: Die Krise

1 Alan D. Beyerchen hat sich in seiner Untersuchung *Scientists under Hitler: Politics and the Physics Community in the Third Reich*, New Haven 1977, mit diesem Problem befaßt.

2 Vgl. Alvin Toffler, *Future Shock*, New York 1970 (dt. *Der Zukunftsschock*, Bern/München 1970).

3 Als Beispiel für die Wirkung solcher Veränderungen auf eine spezifische Gruppe in Deutschland vgl. Fritz Ringer, *The Decline of the German Mandarins: The German Academic Community, 1890–1933,* Cambridge, Mass., 1969.

4 Vgl. H. Stuart Hughes, *Consciousness and Society: The Reorientation of European Social Thought, 1890–1930,* New York 1958.

5 Vgl. Erich Heller, *The Disinherited Mind,* New York 1952 (dt. *Enterbter Geist. Essays über modernes Dichten und Denken,* Berlin, Frankfurt 1954); vgl. außerdem F. A. Lee, *The Tragic Philosopher: A Study of Friedrich Nietzsche,* London 1957, 1972.

6 Werner Heisenberg, *Physics and Beyond; Encounters and Conversations,* London 1971, S. 210.

7 Fritz Sterns Arbeit *Gold and Iron: Bismarck, Bleichröder and the Building of the German Empire,* New York 1977, wirft ein interessantes Licht auf die gesellschaftlichen Veränderungen, die das Aufkommen des Kapitalismus in Deutschland begleiteten (dt. *Gold und Eisen. Bismarck und sein Bankier Bleichröder,* Berlin 1978).

8 Es gibt zwei wichtige Bücher, die sich mit der intellektuellen Reaktion in Deutschland auf die Moderne befassen. Fritz Stern untersucht die Entwicklung des Kulturpessimismus in *The Politics of Cultural Despair: A Study in the Rise of the Germanic Ideology,* Berkely 1961 (dt. *Kulturpessimismus als politische Gefahr. Eine Analyse nationaler Ideologie in Deutschland,* Bern, Stuttgart u. a. 1963); und George L. Mosse befaßt sich in *The Crisis of German Ideology; The Intellectual Origins of the Third Reich,* New York 1964 mit der »völkischen« Komponente deutschen Denkens (dt. *Ein Volk, ein Reich, ein Führer. Die völkischen Ursprünge des Nationalsozialismus,* Königstein 1979); siehe außerdem Klemens von Klemperer, *Germany's New Conservatism; Its History and Dilemma in the Twentieth Century,* Princeton 1957 (dt. *Konservative Bewegungen. Zwischen Kaiserreich und Nationalismus,* München, Wien 1962).

9 Dieses Thema wurde schlaglichtartig auf der Konferenz der Western Association of German Studies im Oktober 1979 an der Stanford-Universität beleuchtet. Es gab eine Vortragsreihe über Nazikunst, und beim Anblick der gezeigten Werke amüsierte sich das Publikum sehr über den stumpfsinnigen und spießigen Geschmack, den Hitler

und seine Gefolgschaft gezeigt hatten. Allerdings mußten dann viele eingestehen, daß eine Wanderausstellung dieser Nazikunst an den Universitäten, von denen sie kamen, zu überwältigend positiven Reaktionen geführt hatte. Siehe *Weimar: A Cultural History 1918–1933,* New York 1974, S. 164 (dt. *Weimar. Die Kultur der Republik,* Frankfurt 1976).

10 Vgl. Peter Gay, *Weimar Culture: The Outsider as Insider,* New York 1968 (dt. *Die Republik der Außenseiter. Geist und Kultur in der Weimarer Zeit, 1918–1933.* Mit einer Einleitung von Karl Dietrich Bracher, Frankfurt 1970).

11 Ein repräsentatives deutsches Beispiel unter den vielen Büchern, die der Erste Weltkrieg hervorbrachte, ist Erich Maria Remarques ungemein populäres *Im Westen nichts Neues.* Eine hervorragende Untersuchung aus britischer Perspektive ist Paul Fussels *The Great War and Modern Memory,* Oxford 1975.

12 Albert Schweitzer, *Geschichte der Leben-Jesu-Forschung,* 2 Bände, Tübingen 1966.

13 a.a.O., S. 54, S. 87.

14 a.a.O., S. 60.

15 a.a.O., S. 68.

16 a.a.O., S. 73.

17 Vgl. Leslie Dewart, *The Future of Belief,* New York 1966, eine Arbeit aus katholischer Sicht, in der der Autor die Anwendbarkeit griechischer philosophischer Kategorien auf die christliche Theologie zurückweist (dt. *Die Zukunft des Glaubens,* Köln u.a. 1968).

18 Schweitzer, a.a.O., Kap. XI.

19 a.a.O., Kap. XIX.

20 In den letzten dreißig Jahren hat sich unter den Schülern Rudolf Bultmanns eine neue Leben-Jesu-Forschung entwickelt. Vgl. Heinz Zahrnt, *Die Sache mit Gott. Die protestantische Theologie im 20. Jahrhundert,* München 1966, S. 326–81, im folgenden *SG* abgekürzt. Zahrnt weist darauf hin, daß diese neue Forschung aus dem Glauben erwachse und es nicht ihre Absicht oder Hoffnung sei, einen historischen Beweis Jesu zu erbringen.

21 Vgl. William Nicholls, *Systematic and Philosophical Theology,* Harmondsworth, Middlesex, 1969, S. 63.

22 Arthur Titius, *Schleiermachers Grundgedanken über Religion und Christentum in ihrer Bedeutung für die Gegenwart,* eine Rede anläßlich Kaisers Geburtstag am 27. Januar 1913, veröffentlicht in: *Festreden der Universität Göttingen, 1911–1923,* Göttingen 1923.

23 Johannes Meyer, *Geschichte der Göttinger theologischen Fakultät,* Göttingen 1937, S. 76.

24 a.a.O., S. 75.

25 Vgl. Nicholls, a.a.O., S. 67.

26 Meyer, a.a.O., S. 77, schreibt, daß die Landessynode in Hannover 1881 einen Erlaß herausgab, der von den kirchlichen und staatlichen Behörden verlangte, mehr konfessionell Gemäßigte an die Universität Göttingen zu berufen, um einen Ausgleich zu schaffen. Es wurde zugegeben, daß Ritschl einen der wesentlichen Gründe für diesen Erlaß darstellte.

27 Thomas W. Ogletree, *Christian Faith and History: A Critical Comparison of Ernst Troeltsch and Karl Barth,* New York 1965.

28 Die Einschätzung dieser drei Männer als den Hauptfiguren der Theologie im 20. Jahrhundert kommt von Zahrnt, der besonders Tillich hoch schätzt.

29 *SG*, S. 28; es besteht Uneinigkeit über das Ausmaß, bis zu dem Barths Theologie tatsächlich ein Produkt der politischen Krise, gekleidet in theologische Begriffe, ist. Barth sprach über die große Enttäuschung, die er empfunden hatte, als unter den 93 Intellektuellen, die 1914 die Kriegspolitik Kaiser Wilhelms II. unterstützten, sich auch Theologieprofessoren befanden, und fügte hinzu: »Irre geworden an ihrem Ethos, bemerkte ich, daß ich auch ihrer Ethik und Dogmatik, ihrer Bibelauslegung und Geschichtsdarstellung nicht mehr werde folgen können, daß die Theologie des 19. Jahrhunderts jedenfalls für mich keine Zukunft mehr hatte.« (*SG*, S. 14–15). Barth sagte außerdem: »Ich kann und will wirklich nicht beweisen, daß wir auch ohne den Weltkrieg da stünden, wo wir jetzt stehen. Aber wer kann denn beweisen daß wir gerade durch den Weltkrieg dahin geführt wurden?« (*SG*, S. 28). Entscheidend für Zahrnt waren demnach die theologischen Faktoren.

30 Manchmal wird dieser Begriff etwas wahllos verwandt. Er bezieht sich fast immer auf eine Theologie, die den Abstand zwischen Gott und Mensch betont, manchmal allerdings auch auf die Methode, in der Gott als Paradox beschrieben wird. In dem Fall entspricht die Methode der Theologie. Aber »dialektische Methode« kann ebenso ein System theologischer Erkenntnisse durch den Prozeß von These, Antithese und Synthese meinen, und zwar auf eine evolutionäre Art und Weise. Diese Methode muß nicht unbedingt einer Theologie entsprechen, in der der Abstand zwischen Gott und Mensch an erster Stelle steht. Später hat Barth diese Methode weitgehend hinter sich gelassen, wobei er allerdings ein dialektischer Theologe blieb.

31 *SG,* S. 21.

32 *SG,* S. 34, 104–8, S. 135.

33 Die Methode der Analogie führt nicht unbedingt zum objektiven Rationalismus. Helmut Thielicke hat kritisiert, daß Barths Analogie »eine Taufe, ein Gott und ein Geist« zur Betonung seiner Demokratievorstellung ebenso »Ein Volk – ein Reich – ein Führer« bedeuten könne. Zitiert in *SG*, S. 233.

34 Karl Barth, *The Christian Understanding of Revelation,* in: *Against the Stream: Shorter Post-War Writings, 1946–52,* Ronald Gregor Smith, Hg., London 1954.
35 Karl Barth, *The Christian Message and the New Humanism,* in: *Against the Stream...,* a.a.O.
36 Ogletree, a.a.O., Kap. II.
37 a.a.O., S. 192–3.
38 Interessanterweise hat ein Romantiker wie Schleiermacher bereits Elemente der Theologie des 20. Jahrhunderts vorausgeahnt, eine Theologie, die man sicherlich als die logische Weiterführung gewisser Lehrsätze des 19. Jahrhunderts betrachten kann.
39 Zitiert bei Nicholls, a.a.O., S. 67.
40 a.a.O., S. 68.
41 a.a.O., S. 67.
42 Søren Kierkegaard, *Die Krankheit zum Tode. Furcht und Zittern. Die Wiederholung. Der Begriff der Angst,* München 1976.
43 Ogletree, a.a.O., Kap. II. Hier sollte festgehalten werden, daß Overbeck ein Freund Friedrich Nietzsches war.
44 Karl Barth, *The Christian Commitment in the Midst of Religious Change: Documents of a Hungarian Journey,* in: *Against the Stream...,* a.a.O.
45 Karl Barth, *The Church Between East and West,* a.a.O.
46 *SG,* S. 271.
47 *1. Kor.* 1, 23.
48 Robert M. Grant, *The Bible in the Church: A Short History of Interpretation,* New York 1958, S. 156–7.
49 Carl E. Braaten und Roy A. Harrisville, Hg., *Kerygma and History: A Symposium on the Theology of Rudolf Bultmann,* ausgewählt und übersetzt von Braaten und Harrisville, New York 1962. In seiner Einführung betont Braaten den lutherischen Charakter des Bultmannschen Werkes.
50 *SG,* S. 300.
51 *SG,* S. 296.
52 *SG,* S. 288–89.
53 Zitiert in *SG,* S. 276.
54 *SG,* S. 279–83.
55 *SG,* S. 314.
56 Vgl. Preners Aufsatz *Myth and Gospel,* in: Braaten und Harrisville, a.a.O.
57 Roy A. Harrisville, *Bultmann's Concept of the Transition from Inauthentic to Authentic Existence,* in: Braaten und Harrisville, a.a.O.
58 *SG,* S. 334–45.
59 *SG,* S. 326–7.

60 *SG,* S. 394.

61 Nicholls, a.a.O., vertritt die Auffassung in seiner Beurteilung Tillichs, S. 241, 251, 256–8.

62 Zitiert in *SG*, S. 384.

63 *SG,* S. 385.

64 *SG,* S. 418–20.

65 *SG,* S. 413.

66 *SG,* S. 429.

67 Nicholls, a.a.O., S. 220.

68 *SG,* S. 430–31.

69 Nicholls, S. 273.

70 *SG,* S. 396.

71 *SG,* S. 397.

72 Dietrich Bonhoeffer, *Christology,* mit einer Einführung von Edwin H. Robertson, übers. v. John Bowden, London 1966, 1971; das Zitat stammt aus Robertsons Einführung, S. 16.

73 Zitiert in *SG,* S. 174.

74 Paul Tillich, *The Depth of Existence,* in: Tillich, *The Shaking of the Foundations,* New York 1949, 1969, S. 63–4 (dt. *In der Tiefe ist Wahrheit,* A. Rathmann, Hg., 7. Aufl., Stuttgart 1978).

75 *SG,* S. 438.

76 a.a.O.

77 Vgl. Eberhard Bethges ausgezeichnete Biographie *Dietrich Bonhoeffer, Theologe, Christ, Zeitgenosse,* München 1967.

78 Dietrich Bonhoeffer, *Christologie.* Mit einem Nachwort von Eberhard Bethge und Otto Dudzus, München 1981, S. 14.

79 Dietrich Bonhoeffer, *Ethik.* Zusammengestellt und herausgegeben von Eberhard Bethge, 8. Aufl., München 1975.

80 Vgl. Theodor Strohm, *Theologie im Schatten politischer Romantik. Eine wissenschaftlich-soziologische Anfrage an die Theologie Friedrich Gogartens.* München 1970.

81 Gerade diese dialektischen Theologen wurden häufig aufgrund ihrer Ablehnung der liberalen Theologie als konservativ beurteilt, und ausgerechnet viele der begeistertsten Befürworter des Nationalsozialismus unter den Theologen kamen aus der liberalen theologischen Tradition des 19. Jahrhunderts.

82 Für genauere Angaben vgl. Bethge, a.a.O.

## 2. Kapitel: Der Fall Gerhard Kittel

1 Ich habe mir die Angaben zu Kittels Leben nach seiner Verhaftung aus den Korrespondenzunterlagen herausgesucht, die sich im Besitz von Dr. Herman Preus befinden, emeritierter Theologieprofessor am Luther Theological Seminary von St. Paul, Minnesota. Preus studierte 1937–38 in Tübingen, und die beiden Männer und ihre Familien entwickelten ein freundschaftliches Verhältnis zueinander, das dann durch Briefe aufrechterhalten wurde. Vgl. auch Leonore Siegele-Wenschkewitz, *Neutestamentliche Wissenschaft vor der Judenfrage: Gerhard Kittels theologische Arbeit im Wandel deutscher Geschichte,* München 1980, S. 50.

2 In seinem postum erschienenen Rückblick *Die Universität Leipzig im Jahr der Revolution 1918/1919. Rektoratserinnerungen,* Stuttgart 1930, S. 65–71, S. 171–73, erinnert sich Kittel daran. Auch wenn diese Quelle sicherlich dem Eigennutz diente, zeigt das Buch, daß der ältere Kittel einen gemäßigten Ton bevorzugte. Seine Einstellung gegenüber den Revolutionären war zum Beispiel wenn auch keineswegs positiv so doch frei von fanatischer, übertriebener Rhetorik und sogar frei von Verurteilung. Rudolf Kittels wissenschaftliche Bedeutung wird durch Joachim Kraus' *Geschichte der historisch-kritischen Erforschung des Alten Testaments von der Reformation bis zur Gegenwart*, Neukirchen 1956, bestätigt.

3 Kittels Buch *Die Oden Salomos. Überarbeitet oder einheitlich?,* Leipzig 1914, kam als Band 16 dieser Reihe heraus. Ein weiteres seiner Bücher, *Die Probleme des palästinischen Spätjudentums und das Urchristentum,* Stuttgart 1926, war Band 37 dieser Reihe, die jetzt *Beiträge zur Wissenschaft vom Alten und Neuen Testament* hieß, aber immer noch von Rudolf Kittel herausgegeben wurde.

4 Gerhard Kittel, *Meine Verteidigung* (ein Manuskript, datiert Tübingen, Juni 1945), S. 1–2. Für den Zugang zu diesem Dokument bin ich Dr. Herman Preus zu großem Dank verpflichtet (im folgenden *MV* abgekürzt).

5 Kittel war der Herausgeber der von 1933 bis 1942 erschienenen vier Bände des *Theologischen Wörterbuchs zum Neuen Testament.* Das ganze Werk wurde als *Theological Dictionary of the New Testament* ins Englische übersetzt.

6 Kittels Mitgliedsausweis hatte die Nummer 3.243.036. Seine Parteiakte im Berlin Document Center enthält nur einen Brief, der über seine Rolle für die Partei oder in der Partei jedoch nichts aussagt.

7 *MV,* S. 19–20.

8 Brief von Herbert M. J. Loewe an Kittel vom 30. November 1933. Fotokopien von vier Briefen befinden sich in der Personalakte Kittels

in der Wiener Library in London. Auf diesen Briefen findet sich weder Loewes Name noch seine Anschrift, aber ich konnte den hinreichenden Nachweis für die Identität des Verfassers als Herbert Loewe, Dozent für Rabbinismus an der Universität Cambridge, erbringen. Sein Sohn hat mir dies später bestätigt.

9 Max Weinreich, *Hitler's Professors. The Part of Scholarship in Germany's Crimes Against the Jewish People,* New York 1946.

10 Willliam Foxwell Albright, *History, Archaeology and Christian Humanism,* New York 1964, S. 229–40.

11 Nachruf und Hinweis auf den Porter-Aufsatz befinden sich bei den Zeitungsausschnitten in Kittels Personalakte in der Wiener Library. Der Nachruf in der *Neuen Zürcher Zeitung* erschien am 25. Juli 1948.

12 Klaus Scholder, *Die Kirchen und das Dritte Reich.* Band I: *Vorgeschichte und Zeit der Illusionen 1918–1934,* Berlin 1977.

13 Leonore Siegele-Wenschkewitz, *Die Evangelisch-theologische Fakultät Tübingen in den Anfangsjahren des Dritten Reichs. II. Gerhard Kittel und die Judenfrage,* in: *Zeitschrift für Theologie und Kirche* 4, 1978, S. 55.

14 In meinem Aufsatz *Theologian in the Third Reich: The Case of Gerhard Kittel,* in: *Journal of Contemporary History* 12, 1977, S. 595–622, habe ich dieses Thema besonders betont.

15 Vgl. S. 88.

16 Siegele-Wenschkewitz, a.a.O., S. 80. Diese Aussage wird nicht belegt. Auf meine Anfrage hin erklärte sie mir, ihre Schlüsse aus Unterhaltungen mit Kittels Sohn Eberhard gezogen zu haben und aus Kittels überarbeiteter, zweiter Verteidigungsschrift aus dem Jahre 1946.

17 Zwei Jahre nach ihrem Aufsatz über Kittel veröffentlichte Leonore Siegele-Wenschkewitz einen schmalen Band mit dem Titel *Neutestamentliche Wissenschaft vor der Judenfrage. Gerhard Kittels theologische Arbeit im Wandel deutscher Geschichte,* München 1980. In diesem Buch finden sich viele nützliche biographische Daten und eine gute Analyse seiner Publikationen bis 1933. Der Mangel des Buches zeigt sich darin, daß es als Verteidigung gegen Martin Reses Kritik *Antisemitismus und neutestamentliche Forschung. Anmerkungen zu dem Thema »Gerhard Kittel und die Judenfrage«,* in: *Evangelische Theologie* 39, 1979, S. 557–70, angelegt ist. In Entgegnung auf Reses Kritik verweist Siegele-Wenschkewitz auf den völligen Bruch in Kittels Werk vor und nach 1933 in seiner Einstellung gegenüber den Juden. Hierdurch soll offenbar ihre frühere Behauptung untermauert werden, daß Kittels eigentlicher Irrtum in seiner Fehleinschätzung Hitlers und des Nationalsozialismus bestanden habe. Wiederum vernachlässigt sie Kittels Arbeiten der Jahre 1933–44. Außerdem bin ich der Ansicht, daß ihr offensichtlicher Wunsch, auf Reses Angriff

entsprechend zu erwidern, die Dinge, um die es eigentlich geht, eher verzerrt. Das Resultat sieht dann so aus, daß das komplexe Problem Gerhard Kittel einfach nicht ausreichend behandelt wird. 1982 veröffentlichte Siegele-Wenschkewitz den hervorragenden Aufsatz *Mitverantwortung und Schuld der Christen am Holocaust,* in: *Evangelische Theologie* 42, 1982, S. 171–90, in dem sie sich auch mit Gerhard Kittels Rede zur Eröffnung von Walter Franks Reichsinstitut für Geschichte des neuen Deutschlands, Forschungsabteilung Judenfrage, im Jahre 1936 beschäftigt. Das ist das erste Mal, daß sie sich mit Kittels Arbeiten nach 1933 auseinandersetzt; hier zeigt sie ihre bisher weitestgehende Anerkennung des verhängnisvollen Einflusses, den Kittels theologisches Werk auf die Judenfrage hatte. In einem Gespräch am 28. September 1982 sagte mir Frau Siegele-Wenschkewitz, daß die Fernsehserie »Holocaust« eine neue Atmosphäre in Deutschland geschaffen habe. Sie glaubte, daß die Schuld einzelner – wie Kittel – danach offener analysiert werden konnte. Hier könnte allerdings auch noch ins Gewicht fallen, daß die Autorin diesen Aufsatz publizierte, nachdem sie nicht mehr länger an der Universität Tübingen war. Darüber hinaus ist zu sagen, daß ihre Arbeit über Gerhard Kittel trotz der von mir empfundenen Mängel in Bewertung und Interpretation Zugang zu einem wichtigen Thema bietet, dem ihre Kollegen bisher ausgewichen sind.

18 Für eine Zusammenfassung der in den letzten Jahren um Kittel entstandenen Auseinandersetzung vgl. Robert P. Ericksen, *Zur Auseinandersetzung mit und um Gerhard Kittels Antisemitismus,* in: *Evangelische Theologie* 43, 1983, S. 250–70.

19 Im November/Dezember 1946 schrieb Kittel eine zweite, überarbeitete und erweiterte Fassung von *Meine Verteidigung* (im folgenden $MV^2$ abgekürzt); das Dokument befindet sich im Archiv der Tübinger Universität. In dieser zweiten Schrift verwendet er sein Material vorsichtiger und sorgfältiger, ändert allerdings seine Argumente nur ganz unwesentlich. Inzwischen spricht er zwar allgemein von einer deutschen Schuld, sieht aber so gut wie keine persönliche Verstrikkung oder Schuld. (Vgl. $MV^2$, S. 42–44).

20 *MV,* S. 1. Kittel spricht in dieser Schrift von sich selbst stets in der dritten Person.

21 *MV,* S. 5.

22 Die *Monatsschrift für Geschichte und Wissenschaft des Judentums* kommentierte zum Beispiel Kittels *Jesus und die Juden,* Berlin 1926, wie folgt: »Kaum je ist in der jüngsten Zeit ein auf diesem Gebiete Arbeitender dem Judentum so gerecht geworden wie Kittel.« Kittel zitiert auch noch einen positiven Kommentar zu seinem Buch *Die Probleme des palästinischen Spätjudentums und das Urchristentum,* Stuttgart 1926, aber er nennt die Quelle nicht. Für die oben

zitierte *Monatsschrift* nennt er auch kein Datum. Vgl. meine späteren Ausführungen, daß diese beiden Werke den Höhepunkt in Kittels Toleranz gegenüber dem Judentum darstellen.

23 *MV,* S. 16. Kittel behauptet, daß diese Rede von den Nazis scharf kritisiert worden sei, weil sie die Partei ignoriert habe; also habe er der gedruckten Version einige Hinweise auf Parteiprogramme beigefügt, um zu verhindern, daß unwichtige den wichtigen Themen vorgezogen würden.

24 *MV,* S. 12.

25 *MV,* S. 13.

26 *MV,* S. 14. Um seine Behauptung zu unterstützen, zitiert Kittel eine positive Bemerkung zu *Die Judenfrage* aus *Der Israelit,* Nr. 4, 1933, sowie weitere Kommentare, für die er keine Quellen nennt.

27 *MV,* S. 15.

28 *MV,* S. 27.

29 Dieses Gutachten ist abgedruckt in der 2. und 3. Auflage von *Die Judenfrage,* S. 101–13.

30 *MV,* S. 17.

31 *MV,* S. 18.

32 a.a.O.

33 *MV,* S. 19.

34 Vgl. Helmut Heibers ausdrückliche Untersuchung *Walter Frank und sein Reichsinstitut für Geschichte des neuen Deutschlands,* Stuttgart 1966. Max Weinreich, a.a.O., behandelt das gleiche Thema unter besonderer Berücksichtigung der Judenfrage.

35 Kittel schrieb Beiträge für sieben der neun Bände des offiziellen Organs *Forschungen zur Judenfrage*. Walter Frank, der gleich nach ihm kommt, kann nur mit fünf Beiträgen aufwarten.

36 Vgl. Heiber, a.a.O., S. 421.

37 Gerhard Kittel, *Die Behandlung des Nichtjuden nach dem Talmud,* in: *Archiv für Judenfragen,* Heft 1, Gruppe A1, Berlin 1943, S. 7–17.

38 Dieses Zitat aus dem *Völkischen Beobachter* erscheint auf der Rückseite der *Forschungen zur Judenfrage*, Band 8, als Teil einer Werbung für die neun Bände der Zeitschrift. Der offensichtliche Widerspruch in dieser Aussage war etwas Alltägliches im nationalsozialistischen Deutschland. Er wurde dadurch gelöst, daß die »wirklich freie Forschung« als eine Forschung definiert wurde, die von den »Wahrnehmungsirrtümern« außerhalb der nazistischen Ideologie nicht berührt war.

39 Das Vorwort zum 2. und 3. Band der *Forschungen zur Judenfrage* erwähnt Streichers Teilnahme an den entsprechenden Jahreskonferenzen. Für Presseberichte, vgl. P.C. 1, F6, in der Wiener Library.

40 Max Weinreich, a.a.O., S. 98.

41 *MV,* S. 20.

42 *MV*, S. 6.

43 Kittel irrte sich hier, sagt Siegele-Wenschkewitz; er sei Kapps und Tirpitz' Deutscher Vaterlandspartei 1917 beigetreten. Vgl. *Neutestamentliche Wissenschaft*, S. 79.

44 *MV*, S. 6.

45 Von diesen Ereignissen berichtet Kittel in *MV*, S. 7, *MV*[2], S. 15. Diese beiden Aussagen scheinen nicht miteinander vereinbar zu sein. Im Juni 1945 scheint Kittel recht froh darüber, als Theologe vom Volkssturm ausgenommen gewesen zu sein, auch wenn ihm einiges an der Form nicht behagt haben mag. Diese Sicht der Dinge findet sich auch wieder in *MV*[2], S. 13. Auf S. 15 ist es plötzlich keine »Ausnahme« vom Volkssturm mehr, sondern ein »Ausschluß«, der ihn dazu bringt, sein Parteiabzeichen abzureißen.

46 *MV*[2], S. 50.

47 Dieser Brief liegt in den Korrespondenzunterlagen der Parteikanzlei, Berlin Document Center.

48 *MV*, S. 28–31. In *MV*[2], S. 13–14, berichtet Kittel außerdem, daß ihm die Tübinger Universität im April 1933 das Amt des Rektors angeboten habe, also einen Monat, bevor er in die NSDAP eintrat. Er nennt seine Ablehnung einen weiteren Beweis dafür, daß er nicht käuflich war.

49 *MV*, S. 29–30.

50 *MV*[2], S. 48.

51 *MV*, S. 32.

52 *MV*, S. 28. Im folgenden beurteile ich den Inhalt der zweiten Vorlesung *Die Entstehung des Judentums* etwas anders.

53 *MV*, S. 32.

54 *MV*, S. 28–29. Die beiden verfälschten Aufsätze erschienen in *Die Bücherkunde*, 1938, und in *Schulungsbrief*, 1939. Der dritte Aufsatz erschien in *Wille und Macht*, 1940 oder 1941.

55 *MV*, S. 26–27. Auf diesen Seiten berichtet Kittel von seinen Widerstandsaktionen.

56 *MV*, S. 27.

57 a.a.O.

58 a.a.O.

59 *MV*, S. 8–9.

60 Vgl. die Diskussion dieses Ereignisses in J.S. Conway, *The Nazi Persecution of the Churches, 1933–1945,* London 1968 (dt. *Die nationalsozialistische Kirchenpolitik 1933–1945,* München 1969).

61 *MV*, S. 11.

62 *MV*, S. 35–37. Das unter 1. erwähnte Buch ist *Die Probleme des palästinischen Spätjudentums und das Urchristentum,* Stuttgart 1926.

63 *MV*, S. 38.

64 *MV,* S. 33.
65 a.a.O.
66 Diese Behauptung wirft mindestens drei Fragen auf. Erstens hatte Kittel in einem vorherigen Absatz erklärt, daß er sich von Anfang an auf seine eigene Disziplin beschränkt habe und nicht erst seit 1943. Zweitens gehören seine Veröffentlichungen und Reden aus den Jahren 1943 und 1944 zum Polemischsten, was er hervorgebracht hat, und sind weit entfernt von seinen theologischen Ursprüngen. Und schließlich erklärt Kittel nicht, warum eine »Sendung von Gott« nach 1943 nicht gegolten haben sollte.
67 a.a.O.
68 *MV,* S. 33–34.
69 *MV,* S. 33.
70 Weinreich, a.a.O., S. 217–18. Bei dem erwähnten Kittel-Aufsatz handelt es sich um *Die Behandlung des Nichtjuden nach dem Talmud*, in: *Archiv für Judenfragen*, Bd. 1, Gruppe A1, Berlin 1943. Diese Zeitschrift war eine Goebbels-Publikation. Als zweiten Aufsatz zitiert Weinreich *Juden als Soldaten*, in: *Deutscher Wochendienst,* 10. Nov. 1944.
71 *MV,* S. 38–40. In *MV*² listet Kittel dreizehn jährlich gestellte Fragen auf; vgl. S. 73–75.
72 *MV,* S. 40.
73 *MV*², S. 1.
74 *MV*², S. 1–2.
75 *MV*², S. 7.
76 *MV*², S. 58.
77 Kittel erklärt seine Absicht, nichts verbergen zu wollen (S. 76), aber ich bin der Meinung, daß er die vollen Auswirkungen seines Werks in den Jahren 1933 bis 1945 verbirgt und verzerrt. Die christlichen Absichten, die er hier postuliert, sind in seinen Reden und Veröffentlichungen aus jener Zeit schwer zu entdecken.
78 *MV*², S. 8.
79 *MV*², S. 67.
80 *MV*², S. 40.
81 *MV*², S. 68–69.
82 *MV*², S. 75.
83 *MV*², S. 8.
84 Vgl. Siegele-Wenschkewitz, *Neutestamentliche Wissenschaft,* S. 47–49. 1917 wurde Kittel Mitglied des Lehrkörpers an der theologischen Fakultät in Leipzig, wo sein Vater den Lehrstuhl für Altes Testament innehatte und kurz darauf Rektor wurde.
85 Vgl. zum Beispiel Gerhard Kittel, *Jesus und die Juden*, Berlin 1926. Für die Beziehung zwischen »völkischem« Denken und der neokonservativen Reaktion vgl. George L. Mosse, a.a.O.

86 Rudolf Kittel, *Leipziger akademische Reden zum Kriegsende,* Leipzig 1919, S. 1–10, 16–24.

87 Stuttgart 1930.

88 Ein Ereignis in Rudolf Kittels Laufbahn läßt die spätere Verwicklung seines Sohnes in die Judenfrage möglicherweise schon vorausahnen. Rudolf Kittel war der Fachgutachter in einem Prozeß, den eine deutsche jüdische Organisation gegen Theodor Fritsch und sein antisemitisches Buch *Mein Beweismaterial gegen Jahwe* führte. Später entschied er sich, sein Gutachten unter dem Titel *Judenfeindschaft oder Gotteslästerung* zu veröffentlichen (Leipzig 1914). In dem Prozeß ging es um Blasphemie, wobei Fritsch argumentierte, daß Jahwe und der Gott der heutigen Juden nicht ein und derselbe seien. Auch Kittel war der Auffassung, daß sich die Jahwe-Vorstellung im Laufe der Jahre geändert habe, allerdings fand er ebenso, daß Fritschs wissenschaftliche Beweisführung zu wünschen übriglasse. Er sprach sich gegen eine strafrechtliche Behandlung aus mit der Begründung, daß es wesentlich effektiver wäre, Fritsch der Lächerlichkeit preiszugeben (siehe S. 79). Ebenfalls positiv zu vermerken ist eine Erklärung, die er mit diesem Gutachten veröffentlichte und in der er die jüdischen Kriegsanstrengungen hervorhob (geschrieben im Oktober 1944). Dieser von den Juden gezeigte Kampfesgeist bestätige ihre Bindung an das deutsche Volk, schrieb er. Aber er sagte ihnen auch, daß einiges in ihrem Talmud nicht richtig und jetzt vielleicht eine gute Zeit sei, umfassende Passagen aus ihren religiösen Büchern zu entfernen (S. 88–89). Angesichts der späteren Bereitwilligkeit seines Sohnes, den jüdischen Glauben anzugreifen, könnte diese offensichtliche Ambiguität in Rudolf Kittels Haltung gegenüber den Juden von Bedeutung gewesen sein. Man kann unmöglich sagen, ob sich der Vater so verhalten hätte wie der Sohn, wenn er sich nach 1933 in vergleichbaren Umständen befunden hätte; die Ambiguität des oben beschriebenen Ereignisses läßt hier keine ernsthaften Schlußfolgerungen zu. Man kann aber vielleicht sagen, daß es für konservative deutsche Protestanten schwierig war, die Autonomie und den Wert des Judentums voll zu akzeptieren.

89 Für Faktoren, die die deutschen Universitätsprofessoren auf eine Akzeptierung der radikalen Rechten einstimmten, vgl. Fritz Ringer, *The Decline of the German Mandarins: The German Academic Community, 1890–1933,* Cambridge, Massachusetts, 1969.

90 *MV,* S. 34.

91 Vieles wäre weniger verwirrend gewesen, wenn die Christen Rosenbergs Definition des »positiven Christentums« begriffen hätten – nämlich als eines von seinen jüdischen Wurzeln befreiten Christentums. Andererseits verzeichneten die Kirchen während der ersten Monate des Hitlerregimes einen stark ansteigenden Zulauf. (Vgl.

Walter Birnbaum, *Zeuge meiner Zeit. Aussagen zu 1912 bis 1972,* Göttingen 1973, S. 127–32 für eine Hervorhebung dieses Punktes.) Dies ist wahrscheinlich zum Teil darauf zurückzuführen, daß die Partei 1933 auf die Wahl des Reichsbischofs Einfluß nehmen wollte, was das Phänomen allerdings nicht ganz erklärt.

92 *Deutsche Wissenschaft und Judenfrage, »Forschungsabteilung Judenfrage« des Reichsinstituts für Geschichte des neuen Deutschlands eröffnet,* in: *Völkischer Beobachter,* 325, 20. November 1936, Münchner Ausgabe, S. 1.

93 Zitiert in Franks *Vorbemerkung* in: *Forschungen zur Judenfrage,* Bd. III, 2. Aufl., Hamburg 1943, S. 7.

94 Bei dieser Rede gibt es einige Unklarheiten. Sie wurde von dem Lenard-Schüler Rudolf Tomaschek mit der Bemerkung gehalten, daß er Professor Philipp Lenard vertrete. Die *New York Times* hatte dies so verstanden, daß Lenard verhindert gewesen sei, an der Konferenz teilzunehmen, und seine Rede deshalb verlesen wurde. Vgl. *Reich Science wars on »Jewish Spirit«,* in: *New York Times*, 22. November 1936, Wiener Library, P.C.1, F.8. Aber im ersten Band der *Forschungen zur Judenfrage* war sie dann als einzige Rede dieser Konferenz nicht abgedruckt. Helmut Heiber hat festgestellt, daß Tomaschek einen Monat später die gleiche Rede mit bemerkenswert wenig Erfolg vor Berliner Studenten hielt. Das *Berliner Tageblatt* habe vorsichtig berichtet, daß diese Ideen von den deutschen Studenten noch nicht voll aufgegriffen worden seien. Vielleicht sei damals eine Publikation als zu bedenklich eingestuft worden (vgl. Heiber, a.a.O., S. 421). Ob der Text nun von Tomaschek oder Lenard stammte, bleibt unklar. Alan Beyerchens Lenard-Untersuchung *Scientists under Hitler: Politics and the Physics Community in the Third Reich,* New Haven 1977, erwähnt den Vorfall nicht.

95 Für Presseberichte, vgl. P.C.1, F.8 in der Wiener Library.

96 Siehe oben. Die Idee einer philosophischen Kontroverse zwischen den beiden Instituten statt einer persönlichen Rivalität zwischen Frank und Rosenberg wird durch die merkwürdige Laufbahn des Wilhelm Grau etwas in Frage gestellt. Er war der erste Direktor von Franks Forschungsabteilung Judenfrage, wurde nach einem Streit mit Frank entlassen und schließlich Direktor des Rosenbergschen Instituts in Frankfurt/Main (vgl. Weinreich, a.a.O., S. 101). Hinzu kommt Heibers Aussage, daß Grau einen religiösen, christlich begründeten Antisemitismus repräsentierte – ein angebliches Anathema für Rosenberg. Heiber stellt fest, daß zwischen Grau und Kittel kein großer Abstand war, da beide das gefährdete Alte Testament zu retten suchten.

97 Heiber, a.a.O., S. 463, 626–7, 685, 1000, 1006.

98 Weinreich, a.a.O., S. 43.

99 Am 18. März 1940 schrieb Kittel an Herman Preus: »Wir haben in der Großstadt oft Heimweh nach Tübingen und unserem Heim dort. Aber: Wir haben hier keine bleibende Statt, sondern suchen die künftige.« Es trifft zu, daß die Lutheraner gerade in schwierigen Situationen häufig Luthers Diktum anwandten, daß das irdische Jammertal im Hinblick auf Gottes Reich fröhlich durchwandert werden solle. Aber in diesem Falle scheint Kittel eine kleine ironische Wendung vorgenommen und sich sowohl auf seine Tübinger wie auf seine himmlische Zukunft bezogen zu haben. Wie auch immer, im April 1943 kehrten die Kittels in ihr Tübinger Heim zurück.

100 Im selben Brief an Preus schreibt er: »Vor allem meiner Frau ist der Übergang nicht leicht geworden. Aber es sind hier bestimmte wichtige Aufgaben in der kleinen lutherischen Diaspora in Österreich usw. Man hat grade von kirchlicher Seite mich sehr gebeten, hierher zu kommen. Sie wissen vielleicht, daß Österreich einmal zu 90 % ein evangelisches Land war, und daß es erst in der Gegenreformation durch die Jesuiten wieder fast ganz katholisch geworden ist.«

101 Eine Beschreibung dieser Ereignisse habe ich J. R. C. Wrights Dissertation *The Political Attitudes of the German Protestant Leadership* entnommen, Merton College, Oxford 1969, S. 331–47. Diese Arbeit wurde unter dem Titel *Above Parties: The Political Attitudes of the German Protestant Church Leadership 1918–1933*, Oxford 1977, publiziert und erschien in erweiterter Form in Deutschland unter dem Titel *»Über den Parteien«. Die politische Haltung der evangelischen Kirchenführer 1918–1933*, Göttingen 1977. Vgl. ebenso J. S. Conway, *The Nazi Persecution of the Churches, 1933–1945*, London 1968, S. 43–44.

102 Ernst Wolf, *Kirche im Widerstand? Protestantische Opposition in der Klammer der Zweireichlehre,* München 1965, S. 16–19. Das Buch entstand aus einem Vortrag vor der Katholischen Akademie in Bayern am 28. März 1965 mit dem Titel *Gewissen und totalitärer Staat. Ethische Fragen des Widerstandes.*

103 Conway, a.a.O., S. 52.

104 Zitiert bei Wolf, a.a.O., S. 102.

105 Vgl. *1. Kor.* 9, 20–23.

106 *MV,* S. 8.

107 a.a.O.

108 Vgl. Conway, a.a.O., oder Ernst Wolf, *Barmen, Kirche zwischen Versuchung und Gnade,* München $1970^2$.

109 1947 beschrieb Kittel seine Einstellung zu Martin Niemöller – ein Bericht, der auf indirekte Weise Aufschluß gibt über seine Haltung vor 1945. In den Nachkriegsjahren hat sich Niemöller für eine stärkere politische Verantwortlichkeit der Kirche ausgesprochen; sie solle sich zum Beispiel den antirussischen Feindseligkeiten des Kalten

Krieges entgegenstellen. In einem Brief an Preus vom 17. März 1947 schreibt Kittel: »Sicher war er in der Zeit der Verfolgung sehr tapfer. Aber es scheint, daß er kein Mann der ruhigen geordneten und stetigen kirchlichen Aufbauarbeit ist. Man hält ihn für undiszipliniert und stürmisch.« Und er fügt hinzu, daß seiner Ansicht nach Niemöller viel zu stark unter den unlutherischen Einfluß Karl Barths geraten sei. Kittel hätte die gleichen Worte mit größter Wahrscheinlichkeit 10 Jahre früher über den tapferen U-Boot-Offizier gesagt, der sich dem Führer gegenüber zu stürmisch und undiszipliniert verhalte und zu sehr von Barth beeinflußt sei. Kittel legte der Obrigkeit gegenüber einen solchen Gehorsam an den Tag, daß er die radikalen Implikationen des christlichen Glaubens immer erst im nachhinein erkannte. Seine Neigungen und seine lutherische Orthodoxie hätten ihn mit Rebellen niemals zusammengeführt.

110 Vgl. Edward Yarnall Hartshorne Jr., *The German Universities and National Socialism,* London 1937, S. 16. In seiner Untersuchung über die Physiker kommt Beyerchen zu ähnlich hohen Zahlen.

111 Ein gutes Beispiel ist hier Max Wundt, Kittels Kollege von der philosophischen Fakultät. In seinem Aufsatz *Das Judentum in der Philosophie*, in: *Forschungen zur Judenfrage*, Bd. II, Hamburg 1937, S. 75–87, befaßt sich Wundt mit den drei Juden Philon von Alexandrien, Moses Maimonides und Baruch Spinoza, denen traditionell eine maßgebliche Rolle bei der Umsetzung des griechischen in den deutschen Neo-Platonismus zugeschrieben worden war. Das stand aber der nazistischen Ideologie entgegen. Zum Glück war Wundt in der Lage nachzuweisen, daß sie tatsächlich nicht besonders wichtig gewesen seien. Danach erläuterte er den augenscheinlichen Erfolg des Juden bei intellektuellen Unternehmungen. Ihre Staatenlosigkeit zwänge sie zur Übernahme der Kultur, in der sie sich gerade befänden. Die hieraus entstehende Wurzellosigkeit habe sie mit einem Objektivitätsbewußtsein versehen, das fähig sei, Ideen sehr schnell aufzugreifen – allerdings nur an der Oberfläche. Wundt war überzeugt, daß Juden zu tieferen Einsichten kaum fähig seien. Heiber hat festgestellt, daß sich die Universität Tübingen rühmen konnte, der Forschungsabteilung Judenfrage drei Repräsentanten gestellt zu haben: Wundt, Kittel und Karl Georg Kuhn. Der Tübinger Rektor und die Nazipresse badeten sich in der »Pionierrolle der Neckarstadt im Kampf der Wissenschaft gegen das Judentum«. Zitiert bei Heiber, a.a.O., S. 453, aus der *Tübinger Chronik* vom 24. Januar 1939.

112 Vgl. meine Analyse weiter unten.

113 Gerhard Kittel, *Die Judenfrage,* Stuttgart 1933, S. 46, 61–62.

114 Hartshorne verweist in diesem Zusammenhang auf Eduard Sprangers Buch *Der Sinn der Voraussetzungslosigkeit in den Geisteswissenschaften,* Berlin 1929.

115 Hartshorne, a.a.O., S. 105–6.
116 Hans-Joachim Kraus, *Geschichte der historisch-kritischen Erforschung des Alten Testaments von der Reformation bis zur Gegenwart,* Neukirchen 1956, S. 351.
117 Gerhard Kittel, *Jesus und die Rabbiner,* Berlin 1914, S. 4–5.
118 a.a.O., S. 11.
119 Die Einführungsvorlesung an der Universität Tübingen wurde am 28. Oktober 1926 gehalten und als *Urchristentum, Spätjudentum, Hellenismus. Akademische Antrittsvorlesung,* Stuttgart 1926, veröffentlicht.
120 Gerhard Kittel, *Die Probleme des palästinischen Spätjudentums und das Urchristentum,* Stuttgart 1926, S. 88. Im folgenden *DP* abgekürzt.
121 *DP,* S. 92.
122 *DP,* S. 89–90. Ironischerweise hatte Kittels Tübinger Kollege aus dem philosophischen Fachbereich, Max Wundt, in seinem oben erwähnten Aufsatz (vgl. Anm. 111) gerade diesen Punkt hervorgehoben, um die Minderwertigkeit des jüdischen Geistes zu beweisen: Gott habe das jüdische Dogma verkündet, also brauchten die Juden nicht zu denken.
123 *DP,* S. 90, 125.
124 *DP,* S. 125, Anm. 3.
125 *DP,* S. 96.
126 *DP,* S. 90–91.
127 *DP,* S. 95.
128 *DP,* S. 140.
129 Gerhard Kittel, *Jesus und die Juden,* Berlin 1926, S. 4. Diese Passage hat viel Aufmerksamkeit gefunden. Kittel selbst zitiert sie in $MV^2$, S. 10, bei dem Versuch, die Kontinuität seiner Arbeit vor und nach 1933 zu demonstrieren. Martin Rese, dem sie anscheinend in $MV^2$ auffiel, verwendet sie, um auf Kittels möglichen Antisemitismus vor 1933 zu verweisen (a.a.O., S. 564). Siegele-Wenschkewitz schließlich mißt ihr keine Bedeutung zu, sondern argumentiert, daß es in Kittels Interpretation des Judentums nach 1933 einen fast völligen Bruch gab. Persönlich neige ich eher ihrer Auffassung zu, wenn ich sie auch für etwas zu extrem halte. Kittel hat auch vor 1933 schon Voreingenommenheit und Unsensibilitäten gezeigt, was seine spätere Marschrichtung mit erklären mag; aber nach 1933 gab es eine dramatische Veränderung.
130 Gerhard Kittel, *Jesus und die Juden,* a.a.O., S. 5.
131 Robert Raphael Geis und Hans-Joachim Kraus, Hg., *Versuche des Verstehens. Dokumente jüdisch-christlicher Begegnung aus den Jahren 1918–1933,* München 1966, S. 185.
132 a.a.O., S. 185–6.

133 Als Beispiel dieser veränderten Einstellung vgl. *Event*, vol. 12, Nr. 2, Scarsdale, New York, Februar 1972. Diese Ausgabe, eine Veröffentlichung der American Lutheran Church, behandelt das Thema Christ und Jude; hier findet sich auch der Satz »Einen Menschen zu lieben heißt, seine Freiheit zu respektieren – und das schließt auch die Freiheit mit ein, ›nein‹ zu Christus zu sagen.« Vgl. S. 19. Vgl. auch die Sonderausgabe *Evangelische Theologie*, Bd. 42, Nr. 2, (1982) zum Thema »Juden und Christen«.

134 Gerhard Kittel, *Judentum und Christentum*, in: *Religion in Geschichte und Gegenwart,* Bd. 3, 2. Aufl., Tübingen 1929, S. 491–4. Siegele-Wenschkewitz zitiert ausführlich aus diesem Artikel und nennt ihn ein Resümee von Kittels Werk aus 20 Jahren. Vgl. *Neutestamentliche Wissenschaft*, a.a.O., S. 71–8. Kittel war einer von vier Wissenschaftlern gewesen, an die man den Beitrag des gesamten Artikels zum Judentum, *RGG*[2], Bd. 3, S. 469–94, herangetragen hatte. Die ersten drei Teile stammten von den jüdischen Religionsphilosophen Ismar Elbogen und Leo Baeck und dem alttestamentlichen Theologen Otto Eißfeldt.

135 Gerhard Kittel, *Die religiöse und die kirchliche Lage in Deutschland,* Leipzig 1921, S. 4–7.

136 a.a.O., S. 16–17.

137 a.a.O., S. 17.

138 a.a.O., S. 20.

139 Kittel berichtet, daß nach diesem Vortrag Erzbischof Söderblom zu ihm gekommen sei und ihm gesagt habe, daß der Gottesdienst zwar bei Regen und trübem Wetter begonnen habe, daß aber mit Beginn von Kittels Vortrag ein Sonnenstrahl über ihn hereinbrach; Söderblom habe dies als ein Zeichen dafür gesehen, daß Gottes Licht durch Kittels Worte zurückkehre.

140 Herbert Loewe an Gerhard Kittel, 11. August 1933, Personalakte Gerhard Kittel, Wiener Library.

141 Gerhard Kittel, *Die Judenfrage*, Stuttgart 1933, S. 8. Im folgenden *J* abgekürzt.

142 *J,* S. 8.

143 *J,* S. 9.

144 *J,* S. 12.

145 *J,* S. 10–12.

146 *J,* S. 14. Diese Bemerkung führte zu einem kleinen Sturm der Kritik. In der 2. und 3. Auflage fügte Kittel dann den Satz hinzu: »Im übrigen ist der ganze Gedanke so absurd, daß es nicht der Mühe wert ist, zu seiner Abwehr viele Worte zu verlieren; vollends, daß es nicht einer Feststellung der schlechthinigen Unchristlichkeit einer solchen ›Lösung‹ bedarf.« Max Weinreich hat sich sehr intensiv und umfassend auf die erste Bemerkung eingelassen und den Zusatz zur 2. und 3.

Auflage ignoriert. Vgl. Weinreich, a.a.O., S. 42. Vielleicht hatte er nur Zugang zur Erstausgabe.

147 *J*, S. 25.

148 *J*,S. 24.

149 *J*, S. 25.

150 *J*, S. 26.

151 Kittel hat diese vier Alternativen auf S. 13 aufgelistet.

152 *J*, S. 34.

153 *J*, 2. Auflage, Stuttgart 1933, S. 35.

154 *J*, 1. Auflage, S. 39.

155 *J*, S. 45–46.

156 *J*, S. 46.

157 *J*, S. 46–47.

158 *J*, S. 48.

159 *J*, S. 50.

160 *J*, 2. Auflage, S. 54.

161 *J*, 1. Auflage, S. 57–60.

162 *J*, S. 40.

163 *J*, S. 61–62.

164 *J*, S. 69.

165 *J*, S. 36–37, 63–68.

166 *J*, S. 66.

167 *MV*, S. 14–15. Am 2. Juni 1933 beklagte sich das *Neue Tübinger Tagblatt*, Tübingens nationalsozialistische Zeitung, daß Kittel Toleranz für orthodoxe Juden verlangte und besondere »Gast«-Privilegien. Der Zeitungsartikel nannte seinen Vortrag einen Skandal.

168 *J*, S. 39.

169 *J*, 2. Auflage, S. 52. Die Zitate stimmen mit der 3. Auflage genau überein, Stuttgart 1934. Die Paginierung dieser beiden Auflagen ist identisch.

170 In einer Anmerkung zur 2. Auflage erläutert Kittel, daß seine etwas vorsichtigeren Äußerungen zur »Ausrottung« (vgl. Anm. 146 oben) durch die Buch-Besprechung eines Kollegen in der *Neue Zürcher Zeitung* vom 1. Juli 1933 hervorgerufen worden seien, die er zitiert. »Kittel lehnt den Pogrom ab. ›Alle Juden totschlagen heißt nicht, die Lage meistern.‹ Nein, wirklich nicht. Man braucht keinen Professor der Theologie, um das festzustellen. Aber ist es möglich, daß ein Deutscher diesen Satz schreibt, ohne zu sagen, daß die Juden totzuschlagen ja wohl ein wenig unmenschlich wäre ... Es gibt Dinge, die man um seiner selbst willen nicht tut. Und ich meine, ein Deutscher, Glied des Volkes, dem wir alles Edle, Feine, Innige, Gültige, Große, Menschliche zuschreiben, sollte unfähig sein, so zu schreiben. Daß Kittel hierzu nicht unfähig ist, gereicht ihm nicht zur Ehre.« In der gleichen Anmerkung, allerdings in der 3. Auflage,

erwähnt Kittel einen Satz von Benammi aus dem *Jewish Chronicle*, London, 11. August 1933: »Hitlers Revolution ist ›die bösartigste Revolution der Geschichte‹ genannt worden. Professor Kittels Buch zeigt die bösartigste Handhabung der jüdischen Frage.« Kittel zeigt lediglich seinen Stolz darauf, mit Hitler verglichen worden zu sein: »B. ahnt schwerlich, ein wie stolzes und einzigartiges Lob dieser Vergleich einem seines Volkes und der Hingabe an seinen großen Führer bewußten Deutschen des Jahres 1933 bedeutet!« Vgl. *J*, 3. Auflage, Anmerkung S. 14.

171 *Theologische Blätter,* 12. Jahrgang, 1933, Nr. 8, S. 148–50. Dieser Brief ist auch in: *Versuche des Verstehens*, a.a.O., S. 166–70, abgedruckt. Jüdische Zeitungen, z.B. die *Jüdische Rundschau* (Nr. 72) und das *Israelitische Familienblatt* (28. September 1933) veröffentlichten Teile aus Bubers offenem Brief und unterstützen eindeutig seine Meinung, obgleich festgehalten werden sollte, daß das *Israelitische Familienblatt* auch empfahl, Kittel zu lesen, bei dem »auch manches Wort ehrlicher Anerkennung für uns [da]steht«. Für Presseberichte zu dieser Kontroverse siehe Kittels Personalakte, Wiener Library.

172 *J,* 2. Auflage, S. 87.

173 *J,* S. 96.

174 *J,* S. 88–90.

175 *J,* S. 90.

176 Kittel untermauert diesen Gedanken eines mysteriösen »Unterschieds« mit zwei Hinweisen. Die Enkelin von Franz Delitzsch, eine in dritter Generation jüdische Christin, die mit Kittel zusammen Hebräisch studierte, sagte, wenn sie Hebräisch lese, »dann wachen in mir Generationen auf« (*J,* S. 92). Zweitens habe Jakob Wassermann *Alexander in Babylon* geschrieben, ohne je dort gewesen zu sein; doch selbst ein weitgereister Leser nahm aufgrund seiner exakten Landschaftsbeschreibungen an, daß er lange im Nahen Osten gelebt haben müsse. Wassermann habe hinzugefügt, daß die deutsche Landschaft ihm immer fremd erschienen sei, obwohl er in ihr aufgewachsen war (*J,* 3. Aufl., Anmerkung 53).

177 Dieser Brief an Loewe befindet sich in Kittels Personalakte, Wiener Library.

178 a.a.O.

179 Richard Gutteridge hat ein wichtiges Buch herausgebracht: *The German Evangelical Church and the Jews, 1879–1950,* London 1976. Als früherer Schüler und Freund Kittels ist er ihm gewogener, als ich es bin. Er sieht *Die Judenfrage* im Zusammenhang mit dem Streit innerhalb der Kirche um den Arierparagraphen (auch Siegele-Wenschkewitz hebt dies hervor) und schreibt: »›Die Judenfrage‹, was auch immer sie sonst gewesen sein mag, war ein ernsthafter, unab-

hängiger und mutiger Beitrag zu dieser Auseinandersetzung.« Gutteridge verwendet Wörter wie »unglücklicherweise« oder »bedauerlicherweise« auf die empfindungslosesten Passagen in Kittels Buch, z. B.: »Bedauerlicherweise benutzte dieser sensible und gelehrte Forscher ausgiebig den Jargon des vorherrschenden Antisemitismus, ohne den vulgären rassistischen Standpunkt zu übernehmen, dem er tatsächlich äußerst ablehnend gegenüberstand, und ohne in den Chor des Rassenhasses einzufallen oder die Nazidoktrin von der Minderwertigkeit des jüdischen Charakters zu unterschreiben.« Vgl. S. 111–114 für Gutteridges Auffassung über Kittel. Ich bin ihm für die Hervorhebung der guten Seiten Kittels dankbar. Allerdings meine ich, daß eine ausgewogene Betrachtungsweise Kittels Veröffentlichungen nach 1933 ebenso berücksichtigen muß.

180 Gerhard Kittel, *Die Entstehung des Judentums und die Entstehung der Judenfrage,* in: *Forschungen zur Judenfrage,* Bd. I, Hamburg 1936, S. 47–48. In ihrem jüngsten Aufsatz über Kittel analysiert Leonore Siegele-Wenschkewitz diesen Vortrag: *Mitverantwortung und Schuld der Christen am Holocaust,* in: *Evangelische Theologie* 42, 1982, S. 171–90. Dies ist das einzige Mal, daß sie in ihrer Kittel-Analyse über das Jahr 1933 hinausgeht, und auch das einzige Mal, daß sie sich mit Kittels Anteil an der Verantwortung auseinandersetzt. Auch wenn es eine kurze Arbeit ist (und nur ungefähr die Hälfte des Aufsatzes von Kittel handelt), halte ich diesen Artikel für ihren besten Beitrag zu einer korrekten Interpretation Kittels.

181 a.a.O., S. 48–50.

182 a.a.O., S. 51–56.

183 a.a.O., S. 56–58.

184 a.a.O., S. 61–62.

185 a.a.O., S. 63.

186 Gerhard Kittel, *Das Konnubium mit dem Nicht-Juden im antiken Judentum,* in: *Forschungen zur Judenfrage,* Bd. II, Hamburg 1937, S. 30–62.

187 a.a.O., S. 62.

188 a.a.O., S. 30.

189 Gerhard Kittel, *Die Abstammung der Mutter des Origenes. Die Geschichte eines genealogischen Irrtums,* in : *Forschungen zur Judenfrage,* Bd. III, 2. Aufl., Hamburg 1943, S. 247.

190 Gerhard Kittel, *Die ältesten jüdischen Bilder. Eine Aufgabe für die wissenschaftliche Gemeinschaftsarbeit,* in: *Forschungen zur Judenfrage,* Bd. IV, Hamburg 1940, S. 237–49.

191 Gerhard Kittel, *Die ältesten Judenkarikaturen. Die »Trierer Terrakotten«,* in: *Forschungen zur Judenfrage,* Bd. IV, Hamburg 1940, S. 254–58.

192 a.a.O., S. 258–59.

193 a.a.O., S. 259. In *MV*[2] verweist Kittel tatsächlich auf diesen Aufsatz über jüdische Portraits und Karikaturen als ein Beispiel, bei dem er seine christliche Perspektive in die Anthropologie habe einbringen können. Vgl. Anm. 201 unten.

194 Eugen Fischer und Gerhard Kittel, *Das antike Weltjudentum. Tatsachen, Texte, Bilder,* in: *Forschungen zur Judenfrage,* Bd. VII, Hamburg 1943, S. 10–11.

195 a.a.O. Einige Kapitelüberschriften lauten z.B. *Rassenreinheit und Rassenmischung, Der Assimilationsjude, Der Geschäftsjude, Tatsächliche und gefälschte Privilegien, Der Menschenfeind.*

196 Vgl. *DP,* S. 95.

197 Fischer und Kittel, a.a.O., S. 113.

198 a.a.O., S. 160.

199 a.a.O., S. 167–219. Albrights Angriff auf Kittel beruht hauptsächlich auf diesem Buch, das er als unwissenschaftlich verurteilt; die Trierer Terrakotten nennt er offensichtliche Fälschungen. Vgl. S. 239–40.

200 Gerhard Kittel, *Die Ausbreitung des Judentums bis zum Beginn des Mittelalters,* in: *Forschungen zur Judenfrage,* Bd. V, Hamburg 1941, S. 290–310. Heiber berichtet, daß Kittel für diese Auftragsarbeit 1938 eine erste Zahlung erhielt, daß er aber nie über einen groben Entwurf des geplanten Projekts hinauskam. Vgl. S. 463.

201 Hier scheint die Diskrepanz zwischen Kittels Arbeit an den *Forschungen zur Judenfrage* und seiner eigenen Verteidigung in *MV*[2] besonders groß zu sein. Von seiner Arbeit über die Trierer Karikaturen schreibt er zum Beispiel, daß es fraglich gewesen sei, ob den Anthropologen und Archäologen exaktes, historisch handfestes Material angeboten werden könne. Die NS-Propaganda habe die Trierer Stücke in Besitz genommen gehabt und sie im Sinne von *Stürmer*-Karikaturen der Öffentlichkeit vorgestellt, zum Beispiel im *Völkischen Beobachter*. Er selbst, Kittel, habe den einzigartigen Dienst geleistet, diesem unwürdigen und albernen Spiel ein Ende zu machen. Und damit habe er die Trierer Figuren aus der Isolation befreit, in der sie sich offenbar bis dahin befunden hatten, und zum ersten Mal der ernsthaften wissenschaftlichen Diskussion zugeführt; *MV*[2], S. 36–37.

202 Gerhard Kittel, *Die historischen Voraussetzungen der jüdischen Rassenmischung,* Hamburg 1939, S. 40–41.

203 a.a.O., S. 43.

204 Vgl. Weinreich, a.a.O., S. 215–16.

205 Vgl. *MV,* S. 27. Kittel erhielt diese Nachricht im Frühjahr 1943 von seinem Sohn; möglicherweise hatte er den Aufsatz aber schon früher verfaßt.

206 Gerhard Kittel, *Die Behandlung des Nichtjuden nach dem Talmud,* in: *Archiv für Judenfragen,* Bd. 1, Gruppe A 1, Berlin 1943, S. 7.

207 a.a.O. Er bezieht sich auf *Mishna, Sanh.* 9, 2.
208 a.a.O., S. 15–16.
209 *MV,* S. 28–29.
210 Gerhard Kittel, *Die Entstehung des Judentums* (Vorlesung an der Universität Wien am 22. März 1943), S. 5. Ich fand eine Kopie in der theologischen Bibliothek der Universität Tübingen.
211 a.a.O., S. 2–3.
212 a.a.O., S. 8–9.
213 a.a.O., S. 13–14.
214 *MV,* S. 27. s.o.
215 Wie es den Juden gelingen sollte, mit einer »rassisch zersetzten« Bevölkerung, die jedes »Volk« zerstören würde, die Weltherrschaft zu übernehmen, ist ein Widerspruch, den Kittel und seine Kollegen nie befriedigend gelöst haben.
216 Gerhard Kittel, *Das Rassenproblem der Spätantike und das Frühchristentum* (Vorlesung an der Universität Wien am 15. Juni 1944), S. 1, 4–5. Theologische Bibliothek der Universität Tübingen.
217 Siehe Gerhard Kittel, *Dürfen wir dem Neuen Testament trauen? Die Geschichte des Neuen Testamentes,* Stuttgart 1939; und *Dichter, Bibel und Bibelrevision,* Leipzig 1939.
218 Vgl. Gerhard Kittels Rede für Adolf Schlatter in: *Beiträge zur Förderung christlicher Theologie,* 40. Bd., 1, 1939, S. 16–30.
219 William Foxwell Albright, *History, Archaeology and Christian Humanism,* New York 1964, S. 230.
220 a.a.O., S. 229.
221 William Foxwell Albright, *The War in Europe and the Future of the Biblical Studies,* in: Harold R. Willoughby, Hg., *The Study of the Bible Today and Tomorrow,* Chicago 1947, S. 165.
222 Albright, *History...,* S. 50–61.
223 Zitiert nach einer von drei Zeugenaussagen, die Kittel einem Brief an Herman Preus vom 10. November 1946 beifügte.
224 Diese Aussage Walter Reys vom 27. Dezember 1946 ist eine von mehreren, die der Schweizer Professor Albert Debrunner in einer Schrift zitiert, die er zu Kittels Verteidigung verfaßt hatte: *Professor Gerhard Kittel und die Judenfrage.* Preus erhielt 1947 eine Kopie hiervon. Vgl. Debrunner, S. 5.
225 Zitiert bei Debrunner, S. 8.
226 a.a.O., S. 3.
227 a.a.O., S. 4.
228 Wilhelm Dittmann in einer »Erklärung« vom 13. Februar 1947. Diese Erklärung befindet sich bei den Preus-Unterlagen.
229 Das Zitat enstammt einer Sammlung von zehn verschiedenen Aussagen, die zu Kittels Gunsten zirkulierten und sich auch bei Preus befinden. Auch Debrunner zitiert aus Frl. Tugendhats Aussage.

230 Gutteridge, a.a.O., S. 145, Anm. 67.

231 Leonore Siegele-Wenschkewitz an den Autor, 7. August 1979. Für eine Fortführung dieses Themas siehe auch Siegele-Wenschkewitz, *Mitverantwortung und Schuld der Christen am Holocaust*, in: *Evangelische Theologie,* 42, 1982, S. 171–90.

232 Siehe Debrunner, a.a.O., S. 3–5.

233 In einem Gespräch am 28. September 1982 äußerte Siegele-Wenschkewitz die gleiche Auffassung und meinte außerdem, daß Kittel, wenn er noch gelebt hätte, letztlich doch wieder einen respektierten Platz in den Reihen und Augen seiner Kollegen erhalten hätte.

234 Kittel trat in die Fußstapfen seines Vaters, veröffentlichte in einer Zeitschrift, die sein Vater herausgab, und erhielt einen Ruf an die Universität, an der sein Vater Rektor war, aber er hat vermutlich die Größe seines Vaters nie erreicht. Diese Auffassung wurde dem Verfasser dieses Buches von mehr als einem Theologen in Deutschland vermittelt, manchmal auch der Gedanke, daß der Ehrgeiz des jungen Kittel durch das Vorbild angestachelt worden war.

235 Nach dem ersten Jahr des Dritten Reiches sympathisierten mehr Theologiestudenten mit der Bekennenden Kirche als mit den Deutschen Christen. Dies trifft besonders auf die Kriegsjahre zu.

236 Siegele-Wenschkewitz, *Neutestamentliche Wissenschaft*, S. 31.

237 Wir können vermutlich davon ausgehen, daß Kittel den Genozid ablehnte; das Gegenteil wäre fast unvorstellbar. Sein Schock und allgemeines Schuldgefühl von 1946 müssen eine echte Reaktion auf die volle Bedeutung der »Endlösung« gewesen sein, die zu dieser Zeit immer sichtbarer wurde. Für diese Annahme gibt es allerdings außer Kittels eigener Aussage nur die seiner Kinder. (Vgl. $MV^2$, S. 1, und Siegele-Wenschkewitz, *Neutestamentliche Wissenschaft,* S. 110, Anm. 104). Da Kittel zugab, bereits 1943 von den Morden an Juden gewußt zu haben, würde man sich wünschen, daß er die Juden danach weniger hart angegriffen und den Nationalsozialismus weniger enthusiastisch umarmt hätte.

238 Brief von Frau Kittel an N.M. MacLeod vom 4. Juni 1946. Auf ihre Bitte sandte MacLeod eine Kopie dieses Briefes an Preus.

239 Darunter waren Roger F.C. Nikel, E.T. Bachmann, Norman MacLeod Jr. und F. Helleger.

240 Kittel an Preus, 17. März 1947.

241 Die unterstützenden Briefe kamen von Arthur D. Nock und Henry C. Cadbury, beide Harvard, und Ernest C. Colwell, Präsident der Universität Chicago; Carl H. Kraeling aus Yale und Morton S. Enslin vom Crozer Theological Seminary lehnten ab.

242 Kittel an Preus, 23. November 1947 und 13. Februar 1948.

243 Kittel an Preus, 17. März 1947.

244 Kittel an Preus, 2. November 1946 und 10. November 1946.

245 Kittel an Preus, 10. Mai 1947.
246 Frau Kittel an Mrs. Preus, 31. Juli 1947.
247 Theo Preiss an C.H. Dodd, 12. Oktober 1945.
248 Kittel an Preus, 10. November 1946. Vgl. auch Debrunner, a.a.O., S. 4.
249 Preiss an Dodd, 12. Oktober 1945.
250 Kittel an Preus, 13. Februar 1948.
251 a.a.O.
252 Vgl. Siegele-Wenschkewitz, *Neutestamentliche Wissenschaft,* S. 50, für einen kurzen Bericht über Kittels Gefangenschaft und Tod.

## 3. Kapitel: Paul Althaus – Der Vermittler

1 *Kürschners Deutscher Gelehrtenkalender,* 1954, 8. Aufl., Berlin 1954.
2 Franz Lau, Hg., *Festgabe für Paul Althaus,* Berlin 1958, S. VIII.
3 Eine Althaus-Bibliographie bis zum Jahre 1957, zusammengestellt von Wenzel Lhoff, findet sich in Walter Künneth und Wilfried Joest, Hg., *Dank an Paul Althaus. Eine Festgabe zum 70. Geburtstag,* Gütersloh 1958, S. 245–72. Sie listet jährliche Publikationen auf, die 1911 beginnen, und zeigt in einigen späteren Jahren mehr als ein Dutzend Buch- und Aufsatzveröffentlichungen. Eine Bibliographie der Jahre 1958–66 hat Hans Grass zusammengestellt in: *Die Theologie von Paul Althaus,* in: *Neue Zeitschrift für systematische Theologie,* 8, 1966, S. 237–41.
4 Bischof Wurms Kommentar zu dieser Wahl, datierend vom 30. Mai 1933, wird zitiert bei Gerhard Schäfer, *Die Evangelische Landeskirche in Württemberg und der Nationalsozialismus,* Bd. 2, Stuttgart 1972, S. 107.
5 Vgl. zum Beispiel die Ausführungen seines Kollegen Wolfgang Trillhaas in *Aufgehobene Vergangenheit. Aus meinem Leben,* Göttingen 1976, S. 85–86. Trillhaas kritisiert Althaus' Theologie wegen ihres Mangels an philosophischer Exaktheit bzw. Einsicht im Vergleich zu Hirsch zum Beispiel. Aber er verweist weiterhin auf die vollen Hörsäle bei seinen Veranstaltungen und seinen persönlichen Erfolg. Diese Auffassung entspricht vielen anderen Meinungen und scheint allgemein vertreten zu werden.
6 Vgl. Wolfgang Tilgner, *Volksnomostheologie und Schöpfungsglaube. Ein Beitrag zur Geschichte des Kirchenkampfes* (Arbeiten zur Geschichte des Kirchenkampfes, Bd. 16), Göttingen 1966, S. 180. Als ein Beispiel für seine konservative lutherische Einstellung siehe Paul Althaus, *Um die lutherische Kirche Deutschlands!,* in: *Allgemeine*

*Evangelisch-lutherische Kirchen-Zeitung,* Bd. 67, Nr. 37, 14. Mai 1934, S. 868–77.

7 Emanuel Hirsch, *Die Auferstehungsgeschichten und der christliche Glaube,* Tübingen 1940.

8 Paul Althaus, *Die Wahrheit des kirchlichen Osterglaubens. Einspruch gegen Emanuel Hirsch,* in: *Beiträge zur Förderung christlicher Theologie,* Bd. 49, Nr. 2, S. 5.

9 a.a.O., S. 16–20.

10 a.a.O., S. 23.

11 a.a.O., S. 26–30, 39–40.

12 a.a.O., S. 80. Althaus hat das Thema nie fallengelassen. Er nutzte sogar die Gelegenheit einer Festschrift zu Hirschs 75. Geburtstag für einen neuen Angriff. Vgl. Paul Althaus, *Christologisches. Fragen an Emanuel Hirsch,* in: Hayo Gerdes, Hg., *Wahrheit und Glaube. Festschrift für Emanuel Hirsch.* Itzehoe 1963.

13 Vgl. Kapitel I.

14 Paul Althaus, *The So-Called Kerygma and the Historical Jesus,* übers. von David Cairns, Edinburgh 1959, S. 17. Zuerst auf deutsch erschienen als *Das sogenannte Kerygma und der historische Jesus. Zur Kritik der heutigen Kerygma-Theologie,* Gütersloh 1958.

15 a.a.O., S. 89.

16 Paul Althaus, *Zum Gedächtnis der abgerufenen Herausgeber der Beiträge,* in: *Beiträge zur Förderung christlicher Theologie,* Bd. 40, Nr. 1, 1938, S. 14. In einem weiteren Artikel zum gleichen Thema kritisiert Althaus am »Biblizismus«, daß er der Bibel gegenüber dem Heiligen Geist und der Geschichte zu große Bedeutung beimesse. Vgl. *Adolf Schlatters Gabe an die systematische Theologie,* S. 37–38.

17 Paul Althaus, *Die deutsche Stunde der Kirche,* 3. Aufl., Göttingen 1934, S. 55–60. Althaus' Stellung in Lodz ist unklar, aber vermutlich diente er der Zivilbevölkerung. Während des Krieges hielten deutsche Truppen die Stadt besetzt, und das auch während der Zeit, als Althaus dort war.

18 a.a.O., S. 18.

19 Paul Althaus, *Obrigkeit und Führertum,* Gütersloh 1936, S. 51.

20 a.a.O., S. 52.

21 Julius Leutheuser und Erich Fascher, *Ein theologisches Mißverständnis. Unsere Antwort an Paul Althaus,* 2. Aufl., Weimar o.D., S. 7.

22 Paul Althaus, *Kirche und Volkstum. Der völkische Wille im Lichte des Evangeliums,* Gütersloh 1928, S. 5–12.

23 a.a.O., S. 24.

24 Diese Ansicht hat z.B. Hermann Dörries zum Ausdruck gebracht, Göttinger Professor emeritus für Kirchengeschichte. In einem Gespräch am 14. Oktober 1972.

25 Paul Althaus, *Die deutsche Stunde der Kirche,* a.a.O., S. 5.

26 a.a.O.
27 a.a.O., S. 12 (*Apostelgeschichte* 17, 23).
28 a.a.O., S. 19.
29 Paul Althaus, *Kirche und Staat nach lutherischer Lehre,* Leipzig 1935, S. 29.
30 Vgl. Ernst Wolf, *Barmen. Kirche zwischen Versuchung und Gnade,* 2. Aufl., München 1970. Vgl. auch Robert P. Ericksen, *The Barmen Synod and its Declaration: A Historical Synopsis,* in: Hubert G. Locke, Hg., *The Church Confronts the Nazis: Barmen Then and Now,* New York 1984.
31 Dieses Dokument erhielt seinen Namen von einer theologischen Erklärung aus dem Jahr 1524; vgl. Wolf, a.a.O., S. 99. Vier der acht Signatoren kamen aus Ansbach und Umgebung. Also nannten sie sich »Ansbacher Kreis« und entliehen den jahrhundertealten Titel für ihre Erklärung. Hinweise auf diese Gruppe fand ich in den Paul Althaus-Papieren, im folgenden *PAP* abgekürzt. Paul Althaus' Sohn, Pastor Gerhard Althaus, hat mir freundlicherweise Einsicht in diese Unterlagen gewährt.
32 Gerhard Niemöller, *Die erste Bekenntnissynode der Deutschen Evangelischen Kirche zu Barmen*, Bd. 1, Göttingen 1959, S. 143.
33 Siehe *Evangelium im Dritten Reich*, Nr. 25 vom 1. Juli 1934. Der Aufsatz ist voll abgedruckt bei Niemöller, a.a.O., S. 143. Er enthält auch ein zentral plaziertes Gedicht des Nazi-Jugendführers Baldur von Schirach mit dem Titel *Christus.*
34 Vgl. Niemöller, a.a.O., S. 142. Der gesamte *Ansbacher Ratschlag* ist hier abgedruckt.
35 a.a.O., S. 145.
36 a.a.O.
37 a.a.O., S. 146.
38 Vgl. *Junge Kirche,* 18, 22.9.1934. Hinweise auf diesen Artikel finden sich in Niemöller, a.a.O., S. 151.
39 Asmussens Artikel wird komplett zitiert bei Niemöller, a.a.O., S. 149.
40 Der Dekan des Ev. Luth. Kirchenbezirks München 1 an Paul Althaus am 12.6.1934; in *PAP.*
41 Dr. Schweitzer, Wustermarck, an Paul Althaus, 29.6.34 und 5.7.34, in *PAP.*
42 Heinrich Benckert, Schönow (Neumarck), an Paul Althaus, 3.7.34, in *PAP.*
43 Niemöller, a.a.O., S. 149.
44 Zum Beispiel Schweitzer an Althaus, 5.7.34, in *PAP.*
45 Paul Althaus an Pastor Henn, 11.6.64, in *PAP.* Althaus versucht hier zwar, seine Distanz zum *Ansbacher Ratschlag* darzulegen, spricht aber nicht davon, seine Unterschrift widerrufen zu haben.

46 Paul Althaus, *Gedanken zur »Theologischen Erklärung« der Barmer Bekenntnissynode,* in: *Korrespondenzblatt für die evangelisch-lutherischen Geistlichen in Bayern,* Nr. 28, 9.7.34. Diese »Gedanken« werden bei Niemöller, a.a.O., S. 168–70, diskutiert.

47 a.a.O., S. 169.

48 Vgl. Wolf, a.a.O.

49 Niemöller, a.a.O., S. 169–70.

50 Zitiert bei Wolf, a.a.O., S. 39.

51 a.a.O.

52 a.a.O., S. 39–40.

53 Julius Leutheuser, *Der Heiland in der Geschichte der Deutschen, oder Der Nationalsozialismus, vom Evangelium aus gesehen,* Weimar 1933, S. 5.

54 a.a.O., S. 10–15.

55 Julius Leutheuser, *Die deutsche Christusgemeinde und ihre Gegner. Eine Antwort an Herrn Pfarrer Ernst Otto und die lutherische Bekenntnisgemeinschaft in Thüringen,* Weimar o.D., S. 18–19. Die Argumente zeigen Leutheusers Anleihen bei der liberalen Theologie. Er reinterpretiert die Schrift sehr frei, um ihr in der gegenwärtigen Situation Bedeutung geben zu können.

56 Siegfried Leffler, *Christus im Dritten Reich der Deutschen. Wesen, Weg und Ziel der Kirchenbewegung »Deutsche Christen«,* Weimar o.D., Vorwort von 1935, S. 13–18.

57 a.a.O., S. 19–23.

58 a.a.O., S. 24–25.

59 a.a.O., S. 75.

60 a.a.O., S. 34.

61 a.a.O., S. 47.

62 a.a.O., S. 103.

63 Paul Althaus, *Die deutsche Stunde der Kirche,* a.a.O., S. 8.

64 Paul Althaus, *Christus und die deutsche Seele,* Gütersloh 1934, S. 5.

65 a.a.O., S. 7–16.

66 a.a.O., S. 22–23.

67 a.a.O., S. 24–26.

68 a.a.O., S. 27–29.

69 Für seine Kritik an Hauer siehe Paul Althaus, *Die Frage nach der Schuld im Deutschglauben. Zur Auseinandersetzung mit Wilhelm Hauer,* in: *Allgemeine Evangelisch-lutherische Kirchen-Zeitung,* Bd. 68, Nr. 20, 17. Mai 1935, S. 458-66.

70 Paul Althaus, *Christus und…,* a.a.O., S. 30, 33.

71 Paul Althaus, *Politisches Christentum. Ein Wort über die Thüringer »Deutschen Christen«,* Leipzig 1935, S. 2. Im folgenden *PC* abgekürzt; dieses Werk wurde als Band 5 der *Theologia Militans* veröffentlicht.

72 *PC*, S. 6. Zitiert aus Julius Leutheuser, *Die deutsche Christusgemeinde und ihre Gegner*, 3. Aufl., Weimar 1935, S. 4.
73 *PC*, S. 7–8.
74 *PC*, S. 9.
75 *PC*, S. 12.
76 *PC*, S. 9.
77 *PC*, S. 14.
78 *PC*, S. 14–16.
79 *PC*, S. 19.
80 *PC*, S. 22.
81 *PC*, S. 27–31.
82 Julius Leutheuser und Erich Fascher, *Ein theologisches Mißverständnis. Unsere Antwort an Paul Althaus,* 2. Aufl., Weimar o.D., S. 3-5.
83 a.a.O., S. 5–6.
84 a.a.O., S. 10.
85 a.a.O., S. 11–13.
86 a.a.O., S. 22–28.
87 a.a.O., S. 37.
88 Bethge berichtete darüber in einem Vortrag mit dem Titel *Kirchenkampf*, gehalten am 24. Juli 1979 an der Vancouver School of Theology, Vancouver.
89 Paul Althaus, *Kirche, Volk und Staat,* in: Eugen Gerstenmaier, Hg. *Kirche, Volk und Staat,* Berlin 1937, S. 29.
90 a.a.O., S. 30.
91 a.a.O.
92 a.a.O., S. 31.
93 a.a.O., S. 24.
94 Paul Althaus, *Christentum, Krieg und Frieden,* in: Eugen Gerstenmaier, a.a.O., S. 176–79.
95 a.a.O., S. 179–82.
96 Paul Althaus, *Verantwortung und Schuld der Kirche,* Berlin 1937, S. 11.
97 a.a.O., S. 13.
98 a.a.O., S. 14.
99 a.a.O.
100 Paul Althaus an Bischof Marahrens, 15.9.33 (Landeskirchliches Archiv Hannover, L2, 4a, Bd. 1).
101 a.a.O. In einem Gespräch am 19.5.1973 erzählte mir Klaus Scholder von einer ähnlichen Korrespondenz zwischen Althaus und Hirsch, in der Althaus seine Enttäuschung zum Ausdruck bringe wie seine Weigerung, öffentlich mit Hirsch oder den Nationalsozialisten zu brechen. Scholder zitiert auch Althaus' Rat an Bischof Meiser während der Wahl des Reichsbischofs 1933: er sähe keinen anderen Weg, als für Bodelschwingh einzustehen. Vgl. Klaus Scholder, *Die*

*Kirche und das Dritte Reich. Band I, Vorgeschichte und Zeit der Illusionen 1918–1934,* Berlin 1977, S. 440.

103 Bodelschwingh schrieb an Althaus und dankte ihm für seine treue Anteilnahme. Bodelschwingh an Althaus, 12.7.33, in *PAP.*

104 Gespräch mit Pastor Gerhard Althaus am 30.9.1982.

105 Staatskommissar für das Gesundheitswesen, Staatsministerium des Innern, an Paul Althaus am 4.8.33. Dieser Brief verbietet Althaus, über Themen zu sprechen, die mit »Rassenhygiene« zu tun haben. In einer dreiseitigen Antwort bat Althaus um eine Überprüfung dieser Entscheidung angesichts seiner Tätigkeit als systematischer Theologe, der sich mit Fragen christlicher Ethik befaßte. Paul Althaus an Staatskommissariat, Dr. Schultze, München, 9.8.33. Beide Briefe in *PAP.*

106 Gespräch mit Pastor Gerhard Althaus am 30.9.82.

107 Paul Althaus, *Adolf Schlatters Gabe an die systematische Theologie,* in: *Beiträge zur Förderung christlicher Theologie,* Bd. 40, Nr. 1, 1938, S. 32.

108 a.a.O., S. 33. Wolfgang Trillhaas glaubte, Althaus habe versucht, eine lutherische Alternative zur natürlichen Theologie der römisch-katholischen Kirche aufzubauen. Vgl. Tilgner, a.a.O., S. 179–80.

109 Vgl. zum Beispiel *Die deutsche Stunde der Kirche,* a.a.O., S. 10, 14.

110 Nach dem Krieg veröffentlichte Althaus das zweibändige Lehrbuch *Die christliche Wahrheit. Lehrbuch der Dogmatik,* Gütersloh 1947, 1948. Eine 2. Auflage beider Bände erschien 1949, eine 3. 1952. Pastor Enno Haase, der von 1946 bis 1950 in Göttingen Theologie studierte, erinnert sich, die »Ur-Offenbarung« aus diesem Text bezogen zu haben. Diese beiden Bücher seien zu der Zeit die einzig verfügbaren Texte zur Dogmatik gewesen, berichtete er in einem Gespräch am 25.8.1982.

111 Grass, a.a.O., S. 236.

112 a.a.O.

113 Wie abgedruckt bei Niemöller, a.a.O., S. 144–45.

114 Vgl. *Gedanken zur »Theologischen Erklärung« der Barmer Bekenntnissynode,* abgedruckt bei Niemöller, a.a.O., S. 169.

115 a.a.O.

116 Paul Althaus, *Theologie der Ordnungen*, Gütersloh 1934, S. 7. Im folgenden abgekürzt *TO.*

117 *TO,* S. 23.

118 *TO,* S. 9.

119 *TO,* S. 13–14.

120 *TO,* S. 17.

121 *TO,* S. 15.

122 *TO,* S. 26–30.

123 *TO,* S. 39.

124 Paul Althaus, *Völker vor und nach Christus*, Leipzig 1937, S. 4. Im folgenden *VC* abgekürzt.
125 Zitiert bei Tilgner, a.a.O., S. 181.
126 *VC*, S. 3-5. Vorlesung an der Universität Leipzig am 28. Mai 1937, später publiziert als Nr. 14 der *Theologia Militans*, einer Reihe, in der Althaus als Herausgeber fungierte.
127 *VC*, S. 6.
128 *VC*, S. 7.
129 *VC*, S. 8, 10–11.
130 *VC*, S. 8.
131 *VC*, 13–19.
132 Paul Althaus, *Luthers Lehre von den beiden Reichen im Feuer der Kritik*, in: *Um die Wahrheit des Evangeliums. Aufsätze und Vorträge*, Stuttgart 1962, S. 265–71.
133 Althaus äußerte diese Sorge bereits 1916 (vgl. *Die deutsche Stunde der Kirche*, S. 55–60). Es war auch das Hauptthema seiner Rede auf dem Deutschen Evangelischen Kirchentag in Königsberg 1927.
134 Paul Althaus, *Obrigkeit und Führertum*, Gütersloh 1936, S. 51. Im folgenden *OF* abgekürzt.
135 Paul Althaus, *Die deutsche Stunde der Kirche*, a.a.O., S. 7.
136 Paul Althaus, *Kirche und Staat nach lutherischer Lehre*, a.a.O., S. 5, 7–8.
137 a.a.O., S. 8.
138 *OF*, S. 5.
139 *OF*, S. 18–22.
140 *OF*, S. 42. Dieses Zitat stammt von G. May.
141 *OF*, S. 54.
142 Paul Althaus, *Kirche und Staat nach lutherischer Lehre*, a.a.O., S. 9–10.
143 *OF*, S. 47.
144 *OF*, S. 48–49.
145 *OF*, S. 50.
146 Paul Althaus, *Kirche, Volk und Staat*, a.a.O., S. 18.
147 a.a.O., S. 19.
148 Paul Althaus, *Kirche und Volkstum*, a.a.O., S. 34.
149 Vgl. zum Beispiel *VC*, S. 13.
150 Paul Althaus, *Kirche, Volk und Staat*, S. 25.
151 Paul Althaus, *Die deutsche Stunde der Kirche*, S. 51–53.
152 Vgl. *Theologische Blätter*, Bd. 12, Nr. 10, 1933, S. 289–94.
153 Vgl. a.a.O., S. 294–96.
154 Paul Althaus und Werner Elert, *Theologisches Gutachten über die Zulassung von Christen jüdischer Herkunft zu den Ämtern der deutschen evangelischen Kirche*, in: *Theologische Blätter*, Bd. 12, Nr. 11, 1933, S. 321–323.

155 a.a.O., S. 323.

156 a.a.O., S. 324.

157 Gespräch mit Gerhard Althaus am 30.9.82.

158 Wolfgang Trillhaas erinnert sich in *Aufgehobene Vergangenheit. Aus meinem Leben,* Göttingen 1976, S. 190.

159 Paul Althaus an Dr. Hans Meinzolt, am 22.9.47, in *PAP.* Althaus erwähnt, daß seine Tochter wegen einer Geisteskrankheit in ein Heim eingeliefert wurde. Ich glaube, aus anderen Quellen schließen zu können, daß sie von Geburt an einen Hirnschaden hatte und daß es für die Familie zu schwierig geworden war, sie zu versorgen.

160 Trillhaas, a.a.O., S. 202.

161 Paul Althaus, *Der Trost Gottes. Predigten in schwerer Zeit,* Gütersloh 1946. Die Predigt *Die gewaltige Hand Gottes* hielt er am 22.4.45. Vgl. S. 222–29.

162 *76 Entlassungen an der Erlanger Universität,* in: *Die Neue Zeitung,* 3.2.47, S. 3.

163 Dr. Hans Meinzolt an Paul Althaus, 21.8.46, in *PAP.*

164 a.a.O.

165 S. Anm. 162.

166 a.a.O.

167 Helmut Thielicke an Paul Althaus am 8.11.46, in *PAP.*

168 Ein ehemaliger Student an Paul Althaus, 30.11.46, in *PAP.*

169 Dekan Prof. Dr. Künneth, Bezirkssynode Erlangen, 9.2.47. Diese Erklärung trug den Stempel »Nicht für die Öffentlichkeit!«. Ich fand sie in *PAP.*

170 Paul Althaus an Hans Meinzolt, 22.9.1947, in *PAP.*

171 Helmut Thielicke, 28.3.47, in *PAP.*

172 Karl Heine, 10.5.47, in *PAP.*

173 Der öffentliche Kläger bei der Spruchkammer, Stadtkreis Erlangen. Aktenzeichen 2530/47 Dr. Th./Hg. TS-Nr. 3881, vom 30.12.47, *PAP.*

174 Military Government Liaison und Security Office Erlangen, 17.2.48, in *PAP.*

175 Paul Althaus, *Der Trost Gottes,* a.a.O., S. 13–14.

176 a.a.O., S. 41, 44.

177 a.a.O., S. 110.

178 a.a.O., S. 144.

179 a.a.O., S. 150.

180 a.a.O., S. 224.

181 a.a.O.

182 a.a.O., S. 226–29.

183 a.a.O., S. 234.

184 a.a.O., S. 235.

185 a.a.O., S. 246.

186 a.a.O., S. 282.

187 a.a.O., S. 297.

188 Hier handelt es sich um einen Teil einer Erklärung mit der Überschrift *Die Arbeiten der Erlanger* (o. D.) in *PAP*. Es sind ungefähr 10 Seiten Material, die Althaus für seine Verteidigungsschrift benutzte.

189 *Luthers Lehre von den beiden Reichen im Feuer der Kritik,* in: *Jahrbuch der Luthergesellschaft,* Bd. 24, 1957, S. 40–68. Nachgedruckt in: Paul Althaus, *Um die Wahrheit des Evangeliums. Aufsätze und Vorträge,* Stuttgart 1962, S. 263–92.

190 Paul Althaus, a.a.O., S. 284.

191 a.a.O., S. 289.

192 Paul Althaus, *Kirche und Volkstum,* a.a.O., S. 34.

193 Gespräch mit R. T. C. Gutteridge am 3. 6. 74. Vgl. auch Gutteridges Buch *The German Evangelical Church and the Jews, 1879–1950,* London 1976.

194 Vgl. Niemöller, a.a.O., S. 218.

## 4. Kapitel: Emanuel Hirsch – Der Nazi-Intellektuelle

1 Vgl. Jens Holger Schjørring, *Theologische Gewissensethik und politische Wirklichkeit: Das Beispiel Eduard Geismars und Emanuel Hirschs,* Göttingen 1979, S. 53. Im folgenden *TG* abgekürzt. Hirsch meint, daß in jenen Jahren Holl in seiner historischen und theologischen Analyse schärfer und radikaler war als Harnack. In einem Brief vom 13. März 1923 an Eduard Geismar schreibt er außerdem: »Es ist mir eines der größten Gottesgeschenke in meinem Leben gewesen, daß mich als jungen Fuchsen der Weg zur ersten Kollegstunde in die erste Kollegstunde führte, die Holl als junger Ordinarius an der Berliner Universität hielt.« Zitiert in *TG*, S. 53, Anm. 3.

2 Holl schrieb am 5. Mai 1917 an Adolf Schlatter: »Ich habe das Verlangen, diese Forschungen in Luther zunächst zu einem gewissen Ziele zu führen, und glaube, daß ich auch damit ein Kriegswerk verrichte.« Zitiert in *TG*, S. 59, Anm. 17. Beide, Holl wie Hirsch, suchten Ernst Troeltschs Schlußfolgerung zu widerlegen, daß Luthers Ethik ein Produkt des Mittelalters gewesen sei, ohne Bedeutung für die zeitgenössischen Deutschen.

3 Siehe Emanuel Hirsch, *Christliche Freiheit und politische Bindung. Ein Brief an Dr. Stapel und anderes,* Hamburg 1935, S. 46–47, für eine Aussage über seine Freundschaft zu Tillich und seine Dankbarkeit ihm gegenüber. Diese Arbeit wird im folgenden *CF* abgekürzt. Die enge Freundschaft der ersten frühen Jahre zwischen Hirsch und Tillich wird auch beschrieben in Wilhelm und Marion Pauck:

*Paul Tillich; His Life and Thought,* vol. I, *Life,* New York 1976, S. 30–36.

4 Emanuel Hirsch, *Fichtes Religionsphilosophie im Rahmen der philosophischen Gesamtentwicklung Fichtes,* Göttingen 1914 (Habilitationsschrift).

5 Später erinnerte sich Hirsch, daß er und seine Generation bereits vor 1914 Interesse an Kierkegaard gezeigt hätten. Vgl. Emanuel Hirsch, *Die gegenwärtige geistige Lage im Spiegel philosophischer und theologischer Besinnung,* Göttingen 1934, S. 85. Allerdings scheint er Kierkegaard tatsächlich erst nach dem Krieg ernsthaft gelesen zu haben. Vgl. *TG*, S. 145.

6 Am 12.12.21 schrieb Karl Barth an Geismar: »Denn ich bin leider nicht so fleißig und gewandt wie mein Nachbar Hirsch, der im Nu Dänisch gelernt hat und als Übersetzer auftreten kann.« Zitiert in *TG*, S. 122, Anm. 8. Wolfgang Trillhaas berichtet die vielleicht etwas zweifelhafte Geschichte, Hirsch habe eine mehrwöchige fiebrige Erkrankung genutzt, um Dänisch zu lernen; vgl. *Repräsentant und Außenseiter einer Generation. Nach dem Tod von Emanuel Hirsch,* in: *Evangelische Kommentare,* 5, 1972, S. 602.

7 Siehe z. B. Walter Lowries Hinweise auf Hirsch in der Einführung zu seiner Übersetzung von Søren Kierkegaard, *Fear and Trembling, and the Sickness unto Death*, Princeton 1954, S. 17–19.

8 Siehe *Kürschners Deutscher Gelehrtenkalender* für das Jahr 1970. Vgl. auch die biographischen Anmerkungen zu Hirsch in *Chronik der Georg-August-Universität zu Göttingen für das Rechnungsjahr 1913–30,* S. 17. Schließlich findet sich einiges an biographischer Information im Vorwort zu Hans-Walter Schütte, Hg., *Bibliographie Emanuel Hirsch,* Berlin 1972, S. 7.

9 Götz Harbsmeier war der erste, der mir in einem Gespräch am 13.10.72 diese Interpretation gab. Harbsmeier war von 1930–35 Student an der theologischen Fakultät Göttingen, zu deren Lehrkörper er dann später gehörte. Ein Gespräch mit zwei weiteren Kollegen Hirschs, nämlich den Professoren Hermann Dörries und Joachim Jeremias, am 14.10.1972 bestätigte diese Erklärung von Hirschs Zwangspensionierung. Hier sollte festgehalten werden, daß Hirsch als glänzender Lehrer galt. Harbsmeier sprach über seine Fähigkeit, die Ideen der Philosophen und Theologen des 19. Jahrhunderts für seine Studenten zum Leben zu erwecken und ihnen nahezubringen. Außerdem erinnerte er sich an zumindest eine Gelegenheit, bei der Studenten einen Fackelzug veranstalteten, weil Hirsch einen Ruf an einen anderen Lehrstuhl abgelehnt hatte. Zum Beweis vgl. *Fackelzug der Studentenschaft für Prof. Dr. Hirsch,* in: *Göttinger Tageblatt,* 18.2.31.

10 Während seiner Pensionierung schrieb Hirsch sogar einige erfolglose

Romane, wahrscheinlich um sein Einkommen zu verbessern. Ein Beispiel ist *Rückkehr ins Leben*, Hamburg 1952, das romantische Abenteuer einiger nach Deutschland geflohener französischer Hugenotten. Hier kommt zumindest indirekt auch Hirschs eigene Familiengeschichte mit ins Spiel.

11 Wolfgang Trillhaas, vgl. Anm. 6 oben, a.a.O. Trillhaas berücksichtigt hier auch Hirschs professionellen Stil und zweifellos die Tatsache, daß Tillich und Barth vor ihm gestorben waren. Für eine Liste von Hirschs Werken, siehe Hans-Walter Schüttes Bibliographie, a.a.O. Siehe auch Hayo Gerdes, Hg., *Wahrheit und Glaube. Festschrift für Emanuel Hirsch zu seinem 75. Geburtstag,* Itzehoe 1963.

12 Leszek Kolakowski äußerte zum Beispiel diese Auffassung am 9.10.1978 beim internationalen Wissenschaftler-Symposium zum Thema *Western Society after the Holocaust* in Seattle, Washington.

13 Gespräche mit Harbsmeier, Dörries und Jeremias bestätigten, daß Hirschs Politik nach 1945 unverändert schien.

14 Schjørring, a.a.O., stellt fest, daß Hirsch mit dieser Auffassung nicht alleine stand. Auch die Berliner Theologen Seeberg, Harnack, Troeltsch und Holl seien dieser Meinung gewesen. Vgl. *TG*, S. 56, Anm. 10.

15 Zitiert in *TG*, S. 58.

16 Zitiert in *TG,* S. 57.

17 a.a.O.

18 Wenn man Fritz Fischers Werk *Griff nach der Weltmacht. Kriegszielpolitik des Kaiserlichen Deutschland 1914/18,* Düsseldorf 1961, berücksichtigt, ist dies kaum überraschend. Schjørring stellte fest, daß auch Holl sich für die Annexion ausgesprochen habe. Vgl. *TG,* S. 62, Anm. 23.

19 Zitiert bei *TG,* S. 64.

20 a.a.O.

21 Dies geht aus all seinen späteren Arbeiten hervor. Er entwickelte ein soziales Bewußtsein, wie er später in *Die gegenwärtige geistige Lage,* S. 111–12, ausführte, doch blieben sozialistische Antworten für ihn immer unakzeptabel. Schjørring nennt es typisch, daß seine größte Sorge nach dem Krieg 1918 dem Los der heimgekehrten Soldaten galt. Vgl. *TG,* S. 63.

22 Hirsch beschreibt diese Umstände im Journal des theologischen Seminars. Ich bin Professor Walther Zimmerli, mit dem ich am 29.10.1982 ein Gespräch führte, für den Hinweis auf diese Eintragung dankbar.

23 Helmut Heiber, *Walter Frank und sein Reichsinstitut für Geschichte des neuen Deutschlands,* Stuttgart 1966, S. 1183.

24 Siehe *CF,* S. 5. Vgl. mit Holls Verwendung ähnlicher Vorstellungen in *TG,* S. 59, Anm. 17.

25 Emanuel Hirsch, *Deutschlands Schicksal,* 2. Aufl., Göttingen 1922, S. 1. Die 1. Auflage erschien 1920, die 3. 1925. Alle hier verwandten Zitate, im folgenden *DS* abgekürzt, entstammen der 2. Auflage.
26 *DS,* S. 1.
27 *DS,* S. 5.
28 a.a.O.
29 *DS,* S. 7–8.
30 *DS,* S. 8.
31 *DS,* S. 10–11.
32 *DS,* 11–14.
33 *DS,* S. 14.
34 *DS,* S. 15.
35 *DS,* S. 17.
36 *DS,* S. 18–20. Interessant ist Hirschs Begründung, die der anfangs zitierten von Werner Heisenberg ähnelt [Kap. I, Anm. 6].
37 *DS,* S. 20.
38 *DS,* S. 21.
39 *DS,* S. 22.
40 *DS,* S. 25.
41 *DS,* S. 29.
42 *DS,* S. 31.
43 *DS,* S. 32.
44 *DS,* S. 33.
45 *DS,* S. 34.
46 *DS,* S. 34–35.
47 *DS,* S. 36.
48 *DS,* S. 36–45.
49 *DS,* S. 48.
50 *DS,* S. 49.
51 *DS,* S. 55.
52 *DS,* S. 56–57.
53 *DS,* S. 58.
54 *DS,* S. 59–62.
55 *DS,* S. 67.
56 *DS,* S. 70.
57 *DS,* S. 75.
58 *DS,* S. 78.
59 *DS,* S. 84.
60 *DS,* S. 87.
61 *DS,* S. 90.
62 a.a.O.
63 *DS,* S. 91–93.
64 *DS,* S. 93–95.
65 *DS,* S. 96–101.

66 *DS,* S. 105–106.
67 *DS,* S. 108.
68 *DS,* S. 109. Diese Aussage erinnert an Hirschs Predigt vom 13. September 1914, siehe oben. Wiederum scheint Hirsch sich auf *1. Mose*, 32, zu beziehen.
69 *DS,* S. 110.
70 *DS,* S. 118–19.
71 *DS,* S. 122.
72 *DS,* S. 130–32, 134–35.
73 *DS,* S. 136–37.
74 *DS,* S. 139–41.
75 *DS,* S. 142–43.
76 *DS,* S. 142.
77 *DS,* S. 144.
78 *DS,* S. 145.
79 *DS,* S. 147–48.
80 *DS,* S. 149–51.
81 *DS,* S. 149–50.
82 *DS,* S. 153.
83 a.a.O.
84 *DS,* S. 155.
85 *DS,* S. 157. In den frühen zwanziger Jahren waren Barth und Hirsch Kollegen und offensichtlich Rivalen an der theologischen Fakultät in Göttingen. Trillhaas berichtet von dieser Rivalität und meint, daß Hirsch als einziger Barth intellektuell ebenbürtig gewesen sei im Göttingen jener Jahre. Vgl. Trillhaas, *Aufgehobene Vergangenheit. Aus meinem Leben,* Göttingen 1976, S. 88, 97–98.
86 *DS,* S. 159.
87 *DS,* S. 161.
88 Zitiert in *DS*, S. 162.
89 *DS,* S. 163.
90 *DS,* S. 164–65.
91 *DS,* S. 166.
92 *TG,* S. 129, 138.
93 Eine Gelegenheit, bei der Hirsch im Extremistenlager gewesen sein mag, war die Ermordung Walter Rathenaus. Schjørring zitiert einen Brief Barths an E. Thurneysen, in dem Hirsch den Mord gebilligt haben soll. Siehe *TG*, S. 131.
94 *TG,* S. 138–39.
95 *TG,* S. 137.
96 Zitiert in *TG,* S. 165.
97 a.a.O.
98 Zitiert in *TG*, S. 166.
99 Dieser Brief vom 4. Juli 1932 ist zitiert in *TG*, S. 167, Anm. 31.

Interessanterweise hat Hirsch Geismar mitgeteilt, daß seine antiökumenische Erklärung sich nicht gegen Dänemark richte, sondern gegen England, Frankreich und die Vereinigten Staaten wegen ihrer Haltung zum Versailler Vertrag.

100 Zitiert in *TG,* S. 167–68.

101 Zitiert in *TG,* S. 168.

102 Jonathan R.C. Wright, *»Über den Parteien«. Die politische Haltung der evangelischen Kirchenführer 1918–1933,* Göttingen 1977, S. 117.

103 a.a.O., S. 118.

104 a.a.O.

105 Für Hintergrundinformationen über diese Vorgänge siehe Ernst Bizer, *Der Fall Dehn*, in: Wilhelm Schneemelcher, Hg., *Festschrift für Günther Dehn,* Neukirchen 1957, S. 239–61. Siehe ebenso Günther Dehn, *Kirche und Völkerversöhnung. Dokumente zum Halleschen Universitätskonflikt,* Berlin 1931.

106 Wright, a.a.O., S. 173.

107 Dieses Buch, *Kirche und Völkerversöhnung...* (siehe Anm. 105) wird angeführt in *TG,* S. 171.

108 *TG,* S. 171–72.

109 *TG,* S. 173.

110 Dehn akzeptierte ein freies Forschungsjahr, das ihm aufgezwungen wurde. Während dieser Zeit sprach sich die Fakultät gegen seine Rückkehr aus, und im Rahmen des »Berufsbeamtengesetzes« von 1933 wurde er entlassen. Siehe *TG,* S. 172.

111 Brief von Hirsch an Geismar, 24. Oktober 1931, zitiert in *TG,* S. 152.

112 *Göttinger Tageblatt,* 9./10.4.32. »Ich werde Hitler wählen!«. Dieser von Hirsch am 8.4.32 unterzeichnete Brief sollte offenbar dazu anregen, Hitler zu wählen.

113 Emanuel Hirsch, *Das kirchliche Wollen der Deutschen Christen*, Berlin 1933, S. 7. Im folgenden abgekürzt als *KW.*

114 Brief von Hirsch an Bischof Marahrens vom 15. April 1933, zitiert in *TG,* S. 179.

115 *KW,* S. 14–15.

116 *KW,* S. 27.

117 *KW,* S. 14–15.

118 *KW,* S. 28.

119 *KW,* S. 22.

120 *KW,* S. 24.

121 Siehe Wrights Beschreibung dieser Ereignisse, a.a.O., S. 197–230. Hirsch beschrieb seine Rolle in dieser Auseinandersetzung in einem Aufsatz mit dem Titel *Zur Geschichte des Streits um den Reichsbischof,* der zuerst in *Der Reichsbote*, Nr. 130, 7. Juni 1933, erschien und später in *KW,* S. 29–31. Hirsch deutete die Ereignisse im Lichte der Deutschen Christen. Sein einziger Irrtum scheint gewesen zu

sein, daß Müller von einer ostpreußischen Gruppe Deutscher Christen zum Reichsbischof vorgeschlagen worden war, bevor die Jungreformierten mit ihrem Kandidaten Bodelschwingh kamen. Hirsch macht aus dieser Behauptung, daß die Jungreformierten als erste einen Kandidaten vorschlugen, eine ziemlich große Sache.

122 Dieser Artikel *Volk, Staat und Kirche* erschien am 4. Juni 1933 in *Evangelisches Deutschland,* S. 204ff., und wurde erneut abgedruckt in *KW,* S. 25–27.

123 *KW,* S. 30.

124 *Nationalsozialismus und Kirche. Um die Berufung des evangelischen Reichsbischofs,* in: *Völkischer Beobachter,* Bd. 26, Nr. 148–9, 28./29. Mai 1933. Dieser Artikel erschien in *KW,* S. 23–24.

125 *KW,* S. 27–28.

126 Emanuel Hirsch, *Theologisches Gutachten in der Nichtarierfrage,* in: *Deutsche Theologie,* 5. Mai 1934, S. 182–84.

127 a.a.O., S. 191–92. Möglicherweise war Frau Hirsch antisemitischer als ihr Mann. Eine Augenzeugin berichtet von einem Vorfall während eines Frauentreffens in der St. Albani-Kirche ungefähr 1934. Nachdem eine Referentin verständnisvoll über das Thema Nationalsozialismus und Judentum gesprochen hatte, »stand die Frau des Theologen Hirsch auf und sagte, ob wir überhaupt wüßten, daß die Vortragende einen Bastard geboren hätte«. Frau Hirsch habe dann erzählt, daß die Vortragende mit einem Juden verheiratet gewesen sei. Die Berichterstatterin habe anschließend Frau Hirsch zur Rede gestellt und ihr Entsetzen über dieses Benehmen zum Ausdruck gebracht, woraufhin die beiden Frauen nie wieder ein Wort miteinander wechselten. Siehe Ulrich Popplow, *Die Machtergreifung in Augenzeugenberichten: Göttingen 1932–1935,* in: *Göttinger Jahrbuch 1977,* Göttingen 1977, S. 166.

128 Emanuel Hirsch, *Die gegenwärtige geistige Lage im Spiegel philosophischer und theologischer Besinnung,* Göttingen 1934, S. 1. Im folgenden *GG* abgekürzt.

129 *GG,* S. 1.

130 *GG,* Einführung.

131 In seinem »Geleitwort« wendet Hirsch sich an jene Studenten, die durch Mitgliedschaft in der SA und Teilnahme an der nationalsozialistischen Bewegung die Nation vor dem Bolschewismus bewahrt hätten. Doch ist dieses Buch auch an Pastoren gerichtet. Schließlich wendet er sich an die Ausländer, um ihnen zu zeigen, wie ein Christ in Deutschland die Ereignisse von 1933 sehe; *GG,* S. 3.

132 *GG,* S. 7–9.

133 *GG,* S. 12.

134 *GG,* S. 13.

135 *GG,* S. 14–15.

136 *GG*, S. 15.
137 *GG*, S. 16.
138 *GG*, S. 27.
139 a.a.O.
140 Hirsch entschuldigt sich, daß er griechische Begriffe statt deutscher verwendet, weist aber gleichzeitig darauf hin, daß er sich der deutschen Sprache mehr bedient als die meisten anderen Autoren. Dies war natürlich ein Anliegen der deutschen Nationalisten, das bis auf Ernst Moritz Arndt und den Turnvater Jahn zurückgeht. *GG*, S. 3, 5.
141 *GG*, S. 28, 33.
142 *GG*, S. 29–30.
143 *GG*, S. 37.
144 *GG*, S. 35.
145 *GG*, S. 39–40.
146 *GG*, S. 41.
147 *GG*, S. 44.
148 a.a.O.
149 *GG*, S. 23–24.
150 *GG*, S. 24.
151 a.a.O.
152 *GG*, S. 48.
153 *GG*, S. 52–54.
154 *GG*, S. 57–58.
155 *GG*, S. 57.
156 Diese Fragen werden in *GG*, S. 62-65 diskutiert.
157 *GG*, S. 67.
158 *GG*, S. 74–77.
159 *GG*, S. 77.
160 *GG*, S. 82
161 Zwar datiert Schjørring Hirschs Interesse an Kierkegaard auf 1920, Hirsch behauptet, daß dies bereits während seiner Studentenzeit der Fall war; *GG*, S. 85.
162 *GG*, S. 97
163 *GG*, S. 98.
164 *GG*, S. 100.
165 *GG*, S. 105.
166 *GG*, S. 108.
167 *GG*, S. 111–112.
168 *GG*, S. 114.
169 *GG*, S. 116.
170 *GG*, S. 117.
171 *GG*, S. 116–17.
172 *GG*, S. 118–19.

173 *GG,* S. 126.
174 *GG,* S. 127.
175 *GG,* S. 128.
176 *GG,* S. 133.
177 *GG,* S. 139–40. Hirsch nennt Barth bei diesem Vorwurf nicht beim Namen, aber er ist eindeutig der Adressat.
178 *GG,* S. 145.
179 *GG,* S. 144.
180 *GG,* S. 147–49.
181 *GG,* S. 151.
182 a.a.O.
183 *GG,* S. 153.
184 Heims Position findet sich beschrieben in *GG,* S. 154–56. Hirschs Antwort erschien zuerst in *Glaube und Volk*, Bd. 1, Nr. 5, 15. Mai 1932, S. 65–71.
185 *GG,* S. 160.
186 *GG,* S. 162–63.
187 *GG,* S. 164.
188 Emanuel Hirsch, *Der Weg der Theologie,* Stuttgart 1937, S. 21.
189 a.a.O., S. 23–25.
190 Emanuel Hirsch, *Das Wesen des Christentums,* Weimar 1939, S. VI. Im folgenden *WC* abgekürzt.
191 *WC,* S. 57.
192 *WC,* S. 57–58.
193 *WC,* S. 158.
194 Obgleich es möglich ist, daß beide Aussagen Hirschs Ansichten bekräftigen, könnte die erste auch als eine Hervorhebung der göttlich-menschlichen Paradoxie in Jesus interpretiert, die zweite der Unwissenheit der Massen über die wahren Ursprünge Jesu zugeschrieben werden.
195 Dieses Argument wird in einem Anhang vorgebracht, *WC,* S. 158–65.
196 *WC,* S. 8.
197 *WC,* S. 87–91.
198 *WC,* S. 138–41.
199 *WC,* S. 145.
200 *WC,* S. 155.
201 Berlin Document Center, Parteikanzlei-Korrespondenz.
202 Berlin Document Center, NS-Lehrerbund-Akten.
203 Die Geschichte von Marahrens und der hannoverschen Kirche findet sich in Eberhard Klügel, *Die lutherische Landeskirche Hannovers und ihr Bischof 1933–1945,* Hannover 1964.
204 Siehe oben, S. 144–145.
205 Marahrens an Paul Althaus, 19.5.33, *PAP.*

206 Gespräch mit Prof. Hermann Dörries am 14.10.1972.

207 Diesen Bericht erhielt ich von Prof. Walther Zimmerli in einem Gespräch am 29.10.1982 und die Bestätigung durch Prof. Wolfgang Trillhaas in einem Gespräch am 2.11.1982.

208 Diese Information erscheint in der Personalakte Hirschs im Göttinger Universitätsarchiv. Im folgenden werde ich diese Akte mit *PH* und der Nummer des entsprechenden Eintrags abkürzen, in diesem Fall *PH* 3. Auf die Bedeutung von Hirschs Position beim NS-Dozentenbund machte mich Prof. Trillhaas aufmerksam.

209 D. Adolf Wischmann an Prof. Wolfgang Trillhaas, 18.3.1982. Prof. Trillhaas hat mir diesen Brief freundlicherweise gezeigt.

210 Hirsch an Kirchenrat Mattiat, Ministerium für Wissenschaft, Kunst und Volksbildung, 14.12.34. Dieser Brief befindet sich bei den Akten der theologischen Fakultät im Universitätsarchiv Göttingen, im folgenden zusammen mit der Eintragsnummer *TF* abgekürzt, im vorliegenden Fall *TF* 140.

211 Minister für Wissenschaft an Rektoren, 10.1.35, *TF* 40.

212 Rust an Kuratoren, 28.2.35, *TF* 140.

213 Stange, Meyer, Bauer, Dörries, von Campenhausen und Hoffmann an Minister für Wissenschaft, 12.3.35. Hirsch an Minister für Wissenschaft, beide *TF* 140.

214 Dieser Bericht kam von einem langjährigen Mitglied der theologischen Fakultät. Wenn ich auch seine Genauigkeit nicht verifizieren kann, scheint er mir mit den Persönlichkeiten der beiden Männer übereinzustimmen.

215 Walter Birnbaum, *Zeuge meiner Zeit. Aussagen zu 1912 bis 1972,* Göttingen 1973, S. 139.

216 a.a.O., S. 156–59.

217 a.a.O., S. 190–91.

218 a.a.O., S. 194.

219 Wolfgang Schroeder an Pastor Klügel, 25.7.35, Landeskirchliches Archiv Hannover, im folgenden *LKA* abgekürzt, Akte S1 HII 133a.

220 a.a.O.

221 Rust an Dekane, 6.6.35, *TF* 140.

222 Hirsch an Rust, 17.6.35, *TF* 140. Hirsch schrieb auch an Mattiat am 13.6.35. In diesem Brief berichtet er über Bischof Marahrens' Unterstützung der Bekennenden Kirche mitsamt der Augsburger Synode und ihren Ersatz-Instruktionen für die Studenten der Bekennenden Kirche.

223 Rust an die Evangelischen Theologischen Fakultäten, 4.7.35, *TF* 140.

224 Hirsch an den Stiftsinspektor, 6.11.35, *TF* 140.

225 Präsident Schnelle an Hirsch, 23.11.35, und Hirsch an Schnelle, 3.12.35, *TF* 140.

226 Birnbaum hat zwei Erklärungen verfaßt, beide vom 22.11.35, beide in *TF* 140.
227 »Urteil des Dekans der Theologischen Fakultät über das zweckmäßig einzuschlagende Verfahren«, an Mattiat, am 22.11.35, *TF* 140.
228 In einem Brief an Mattiat vom 26.11.35 warnt Hirsch davor, um Gottes willen keine Märtyrer zu schaffen, *TF* 140.
229 Reichsminister für Wissenschaft, Erziehung und Volksbildung an Kurator, 14.12.35, *TF* 140.
230 Hirsch an Reichsminister, 23.12.35, *TF* 140.
231 Hirsch an Hoffmann, 23.12.35, *TF* 140. Unterlagen in Hannover zeigen, daß Hoffmann tatsächlich in dieser Rolle für die Bekennende Kirche fungierte, auf Vorschlag Dörries'. Siehe »Ersatz für die Birnbaumschen Seminare«, in *LKA*, S1 HII 133a.
232 Hoffmann an Hirsch, 1.1.36, *TF* 140.
233 Hirsch an Reichsminister, »vertraulich«, 31.1.36, *TF* 140.
234 Minister für Wissenschaft an Universitätskuratoren, 15.1.36, *TF* 140.
235 Hirsch an Kurator, 21.2.36, *TF* 140.
236 Hirsch an Dozent Dr. Freiherr v. Campenhausen, 25.2.36, *TF* 140.
237 v. Campenhausen an Hirsch, 29.2.36, *TF* 140.
238 Hirsch an v. Campenhausen, 3.3.36, *TF* 140.
239 Vgl. Klügel, a.a.O., S. 326–27.
240 Hirsch an Minister, 13.11.36, *TF* 140.
241 Minister an Dekane, 17.11.36, *TF* 40.
242 Hirsch an Stadtsuperintendent Dr. Lueder, 24.11.36, und an Reichsminister, 24.3.37, *TF* 140.
243 Reichsministerium (i.A. Mattiat) an LKA Hannover, 16.4.37, *TF* 140.
244 Heinz Rettberg an Minister, 16.2.37, *TF* 140.
245 Hirsch an Minister, 19.2.37, Minister an Hirsch, 22.3.37, *TF* 140.
246 Ein Artikel, *Die Lage der Theologie,* erschien in *Deutsche Theologie* und wurde kritisiert in *Der Rat der Evangelisch-Lutherischen Kirche Deutschlands. An die Bekenntnisgemeinschaft der evang. Luth. Landeskirche Hannover,* 8.9.36; das Dokument trägt die Unterschrift Stoll, in *LKA*, S1 HII 132. Die zweite Arbeit, *Das Alte Testament und die Predigt des Evangeliums,* wird kritisiert in *Zu der im Erlaß des Herrn Reichsministers für die kirchlichen Angelegenheiten ... vom 16. Mai 1938,* S. 3, in *LKA,* S1 HII 133. Dies ist der Entwurf zu einer Erklärung gegen den ministeriellen Erlaß.
247 Nachweise hierfür finden sich in *LKA*, S1 HII 133a, z.B. Minister für kirchliche Angelegenheiten an Landeskirche Hannover, 15.8.38.
248 Hirsch an Mitglieder der theologischen Fakultät, 15.5.37, *TF* 140.
249 Hirsch an Kurator, 14.8.37, *TF* 140.
250 Hirsch an Rektor, 26.9.37, *TF* 140.

251 Hinweise auf diesen Erlaß in *LKA*, S1 HII 133 und 133a. Das Ministerium für kirchliche Angelegenheiten wurde am 16. Juli 1935 als ein Zweig des Reichsministeriums geschaffen und war für die Kirchen beider Konfessionen zuständig. Hans Kerrl wurde zum Reichsminister für kirchliche Angelegenheiten ernannt und bekleidete diesen Posten bis zu seinem Tod am 14. 12. 1941.

252 Diese Petitionen befinden sich in *LKA*, S1 HII 133.

253 *Denkschrift: Die Zukunft der theologischen Prüfungen,* Juni 1938, S. 2, in *LKA,* S1 HII 133a.

254 a.a.O., S. 3.

255 a.a.O., S. 4.

256 Marahrens, Tagebuch Nr. 2490, 16. Juni 1938, in *LKA*, S1 HII 133a.

257 Reichsminister für kirchliche Angelegenheiten an die Kirchenregierung der Evangelisch-Lutherischen Landeskirche Hannover, 15. 8. 38, in *LKA*, S1 HII 133a.

258 a.a.O.

259 Hirsch an die Studenten der Theologie, 16. 8. 38, in *LKA,* S1 HII 133a.

260 Oberlandeskirchenrat Stalmann an Marahrens, 27. 8. 38, in *LKA*, S1 HII 133a. Stalmanns Name erscheint nicht auf diesem Brief, aber einer der folgenden Briefe in diesem Akt von Stalmann an Oberlandeskirchenrat Meyer läßt von Schrifttyp und Inhalt darauf schließen, daß er der Absender und somit der Verfasser des Briefes an Marahrens gewesen sein muß.

261 »Erwägungen zum Schreiben vom 27. 8.«, mit Marahrens' Initialen, in *LKA*, S1 HII 133a. Dies ist eine Reaktion auf Stalmanns Bericht von seinem Treffen mit Hirsch.

262 Ich schließe dies aus einem Brief Stalmanns an Meyer vom 9. 9. 38, in dem Stalmann schreibt, daß er die Herbstprüfungen vorbereite. Er bedauert, Meyer mitteilen zu müssen, daß er mit Birnbaum prüfen werde, daß aber aktive Studenten der Bekennenden Kirche sich nicht prüfen zu lassen brauchen. Vgl. *LKA,* S1 HII 133a.

263 Birnbaum, a.a.O., S. 232–33.

264 Gespräch mit Harbsmeier.

265 Jeremias und Dörries bestätigten Hirschs politische Uneinsichtigkeit nach 1945. Prof. Roy Harrisville vom Luther Theological Seminary in St. Paul, Minnesota, berichtet, bei einem Deutschlandbesuch hiervon gehört zu haben.

266 John Gardner, Begründer der liberalen amerikanischen Organisation »Common Cause«, beklagte in einer Rede an der Stanford Universität im Herbst 1979, daß Amerika gegenwärtig unter einem zu großen Pluralismus leide: »Eine Gesellschaft, in der der Pluralismus nicht von bestimmten gemeinsamen Werten unterstützt wird, kann nicht überleben. Pluralismus ohne die Verpflichtung an das

Gemeinwohl ist ein völlig wild gewordener Pluralismus.« Vgl. *American Society OD'ing on Pluralism-Gardner,* in: *Campus Report*, vol. 12, Nr. 4, 10. Okt. 1979, S. 11. (Dies ist eine Publikation der Stanford-Mitarbeiter und Professoren). Politische Bedenken in England zur Einwanderungspolitik sind ein weiteres Beispiel für die zeitgenössische Furcht vor Pluralismus und seinen Auswirkungen.

267 Vgl. Karl Barth, *The German Church Struggle. Tribulation and Promise,* London 1938.

268 Vgl. Hirschs Ausführungen in *Deutsches Volkstum und evangelischer Glaube,* Hamburg 1934. Hirschs spezielle Antwort an Barth findet sich in *KW,* S. 5–17.

269 Siehe Karl Barth, *The Christian Commitment in the Midst of Religious Change: Documents of a Hungarian Journey,* in: *Against the Stream: Shorter Post-War Writings, 1946–52,* Hg. Ronald Gregor Smith, London 1954.

270 Wilhelm und Marion Pauck, *Paul Tillich; His Life and Thought. Vol. I: Life,* New York 1976, S. 30.

271 a.a.O., S. 35–36.

272 a.a.O., S. 36.

273 Paul Tillich, *Die Theologie des Kairos und die gegenwärtige geistige Lage. Offener Brief an Emanuel Hirsch, Göttingen, von Paul Tillich, z. Zt. New York,* in: *Theologische Blätter,* Bd. 13, Nr. 11. November 1934, S. 305. Im folgenden *TK* abgekürzt.

274 *TK,* S. 306.

275 *TK,* S. 307.

276 *TK,* S. 308.

277 *TK,* S. 309–10.

278 *TK,* S. 312.

279 *TK,* S. 318.

280 *TK,* S. 319.

281 *TK,* S. 320.

282 *TK,* S. 323.

283 *TK,* S. 326.

284 *TK,* S. 328.

285 Emanuel Hirsch, *Christliche Freiheit und politische Bindung. Ein Brief an Dr. Stapel und anderes,* Hamburg 1935, S. 7. Im folgenden *CF* abgekürzt.

286 *CF,* S. 13–14.

287 *CF,* S. 14 + 16.

288 *CF,* S. 17 + 19.

289 *CF,* S. 20.

290 *CF,* S. 28.

291 *CF,* S. 26.

292 *CF,* S. 25.

293 *CF,* S. 29.
294 *CF,* S. 39–41.
295 *CF,* S. 38.
296 *CF,* S. 42 + 45.
297 *CF,* S. 26.
298 *CF,* S. 46–47.
299 Zusätzlich zu ihrer gemeinsamen existential-historischen Einstellung zur Theologie ähnelten sich Hirsch und Tillich auch häufig auf spezifischere Weise. In *Das Wesen des Christentums* zum Beispiel nennt Hirsch den Begriff Gott als den Namen, den wir für das Geheimnis oder die Tiefe des Lebens haben, was Tillichs »Grund allen Seins« nahekommt.
300 Siehe Rollo May, *Paulus. Reminiscences of a Friendship,* New York 1973. In einem Vortrag in Tacoma, Washington am 12. Februar 1975 äußerte May diese Auffassung erneut, ebenso wie in einem Gespräch mit dem Verfasser.
301 Für Hirschs Ansichten zur Bedeutung der Rechtfertigungslehre vgl. *WC*, S. 47–48.
302 Emanuel Hirsch, *Der Weg der Theologie,* Stuttgart 1937, S. 39.
303 a.a.O., S. 40.
304 a.a.O. Vgl. Kapitel III für eine Beschreibung von Hirschs Interpretation der Ostergeschichte.
305 Dietrich Bonhoeffer, *Widerstand und Ergebung. Briefe und Aufzeichnungen aus der Haft,* Hg. Eberhard Bethge, München 1959[9], S. 257 ff.
306 Hirsch, *Der Weg der Theologie,* S. 40–42.
307 *WC,* S. 133.
308 Scholder, a.a.O., S. VIII-IX.
309 Gespräch mit Eberhard Bethge am 25. Juli 1979.
310 Wolfgang Tilgner, *Volksnomostheologie und Schöpfungsglaube. Ein Beitrag zur Geschichte des Kirchenkampfes,* Göttingen 1966, S. 142 (Arbeiten zur Geschichte des Kirchenkampfes, Bd. 16).
311 a.a.O., S. 151.
312 a.a.O., S. 15.
313 a.a.O., S. 155.
314 Dieses Zitat aus Barths *Kirchlicher Dogmatik*, Bd. 4, S. 20, findet sich in Tilgner, a.a.O., S. 157, Anm. 3.
315 Tilgner, a.a.O., S. 200.
316 a.a.O., S, 156.
317 Schjørring, a.a.O., S. 134.
318 Ich danke Klaus Scholder von der Universität Tübingen für seine Hilfsbereitschaft, mir eine Fotokopie dieses auf den 9. Juli 1934 datierten Dokuments zukommen zu lassen.
319 *PH* 179 im Göttinger Universitätsarchiv.

320 Hirsch an Rektor Smend, 30.5.45, *TF* 17, Göttinger Universitätsarchiv.

321 Diese Auffassung fand sich bei Gesprächen mit den Professoren Dörries am 14.10.72, Jeremias am 14.10.72, Harbsmeier am 13.10.72 und Trillhaas am 2.11.82. Ebenso findet sie sich in einem Brief des Kurators an Dr. Zierold vom 11.10.49, *PH* 184.

322 Rektor an Kurator, 25.6.45, *TF* 17. In seinem Bericht fügte Smend hinzu, daß Beatty anscheinend etwas mißverstanden habe und davon ausgegangen sei, daß Hirschs Fragebogen geprüft und gebilligt worden war. Smend nutzte jedoch dieses Mißverständnis und bestätigte Hirschs Pensionierung als genehmigt.

323 Rektor an Kurator, 13.6.45, *PH* 172.

324 Diese Aktivität wird zum Beispiel bei Trillhaas berichtet, *Aufgehobene Vergangenheit...*, a.a.O., S. 218.

325 Dr. Zierold, Geschäftsführender Vizepräsident der Notgemeinschaft der deutschen Wissenschaft an Kurator Bojunga, 7.10.49, *PH* 183.

326 Kurator an Zierold, 11.10.49, *PH* 184.

327 a.a.O.

328 Hirsch an Rektor, 12.2.52, *PH* 186.

329 Rektor Trillhaas an Hirsch,, 14.2.52, *PH* 185.

330 Birnbaum an Oberbürgermeister Abg. Föge, 26.9.54, *PH* 188–89.

331 Theologischer Dekan an Rektor, 29.2.56, *TF* 17.

332 a.a.O.

333 Prof. Hempel an Dekan, 13.2.59 an Kurator, 2.5.59, *PH* 219, 222.

334 Hempel an Dekan, 13.2.59, *PH* 219.

335 Rektor an Dekan, 9.10.56, *TF* 17. Ebenso, Niedersächsischer Kultusminister an Kurator, 6.2.57, *PH* 202.

336 Gespräche mit Harbsmeier, Dörries, Jeremias und Trillhaas.

337 Birnbaum an Rektor, 12.11.56, *PH* 196.

338 Rektor an Dekan, 19.11.56, *PH* 197.

339 Rektor an Hirsch, 8.12.56, *PH* 199.

340 Hirsch an Rektor, 12.12.56, *PH* 200.

341 Für Birnbaums Bericht über seine Entnazifizierung und seinen Kampf dagegen vgl. Birnbaum, a.a.O., S. 242-78. Archivmaterial hierzu in *LKA*, S1 HII 133 und 133a.

342 Birnbaum, a.a.O., S. 242–51.

343 a.a.O., S. 253.

344 a.a.O., S. 255–57.

345 a.a.O., S. 262-68.

346 Zitiert bei Birnbaum. S. 269.

347 Nach Birnbaum protestierte die juristische Fakultät sogar gegen die illegale Haltung der theologischen Fakultät. Vgl. S. 272.

348 Birnbaum, a.a.O., S. 289.

349 Vgl. z.B. a.a.O., S. 246.

350 Birnbaum an Oberbürgermeister Abg. Föge, 26.9.54, *PH* 189.

351 Prof. Smend an Kurator, 23.4.58, *PH* 207. Diese positive Sicht Webers wurde von Zimmerli in einem Gespräch am 29.10.82 bestätigt.

# Literaturverzeichnis

Eine vollständige Bibliographie der Werke von Paul Althaus für die Jahre 1911–1958 findet sich in Walter Künneth und Wilfried Joest, Hg., *Dank an Paul Althaus. Eine Festgabe zum 70. Geburtstag,* Gütersloh 1958. Seine Veröffentlichungen von 1958 bis 1966 sind aufgeführt in Hans Grass, *Die Theologie von Paul Althaus,* in: *Neue Zeitschrift für Systematische Theologie,* 8 (1966). Eine vollständige Bibliographie der Werke von Emanuel Hirsch findet sich in Hans-Walter Schütte, Hg., *Bibliographie Emanuel Hirsch,* Berlin 1972.

## Unveröffentlichtes Material


Böbel, Friedrich, *Menschliche und christliche Wahrheit bei Emanuel Hirsch,* Diss. Erlangen 1961.

Debrunner, Albert, *Professor Gerhard Kittel und die Judenfrage. Eine Stellungnahme zur Verteidigung von Kittel.* Herman Preus erhielt 1947 eine Kopie dieses Papiers.

Dittmann, Wilhelm, *Erklärung.* Geschrieben am 13. Februar 1947 zur Verteidigung von Kittel. Eine Kopie befindet sich im Besitz von Herman Preus.

Göttinger Universitätsarchiv, *Akten* der theologischen Fakultät und die *Personalakten* von Emanuel Hirsch.

Jacobs, Manfred, *Vom Liberalismus zur Dialektischen Theologie,* Habilitationsschrift Hamburg 1966.

Kelly, Reece C., *National Socialism and German University Teachers. The NSDAP's efforts to Create a National Socialist Professoriate and Scholarship,* University of Washington Diss. 1973.

Kittel, Gerhard – Herbert M. Loewe, *Korrespondenz* im Besitz von Kittels Sohn Raphael; Kopien befinden sich in der Wiener Library.

Kittel, Gerhard – Herman Preus, *Korrespondenz* im Besitz von Herman Preus.

Kittel, Gerhard, *Die Entstehung des Judentums.* Vorlesung an der Universität Wien vom 22. März 1943; Theologische Bibliothek der Universität Tübingen.

–, *Die Judenfrage im Neuen Testament,* Manuskript datiert 1944–45; im Besitz von Herman Preus.

–, *Meine Verteidigung,* datiert Juni 1945; eine Kopie des Manuskripts befindet sich im Besitz von Herman Preus.
–, *Meine Verteidigung,* revidierte und erweiterte Fassung vom November–Dezember 1946; eine Kopie des Manuskripts befindet sich im Tübinger Universitätsarchiv.
–, *Das Rassenproblem der Spätantike und das Frühchristentum.* Vorlesung an der Universität Wien vom 15. Juni 1944; Theologische Bibliothek der Universität Tübingen.
–, *Personalakten Gerhard Kittel;* Wiener Library.
Landeskirchliches Archiv Hannover. Dieses Archiv enthält die Akten *Streit über Prof. Emanuel Hirsch* (S1 HII 132), *Streit über Prof. Birnbaum* (S1 HII 133), *Universität Göttingen, Prof. Birnbaum gegen Prof. Dörries,* 1954 (S1 HII 133a).
NS-Lehrerbund, *Akten;* Berlin Document Center.
*Parteikanzlei-Korrespondenz;* Berlin Document Center.
*Paul Althaus-Papiere;* im Besitz von Gerhard Althaus.
Schwartz, George M., *Political Attitudes in the German Universities during the Reign of William II,* Oxford Diss. 1961.
Schweer, Wennemar, *Die theologische Ethik des Politischen bei Emanuel Hirsch,* Diss. Heidelberg 1969.
Trillhaas, Wolfgang – Emanuel Hirsch, *Korrespondenz* im Besitz von Wolfgang Trillhaas.

**Veröffentlichtes Material**

1. Paul Althaus

*Adolf Schlatters Gabe an die systematische Theologie,* in: *Beiträge zur Förderung christlicher Theologie (Beiträge),* 40, 1 (1938).
*Christentum, Krieg und Frieden,* in: Eugen Gerstenmaier, Hg., *Kirche, Volk und Staat,* Berlin 1937.
*Christologisches. Fragen an Emanuel Hirsch,* in: Hayo Gerdes, Hg., *Wahrheit und Glaube. Festschrift an Emanuel Hirsch,* Itzehoe 1963.
*Christus und die deutsche Seele,* Gütersloh 1934.
*Das sogenannte Kerygma und der historische Jesus. Zur Kritik der heutigen Kerygma-Theologie,* Gütersloh 1958.
*Der Schöpfungsgedanke bei Luther,* in: *Bayerische Akademie der Wissenschaften – Sitzungsberichte,* 7 (1959).
*Der Trost Gottes: Predigten in schwerer Zeit,* Gütersloh 1946.
*Die christliche Wahrheit. Lehrbuch der Dogmatik,* Gütersloh 1947, 3. Aufl. 1952.

*Die deutsche Stunde der Kirche*, 3. Aufl. Göttingen 1934.
*Die Frage nach der Schuld im Deutschglauben. Zur Auseinandersetzung mit Wilhelm Hauer*, in: *Allgemeine Evangelisch-lutherische Kirchenzeitung (AELKZ)*, 68, 20 (17. Mai 1935).
*Die Wahrheit des kirchlichen Osterglaubens. Einspruch gegen Emanuel Hirsch*, in: *Beiträge*, 49, 2.
*Gedanken zur »Theologischen Erklärung« der Barmer Bekenntnissynode*, in: *Korrespondenzblatt für die evangelisch-lutherischen Geistlichen in Bayern*, 28 (Juli 1934).
*Kirche und Staat nach lutherischer Lehre*, Leipzig 1935.
*Kirche und Volkstum. Der völkische Wille im Lichte des Evangeliums*, Gütersloh 1928.
*Kirche, Volk und Staat*, in: Gerstenmaier, Hg., *Kirche, Volk und Staat*, Berlin 1937.
*Luthers Lehre von den beiden Reichen im Feuer der Kritik*, in: Paul Althaus, *Um die Wahrheit des Evangeliums. Aufsätze und Vorträge*, Stuttgart 1962.
*Obrigkeit und Führertum*, Gütersloh 1936.
*Politisches Christentum. Ein Wort über die Thüringer »Deutschen Christen«*, Leipzig 1935.
*Religiöser Sozialismus. Grundfragen der christlichen Sozialethik*, Gütersloh 1921.
*Staatsgedanke und Reich Gottes*, Langensalza 1923.
*Theologie der Ordnungen*, Gütersloh 1934.
*Toleranz und Intoleranz des Glaubens*, in: *AELKZ*, 66, 44 (3. Nov. 1933).
*Um die lutherische Kirche Deutschlands*, in: *AELKZ*, 67, 37 (14. Mai 1934).
*Um die Wahrheit des Evangeliums. Aufsätze und Vorträge*, Stuttgart 1962.
*Verantwortung und Schuld der Kirche*, Berlin 1937.
*Völker vor und nach Christus*, Leipzig 1937.
*Zum Gedächtnis der abgerufenen Herausgeber der Beiträge*, in: *Beiträge*, 40, 1 (1938).
und Werner Elert, *Theologisches Gutachten über die Zulassung von Christen jüdischer Herkunft zu den Ämtern der deutschen evangelischen Kirche*, in: *Theologische Blätter*, 12, 11 (Nov. 1933).
und Emanuel Hirsch, *Erklärung zur Hamburger Tagung der Weltfriedenschristen*, in: *Deutsches Volkstum* (1931).

2. Emanuel Hirsch

*Antwort an Rudolf Bultmann*, in: *Zeitschrift für systematische Theologie*, 4 (1926).
*Antwort von E. Hirsch an den Herausgeber*, in: *Deutsches Volkstum* (1932).

*Arier und Nichtarier in der deutschen evangelischen Kirche,* in: *Kirche und Volkstum in Niedersachsen,* 1 (1933).
*Betrachtungen zu Wort und Geschichte Jesu,* Berlin 1969.
*Brief an einen Schüler im Pfarramt über Evangelium und Politik,* in: *Glaube und Volk,* 2 (1933).
*Bultmanns Jesus,* in: *Zeitwende,* 2 (1926).
*Christentum und Geschichte in Fichtes Philosophie,* Tübingen 1920.
*Christliche Freiheit und politische Bindung. Ein Brief an Dr. Stapel und anderes,* Hamburg 1935.
*Das Alte Testament und die Predigt des Evangeliums,* Tübingen 1936.
*Das Amt der Verkündigung,* in: *Deutsche Theologie (DT),* 7 (Juli 1934).
*Das Evangelium. Predigten,* Gütersloh 1929.
*Das Ewige und das Zeitliche,* in: *Glaube und Volk,* 1 (1932).
*Das kirchliche Wollen der Deutschen Christen,* Berlin 1933.
*Das Verhältnis des Schriftstellers zur Sprache,* in: *Deutsches Volkstum* (1935).
*Das Wesen des Christentums,* Weimar 1939.
*Das Wesen des reformatorischen Christentums,* Berlin 1963.
*Der Offenbarungsglaube,* Bordesholm 1934.
*Der Pazifismus,* Mühlhausen 1918.
*Der Schriftsteller und die Zeit. Zu Hans Grimms Bekenntnisbuch,* in: *Zeitwende,* 7 (1931).
*Der Sinn des Gebets,* Göttingen 1921.
*Der Tod Jesu,* in: *DT,* 4/5 (April/Mai 1935).
*Der Weg der Theologie,* Stuttgart 1937.
*Der Weg des Glaubens,* Bordesholm 1934.
*Der Wille des Herrn. Predigten,* Gütersloh 1925.
*Deutsches Volkstum und evangelischer Glaube,* Hamburg 1934.
*Deutsche Zukunft,* in: *Wingolf-Blätter,* 47 (1917).
*Deutschlands Schicksal. Staat, Volk und Menschheit im Lichte einer ethischen Geschichtsansicht,* 3. Aufl., Göttingen 1925.
*Die Auferstehungsgeschichten und der christliche Glaube,* Tübingen 1940.
*Die Bergpredigt,* in: *Deutsches Volkstum* (1938).
*Die Einheit der Kirche,* in: *Zeitschrift für systematische Theologie,* 3 (1925).
*Die gegenwärtige geistige Lage im Spiegel philosophischer und theologischer Besinnung. Akademische Vorlesungen zum Verständnis des deutschen Jahres 1933,* Göttingen 1934.
*Die idealistische Philosophie und das Christentum. Gesammelte Aufsätze,* Gütersloh 1926.
*Die Kirche des Sowohl-als-auch,* in: *Deutsches Volkstum* (1938).
*Die Lage der Theologie,* in: *DT,* 2/3 (Feb./März 1936).
*Die Liebe zum Vaterlande,* Langensalza 1924.

*Die notwendige Vertiefung des Nationalstaatsgedankens,* in: *Eiserne Blätter* (1921).
*Die Reich-Gottes-Begriffe des neueren europäischen Denkens. Ein Versuch zur Geschichte der Staats- und Gesellschaftsphilosophie,* Göttingen 1921.
*Die Theologie des Andreas Osiander und ihre geschichtlichen Voraussetzungen,* Göttingen 1919.
*Die Vollmacht des Reichskirchenausschusses und der evangelisch-lutherische Christ,* in: *Deutsche evangelische Erziehung. Zeitschrift für den evangelischen Unterricht,* 47 (1936).
*Dr. Macfarland, die Deutschen und das Ökumenische,* in: *Deutsches Volkstum* (1934).
*Eine Meditation Kierkegaards,* in: *DT,* 11/12 (Nov./Dez. 1934).
*Ethos und Evangelium,* Berlin 1966.
*Etwas von der christlichen Stellung zum Alten Testament,*in: *Glaube und Volk,* 1 (1932).
*Evangelische Kirche und Völkerverständigung,* in: *Theologische Blätter,* 10 (1930).
*Fichtes Religionsphilosophie im Rahmen der philosophischen Gesamtentwicklung Fichtes,* Göttingen 1914.
*Fichtes, Schleiermachers und Hegels Verhältnis zur Reformation,* Göttingen 1930.
*Frühgeschichte des Evangeliums. Erstes Buch: Das Werden des Markusevangeliums. Zweites Buch: Die Vorlagen des Lukas und das Sondergut des Matthäus,* Tübingen 1941.
*Geschichte der neuern evangelischen Theologie im Zusammenhang mit den allgemeinen Bewegungen des europäischen Denkens,* 5 Bde., Gütersloh 1949–54.
*Hauptfragen christlicher Religionsphilosophie,* Berlin 1963.
*Jesus Christus der Herr. Theologische Vorlesungen,* Göttingen 1926.
*Jesus und das Alte Testament,* in: *Deutsches Volkstum* (1937).
*Karl Barth. Das Ende einer theologischen Existenz. Brief an einen ausländischen Freund,* Göttingen 1940.
*Kierkegaard-Studien,* 2 Bde., Gütersloh 1933.
*Leitfaden zur christlichen Lehre,* Tübingen 1938.
*Luthers Berufung,* in: *Deutsche Theologie,* 1 (1934).
*Luthers Gedanken über Staat und Krieg,* in: *Wingolf-Blätter,* 46 (1917).
*Luthers Gottesanschauung,* Göttingen 1918.
*Lutherstudien,* 2 Bde., Gütersloh 1954.
*Meine Stellung zur Kirchenwahl,* in: *Kommende Kirche* (25. April 1937).
*Meine theologischen Anfänge,* in: *Freies Christentum,* 3 (1951).
*Meine Wendejahre (1916–21),* in: *Freies Christentum,* 3 (1951).
*Mein Weg in die Wissenschaft,* in: *Freies Christentum,* 3 (1951).
*Nachruf auf Oxford,* in: *Deutsches Volkstum* (1937).

*Nationalsozialismus und Kirche. Um die Berufung des evangelischen Reichsbischofs,* in: *Völkischer Beobachter,* 26, 148–149 (28.–29. Mai 1933).
*Nation, Staat und Christentum. 30 Thesen,* in: *Mitteilungen zur Förderung einer deutschen christlichen Studentenbewegung* (1923).
*Offener Brief an Karl Barth,* in: *Deutsches Volkstum* (1932).
*Oxford 1937 und Herr Oldham,* in: *Deutsches Volkstum* (1937).
*Predigerfibel,* Berlin 1964.
*Rückkehr ins Leben,* Hamburg 1952.
*Schleiermachers Christusglaube. Drei Studien,* Gütersloh 1968.
*Schöpfung und Sünde in der natürlich-geschichtlichen Wirklichkeit des einzelnen Menschen. Versuch einer Grundlegung christlicher Lebensweisung,* Tübingen 1931.
*Staat und Kirche im Kalvinismus,* in: *Deutsches Volkstum* (1936).
*Staat und Kirche im 19. und 20. Jahrhundert,* Göttingen 1929.
*Studien zum vierten Evangelium,* Tübingen 1936.
*Theologisches Gutachten in der Nichtarierfrage,* in: *DT,* 5 (Mai 1934).
*Unsere Frage an Gott,* in: *Evangelische Wahrheit,* 5 (1914).
*Volk, Staat, Kirche,* in: *Evangelisches Deutschland* (4. Juni 1933).
*Vom verborgenen Souverän,* in: *Glaube und Volk,* 2 (1933).
*Wege zu Kierkegaard,* Berlin 1968.
*Weltanschauung, Glaube und Heimat,* in: *Deutsches Volkstum* (1936).
*Weltbewußtsein und Glaubensgeheimnis,* Berlin 1967.
*Wissenschaftliche Tarnung. Zu den Studien zum Mythus des XX. Jahrhunderts,* in: *Deutsches Volkstum* (1935).
*Zum halleschen Universitätskonflikt,* in: *Die Wartburg,* 31 (1932).
*Zum Problem der Ethik. Erwiderung an Friedrich Gogarten,* in: *Zwischen den Zeiten,* 3 (1923).
*Zum Verständnis von Kierkegaards Verlobungszeit,* in: *Zeitschrift für systematische Theologie,* 5 (1927).
*Zur Grundlegung der Ethik. Eine Auseinandersetzung mit Albert Schweitzer,* in: *Die Tat,* 16 (1924).
*Zweifel und Glaube,* Frankfurt am Main 1937.
*Zwiesprache auf dem Wege zu Gott,* Düsseldorf 1960.

3. Gerhard Kittel

*Adolf Schlatter, Gedenkrede,* in: *Beiträge zur Förderung christlicher Theologie,* 40, 1 (1939).
*Christus und Imperator. Das Urteil der ersten Christenheit über den Staat,* Stuttgart 1939.
*Das Konnubium mit Nicht-Juden im antiken Judentum,* in: *Forschungen zur Judenfrage (FzJ),* 2 (Hamburg 1937).

*Das Menschenschätzgesetz,* in: *Deutsche Theologie,* 8 (Aug. 1934).
*Dichter, Bibel und Bibelrevision,* Leipzig o. D. (1939).
*Die Abstammung der Mutter des Origenes. Die Geschichte eines genealogischen Irrtums,* in: *FzJ,* 3 (Hamburg 1943).
*Die ältesten Judenkarikaturen. Die »Trierer Terrakotten«,* in: *FzJ,* 4 (Hamburg 1940).
*Die ältesten jüdischen Bilder,* in: *FzJ,* 4 (Hamburg 1940).
*Die Auferstehung Jesu,* in: *Deutsche Theologie,* 4/5 (April/Mai 1937).
*Die Ausbreitung des Judentums bis zum Beginn des Mittelalters. Karten-Beilage: Die Ausbreitung des Judentums bis zum Beginn des Mittelalters,* in: *FzJ,* 5 (Hamburg 1941).
*Die Behandlung des Nichtjuden nach dem Talmud,* in: *Archive für Judenfrage,* 1, A1 (Berlin 1943).
*Die Entstehung des Judentums und die Entstehung der Judenfrage,* in: *FzJ,* 1 (Hamburg 1936).
*Die Glaubenswürdigkeit der Geschichte Jesu,* in: *Deutsche Theologie,* 2 (Febr. 1934).
*Die historischen Voraussetzungen der jüdischen Rassenmischung,* Hamburg 1939.
*Die Judenfrage,* 3. Aufl., Stuttgart 1934.
*Die Oden Salomos. Überarbeitet oder einheitlich?,* Leipzig 1914.
*Die Probleme des palästinischen Spätjudentums und das Urchristentum,* Stuttgart 1926.
*Die religiöse und die kirchliche Lage in Deutschland,* Leipzig 1921.
*Dürfen wir dem Neuen Testament trauen? Die Geschichte des Neuen Testamentes,* Stuttgart 1939.
*Gedanken eines evangelischen Nationalsozialisten zum 19. Aug. 1934,* in: *Allgemeine Evangelisch-lutherische Kirchenzeitung (AELKZ),* 67, 35 (31. Aug. 1934).
*Jesus und die Juden,* Berlin 1926.
*Jesus und die Rabbinen,* Berlin 1914.
*Judentum und Christentum,* in: *Religion in Geschichte und Gegenwart,* 3, 2. Aufl., (Tübingen 1929).
*NT-Gedanken zur Judenfrage,* in: *AELKZ,* 66, 39 (1933).
*Urchristentum, Spätjudentum, Hellenismus. Akademische Antrittsvorlesung, gehalten am 28. Oktober 1926 von G. Kittel,* Stuttgart 1926.
*Vom Echo eines »theologischen Briefwechsels«,* in: *Deutsche Theologie,* 4/5 (April/Mai 1935).
und Karl Barth, *Ein theologischer Briefwechsel,* Stuttgart 1934.
und Eugen Fischer, *Das antike Weltjudentum. Tatsachen, Texte, Bilder,* in: *FzJ,* 7 (Hamburg 1943).

4. Sekundärliteratur

Adams, Uwe Dietrich, *Hochschule und Nationalsozialismus: Die Universität Tübingen im Dritten Reich,* Tübingen 1977.

Albright, William Foxwell, *The War in Europe and the Future of Biblical Studies,* in: Harold R. Willoughby, ed., *The Study of the Bible Today and Tomorrow,* Chicago 1947.

–, *History, Archaeology and Christian Humanism,* New York 1964.

Baethge, Martin, u. a., Hg., *Georgia Augusta – Universität im Dritten Reich,* in: *Politikon. Göttinger Studentenzeitschrift für Niedersachsen,* 9 (1965).

Baier, Helmut, *Die Deutschen Christen Bayerns im Rahmen des bayerischen Kirchenkampfes,* Nürnberg 1968.

Barth, Karl, *Der Römerbrief. Erste Fassung* (1919), Zürich 1985.

–, *Der Römerbrief 1922,* Zürich 1984.

–, *Die Lehre vom Worte Gottes, Prolegomena zur christlichen Dogmatik* (1927), Zürich 1982.

–, *Eine Schweizer Stimme 1938–1945,* Zürich 1985.

–, *Evangelium und Gesetz,* München 1935.

–, *Theologische Existenz heute* (1933), München 1984.

–, *Texte zur Barmer Theologischen Erklärung.* Vorwort von Eberhard Jüngel und Martin Rohkrämer, Zürich 1984.

–, und Rudolf Bultmann, *Briefwechsel 1922–1966,* Zürich 1971.

–, und Eduard Thurneysen, *Briefwechsel,* 2 Bde., Zürich 1973–74.

Baumgärtel, Friedrich, *Wider die Kirchenkampflegenden,* 1959.

Beckmann, Joachim, *Evangelische Kirche im Dritten Reich,* 1948.

Bentley, James, *British and German High Churchmen in the Struggle against Hitler,* in: *Journal of Ecclesiastical History,* 23, 3 (Juli 1972).

–, *Between Marx and Christ: The Dialogue in German-Speaking Europe 1870–1970,* London 1982.

Beste, Niklot, *Der Kirchenkampf in Mecklenburg 1933–1945,* Göttingen 1975.

Bethge, Eberhard, *Dietrich Bonhoeffer. Theologe – Christ – Zeitgenosse,* 5. Aufl., München 1983.

Beyerchen, Alan D., *Scientists under Hitler: Politics and the Physics Community in the Third Reich,* New Haven 1977.

Bielfeldt, Johann, *Der Kirchenkampf in Schleswig-Holstein 1933–45,* Göttingen 1964.

Birnbaum, Walter, *Zeuge meiner Zeit. Aussagen zu 1912 bis 1972,* Göttingen 1973.

Bluchheim, Hans, *Glaubenskrise im Dritten Reich,* Stuttgart 1953.

Bonhoeffer, Dietrich, *Gesammelte Schriften,* Hg. Eberhard Bethge, 6 Bde., München 1958.

–, *Christologie.* Mit einem Nachwort von Eberhard Bethge und Otto Dudzus, München 1981.
–, *Ethik.* Zusammengestellt und herausgegeben von Eberhard Bethge, 8. Aufl., München 1975.
–, *Gemeinsames Leben.* Nachwort von Eberhard Bethge, 20. Aufl., München 1985.
–, *Widerstand und Ergebung. Briefe und Aufzeichnungen aus der Haft.* Herausgegeben von Eberhard Bethge, 9. Aufl., München 1959.
Bosanquet, Mary, *The Life and Death of Dietrich Bonhoeffer,* New York 1969.
Braaten, Carl E. und Roy A. Harrisville, Hg., *Kerygma and History: A Symposium on the Theology of Rudolf Bultmann,* New York 1962.
Bracher, Karl Dietrich, *Die Auflösung der Weimarer Republik. Eine Studie zum Problem des Machtverfalls in der Demokratie,* 5. Aufl., Villingen 1971.
–, *Die deutsche Diktatur. Entstehung, Struktur, Folgen des Nationalsozialismus,* Köln 1969.
–, Wolfgang Sauer und Gerhard Schultz. *Die nationalsozialistische Machtergreifung. Studien zur Errichtung des totalitären Herrschaftssystems in Deutschland 1933–1934,* 2. Aufl., Köln 1962.
Brakelmann, Günter, *Der deutsche Protestantismus im Epochenjahr 1917,* Witten 1974.
Bredendiek, Walter, *Irrwege und Warnlichter. Anmerkungen zur Kirchengeschichte der neueren Zeit,* Hamburg 1966.
–, *Zwischen Revolution und Restauration. Zur Entwicklung im deutschen Protestantismus während der Novemberrevolution und in der Weimarer Republik,* 1969.
Buber, Martin, *Briefwechsel aus sieben Jahrzehnten,* 3 Bde., Heidelberg 1972–75.
Bultmann, Rudolf, *Das Evangelium des Johannes,* 20. Aufl., Göttingen 1978.
–, *Marburger Predigten,* 2. Aufl., Tübingen 1968.
–, *Theologie des Neuen Testaments,* 9. Aufl., Tübingen 1984.
–, und Karl Jaspers, *Die Frage der Entmythologisierung,* München 1954.
Busch, Alexander, *Die Geschichte des Privatdozenten: Eine soziologische Studie zur großbetrieblichen Entwicklung der deutschen Universitäten,* Stuttgart 1959.
Busch, Eberhard, *Karl Barth: His Life from Letters and Autobiographical Texts,* Philadelphia 1976.
*Chronik der Georg-August-Universität zu Göttingen für das Rechnungsjahr 1913,* Göttingen 1914.
Cochrane, Arthur C., *The Church's Confession under Hitler,* Philadelphia 1962.
Conway, John S., *The Nazi Persecution of the Churches, 1933–1945,* Lon-

don 1968 (dt. *Die nationalsozialistische Kirchenpolitik 1933–1945,* München 1969).
Dehn, Günther, *Kirche und Völkerversöhnung. Dokumente zum Halleschen Universitätskonflikt,* Berlin 1931.
Dewart, Leslie, *The Future of Belief: Theism in a World Come of Age,* New York 1966.
Diehn, Otto, *Bibliographie zur Geschichte des Kirchenkampfes 1933–1945,* Göttingen 1966.
Dipper, Theodor, *Die evangelische Bekenntnisgemeinschaft in Württemberg 1933–1945,* Göttingen 1966.
Ehrenberg, Hans P., *Autobiography of a German Pastor,* London 1943.
Ehrenforth, Gerhard, *Die schlesische Kirche im Kirchenkampf 1932–1945,* Göttingen 1968.
Ericksen, Robert P., *The Barmen Synod and its Declaration: An Historical Synopsis,* in: Hubert G. Locke, Hg., *The Church Confronts the Nazis: Barmen Then and Now,* New York 1984.
–, *Theologian in the Third Reich: The Case of Gerhard Kittel,* in: *Journal of Contemporary History,* 12 (1977).
–, *Zur Auseinandersetzung mit und um Gerhard Kittels Antisemitismus,* in: *Evangelische Theologie,* 43, 3 (1983).
Eschenburg, Theodor, *Die Republik von Weimar. Beiträge zur Geschichte einer improvisierten Demokratie,* München 1985.
*Festreden der Universität Göttingen 1911–1923,* Göttingen 1923.
Fischer, Fritz, *Der deutsche Protestantismus und die Politik im 19. Jahrhundert,* in: *Historische Zeitschrift,* 171 (1951).
–, *Griff nach der Weltmacht. Die Kriegszielpolitik des kaiserlichen Deutschland 1914/18,* Düsseldorf 1961.
–, *Bündnis der Eliten. Zur Kontinuität der Machtstrukturen in Deutschland 1871–1945,* 2. Aufl., Düsseldorf 1985.
Fischer, Joachim, *Die sächsische Landeskirche im Kirchenkampf 1933–1937,* Göttingen 1972.
FitzGibbon, Constantine, *Denazification,* London 1969.
Gallin, Mary Alice, *German Resistance to Hitler: Ethical and Religious Factors,* Washington 1961.
Gay, Peter, *Weimar Culture: The Outsider as Insider,* New York 1968.
Geis, Robert Raphael, und Hans-Joachim Kraus, Hg., *Versuche des Verstehens. Dokumente jüdisch-christlicher Begegnung aus den Jahren 1918–1933,* München 1966.
Gerdes, Hayo, Hg., *Wahrheit und Glaube. Festschrift für Emanuel Hirsch zu seinem 75. Geburtstag,* Itzehoe 1963.
Gerlach, Angelika, *Die Kirche vor der Eidesfrage,* Göttingen 1967.
Gerstenmaier, Eugen, Hg., *Kirche, Volk und Staat. Stimmen aus der Deutschen Evangelischen Kirche zur Oxforder Weltkirchenkonferenz,* Berlin 1937.

Glock, Charles Y., und Rodney Stark, *Christian Beliefs and Anti-Semitism,* New York 1966.
Grant, Robert M., *The Bible in the Church. A Short History of Interpretation,* New York 1958.
Grass, Hans, *Die Theologie von Paul Althaus,* in: *Neue Zeitschrift für Systematische Theologie,* 8 (1966).
Gürtler, Paul, *Nationalsozialismus und Evangelische Kirche im Warthegau,* Göttingen 1958.
Gutteridge, Richard, *The German Evangelical Church and the Jews, 1879–1958,* London 1976.
Harnack, Adolf v., *Das Wesen des Christentums.* Geleitwort von Wolfgang Trillhaas, 2. Aufl., Gütersloh 1985.
Hartshorne, E. Y., Jr., *The German Universities and National Socialism,* London 1937.
–, *German Youth and the Nazi Dream of Victory,* London 1941.
Heiber, Helmut, *Walter Frank und sein Reichsinstitut für Geschichte des neuen Deutschlands,* Stuttgart 1966.
Heinonen, Reijo E., *Anpassung und Identität. Theologie und Kirchenpolitik der Bremer Deutschen Christen 1933–1945,* Göttingen 1978.
Heller, Erich, *The Disinherited Mind,* New York 1952 (dt. *Enterbter Geist. Essays über modernes Dichten und Denken,* Berlin – Frankfurt 1954).
Helmreich, Ernst C., *The German Churches under Hitler: Background, Struggle and Epilogue,* Detroit 1979.
Hermelink, Heinrich, *Kirche im Kampf. Dokumente des Widerstands und des Aufbaus in der Evangelischen Kirche Deutschlands von 1933 bis 1945,* Tübingen 1950.
Hoffmann, Peter, *The History of the German Resistance 1933–1945,* Cambridge, Mass. 1977.
Hornig, Ernst, *Die Bekennende Kirche in Schlesien 1933–1945,* Göttingen 1977.
Hug, Herbert, *Das Volk Gottes. Der Kirche Bekenntnis zur Judenfrage,* Zürich 1942.
Hughes, H. Stuart, *Consciousness and Society: The Reorientation of European Social Thought, 1890–1930,* New York 1958.
Hunsinger, George, Hg., *Karl Barth and Radical Politics,* Philadelphia 1976.
*I was in Prison: Letters from German Pastors,* London 1938.
Jarausch, Konrad, *Students, Society and Politics in Imperial Germany: The Rise of Academic Illiberalism,* Princeton 1982.
Joll, James, *Three Intellectuals in Politics,* London 1960.
Kater, Horst, *Die Deutsche Evangelische Kirche in den Jahren 1933 und 1934,* Göttingen 1970.
Kershaw, Ian, *Popular Opinion and Political Dissent in the Third Reich,* Oxford 1983.

Kittel, Rudolf, *Judenfeindschaft oder Gotteslästerung,* Leipzig 1914.
–, *Leipziger akademische Reden zum Kriegsende,* Leipzig 1919.
–, *Die Universität Leipzig im Jahr der Revolution 1918–19. Rektoratserinnerungen,* Stuttgart 1930.
Klemperer, Klemens v., *Germany's New Conservativism: Its History and Dilemma in the Twentieth Century,* Princeton 1957 (dt. *Konservative Bewegungen. Zwischen Kaiserreich und Nationalismus,* München – Wien 1962).
Klügel, Eberhard, *Die lutherische Landeskirche Hannovers und ihr Bischof 1933–45,* Hannover 1964.
Knitter, Paul, *Die Uroffenbarungslehre von Paul Althaus – Anknüpfungspunkt für den Nationalsozialismus?,* in: *Evangelische Theologie,* 33, 2 (1973).
Kraus, Hans-Joachim, *Geschichte der historisch-kritischen Erforschung des Alten Testaments von der Reformation bis zur Gegenwart,* Neukirchen 1956.
Kunkel, Wolfgang, *Der Professor im Dritten Reich,* in: *Die deutsche Universität im Dritten Reich,* München 1966.
Kupisch, Karl, *Quellen zur Geschichte des deutschen Protestantismus 1871–1945,* Göttingen 1960.
–, *Zwischen Idealismus und Massendemokratie. Eine Geschichte der evangelischen Kirche in Deutschland von 1815–1945,* Berlin 1955.
Laqueur, Walter, *Weimar: A Cultural History 1918–1933,* New York 1974.
Lau, Franz, Hg., *Festgabe für Paul Althaus,* Berlin 1958.
Leber, Annedore, Hg., *Conscience in Revolt: Sixty-four Stories of Resistance in Germany, 1933–1945,* London 1957.
Lebovics, Herman, *Social Conservatism and the Middle Classes in Germany, 1914–1933,* Princeton 1969.
Leffler, Siegfried, *Christus im Dritten Reich der Deutschen. Wesen, Weg und Ziel der Kirchenbewegung »Deutsche Christen«,* Weimar o. D.
Leutheuser, Julius, *Der Heiland in der Geschichte der Deutschen oder Der Nationalsozialismus, vom Evangelium aus gesehen,* Weimar 1933.
–, *Die deutsche Christusgemeinde und ihre Gegner. Eine Antwort an Herrn Pfarrer Ernst Otto und die lutherische Bekenntnisgemeinschaft in Thüringen,* Weimar o. D.
–, und Erich Fascher, *Ein theologisches Mißverständnis. Unsere Antwort an Paul Althaus,* 2. Aufl., Weimar o. D.
Lewy, Guenter, *The Catholic Church and Nazi Germany,* New York 1964.
Littell, Franklin H., *The Crucifixion of the Jews,* New York 1974.
–, *The German Phoenix. Men and Movements in the Church in Germany,* Garden City, N. Y., 1960.
–, und Hubert Locke, Hg., *The German Church Struggle and the Holocaust,* Detroit 1974.

Locke, Hubert G., *The Church Confronts the Nazis. Barmen Then and Now,* New York 1984.
Loewenich, Walther von, *Erlebte Theologie. Begegnungen, Erfahrungen, Erwägungen,* München 1979.
Lohff, Wenzel, *Paul Althaus,* in: H. J. Schultz, Hg., *Tendenzen der Theologie im 20. Jahrhundert. Eine Geschichte in Porträts,* Berlin 1966.
Long, Eugene Thomas, *Jaspers and Bultmann. A Dialogue between Philosophy and Theology in the Existential Tradition,* Durham, N. C. 1968.
Löwith, Karl, *Kierkegaard und Nietzsche, oder theologische und philosophische Überwindung des Nihilismus,* Frankfurt am Main 1933.
Luther, Christian, *Das kirchliche Notrecht, seine Theorie und seine Anwendung im Kirchenkampf 1933–37,* Göttingen 1969.
Marty, Martin E., Hg., *The Place of Bonhoeffer. Problems and Possibilities in his Thought,* New York 1962.
May, Rollo, *Paulus, Reminiscences of a Friendship,* New York 1973.
Mehnert, Gottfried, *Evangelische Kirche und Politik 1917–1919. Die politischen Strömungen im deutschen Protestantismus von der Julikrise 1917 bis zum Herbst 1919,* Düsseldorf 1959.
Meier, Kurt, *Die Deutschen Christen,* 3. Aufl., Göttingen 1968.
–, *Kirche und Judentum,* Göttingen 1968.
Meyer, Johannes, *Geschichte der Göttinger theologischen Fakultät,* Göttingen 1937.
Mosse, George L., *The Crisis of German Ideology. Intellectual Origins of the Third Reich,* New York 1964.
–, *Germans and Jews; the Right, the Left, and the Search for a »Third Force« in pre-Nazi Germany,* New York 1970.
–, *Toward the Final Solution. A History of European Racism,* New York 1978.
–, *The Nationalization of the Masses. Political Symbolism and Mass Movements in Germany from the Napoleonic Wars through the Third Reich,* New York 1975.
–, Hg., *Nazi Culture: Intellectual, Cultural and Social Life in the Third Reich,* New York 1966.
–, und Walter Laqueur, Hg., *Historians in Politics,* London 1974.
Müller, Hans, *Katholische Kirche und Nationalsozialismus,* München 1963.
Neuhäusler, Johann, *Kreuz und Hakenkreuz. Der Kampf des Nationalsozialismus gegen die katholische Kirche und der kirchliche Widerstand,* München 1946.
Neumann, Peter, *Die Jungreformatorische Bewegung,* Göttingen 1971.
Nicholls, William, *Systematic and Philosophical Theology,* Harmondsworth, Middlesex, 1969.
Niemöller, Gerhard, *Die erste Bekenntnissynode der Deutschen Evangelischen Kirche zu Barmen. I. Geschichte, Kritik und Bedeutung der Syn-*

*ode und ihrer Theologischen Erklärung. II. Text, Dokumente, Berichte,* Göttingen 1959.

–, *Die Bekenntnissynode zu Halle 1937,* Göttingen 1963.

Niemöller, Martin, *Dahlemer Predigten 1936–37.* Vorwort von Thomas Mann, München 1982.

Niemöller, Wilhelm, *Kampf und Zeugnis der Bekennenden Kirche,* Bielefeld 1947.

–, *Kirchenkampf im Dritten Reich,* 1946.

–, *Wort und Tat im Kirchenkampf. Beiträge zur neuesten Kirchengeschichte,* München 1969.

–, und Günther Harder, Hg., *Die Stunde der Versuchung. Gemeinden im Kirchenkampf 1933–1945,* München 1963.

Noakes, Jeremy, *The Nazi Party in Lower Saxony 1921–1933,* Oxford 1971.

Oden, Thomas C., *Radical Obedience. The Ethics of Rudolf Bultmann,* Philadelphia 1964.

Ogletree, Thomas W., *Christian Faith and History: A Critical Comparison of Ernst Troeltsch and Karl Barth,* New York 1965.

Pertiet, Martin, *Das Ringen um Wesen und Auftrag der Kirche in der nationalsozialistischen Zeit,* Göttingen 1968.

Popplow, Ulrich, *Die Machtergreifung in Augenzeugenberichten: Göttingen 1932–1935,* in: *Göttinger Jahrbuch 1977,* Göttingen 1977.

–, *Göttingen 1932–1935. Ein Nachtrag zum Aufsatz »Die Machtergreifung in Augenzeugenberichten«,* in: *Göttinger Jahrbuch 1979,* Göttingen 1979.

Porter, J. R., *The Case of Gerhard Kittel,* in: *Theologie,* 50 (Nov. 1947).

Pressel, Wilhelm, *Die Kriegspredigt 1914–1918 in der evangelischen Kirche Deutschlands,* Göttingen 1967.

Reimers, Karl F., *Lübeck im Kirchenkampf des Dritten Reiches,* Göttingen 1965.

Rese, Martin, *Antisemitismus und neutestamentliche Forschung. Anmerkungen zu dem Thema »Gerhard Kittel und die Judenfrage«,* in: *Evangelische Theologie,* 39 (1979).

Ringer, Fritz K., *The Decline of the German Mandarins: The German Academic Community, 1890–1933,* Cambridge, Mass. 1969.

Robertson, E. H., *Christians against Hitler,* London 1963.

Rubenstein, Richard L., *The Cunning of History: The Holocaust and the American Future,* New York 1978.

Schäfer, Gerhard, *Die Evangelische Landeskirche in Württemberg und der Nationalsozialismus. Eine Dokumentation zum Kirchenkampf,* Stuttgart 1972.

Schjørring, Jens Holger, *Theologische Gewissensethik und politische Wirklichkeit: Das Beispiel Eduard Geismars und Emanuel Hirschs,* Göttingen 1979.

Schmidt, Kurt Dietrich, Hg., *Die Bekenntnisse und grundsätzlichen Äußerungen zur Kirchenfrage 1933,* Göttingen 1934.
Schneemelcher, Wilhelm, Hg., *Festschrift für Günther Dehn,* Neukirchen 1957.
Schneider-Flume, Gunda, *Die politische Theologie Emanuel Hirschs 1918–1933,* Frankfurt am Main 1971.
Schoenbaum, David, *Hitler's Social Revolution. Class and Status in Nazi Germany, 1933–1939,* Garden City, N.Y. 1966.
Scholder, Klaus, *Die Kapitulation der evangelischen Kirche vor dem nationalsozialistischen Staat,* in: *Zeitschrift für Kirchengeschichte,* 2 (Stuttgart 1970).
–, *Die Kirchen im Dritten Reich,* in: *Das Parlament,* 15, 71 (10. April 1971).
–, *Die Kirchen und das Dritte Reich. Bd. 1: Vorgeschichte und Zeit der Illusionen 1918–1934,* Berlin 1977; Bd. 2: *Das Jahr der Ernüchterung 1934. Klärungen und Scheidungen,* Berlin 1985.
Schultz, H. G., Hg., *Tendenzen der Theologie im 20. Jahrhundert. Eine Geschichte in Porträts,* Stuttgart 1966.
Schütte, Hans-Walter, Hg., *Bibliographie Emanuel Hirsch,* Berlin 1972.
Schwabe, Klaus, *Wissenschaft und Kriegsmoral. Die deutschen Hochschullehrer und die politischen Grundfragen des Ersten Weltkrieges,* Göttingen 1969.
Schweitzer, Albert, *Geschichte der Leben-Jesu-Forschung,* 9. Aufl., Tübingen 1984.
Siegele-Wenschkewitz, Leonore, *Die Evangelisch-theologische Fakultät Tübingen in den Anfangsjahren des Dritten Reichs. II. Gerhard Kittel und die Judenfrage,* in: *Zeitschrift für Theologie und Kirche,* 4 (Tübingen 1978).
–, *Mitverantwortung und Schuld der Christen am Holocaust,* in: *Evangelische Theologie,* 42 (1982).
–, *Nationalsozialismus und Kirchen. Religionspolitik von Partei und Staat bis 1935,* Düsseldorf 1974.
–, *Neutestamentliche Wissenschaft vor der Judenfrage: Gerhard Kittels theologische Arbeit im Wandel deutscher Geschichte,* München 1980.
Sonne, Hans Joachim, *Die politische Theologie der Deutschen Christen,* Göttingen 1975.
Stern, Fritz, *The Failure of Illiberalism. Essays on the Political Culture of Modern Germany,* New York 1972.
–, *The Politics of Cultural Despair: A Study in the Rise of the Germanic Ideology,* Berkeley 1961 (dt. *Kulturpessimismus als politische Gefahr,* Bern – Stuttgart 1963).
–, *Gold and Iron: Bismarck, Bleichröder and the Building of the German Empire,* New York 1977 (dt. *Gold und Eisen. Bismarck und sein Bankier Bleichröder,* Berlin 1978).

Strohm, Theodor, *Theologie im Schatten politischer Romantik. Eine wissenschaftlich-soziologische Anfrage an die Theologie Friedrich Gogartens,* München 1970.

Tent, James F., *Mission on the Rhine: Reeducation and De-Nazification in American-Occupied Germany,* Chicago 1983.

Thierfelder, Jörg, *Das kirchliche Einigungswerk des württembergischen Landesbischofs Theophil Wurm,* Göttingen 1976.

Tilgner, Wolfgang, *Volksnomostheologie und Schöpfungsglaube. Ein Beitrag zur Geschichte des Kirchenkampfes,* Göttingen 1966.

Tillich, Elizabeth, *From Place to Place: Travels with Paul Tillich, Travels without Paul Tillich,* New York 1976.

Tillich, Paul, *Gesammelte Werke,* Hg. Renate Albrecht, 14 Bde., Stuttgart 1959 ff.

–, *Der Mut zum Sein,* in: *Ges. Werke,* Bd. 11, 3. Aufl., Stuttgart 1982,

–, *Die religiöse Lage der Gegenwart,* Berlin 1926.

–, *Die Theologie des Kairos und die gegenwärtige geistige Lage. Offener Brief an Emanuel Hirsch, Göttingen, von Paul Tillich, z. Zt. New York,* in: *Theologische Blätter,* 13, 11 (Nov. 1934), Neuausgabe Stuttgart 1978.

–, *In der Tiefe ist Wahrheit,* Hg. A. Rathmann, 7. Aufl., Stuttgart 1978.

–, *Systematische Theologie,* 3 Bde., Stuttgart 1951 ff.

Töpner, Kurt, *Gelehrte Politiker und politisierende Gelehrte: Die Revolution von 1918 im Urteil deutscher Hochschullehrer,* Göttingen 1970.

Trillhaas, Wolfgang, *Aufgehobene Vergangenheit. Aus meinem Leben,* Göttingen 1976.

–, *Repräsentant und Außenseiter einer Generation. Nach dem Tode von Emanuel Hirsch,* in: *Evangelische Kommentare. Monatsschrift zum Zeitgeschehen in Kirche und Gesellschaft,* 5 (1972).

Vorländer, Herwart, *Kirchenkampf in Elberfeld 1933–45,* Göttingen 1968.

Weinreich, Max, *Hitler's Professors. The Part of Scholarship in Germany's Crimes against the Jewish People,* New York 1946.

Wilhelm, Peter, *Die Synagogengemeinde Göttingen, Rosdorf und Geismar 1850–1942,* Göttingen 1978.

Wilhelmi, Heinrich, *Die Hamburger Kirche in der Nationalsozialistischen Zeit 1933–1945,* Göttingen 1968.

Wolf, Ernst, *Barmen. Kirche zwischen Versuchung und Gnade,* 2. Aufl., München 1970.

–, *Kirche im Widerstand? Protestantische Opposition in der Klammer der Zweireichlehre,* München 1965.

Wright, J. R. C., *Above Parties: The Political Attitudes of the German Protestant Church Leadership 1918–1933,* Oxford 1977 (dt. *»Über den Parteien«. Die politische Haltung der evangelischen Kirchenführer 1918–1933,* Göttingen 1977).

Wundt, Max, *Das Judentum in der Philosophie,* in: *Forschungen zur Judenfrage,* 2 (Hamburg 1937).

Wurm, Theophil, *Christus, Christentum, Kirche. Ein Wort zu den kirchlichen Wahlen,* Stuttgart 1937.
–, *Erinnerungen aus meinem Leben,* Stuttgart 1953.
Zabel, James C., *Nazism and the Pastors,* Missoula, Mt. 1976.
Zahrnt, Heinz, *Die Sache mit Gott. Die protestantische Theologie im 20. Jahrhundert,* München 1966.
Zillessen, Horst, Hg., *Volk-Nation-Vaterland. Der deutsche Protestantismus und der Nationalismus,* Göttingen 1970.
Zipfel, Friedrich, *Der Kirchenkampf in Deutschland 1933–1945. Religionsverfolgung und Selbstbehauptung der Kirchen in der nationalsozialistischen Zeit,* Berlin 1965.

## Personenregister